DER GROSSE
SCHULDEN
BUMERANG

Ein Banker bricht das Schweigen

Wolfgang Schröter

Unter Mitarbeit von Jens Schadendorf

MURMANN
MURMANN PUBLISHERS

Für Lavi, Sofie und Tommi

Dieses Buch wurde klimaneutral produziert:

Bibliografische Information der Deutschen Nationalbibliothek
Die Deutsche Nationalbibliothek verzeichnet diese Publikation in
der Deutschen Nationalbibliografie; detaillierte bibliografische
Daten sind im Internet über http://dnb.d-nb.de abrufbar.

Druck und Bindung: freiburger graphische betriebe, Freiburg
Printed in Germany

ISBN 978-3-86774-380-8

Besuchen Sie uns im Internet: www.murmann-publishers.de
Ihre Meinung zu diesem Buch interessiert uns!
Zuschriften bitte an **info@murmann-publishers.de**
Den Newsletter des Murmann Verlages können Sie anfordern unter
newsletter@murmann-publishers.de

Inhalt

Vorwort

Sieben Jahre sind seit dem Ausbruch der Finanzkrise vergangen. Ist sie bewältigt? Beteuerungen von Politikern, Zentralbankern oder anderen Protagonisten wollten uns das lange glauben machen. Längst aber befinden wir uns in einer Situation, die viel bedrohlicher ist, als es die Finanzkrise je war. Die veränderten Machtverhältnisse in Griechenland, der Kauf von Staatsanleihen durch die Europäische Zentralbank oder sich verstärkende Währungsturbulenzen rund um einen starken Schweizer Franken, den schwachen Euro oder den abstürzenden Rubel stellen dabei nur einen kleinen Ausschnitt dar.

Dass viele das Krisengerede nicht mehr hören können, ist indes sehr verständlich. Auch als Banker, der viele Jahre in den Finanzmärkten unterwegs war und dabei mit vielen wichtigen Akteuren in Unternehmen, Behörden oder Regierungen, in Investment-, Schatten-, Zentral- oder Landesbanken zusammengearbeitet hat, habe ich das verstanden. Leute, die dauernd von Krise sprechen, gelten auch dort als Stimmungskiller – und als Vernichter von guten Geschäften.

Was ich in dieser Zeit allerdings ebenfalls verstanden habe, ist, dass nicht wenige jener Akteure ein Interesse daran haben, über die wirklichen Krisenursachen nicht, nur scheinbar oder nur symbolisch zu sprechen. Das mag im Übrigen auch lange für mich selbst gegolten haben.

Zwar sollten wir uns nicht verrückt machen. Doch gilt ebenfalls, dass die tieferen Ursachen der Finanzkrise bis heute an vielen

Enden weiterwirken und uns schon bald in noch größere Schwierigkeiten stürzen könnten als jene, die wir beim Ausbruch der Finanzkrise vor sieben Jahren erlebten.

Dabei war diese Krise nie einfach nur eine des Banken- und Finanzsystems oder eine von teuflischen US-Hypothekenpapieren ausgelöste. Wer so argumentiert, ist fahrlässig, denn er lenkt von dem ab, um das es eigentlich geht. Im Kern war die Krise immer und zuallererst eine internationale Schuldenkrise.

Und weil also die Ursachen genauso wie die Symptome der Krise weiterwirken, sind die Schulden im Weltfinanzsystem, in den Staats- und in den privaten Haushalten in den letzten sieben Jahren noch einmal explosionsartig gewachsen.

Mehr denn je also bewegen wir uns auf einen Abgrund zu. Und mehr denn je bedrohen die sich immer höher auftürmenden Schuldenberge das Fundament unseres Wohlstands.

Wie ist es dazu gekommen, und wie kann dieser Teufelskreis immer weiter wachsender Schulden durchbrochen werden?

Nicht wenige deuten bei der Suche nach den Ursachen und dem Ausweg aus der verfahrenen Schuldensituation auf die Banker und andere Akteure der Finanzmärkte.

Ich war und bin selbst ein Banker. Und nachdem ich vor fünf Jahren aus meinem Job ausstieg, hatte ich nicht nur eine lange Karriere bei mehreren internationalen Bankhäusern hinter mir. Ich hatte auch eine beispiellose Transformation des Banken- und Finanzsektors aus nächster Nähe miterlebt und mitgestalten dürfen.

Vor allem in den letzten zehn Jahren meiner Tätigkeit aber erfasste mich ein sich laufend verstärkendes Unbehagen mit Blick auf den Banken- und Finanzsektor, in dem ich wirkte. Irgendetwas lief da schief – vor allem, weil die Schulden an allen Ecken und Enden unaufhörlich wuchsen, weil die Zinsen und Zinsmargen kontinuierlich sanken und weil irgendwie absehbar war, dass das nicht mehr lange würde gut gehen können. Als ich anfing, darüber mit Kollegen und Kunden zu sprechen, stellte sich heraus: Ich war mit diesem Unbehagen nicht allein. Aber solange die Finanzmärkte noch funktionierten, wollten und konnten weder die Politik, die internationale Gemeinschaft noch die Finanzakteure freiwillig gegensteuern. »Solange die Musik spielt, muss weitergetanzt werden«, so der damalige Vorstandsvorsitzende der Citibank Chuck Prince noch im Sommer 2007, zu Beginn der Finanzkrise. Irgendwann, so sagte ich mir, musste ich den Ursachen dieser Fehlentwicklung auf den Grund gehen.

Seit ich nun also als Ex-Banker meine Branche und unsere aktuell gleichsam still vor sich hin eskalierende Schuldenkrise mit ihren vielen Akteuren unter die Lupe nehme, versuche ich genau das: dem Unbehagen auf den Grund zu gehen. Das Ergebnis meiner Überlegungen ist dieses Buch: *Der große Schulden-Bumerang*.

Mein Anspruch ist ambitioniert und bescheiden zugleich. Bescheiden ist er, weil ich nicht beabsichtige, eine gleichsam allumfassende Erklärung für die Ursachen jener Megaschuldenkrise zu liefern, in der wir uns befinden; die gibt es nicht. Vielmehr konzentriere ich mich auf jene Ausschnitte, von denen ich vor dem Hintergrund meiner eigenen spezifischen Erfahrung als Banker überzeugt bin, dass sie einen neuen Blick bieten, um so das Bewusstsein für unsere Schuldensituation zu schärfen und dafür, dass wir alle – und das gilt insbesondere, aber nicht nur für die Banken und Finanzmärkte – dringenden Handlungsbedarf haben.

Diese Ausrichtung am eigenen Erfahrungshintergrund schließt ausdrücklich ein, dass ich einige ökonomische und wirtschaftshistorische Recherchen und Überlegungen angestellt habe, von denen ich hoffe, dass sie meine Argumente erheblich besser unterstützen, als es manche jener teilweise wirklichkeitsfremden mathematischen Modelle tun würden, die leider nicht nur die moderne Volkswirtschafts- und Finanztheorie, sondern auch die Investment- und Risikokontrollpraxis immer stärker dominieren.

Ambitioniert ist *Der große Schulden-Bumerang* aber auch. Denn mit meinem Buch hoffe ich, nicht nur die Diskussion über die Ursachen unserer aktuellen Schuldenkrise zu stimulieren, sondern auch jene über mögliche Wege aus dieser Krise.

Ist mein Unbehagen nun gewichen? Ganz und gar nicht, denn dafür ist die von den angehäuften Schuldentürmen ausgehende Bedrohung viel zu groß. Und dieses Unbehagen bezieht sich mehr denn je auf unsere Art zu wirtschaften und Geldgeschäfte zu betreiben sowie darauf, wie national und international politisch, wirtschafts- und finanzpolitisch gehandelt wird. Aber das Unbehagen hat sich zu sehr klaren Konturen hin verändert, ist in dieser Gestalt in dieses Buch eingeflossen, um damit etwas zu bewirken.

In jedem Fall hoffe ich, dass es dazu beiträgt, dass wir unsere Anstrengungen, aus der größten Schuldenkrise, die die Welt zu Friedenszeiten je erlebt hat, wieder herauszufinden, ein Stück weit vergrößern. Denn sie bedroht nicht nur unseren Wohlstand. Die immer enger werdenden finanzwirtschaftlichen Handlungsspielräume bedrohen auch unseren sozialen Zusammenhalt und wie wir als Nationen in Zukunft miteinander umgehen.

Schuldenberge sind von Menschen gemacht. Nur wir also können sie wieder abtragen. Das wird nicht einfach, und es wird dauern. Es aber nicht zu versuchen, hieße, in Kauf zu nehmen, dass die Schulden als Bumerang am Ende auf uns zurückflögen und allergrößten Schaden anrichteten.

Wolfgang Schröter   *Kronberg, Februar 2015*

Anstatt einer Einleitung:
Grund zum Jubeln oder Krise?

Wie geht es uns – der Welt, Europa, uns Deutschen? Gut, durchschnittlich, schlecht? Sieben Jahre nach Ausbruch der Finanzkrise 2007/08 und fünf Jahre nach dem Beginn der Euro-Krise 2010 schien die Welt bis vor Kurzem in den Modus ökonomischer und finanzwirtschaftlicher Normalität zurückgekehrt.

Der schöne Schein der Normalität

Für viele zeigte sich dabei dieses Bild: Statt um Drohszenarien wie Weltwirtschaftskrise und Bankenschließungen oder apokalyptisch anmutende Begriffe wie »Kernschmelze des Weltfinanzsystems« ging es auf den internationalen Konferenzen wieder in erster Linie um Wachstum und wirtschaftliche Zusammenarbeit. Oder es ging um die Eindämmung von politischen Krisen wie etwa jener in der islamisch-arabischen Welt, in der Ukraine oder – in diesem Zusammenhang – um Sanktionen gegen Russland sowie um die Sorge, es könnte zum Ausbruch eines neuen Kalten Krieges kommen.

Sicher, politische Normalität war auch das nicht, ganz im Gegenteil. Aber finanzwirtschaftliche Themen schienen im Großen und Ganzen eher in den Hintergrund gerückt.

Dazu passte, dass im Frühjahr 2014, im Vorfeld der Wahl zum Europäischen Parlament also, Länder wie Griechenland, Irland oder Portugal nicht nur für ihre Sparanstrengungen gelobt worden sind. Sie machten nach Jahren der Abhängigkeit von den Euro-Rettungsschirmen auch vorsichtige erste Schritte zurück an die Finanzmärkte.

Die Europa-Wahl hat zudem zwar insgesamt mehr als 20 Prozent Parteien ins Parlament gespült, die offen oder verdeckt eine Anti-Euro- oder eine Anti-Europa-Haltung einnehmen. Insgesamt aber ist der Ruck in die Extreme geringer ausgefallen als von vielen befürchtet. Auch die Griechenland-Wahl Ende Januar 2015 dürfte diesen Befund bestätigen, geht es doch der neuen Regierung nach eigenen Verlautbarungen nicht um einen Ausstieg Griechenlands aus der Euro-Zone, sondern um weitere Linderungen der Schuldenlast.

Und Deutschland? Stand und steht in dieser Post-Finanzkrisen-Welt fantastisch da. Jedenfalls wollen uns das Politiker und auch Finanzmarktakteure, die die öffentlichen Debatten subtiler und stärker denn je kontrollieren, glauben machen. Der Arbeitsmarkt brummt, die Löhne steigen, die Kunden konsumieren, Preissteigerungen gibt es kaum, der Export boomt.

Zwar ist immer mal wieder mit leichten Auftrags- und Wachstumseinbrüchen zu rechnen, zu denen es auch kommt und die sich mit der Logik konjunktureller Dellen erklären lassen. Dennoch herrscht die bemerkenswerte Stetigkeit einer Stimmung vor, nach der unser Land nicht mehr der »kranke Mann Europas« ist, wie vor den Agenda-2010-Reformen vollkommen zu Recht beklagt, sondern der ökonomische Motor des Kontinents und wichtiger Treiber der Weltwirtschaft. Und für viele gilt, dass Deutschland auch jenseits konjunktureller Eintrübungen und jenseits neuen, teilweise heftigen Aufflackerns der Euro-Krise – und seit Kurzem der Russland-Krise – im Vergleich zu seinen Nachbarn vor Stabilität strotzt.

Selbst die Staatsfinanzen sind nach Jahrzehnten steigender Defizite aufgrund der höchsten Steuereinnahmen aller Zeiten erstmals unter Kontrolle, jubelt Finanzminister Wolfgang Schäuble, bald greife die gesetzliche Schuldenbremse, die Nettoneuverschuldung des Bundes liege schon für 2014 bei null. Seht her, so seine Botschaft: Die soziale Marktwirtschaft funktioniert, alles unter Kontrolle.

Natürlich macht die Europäische Zentralbank mit ihren vor allem in Deutschland nicht unumstrittenen, immer neuen Programmen Schlagzeilen. Ansonsten aber wirkt die Finanz- und Euro-Krise heute im öffentlichen Bewusstsein hauptsächlich dadurch nach, dass die Banken und ihr Umfeld – die Finanzmärkte – nicht nur Milliarden verbrannt, sondern dabei auch ihren Ruf verloren haben. Man traut den Finanzakteuren nun alles zu – vor allem Abzockerei und Vernichtung unseres Wohlstands.

Schon in den 80er-Jahren grassierte in New York ein Witz über ihre Ruchlosigkeit: »Was sind 10 000 Banker, gekettet an einen Felsen am Meeresgrund? – Die Antwort: Ein guter Anfang.« Ganz neu ist der aktuelle Reputationsverlust also nicht, zumindest für die Banken. Aber das Versagen des internationalen Banken- und Finanzmarktsystems im Vorfeld der 2007/08 ausgebrochenen Krise und seine Folgen für die Weltwirtschaft haben aus einem eigentlich schon länger bestehenden negativen Grundrauschen eine weltweite Anklage gemacht, die bis heute anhält. Mit dem massiven Ansehensverlust müssen die Finanzmarktakteure nun erst einmal leben.

Schon jetzt scheint klar: Vor allem die Banken haben in den nächsten Jahren unter einer ausgeweiteten staatlichen Aufsicht ihre Fehlentwicklungen der Vergangenheit zu beseitigen – zu hohe Gehälter und Boni, zerstörerische Produkte, verantwortungsloses Kredit- und Finanzierungsverhalten, kriminelle Preisabsprachen, Steuervergehen, zu geringe Eigenkapitalquoten und mangelnde Liquiditätsreserven für Krisen.

All dies gilt es zu eliminieren, lauten die Forderungen.

Und wenn sie erfüllt werden: Wird dann alles wieder gut? Wiederholt sich dann eine vergleichbare Krise nicht mehr? Sind wir dann in sicheren Fahrwassern? Leider nein.

Zum einen: Die Banken haben zwar viele Fehlentwicklungen mit zu verantworten. Doch sie als die alleinigen Krisenverursacher auszumachen, sollte unsere Intelligenz beleidigen. Die wahren Krisenursachen sind komplexer, internationaler und weisen über die Finanzwirtschaft hinaus. Viele Akteure haben dabei eine Rolle gespielt. Und fast ebenso viele möchten nun von dieser Rolle ablenken.

Zum Zweiten: Was in Deutschland so schön aussieht, ist es in Wirklichkeit nicht. In Wirklichkeit nämlich stecken wir – Deutschland, Europa und die westliche Welt inklusive Japan – immer noch in einer großen Krise. Denn die Finanzkrise, wie sie 2007/08 ihren Ausgang nahm, war im Kern bereits eine weltumspannende Schuldenkrise mit großem Zerstörungspotenzial für uns alle. Thematisiert wurde das kaum. Dabei sind die staatlichen und finanzwirtschaftlichen Schuldenberge seither noch einmal stark gewachsen – und mit ihnen das Zerstörungspotenzial.

Zum Dritten: Als es ab Sommer 2014 unter dem Eindruck einer sich eintrübenden Konjunktur vor allem in Europa und Japan einerseits und immer hektischer verkündeten Initiativen der Europäischen Zentralbank andererseits plötzlich hieß: »Die Krise ist zurück«, war das falsch. Richtig ist: Sie war nie weg, nur hat man uns das weismachen wollen. Und wir haben es nur allzu gerne so akzeptiert – zumal wir uns mit den jüngeren Entwicklungen rund um den Islamischen Staat und Putins Politik ja kaum mehr retten können vor immer neuen Bedrohungsszenarien.

Schulden überall – weiter wachsend, ineinander verkeilt

Angesichts dieser Gesamtsituation gilt es kühlen Kopf zu bewahren. Auch mit Blick auf unsere Schuldenkrise. Denn natürlich gilt: Die akute und breit sichtbare Finanzkrise ist überwunden. Doch richtig ist eben auch, dass die tieferen Krisenursachen weiter wirken, und dies heftiger denn je. Gerade vor dem Hintergrund der politischen Krisen, die die Welt mitunter erscheinen lässt, als geriete sie aus den Fugen, darf das nicht vergessen werden. Denn bricht unser Banken- und Finanzsystem gerade jetzt zusammen, dann gnade uns Gott – nicht nur wegen unseres Wohlstands, der von heute auf morgen auf dem Spiel stünde, sondern auch wegen des sozialen Friedens hierzulande, der europäischen Integration und der Friedenssicherung weltweit, zu der auch wir einen Beitrag zu leisten haben.

Wem das zu alarmistisch klingt: So ist es nicht gemeint. Es ist aber durchaus so gemeint, dass wir nicht vergessen dürfen, was ein ehemaliger Berater des US-Präsidenten Bill Clinton einmal so plakativ und richtig formulierte, dass es legendär wurde: *It's the economy, stupid!* Gewiss, der Kontext, in dem er diese Worte sagte, war ein anderer. Und doch ist seine Aussage auch heute noch richtig.

Obwohl: Vielleicht müssten sich Clinton & Co. heute eine kleine Ergänzung gefallen lassen. Denn es ist nicht nur die Wirtschaft, auf die wir in hohem Maße unser Augenmerk richten müssen, wenn wir unseren Wohlstand, unsere Art zu leben und unseren sozialen Frieden sichern wollen. Es ist noch stärker die *financial economy*, die Finanzwirtschaft also mit den Banken und vielen anderen Finanzmarktakteuren, inklusive Ratingagenturen, Schattenbanken, Zentralbanken, Regierungen und staatlichen sowie suprastaatlichen Kontrollorganen, um die wir uns mehr denn je zu kümmern haben.

Das jedenfalls ist die Haltung, aus der heraus ich dieses Buch geschrieben habe.

Wo also stehen wir? Der Super-GAU – also die Kernschmelze des internationalen Banken- und Finanzsystems und eine gigantische Weltwirtschaftskrise ungekannten Ausmaßes in deren Folge – wurde zwar durch staatliche Rettungsmaßnahmen gerade noch einmal verhindert. Das durch massive strukturelle Fehlentwicklungen im Finanzsystem verstrahlte Wasser sickert aber auch weiterhin in den Ozean unserer Wohlstandsgesellschaft.

Wer nur etwas genauer hinschaut, der erkennt zum Beispiel sofort, dass viele der systemrelevanten Banken – etwa JPMorgan und die Bank of America in den USA oder die Commerzbank und die KfW in Deutschland – im Gefolge der Finanzkrise erst einmal nicht kleiner, sondern größer geworden sind. Und er erkennt, dass infolge der Finanzkrise auch die Haftungsrisiken, für die bei einem Zusammenbruch wohl am Ende doch wieder der Steuerzahler einzustehen hätte, massiv gestiegen sind. Oder er erkennt, dass die Finanzmärkte wie schon vor der akuten Krise auch heute wieder dazu neigen, bestimmte Vermögensklassen überzubewerten – im Moment Immobilien, Aktien und Staats- oder Unternehmensanleihen –, und dass sie damit gefährliche Blasen schaffen, die bald platzen könnten.

Die Liste der Warnsignale lässt sich mühelos verlängern. Etwa dadurch, dass die Zentralbanken, die westlichen Staatshaushalte und die Finanzindustrie im Unterschied zu 2007/08 sowohl in absoluten Zahlen wie beim Justieren ihrer Aufgabenverteilungen am Limit ihrer Möglichkeiten angekommen sind. Gigantische staatliche Rettungspakete, wie sie auf dem Höhepunkt der Krise geschnürt wurden, wären aktuell wegen weiter schrumpfender öffentlicher Finanzspielräume kaum mehr möglich. Der Fokus der Rettungs- und Heilungsversuche liegt also erzwungenermaßen weitgehend bei der Geldpolitik – auch wenn jene der Europäischen Zentralbank immer weniger eine solche zu sein scheint, denn die Ankaufprogramme von Staatsanleihen und Kreditportfolios der Banken sind wohl eher der (nicht autorisierten) Finanzpolitik zuzurechnen.

Die Finanzspielräume sind vor allem aus zwei Gründen sehr gering. Zum einen etwa tendieren die Zinsen gegen null – wenn sie nicht gar schon Negativwerte erreicht haben –, und damit verknüpft wachsen die Gefahren, bald in japanischen Verhältnissen mit lang anhaltender Wachstumsschwäche, Deflation und weiter steigender Staatsverschuldung zu enden. Vor allem aber sind bereits heute die Schulden sowie die mit ihnen verbundenen

Ansprüche und Leistungsversprechen bei den Staaten und den entscheidenden Finanzmarktakteuren – inklusive der Banken – noch einmal um 40 Prozent größer als bei Ausbruch der Finanzkrise. Bei den Zentralbankbilanzen fällt der Anstieg noch deutlicher aus.

Die alte Ordnung zwischen diesen Schuldenprotagonisten, wie wir sie noch vor 20, 30 oder auch fast 40 Jahren kannten, ist endgültig aus den Fugen geraten.

Das ist eine alarmierende Entwicklung. Sie zeigt sich an vielerlei – zum einen etwa am Verschuldungsgrad der öffentlichen Haushalte. Nach Angaben der europäischen Statistikbehörde Eurostat sind die Staatsschulden der Euro-Länder und der EU-Mitglieder im ersten Quartal 2014 auf einen neuen Rekordwert geklettert. Zur Erinnerung: Der Stabilitäts- und Wachstumspakt legt für die Europäische Währungsunion fest, dass die gesamten Schulden eines Staates einen Verschuldungsgrad von 60 Prozent, gemessen am Bruttoinlandsprodukt, nicht überschreiten dürfen. Es gibt einen breiten internationalen Konsens, dass Staaten bis zu diesem Verschuldungsgrad ihren finanzwirtschaftlichen Handlungsspielraum behalten, ohne das Wirtschaftswachstum spürbar zu beeinträchtigen. Dass es immer wieder einmal Versuche gibt, diesen Konsens infrage zu stellen, wie etwa unlängst von der Direktorin des Internationalen Währungsfonds Christine Lagarde, die als Französin angesichts der angespannten ökonomischen Situation in ihrem Heimatland ein besonderes Interesse an einem Aufbrechen dieses Konsenses haben mag, ändert nichts daran, dass es ihn prinzipiell immer noch gibt.

Was es allerdings auch gibt, ist die Tatsache, dass immer mehr Staaten immer deutlicher von ihm abweichen. Am Ende des ersten Quartals 2014 etwa wiesen die 18 Euro-Staaten nun bereits einen Verschuldungsgrad von 93,9 Prozent auf, gegenüber 92,7 Prozent im Vorquartal. Betrachtet man die gesamte EU, so zeigt die Verschuldung der öffentlichen Haushalte eine ähnliche Tendenz. Sie wuchs von 87,2 auf 88,0 Prozent. Spitzenreiter ist Griechenland

(174,1 Prozent) vor Italien (135,6 Prozent) und Portugal (132,9 Prozent), während Deutschland mit 77,3 Prozent im Mittelfeld liegt.

Dass diese Schuldenentwicklung keine junge ist, dokumentieren etwa auch die Zahlen der seit 2003 deutlich ausgeweiteten westlichen Staatsschuldenquoten, also des prozentualen Anteils der Schulden eines Landes an seinem jährlichen Bruttoinlandsprodukt:

Staatsschuldenquoten 2003 bis 2013

	USA	Japan	EU	Deutsch-land	Frank-reich	Spa-nien	Italien	Groß-britannien
2003	58,3	158,3	76,8	65,9	75,2	55,5	116,3	42,0
2004	65,2	166,3	78,0	69,3	77,2	53,5	116,8	44,2
2005	64,6	169,5	78,9	71,8	79,0	50,9	119,4	46,4
2006	63,4	166,8	76,1	69,8	73,9	46,3	121,2	46,0
2007	63,8	162,4	72,7	65,6	73,0	42,5	116,5	46,9
2008	72,6	171,1	78,0	69,9	79,3	48,0	118,9	57,3
2009	85,8	188,7	88,8	77,5	91,4	63,3	132,4	72,1
2010	94,6	193,3	93,9	86,2	95,7	68,4	131,1	81,7
2011	98,8	209,5	95,9	85,8	99,3	78,8	124,0	97,1
2012	102,1	216,5	104,4	88,5	109,3	92,6	142,2	101,6
2013	104,3	224,6	106,7	85,9	112,6	104,0	145,5	99,3

Quelle: OECD

Die alarmierende Entwicklung drückt sich ebenfalls – und zweitens – in den seit 2008 massiv ausgeweiteten Zentralbankbilanzen aus. Krisenbedingt wurde die Geldpolitik der Zentralbanken sehr expansiv. Zum einen fokussierten und fokussieren sie auf die Stabilisierung des Banken- und Finanzsektors, der auch nach der Krise noch nicht zum Zustand der Vorkrisenzeit zurückgefunden hat, weder in der Frage der Liquidität noch mit Blick auf das wechselseitige Vertrauen der Akteure. Zum anderen griffen die Zentralbanken insbesondere in den angelsächsischen Ländern und Japan direkt in den Markt für langfristige Staatsanleihen ein, indem sie diese in großem Umfang über kurzfristige Geldschöpfung in die eigene Bilanz nahmen. Ziel war und ist es hier, die Zinsen auch langfristig auf niedrigem Niveau zu stabilisieren, die Banken zu stützen, die geschöpften Gelder der Realwirtschaft zur Verfügung zu stellen und so die Wachstumskräfte in den Ländern zu stärken.

Die folgende Abbildung zeigt die Entwicklung der Ausweitung der Bilanzen der Notenbanken am Beispiel der USA, Japans, Großbritanniens und der EU beziehungsweise der Euro-Zone bis 2013:

Entwicklung der Bilanzsummen wichtiger Notenbanken

	USA (Fed)	Japan (Bank of Japan)	EU (Europäische Zentralbank)	Großbritannien (Bank of England)
	In Millionen Dollar	In Yen	In Millionen Euro	In Millionen Pfund
2004	814 946	150 517 363 797 012	90 212	22 142
2007	915 129	113 426 206 898 263	1 507 981	72 891
2010	2 430 890	142 363 158 519 593	2 002 210	229 599
2013	4 024 149	241 579 845 815 910	2 273 267	399 341

Quellen: Jahresberichte der vier Notenbanken

Im Gegensatz zu den anderen westlichen Zentralbanken hat die EZB in den Jahren 2013 und 2014 eine weitere Bilanzausweitung über den Ankauf von Staatsanleihen hoch verschuldeter Euro-Staaten nicht vollzogen. Seit Januar 2015 wissen wir aber, dass der 2012 ausgesprochenen Ankündigung von EZB-Präsident Mario Draghi, er werde »alles tun, was nötig sei«, um die Banken, die Finanzmärkte und die Wirtschaftskräfte im Euro-Raum zu stabilisieren, nun auch geldpolitische Taten in Form eines großen Anleiheankaufsprogramms unter Einschluss der Euro-Staatsanleihen folgen werden.

Die in weiten Teilen positiven Stellungnahmen des Europäischen Gerichtshofes auf die 2014 vonseiten der Bundesbank und anderen aufgeworfenen Fragen der Rechtmäßigkeit einer solchen Maßnahme haben Mitte Januar 2015 den Weg erst einmal dafür freigemacht, dass die EZB die europäischen Staatsschulden quasi aus der Druckerpresse finanzieren darf.

Erstes Opfer dieser Entwicklung wurde die Schweizerische Nationalbank, die sich im Januar 2015 gezwungen sah, die seit 2011 bestehende Bindung an den Euro aufzugeben. Zu groß wurden die tatsächlichen und potenziellen Währungsverluste aus den Ankäufen von Euro-Papieren, die währungsmäßig von Seiten der EZB – gewollt – immer mehr an Wert verlieren. Die damit verbundene Aufwertung des Schweizer Frankens um mehr als 20 Prozent wie auch die aufgelaufenen Verluste in der Bilanz der Schweizerischen Nationalbank zeigen, dass auch monetäre Stabilisierungsversuche der Zentralbanken am Ende scheitern können.

Der von Mario Draghi am 22. Januar 2015 vorgestellte Plan sieht vor, dass die EZB von März 2015 bis September 2016 Euro-Staatsanleihen von 60 Milliarden Euro pro Monat und damit im Gesamtvolumen von mehr als 1100 Milliarden Euro ankaufen. Er holt damit nach, was Japan, Großbritannien und die USA schon seit Jahren praktizieren: eine ultra-lockere Geldpolitik mit Null-zinsen unter Einschluss des Ankaufs von Bank- und insbesondere Staatsanleihen.

Alle westlichen Nationen haben seit Ausbruch der Finanzkrise 2008 neben den staatlichen Rettungsmaßnahmen und der Neuregulierung der Banken ihre Zentralbanken, deren wichtigste Kommunikationsaufgabe in der Zeit vor der Krise das Schweigen und die Unberechenbarkeit für die Finanzmärkte waren, zu Sprachrohren umfunktioniert, die uns wöchentlich versichern, dass sie alles tun werden, eine finanzwirtschaftliche Eskalation zu verhindern. Vor allem bis Mitte der 90er-Jahre stellten dagegen die westlichen Zentralbanken Institutionen dar, vor denen die Banken und Finanzmärkte großen Respekt hatten. Ihre Verlautbarungen waren bestenfalls »Orakel«, die man so oder anders lesen konnte. Andererseits waren sie auch auf andere Weise schwer durchschaubar.

Zentralbanken stellten für Banken und Märkte immer eine Art Gefahr dar, denn sie konnten ohne jede Ankündigung Zinserhöhungen durchsetzen, damit Rezessionen auslösen, Aktien- oder Anleihemärkte kollabieren lassen und Regierungen stürzen. Und bis Ende der 80er-Jahre ist das immer wieder geschehen.

Inzwischen ist es umgekehrt. Zentralbanken sind mittlerweile zu den wichtigsten Versicherern der Märkte geworden. Unter dem Vertrauen einflößenden Begriff der *Forward Guidance* kommunizieren sie dabei nicht mehr schwer durchschaubar, sondern – zurückhaltend ausgedrückt – kreativ. Damit etwa in der Öffentlichkeit keine Angst vor einer Deflation entsteht, erfinden die Zentralbanker inzwischen neue Wortkreationen wie »Disinflation«. So sind sie aus einem schwer zu lesenden Orakel zum wichtigsten Kompass für die Welt der Finanzen geworden, unter Einschluss der Aktienmärkte und der Staatsfinanzen. Und anders als seine Vorgänger spricht Mario Draghi in seiner Funktion als EZB-Präsident nun regelmäßig vor nationalen Parlamenten und erläutert ganz konkret seine geldpolitischen Ziele. Und dabei bleibt es nicht, denn er erläutert ebenfalls die anvisierten Maßnahmen. Ist all dies ein Ausweis der Unabhängigkeit der EZB von der Politik, wie sie in den Statuten der Bank verankert ist? Natürlich nicht.

Damit nicht genug. Denn in der Euro-Zone zeigt sich das verlorene Gleichgewicht der alten Ordnung zwischen Schuldnern und Gläubigern zusätzlich auf andere Weise besonders gravierend. Hier stehen viele Schuldnerländer, die um ihre Existenz kämpfen, wenigen Gläubigerländern gegenüber, die zwar weiter am Euro festhalten, dabei aber ihre eigenen Haftungen aus dem Verbund beschränken wollen. Griechenland zum Beispiel ruft immer wieder nach weiterer Verringerung der Schulden- und Reformlast, Deutschland hingegen sucht nach Wegen, seine etwa über Rettungsschirme gegebenen (indirekten) Garantien für Griechenland nicht direkt in harte deutsche Schulden umzuwandeln. Oder ein anderer Fall: Im Mai 2014 verkündet die Europäische Kommis-

sion stolz, dass mit der Etablierung der EU-Bankentestamente –
einer Abwicklungsordnung für gescheiterte Banken – die Zeit
vorbei sei, in der die europäischen Steuerzahler für den Konkurs
von Banken haften müssten. Die Ankündigung hielt der Realität
keine drei Monate stand. Denn schon im August desselben Jahres
wurde mit Mitteln aus dem Europäischen Stabilitätsmechanismus
(ESM) – also aus dem Euro-Rettungstopf, der eigentlich für die
Unterstützung von Staaten in einer Krise angelegt ist – die portu-
giesische Banco Espirito Santo vor dem Ruin gerettet.

Ein weiteres Beispiel für konfliktträchtige Unterschiede in der
Euro-Zone: Deutschlands Banken halten inzwischen deutlich geringere Anteile an Staatsanleihen der südeuropäischen Krisenländer als noch vor fünf Jahren. Die französischen Institute dagegen
haben diesen Schritt aufgrund des Drucks der nationalen Politik
nicht in vergleichbarem Umfang vollzogen. Allein das macht
Frankreich in der Euro-Krise eher zu einem Verfechter der Interessen der schwachen Länder als zu einem Verbündeten der Starken, zu denen Deutschland immer noch gerechnet wird – ein
gefährlicher Gegensatz der beiden wichtigsten Protagonisten in
der EU und Euro-Zone.

Insgesamt also sind die Bank- und Staatsschulden und die damit verknüpften Interessenlagen in der Euro-Zone ineinander
verkeilt, sowohl was mögliche Eskalationen in Richtung einer
neuen Megakrise betrifft als auch in Bezug auf mögliche Lösungen. Angesichts solcher gefährlichen und wechselseitigen Abhängigkeiten auf die vermeintliche Stärke Deutschlands zu zeigen,
mag für Politiker hierzulande opportun erscheinen, weil es vor-
gaukelt, alles sei unter Kontrolle, und so Wiederwahlchancen erhöht. In Wirklichkeit aber ist es Augenwischerei und Ablenken
von Herausforderungen, die dringend anzugehen wären.

Das gilt umso mehr, als ähnliche, sich gegenseitig verstärkende
Abhängigkeitskonstellationen auch jenseits des Euro-Raums zu erkennen sind, vor allem in China, der bisherigen Wachstumsloko-
motive der Welt. Nach Schätzungen der Standard Chartered Bank

stiegen die Gesamtschulden der Volksrepublik – das heißt die Verbindlichkeiten von Regierung, Unternehmen und Haushalten im Vergleich zur Jahreswirtschaftsleistung – seit Ende 2008 von 147 auf 250 Prozent Ende Juni 2014. Wichtig dabei: Es war insbesondere auch China, das durch seine expansive Geld- und Wirtschaftspolitik in und nach der Finanzkrise die Welt vor einem noch größeren realwirtschaftlichen Kollaps gerettet hat. Inzwischen aber werden die eingegangenen Schulden auch für das größte Schwellenland zum Problem.

Zum Vergleich: In den USA belief sich die Gesamtschuldenquote Ende 2013 auf 260 Prozent, in Deutschland auf knapp 200 Prozent. Beide Länder sind dabei wirtschaftlich wesentlich weiter entwickelt und können höhere Gesamtschulden deutlich besser verkraften als ein Land wie China, das sich im schwierigen Prozess befindet, den Weg von der verlängerten Werkbank des Westens zu einem voll entwickelten Industriestaat zu gehen. Damit das funktionieren kann, sind große Veränderungen in der chinesischen Wirtschaft nötig. Mit einem strukturell zu hohen Schuldenstand wird das aber schwierig.

Grund für den schnellen Anstieg der Verschuldung ist die chinesische Wirtschaftspolitik, die mit billigen Krediten, vor allem mit staatlich verordneten Bau- und Infrastrukturprojekten, versucht, das Wachstum hochzuhalten – und damit auch das Versprechen nach Wohlstandsmehrung. Die Frage ist, wie lange dieses Konzept noch trägt. Und die Frage stellt sich umso mehr, als sich daneben auch ein immer fragileres Schuldner-Gläubiger-Verhältnis zwischen den alten Industrienationen und den Schwellenstaaten zeigt. So hält etwa China als mit Abstand wichtigstes Schwellenland gegenwärtig mehr als 3500 Milliarden US-Dollar an westlichen Staatsanleihen, die meisten davon tatsächlich in US-Dollar, einen wesentlichen Anteil aber auch in Staatsanleihen aus dem Euro-Raum.

Zwar ist, anders als im innereuropäischen Verhältnis, die Konfrontation, wer am Ende die Zeche für hier bereits deutlich erkennbare Ausfallrisiken zahlt, noch nicht offen ausgebrochen. Doch das kann sich schnell ändern. Viele Ökonomen sind seit Längerem schon besorgt und befürchten einen Absturz der chinesischen Wirtschaft. Sowohl das auf exzessiver Kreditaufnahme und auf Investitionen und Export basierende chinesische Wachstumsmodell als auch die fragilen Schuldner-Gläubiger-Verhältnisse zwischen dem Westen und Schwellenländern im Allgemeinen und China im Besonderen könnten dann kollabieren. Die Weltwirtschaft und mit ihr Deutschland könnten so in einen Strudel unabsehbarer Wohlstandsvernichtung gerissen werden.

Um in dieser komplexen Situation Schlimmeres zu verhindern, stützen die westlichen Zentralbanken sowohl die strukturell zu großen, das heißt über zu viele Schulden finanzierten Staatshaushalte wie auch die Kredite der Banken. Doch trotzdem verleihen sich die Finanzinstitute aus Angst vor der nächsten Großkrise gegenseitig nach wie vor kaum Geld, weder national noch international. Ohne einen funktionierenden Interbankenhandel aber wird das Weltfinanzsystem nicht wieder gesunden können. Die geldpolitischen Stimuli der Zentralbanken fundieren also immer weniger das, was sie sollen: die Realwirtschaft und die Funktionsweise eines stabilen, internationalen Banken- und Finanzsystems.

Nicht weniger wichtig: Kaum ein Land des Westens steht im Außenverhältnis noch für eine starke Währung ein und wenn wie im Fall des Schweizer Frankens eine Aufwertung nicht mehr zu verhindern ist, dann belastet das die dortige Exportwirtschaft massiv. Sowohl die EZB wie auch die japanische Zentralbank verfolgen gegenwärtig offen das Ziel, die Bürde der auf ihren Volkswirtschaften lastenden Schulden – und die damit verbundene wirtschaftliche Schwäche – durch eine Abwertung ihrer Währungen erträglicher zu machen. Wenn das aber alle Länder (beziehungsweise Währungsräume) wirklich konsequent tun, dann kann sich daraus wie in der Weltwirtschaftskrise in den 30er-Jahren ein gefährliches politisches und wirtschaftliches Konfrontationspotenzial entwickeln, bei dem am Ende die internationale

Arbeitsteilung infrage gestellt wird – also die effektive Aufteilung von Produktionsfaktoren und Spezialisierungen und damit genau das, worauf Deutschland als Exportland so stark angewiesen ist.

Deutschland, Europa und die Welt – globale Finanzmärkte als kommunizierende Röhren

In jedem Fall gilt: Verlieren können in dieser Situation viele sehr viel. Schauen wir dabei auf Deutschland, so wird schnell erkennbar, dass wir bedingt durch unsere engen wirtschaftlichen Verbindungen zu Europa, aber auch zum Rest der Welt besonders verwundbar sind.

Zwar mag es auf den ersten Blick so scheinen, dass aufgrund uneindeutiger und immer wieder neu interpretierbarer Souveränitäts-, Vertrags- und Haftungsfragen vor allem die südlichen Euro-Staaten in der internationalen Schuldenkrise zu den größten Verlierern gehören. Wenn solche Entwicklungen allerdings ein bestimmtes Maß überschreiten, dann betrifft das auch Deutschland und seinen Wohlstand in erheblichem Maße. Denn als stark exportorientierte Nation spielen wir im Euro-Verbund eine wichtige Rolle – und nicht nur dort, sondern auch in Europa und der Welt insgesamt. Diese Rolle ist noch dazu eine schwierige, und dies nicht nur aus historischen Gründen.

Erstens: Als klassische Exportnation sind wir stärker von der internationalen Arbeitsteilung abhängig als viele unserer nahen und fernen Nachbarn. Was, wenn infolge der Krise die internationale Arbeitsteilung einen Rückschlag erleidet und Absatzmärkte wegbrechen, also unsere Produkte weniger gekauft werden?

Zweitens: Unser auf Leistungsbilanzüberschüsse angelegtes Wirtschaftsmodell macht Deutschland zu einer internationalen Gläubigernation. Was, wenn all die Forderungen, die deutsche Unternehmen, Banken, der Staat und Individuen gegenüber dem Ausland haben, infolge einer plötzlichen Eskalation der

Krise nicht mehr oder nur noch sehr eingeschränkt beglichen werden?

Drittens: Durch seine Mitgliedschaft in der Euro-Zone ist Deutschland dort sowohl stark gefordert wie auch stark verwundbar. Das gilt vor allem wegen der Haftungszusagen in den europäischen Rettungsschirmen und Kreditprogrammen. Das Münchner ifo Institut fasst die aus den Rettungsmaßnahmen für Euro-Länder resultierenden Hilfen im laufend aktualisierten sogenannten Haftungspegel zusammen. Für Deutschland ergibt sich dabei die potenzielle (maximale) Haftungssumme von 1,56 Billionen Euro (Stand: September 2014). Das sind mehr als fünf ganze Jahreshaushalte des Bundes.

Viertens: Insbesondere unsere südlichen und westlichen europäischen Nachbarn, aber zunehmend auch die USA kritisieren immer öfter die deutsche Exportorientierung. Deutschlands industrieller Stärke stehen dabei ein relativ schwacher Banken- und Dienstleistungssektor, aber auch zu geringe Inlandsinvestitionen und eine im internationalen Vergleich häufig monierte schleppende Konsumnachfrage gegenüber. Gleichzeitig sorgt Deutschland mit seinen Exportüberschüssen, die inzwischen zu zwei Dritteln mit Ländern außerhalb des Euro-Raums generiert werden, auch dafür, dass der Leistungsbilanzsaldo der Euro-Zone insgesamt mehr oder weniger ausgeglichen ist. Diese beiden Elemente verstricken Deutschland, die gesamte Euro-Zone und den Euro als Währung eng mit dem Rest der Welt. Ein Euro in der Krise ist ein nationales und supranationales Thema, gleichzeitig aber auch Teil eines globalen Problems.

Bei einer weiteren Verschärfung der Schuldenkrise besteht für Deutschland die Gefahr, dass sein Wirtschaftsmodell von innen und von außen beschädigt wird. Darauf ist das Land, in dem der Bund, insbesondere aber die Länder und die Gemeinden strukturell zu hoch verschuldet sind, nicht vorbereitet.

Gefährlich wird es vor allem dann, wenn über eine wie auch immer verursachte Ausweitung der Schuldenkrise – beispielsweise angestoßen durch eine US-Dollar-Krise, eine politisch-wirtschaftliche Krise in Italien oder Frankreich, ein neuer Kalter Krieg, eine eskalierende Legitimationskrise der Europäischen Zentralbank, ein aus dem Ruder laufender Konflikt mit Russland oder ein Konflikt zwischen Japan und China – die internationale Arbeitsteilung massiv unter Druck geriete und Märkte wegbrechen sollten. Dann werden für Deutschland viele der Haftungen und Garantien für europäische Rettungsschirme, Kredite und Institutionen quasi mit einem Schlag zu konkreten Schulden. Die Folge wären eine Wirtschaftskrise und massiv steigende Staatsschulden. Beides würde unser Land unter immensen Druck setzen – mit unabsehbaren sozialen, wirtschaftlichen und politischen Folgen.

In einem solchen Szenario würde die Euro-Krise erstmals auch zu einer Deutschland-Krise werden. Noch geht es den Deutschen besser als ihren europäischen Nachbarn. Längst aber ist klar, dass wir nur so stark wirken, weil »die andern« schwächer geworden sind, etwa Frankreich, unser wichtigster Partner. Der temporäre – und sehr relative – Gewinnerstatus darf unseren Blick aber nicht trüben.

Tatsächlich ist die Lage auch in Deutschland selbst nicht erfreulich: Die Bruttoanlageinvestitionen sind seit Anfang der 90er-Jahre bis 2013 von circa 25 auf unter 20 Prozent gesunken. Der deutsche Kapitalstock als Synonym für alle langfristigen Kapitalanlagen nimmt in vielen Branchen ab, sodass sich große Investitionslücken aufgetan haben, sowohl beim Staat als auch in der Realwirtschaft. Das zukünftige Potenzialwachstum der deutschen Volkswirtschaft, das heißt der langfristige Zuwachs des Bruttoinlandsprodukts bei vollständiger Auslastung der vorhandenen Produktionskapazitäten, geht daher schon seit Jahren zurück. Auch wir leben also von der Substanz, abzulesen an unseren löchrigen Straßen, maroden Brücken oder nicht instand gehaltenen Schulen. Und wir tun das mit einem Schuldenstand, der sich seit 1990 in etwa verdoppelt hat. Zu lange hat sich unser Land politisch in vergangenen Erfolgen gesonnt, zuletzt in jenen der Agenda

2010. Weitere Anstrengungen zur Stärkung der Wettbewerbsfähigkeit werden seitdem vernachlässigt.

In jedem Fall gilt: Weil der Euro zur zweitwichtigsten Reservewährung in der Welt aufgestiegen ist, führt eine eskalierende Krise der Euro-Zone – wodurch auch immer sie ausgelöst wird – zu massiven internationalen Konsequenzen, die sowohl Deutschland und Europa erschüttern wie auch weit über Europa in die Welt hinausreichen – und von dort wieder auf die Euro-Zone zurückstrahlen.

Diese europäisch-internationale Dimension gilt auch für die Schuldenkrise und die mit ihr verbundenen finanziellen Risiken. Denn es wird gerade hierzulande nur allzu gerne vergessen, dass die seit Jahren weiter schwelende Euro-Krise lediglich ein Teil der global gleichsam still wachsenden und ebenso still eskalierenden Schuldenkrise ist. Diese erstreckt sich über die USA, Japan, Großbritannien oder die Schwellenstaaten ins gesamte internationale Finanzsystem hinein. Die schuldenbedingte Instabilität ist damit ein komplexes, weltumspannendes Phänomen, dessen Kräfte und Gefahrenpotenziale den gesamten Westen (inklusive Japan), die sich entwickelnden Staaten und damit mehr als 85 Prozent der Weltwirtschaft betreffen.

Wie kommunizierende Röhren verbinden dabei die Finanzmärkte die jeweiligen regionalen Schwerpunkte der Schuldenkrise mit dem Rest der Welt, und dies täglich, in Sekundenschnelle und 365 Tage im Jahr. Nur mit dem Verständnis dieser Parallelität regionaler und globaler Krisen, mit ihren Verbindungen und Rückkopplungen bleibt die Suche nach den tieferen Ursachen der Krise und möglichen Lösungen nicht an der Oberfläche regionaler und Euro-zentrierter Ursache-Wirkungs-Zusammenhänge stehen.

Wie massiv sich die Dichte ihrer internationalen Verbindungen zwischen den Banken im Vorfeld der Finanzkrise erhöht hat, veranschaulicht die Abbildung auf der nächsten Seite.

Noch komplizierter wird es, wenn man sich vergegenwärtigt, dass die internationalen Finanzmärkte und Banken strukturell seit

Zuwachs internationaler Bankverbindungen von 1985 bis 2008

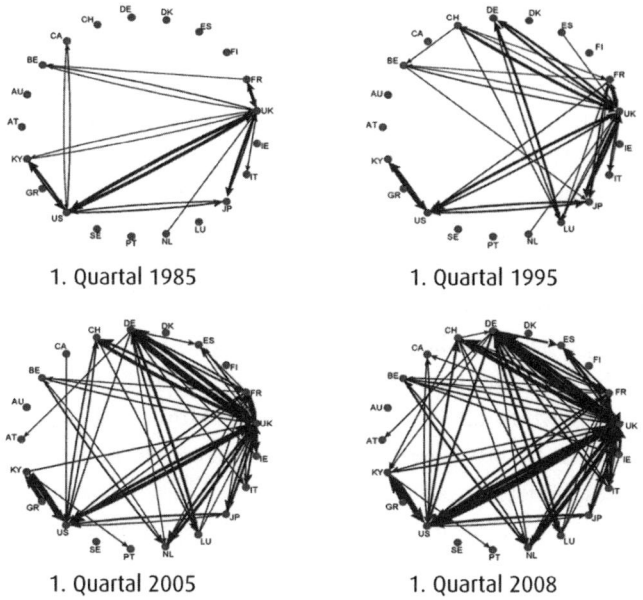

Quelle: Bank of England

2008 selbst in einer tiefen Krise stecken. Damit sind sie nicht nur Prozessoren von Schuldversprechen Dritter, sondern selbst Agierende, denen das Wasser bis zum Halse steht. Sie werden zudem durch immer neue staatliche und supranationale Regulierungsvorstöße unter massiven Kosten- und Handlungsdruck gesetzt.

Banken sind auf der Suche nach neuen Geschäftsmodellen, weisen zu geringe Eigenkapitalquoten auf und einen zu hohen Anteil von nicht mehr eintreibbaren Krediten. Allein in der Euro-Zone sind laut EZB etwa zehn Prozent aller herausgelegten Bankkredite als »schlecht« eingestuft, müssten also eigentlich abgeschrieben werden. Die Finanzinstitute sind damit ein eigener, die Krise verschärfender Teil des Gesamtproblems.

Es gibt also nicht die eine, sondern mehrere nationale, regionale und internationale Schuldenkrisen, die vernetzt sind und negativ wie kumulativ aufeinander abstrahlen. Sie tun dies in verschiedenen Räumen und Staaten, aber auch in unterschiedlichen Bereichen: in der Finanz- und Realwirtschaft, in den Staatshaushalten, in den Sozialbilanzen sowie im politischen und geopolitischen Raum. Und sie wirken nicht zuletzt in Strängen, die mit der Euro-Einführung, der Digitalisierung und der Globalisierung direkt zusammenhängen.

So traten in der Finanzkrise 2007/08 – vereinfacht ausgedrückt – etwa individuell überschuldete Immobilienbesitzer in Minnesota in Kontakt mit einem sehr anfälligen deutschen System der Landes- und Hypothekenbanken in München, Düsseldorf oder Frankfurt. Die nämlich kauften jene Wertpapiere, in denen die US-Hypothekenkredite verbrieft waren, auch jene aus Minnesota. Als endgültig klar wurde, dass viele dieser Kredite nicht mehr bedient werden konnten, gerieten auch die Banken schnell in massive Schwierigkeiten. Am Ende verlor der amerikanische Schuldner sein Eigenheim, der US-amerikanische und der deutsche Staat schnürten umfangreiche Rettungspakete, Landes- und Hypothekenbanken mussten gestützt werden oder gingen pleite, deutsche Sparer erleiden seither Kapitalverluste auf ihre Bankeinlagen und Versicherungspolicen, die Schwellenstaaten müssen Einschnitte bei ihren Exporten hinnehmen und anderes mehr.

Direkt im Anschluss an den Ausbruch der Finanzkrise durchlief Deutschland eine heftige, allerdings nur kurze Wirtschaftskrise, aus der wir recht schnell herausfanden, um von Zeit zu Zeit wieder in konjunkturellen Tälern zu landen. Viele andere Staaten jedoch, vor allem in der Euro-Zone und hier verstärkt durch die Euro-Staatsschuldenkrise, stecken bis heute in einer solchen Wirtschaftskrise fest. Und da diese struktureller Natur ist, wird sie kaum schnell zu überwinden sein. Mit Ausnahme der USA und Deutschlands erwirtschaften die meisten Länder der entwickelten Welt zudem auch sieben Jahre nach der Finanzkrise geringere Bruttoinlandsprodukte als davor, während zugleich die Schulden massiv angestiegen sind.

Wachstumsentwicklung 2000 bis 2013 in Prozent

	USA	Japan	Deutsch-land	Frankreich	Italien	Groß-britannien	Euro-Zone
2000	4,092	2,257	3,292	3,875	3,654	4,362	3,790
2001	0,976	0,355	1,640	1,954	1,863	2,185	1,983
2002	1,786	0,290	0,029	1,118	0,451	2,295	0,917
2003	2,807	1,685	-0,388	0,820	-0,047	3,949	0,725
2004	3,785	2,361	0,694	2,786	1,731	3,173	2,210
2005	3,345	1,303	0,851	1,608	0,931	3,235	1,723
2006	2,666	1,693	3,881	2,375	2,199	2,755	3,264
2007	1,779	2,192	3,390	2,361	1,683	3,427	3,002
2008	-0,292	-1,042	0,810	0,195	-1,156	-0,769	0,368
2009	-2,776	-5,527	-5,090	-2,941	-5,494	-5,170	-4,461
2010	2,532	4,652	3,859	1,966	1,723	1,660	1,950
2011	1,602	-0,453	3,402	2,079	0,450	1,117	1,587
2012	2,321	1,464	0,896	0,334	-2,368	0,278	-0,655
2013	2,219	1,517	0,533	0,285	-1,854	1,744	-0,426

Quelle: Internationaler Währungsfonds

Wie massiv sich parallel zur Wachstumsschwäche die Schulden erhöht haben, das belegen diese Zahlen: Ende 2007, also kurz vor Ausbruch der Finanzkrise, beliefen sich die weltweiten Schulden von Staaten und Privatwirtschaft auf 107 Billionen US-Dollar, etwa das Doppelte des weltweit erwirtschafteten Sozialprodukts. Sechs Jahre später, Ende 2013, lautete die gleiche Zahl 150 Billionen US-Dollar, also etwa zweieinhalbmal so viel wie die globale Wirtschaftsleistung.

In einem offenen, vernetzten, digitalisierten Weltfinanzsystem gibt es nicht nur einige, sondern viele solcher internationaler Verbindungen wie zwischen dem Immobilienbesitzer in Minnesota und deutschen Hypothekenbanken, die am Ende über Schulden und Ansprüche aufeinander einwirken und zu einer Krise und ihrem Akutwerden beitragen können. Die alte deutsche Redewendung »... wenn in China ein Reissack umfällt« – als Synonym dafür, dass ein fern liegendes Ereignis keinen Einfluss auf eine

Situation hat – gilt in der finanz- und realwirtschaftlich eng vernetzten Welt von heute nicht mehr.

Das Gegenteil ist vielmehr inzwischen zur Realität geworden. Schulden und die mit ihnen verbundenen Ansprüche haben mittlerweile globale Relevanz. Diese Relevanz nimmt in dem Maße zu, in dem die Bedeutung der Schwellenstaaten für die Weltwirtschaft wächst. Und sie wächst dort seit mehr als 20 Jahren. Alle Schwellenländer zusammengenommen erwirtschaften inzwischen 50 Prozent des globalen Sozialprodukts, während sie noch 1997 etwa nur ein Drittel dazu beitrugen. Diese Verschiebung der realwirtschaftlichen Verhältnisse hat einen großen Einfluss auf die Macht *in* sowie auf die Funktionsweise *der* internationalen Finanzmärkte.

Einfache Antworten auf die globale Schuldenkrise im Allgemeinen oder auch auf die Euro-Krise im Besonderen – etwa wie »Der Euro muss unter allen Umständen gerettet werden« oder »Europa braucht den Euro nicht« – sind daher weder bei der Suche nach den Ursachen noch bei jener nach Lösungen hilfreich. Diejenigen, die solche Positionen vertreten, kennen allesamt die damit verbundenen Risiken, Kosten und Nebenwirkungen in ihren wahren Ausmaßen nicht – auch wenn nicht wenige von ihnen das Gegenteil behaupten. Was sie in ihren Analysen vergessen, verdrängen oder bewusst verschweigen, sind die globale Dimension und die damit verbundenen Komplexitäten und Unwägbarkeiten jedes Handelns in einer Welt strukturell zu hoher Verschuldung.

Und was viele der Protagonisten, die einfache Lösungen für eine Lösung der Euro- oder auch globalen Schuldenkrise propagieren, ebenfalls ausblenden, ist Folgendes: Die Zukunft war schon immer unsicher. Sie wird aber noch unsicherer, je stärker die strukturell zu hohen Schulden weiter wachsen. Regionale, nationale und internationale Schulden und Ansprüche können dabei täglich in einen Konflikt miteinander geraten.

Die derzeit zu beobachtende Zunahme internationaler Brennpunkte in der Welt ist auch ein Ergebnis des Handlungsdrucks, der in Nationen und in Gesellschaften über eine zu hohe Verschuldung entsteht. Gerade am Beispiel der USA wird das deutlich. Lange spielten die Vereinigten Staaten den Polizisten der Welt. Dass sie ihre außenpolitische Doktrin, als Weltpolizist rund um den Globus jederzeit (in ihrem Sinne) für Ordnung sorgen zu können und zu wollen, aufgaben, um nur noch maximal in einem Konfliktherd der Welt militärisch präsent zu sein, lässt sich auch auf die massiv angestiegenen Staatsschulden der USA zurückführen. Diese haben so gesehen ihre eigenen geopolitischen Konsequenzen nach sich gezogen und werden das auch weiterhin tun.

Ob sich freilich die noch recht neue US-Haltung, nur in maximal einem Konfliktherd der Welt militärisch präsent zu sein, angesichts der sprunghaften Zunahme von global wirkenden Großkrisen wie jenen rund um Syrien, den Irak und den Islamischen Staat oder um die Ukraine und Russland überhaupt halten lässt, muss sich noch zeigen. Wenn sie sich aber nicht halten lässt, dürften auch die US-Staatsschulden abermals stark ansteigen, was auch die Fragilität des globalen Währungs- und Finanzsystems weiter verstärken wird. Dasselbe gilt für ein schon jetzt verschuldetes Europa, dessen Ausgaben allein für innere und äußere Sicherheit aufgrund vermehrter internationaler Brennpunkte und steigender Terrorgefahren nochmals stark steigen werden.

Hinzu kommt: Dass in großen Krisen »das nationale Hemd näher sitzt als der Rock« ist zwar bekannt. Für eine nachhaltige Krisenbewältigung taugt diese Haltung jedoch nicht. Im Gegenteil verstärken nationale Einzelgänge die internationalen Verwerfungen. Nationale Abschottungen sind Gift für notwendige Entschuldungen international miteinander vernetzter Schuldversprechen. Die Weltwirtschaftskrise in den 30er-Jahren steht dafür als warnendes Beispiel.

Wie verteilt die Schulden global tatsächlich sind, wie unübersichtlich verteilt und wie stark gewachsen, lässt sich an vielem festmachen. Ein besonders prägnanter Anhaltspunkt, der noch dazu die internationalen Handels- und Wirtschaftsverflechtungen besonders gut abbildet, sind die Auslandsschulden der Staaten. Folgende Zahlen belegen das: Im Jahre 2006 beliefen sich Italiens Nettoauslandsschulden auf 450 Milliarden US-Dollar, aktuell sind es 740 Milliarden, ein Anstieg von mehr als 64 Prozent. Spanien zeigte für 2006 860 Milliarden US-Dollar, heute weist das Land 1,4 Billionen aus, ein Wachstum von mehr als 62 Prozent.

Ein ähnliches, ja eigentlich noch drastischeres Bild zeigen die Schwellenländer. Die türkischen Nettoauslandsschulden etwa wuchsen von 200 Milliarden US-Dollar im Jahr 2006 auf mehr als das Doppelte heute. Noch stärker stiegen die Schulden in Brasilien (2006: 350 Milliarden US-Dollar, aktuell: 750 Milliarden) und Indien (2006: 180 Milliarden US-Dollar, derzeit: 480 Milliarden).

Und die USA? Sie führen das Ranking bei den Auslandsschulden an. Von zwei Billionen US-Dollar im Jahr 2006 wuchsen sie auf aktuell 5,7 Billionen.

Weil diese Auslandsschulden, die sich wegen der in der Regel zumindest kurz- bis mittelfristig stabilen außenwirtschaftlichen Ungleichgewichte noch dazu laufend erhöhen, auch laufend durch neue Schulden finanziert werden (müssen), ist von dieser Seite ebenfalls kein Ende des Wachstums der Schuldenberge in Sicht.

Ein Schuldenerlass ist dabei keine Option. Das gilt vor allem für Gläubigernationen wie Deutschland, das Forderungen gegenüber dem Rest der Welt in Höhe von 1,7 Billionen US-Dollar aufgebaut hat. Das sind knapp 50 Prozent unserer jährlichen Wirtschaftsleistung. Nach Japan und China sind wir damit die drittgrößte Gläubigernation. Noch stärker trifft es kleinere exportorientierte Volkswirtschaften. Die Schweiz hat etwa Forderungen gegenüber dem Ausland in Höhe von mehr als 140 Prozent der nationalen Wirtschaftsleistung aufgebaut, Singapur gar von mehr als 200 Prozent. Keines dieser Länder kann solche immensen Beträge einfach aufgeben, auch Deutschland nicht.

Die Aussichten sind also auch mit Blick auf Auslandsverschuldung und nationale Gläubigerpositionen trüb, denn Schuldner- und Gläubigernationen sind in der Krise aneinandergekettet. Und angesichts der in den westlichen Ländern und Japan mittelfristig zu erwartenden schmalen Wachstumsraten, billigen Geldes und niedriger Inflation ist kaum ein Ende dieser Verkettung in Sicht.

Unbehagen und Kapitalverluste

Folglich – und nicht zufällig also – ist die Stimmung der Akteure in den Finanzmärkten von großer Unsicherheit und Nervosität geprägt. Aktienmärkte wie der DAX etwa hatten ihre alten Höchststände zwar zwischenzeitlich wieder erreicht, teilweise sogar überschritten. Doch seit Herbst 2014 ist mit einer sich eintrübenden Weltwirtschaft und wachsenden nationalen und internationalen Krisenherden deutlich erkennbar die Verlustangst zurückgekehrt – auch wenn die Kursverläufe zwischendurch immer einmal wieder steil nach oben ausbrechen. Wer in den letzten Jahren mit den Akteuren an der Frankfurter Börse oder anderen Handelsplätzen gesprochen hat, weiß: Die Krise war nie wirklich weg, wenn auch nicht so deutlich sichtbar. Nun aber ist sie nicht mehr zu übersehen – das können auch die Programme von EZB und japanischer Zentralbank, die immer einmal kurzzeitige Kursfeuerwerke auslösen, nicht verdecken. Dies zeigt sich auch an den seit der zweiten Hälfte 2014 rapide fallenden Preisen auf den Rohstoffmärkten – etwa bei Öl, Kupfer, Stahl, Zement und vielen anderen Grundstoffen. Niemand weiß, ob es sich bei dieser Entwicklung im Wesentlichen um eine temporäre Abschwächung der internationalen Nachfrage handelt – insbesondere der Schwellenländer, vor allem Chinas – oder ob sie wie schon in den 30er-Jahren der Vorbote einer globalen Deflationsfalle ist. Ähnliches gilt für die Immobilienmärkte, die sich in den letzten Jahren aufgrund der Geldschwemme der Zentralbanken wieder deutlich erholt hatten. Auch hier findet erstmals seit 2014 eine Umkehrung dieses Trends statt, vor allem in europäischen Ballungsstädten wie London, Paris oder Mailand.

Insgesamt entwickelt sich damit auch hierzulande ein zunehmendes Unbehagen in der Frage, ob die massiv gewachsenen Schulden in den Staaten, bei den Zentralbanken und in den Finanzmärkten noch mit unseren zukünftigen Ansprüchen und Leistungsversprechen vereinbar sind.

Was nämlich nützen etwa den Deutschen Forderungen, so rechnen viele, die sie als Exportchampion gegenüber dem Ausland haben, wenn dieses Ausland sie dereinst nicht wird bezahlen können? Was auch, wenn die mit diesem Bezahlen indirekt verknüpften Leistungsversprechen des Staates, etwa das der deutschen Rentenkassen gegenüber aktuellen und künftigen Rentenempfängern, in Zukunft nicht mehr gehalten werden können?

Längst wirken sich diese Mechanismen deutlich erkennbar auf uns Deutsche aus. Man muss nur genau hinschauen. In den deutschen Versicherungsmärkten etwa herrscht wegen dieser profunden Unsicherheit nicht nur Anlagenotstand, es herrscht vielmehr auch die blanke Angst, dass infolge der niedrigen Zinsen die in den letzten Jahrzehnten eingegangenen Versprechen nicht mehr eingehalten werden können. Die Versicherer und ihre Lobbyisten riefen daher um Hilfe, und diese kam zügig. Im Februar 2014 brachte die Bundesregierung die Senkung des Garantiezinses – also der Minimalverzinsung, die Kapitallebensversicherungen gesetzlich leisten müssen – auf 1,25 Prozent für Neuverträge auf den Weg. Um die Jahrtausendwende hatte er noch bei vier Prozent gelegen.

Doch das Gesetzespaket enthielt noch eine weitere Neuerung, die faktisch in bestehende Verträge eingreift und die Lebensversicherer davon befreit, sich an bestimmte vertragliche Zusagen zu halten, ohne die es womöglich gar nicht zum Abschluss einer Police gekommen wäre. Nun nämlich sollen die Bewertungsreserven bei festverzinslichen Papieren zwischen bald auslaufenden und noch länger bestehenden Verträgen »fairer« verteilt werden, wie es im Politjargon heißt. Doch was heißt hier eigentlich »fair«? Bisher nämlich mussten Lebensversicherungskunden bei Kündigung oder regulärem Ablauf ihrer Police zur Hälfte an diesen Reserven beteiligt werden. Im Vertrauen darauf jedenfalls hatten sie auch ihre Verträge abgeschlossen. Künftig jedoch darf dieser Teil der Bewertungsreserven nur noch in einem Maße ausgeschüttet werden, in dem Garantiezusagen für die restlichen Versicherten auch sicher sind. Die Folge ist, dass demnächst ausscheidende Kunden, die auf Zusagen in ihren alten Verträgen vertraut hatten, je nach Versicherungssumme teilweise auf mehrere Tausend Euro verzichten müssen.

Die Absicht dieser Maßnahmen erscheint auf den ersten Blick sinnvoll: Mit ihnen wird einerseits versucht, Zufallsgewinne einiger weniger Versicherungsnehmer zulasten aller weiteren Versicherungsnehmer zu verhindern und das Produkt Lebensversicherungen für die Gesamtheit der Kunden sicherer zu machen. Mit ihnen soll außerdem eine von den (Lebens-)Versicherungen ausgehende neue Finanzkrise schon im Vorfeld verhindert werden.

Verschleiert wird bei diesen Argumenten jedoch, dass den Preis für diese handstreichartige Gesetzesänderung Millionen von privaten Versicherungssparern zu zahlen haben, die ihre Verträge im guten Glauben auf die – eigentlich – vom deutschen Staat zu gewährleistende Rechtssicherheit abgeschlossen hatten. Mit dem neuen Gesetz werden ihre Ansprüche nun allerdings effektiv, erheblich und endgültig gesenkt, und zwar ex post und ohne dass sie sich wehren könnten. Vertrauensschutz? Gibt es nicht mehr. In den Lebensversicherungsmärkten findet so eine erzwungene Enteignung statt – die faktisch zugleich auf eine Entschuldung von Versicherungsunternehmen zulasten ihrer sparenden Kunden hinausläuft.

Bei den Sparbüchern von Banken, Sparkassen und Bausparkassen sowie und in den Anleihemärkten sieht es ähnlich aus. Infolge der Politik der EZB – für deren nicht unerhebliche Risiken am Ende ohnehin die Steuerzahler haften müssen – liegen etwa die Sparzinsen auf historischem Tiefstand. Und dort werden sie wohl auf einige Zeit bleiben, wenn sie nicht wie schon wie für Großkunden in Negativzinsen umgewandelt werden. Nach Abzug der Inflation erleiden die meisten Kleinsparer dadurch bereits heute nicht unerhebliche Kapitalverluste.

Die Pensionspläne der DAX-Unternehmen zeigen ein vergleichbares Bild. Nach einer Studie der Unternehmensberatung Towers Watson sank die durchschnittliche Deckung dieser langfristigen Sparpläne im ersten Halbjahr 2014 von 65,3 auf 61,3 Prozent. Die in ihren Statuten geforderten Mindestverzinsungen ohne zusätzliche Risiken sind Makulatur. Mittelfristig bleiben nur drei Wege, um diesem Dilemma zu entgehen: Entweder es werden die Pensionspläne gekürzt. Oder die Anlage der Gelder in den Finanzmärkten erfolgt unter Inkaufnahme deutlich größerer Risiken. Oder die Unternehmen müssen die Pensionspläne aus dem laufenden Geschäftsbetrieb subventionieren.

Kein Wunder, dass nicht nur das Unbehagen der Finanzmarktakteure wächst, sondern auch das der Unternehmen, Sparer und Steuerzahler, die bereits jetzt zu bluten haben und die zu Recht fürchten, dass dies erst der Anfang ist.

Zu den schleichenden Enteignungen der Bürger in den Versicherungs- und Zinsmärkten tritt die milliardenschwere deutsche Haftung aus den europäischen Rettungsschirmen von 27 Prozent, die sich inzwischen sowohl auf die Staaten wie auch auf das Euro-Bankensystem beziehen. Allein aus diesem Verbund kann sich für Deutschland bei einer Verschärfung der Krise eine Schuldenbombe entwickeln, deren Explosion nicht nur auf uns zurückfällt, sondern die weltweit zu hören sein wird.

Bei einer solchen Explosion werden die sich dann manifestierenden Schulden im besten Fall bei, grob gerechnet, 300 Milliarden Euro liegen. Das entspricht ungefähr einem Jahreshaushalt des Bundes. Und es entspricht dem Haftungsanteil Deutschlands aus dem 2012 verabschiedeten Europäischen Stabilitätsmechanismus, der in finanzielle Not geratenen Staaten unter die Arme greifen soll, plus den Anteilen derjenigen Staaten, die ihn zwar gezeichnet haben, deren Finanzen aber in einer Krise nicht ausreichen werden, ihre Verpflichtungen zu erfüllen.

Im schlechtesten Fall sind die Risiken, für die Deutschland haften müsste, allerdings weit größer. Denn die Schulden der Banken der Euro-Zone sind wie schon erwähnt noch einmal mehr als doppelt so hoch wie die Schulden der Staaten. Und zehn Prozent davon sind aus heutiger Sicht schon schlecht, müssten also eigentlich sofort abgeschrieben werden, um ein realistisches Bild zu bekommen. Im Eskalationsfall, das heißt beim Ausbrechen einer akuten Krise, würden Staatsschulden und Bankschulden zusammen als Lawine über uns niedergehen. Dabei sind die potenzielle Implosion eines großen Staates wie Italien und seiner Finanzinstitute und deren Folgen für uns nicht mit eingerechnet. Oder die eines noch größeren Landes und seiner Banken wie Frankreich.

Auch in anderen Teilen der Welt sieht die Lage nicht erfreulicher aus, und sie nimmt teilweise fast schon skurrile Züge an. So hat etwa der Anlagenotstand im August 2014 zu dem Paradoxon geführt, dass argentinische Staatsanleihen just in dem Moment, als die Ratingagenturen erneut die Kriterien für den Staatsbankrott als erfüllt ansahen, nicht wie in der Vergangenheit stark an Wert verloren, sondern gewannen. Ganz offensichtlich ist die weltweite Not, Geld verzinslich anzulegen, inzwischen so groß geworden, dass Anleger selbst die Insolvenz eines Landes nicht mehr zum Anlass nehmen, die Finger von dessen Schulden zu lassen. Oder anders ausgedrückt: In einer ansonsten faktisch zinslosen westlichen Welt ist die Jagd nach Verzinsung mittlerweile stärker ausgeprägt als die Angst vor dem Totalverlust, den ein Staatsbankrott ja eigentlich darstellt.

Die Schuldenberge, die wir aufgetürmt haben, sind also riesig. Und sie sind fragil. Und sie stützen die Schuldner und deren Risikoneigung und schaffen so aus sich heraus neue, gefährliche Schulden. Nun drohen die überall angehäuften Schulden – inklusive der Haftungen – als Bumerang mit größter Kraft auf uns zurückzufliegen und unseren Wohlstand zu zerstören. Die Finanzkrise vor sieben Jahren und ihre Folgen wären Kleinkram gegen die Wucht dieses Bumerangs.

Banken und ihre Zukunft

Auch deshalb haben wir weiter über Banken und andere Finanzmarktakteure zu sprechen. Ihr Agieren und die allmähliche Veränderung ihrer Funktionen im Laufe der letzten Jahrzehnte ist eine der Ursachen für die Finanzkrise im Besonderen und für die bis heute andauernde, still eskalierende Schuldenkrise im Allgemeinen.

Andererseits brauchen wir Banken – in welcher Form auch immer – auch zukünftig, um Wirtschaft und Gesellschaft mit Geld und Kredit zu versorgen, jenem Schmiermittel, das die Menschen morgens aufstehen und zur Arbeit gehen, das die Unternehmer investieren und die Bürger konsumieren lässt. Ihre volkswirtschaftliche Aufgabe besteht in arbeitsteiligen Industrienationen eigentlich darin, die in einer Gesellschaft anfallenden Geldüberschüsse, die Spargelder, zu bündeln und diese nach angemessener Prüfung in Form von Fremdkapital der Realwirtschaft, also den Industrie- und Dienstleistungsunternehmen, zur Verfügung zu stellen.

Gerade weil die Banken dieser volkswirtschaftlichen Aufgabe in den letzten zwei, drei Jahrzehnten immer weniger nachgekommen sind – und durch politische Anreize und Finanzmarktentwicklungen wohl auch immer weniger nachkommen *konnten* –, befinden wir uns heute nicht nur in einer Krise des Vertrauens ihnen gegenüber, sondern auch in einer unseren Wohlstand bedrohenden großen Schuldenkrise, die Gegenstand dieses Buches ist.

Als ich im Herbst 2009 die Bankenwelt verließ, hatten die Kreditinstitute mit denen, die ich fast 30 Jahre zuvor als junger Bankangestellter kennengelernt hatte, faktisch nichts mehr zu tun. Das gilt für ihre Größe, ihre Struktur, ihr Umfeld, ihre Aufgaben, ihre Sprache, ihre Gehälter wie auch für ihr Selbstverständnis. Die Transformation des Bankensektors war beispiellos in der Geschichte. Und der Schuldenberg in den Finanzmärkten und in den Staatshaushalten, der sich parallel zu dieser Transformation entwickelte, ist es ebenfalls.

Wir brauchen die Banken also beziehungsweise die Funktionen, die ihnen in einer Marktwirtschaft zukommen – aber eben nur mit diesen Funktionen und mit einem Risikoverhalten, das imstande ist, finanzwirtschaftliche Auswüchse zu begrenzen, anstatt sie selbst auszulösen. Ihre in den letzten Jahren praktizierten neuen Geschäftsmodelle – vor allem als Verkäufer und Händler auf den Geld- und Kapitalmärkten – und ihre dabei entstandenen Verhaltenskulturen – vor allem im Umgang mit Risiken – haben die Banken daher zu verändern: zum einen, um Wirtschaft und Gesellschaft durch das Ausmaß der (auch) von ihnen ausgehenden Haftungsrisiken nicht weiter zu bedrohen, und zum Zweiten, um selbst wieder zukunftsfähig zu werden.

Die Kreditinstitute sind sich dieser schwierigen Gemengelage bewusst. Es fehlt ihnen aber an kritischer Selbstreflexion und öffentlicher Kommunikation. Fast alles, was sie betrifft, wird hinter geschlossenen Türen verhandelt. Und man hört aus ihren eigenen Reihen nicht nur zu ihrem Versagen in der Vergangenheit wenig, sondern auch zu ihrer eigenen Zukunft als ökonomische und soziale Akteure.

Warum eigentlich? Gerade heute bräuchte es zeitgemäß denkende Top-Banker wie früher Alfred Herrhausen, die ihr Wirken immer auch in einen gesellschaftlichen Kontext gestellt, kritisch reflektiert und langfristig weitergedacht haben. Weniger bräuchte es absurd hohe Renditeversprechen gegenüber Aktionären, wie wir sie von den internationalen Kreditinstituten und den diese vor sich hertreibenden Investmentfonds allzu lange gehört haben.

Trotzdem schweigen die meisten Vorstände wie die meisten Bankangestellten lieber. Einige leiden. Und viele hoffen wohl, dass der Sturm an staatlichen Neuregulierungen ihre Arbeitgeber irgendwie überleben lässt, während intern mit mehr oder minder großer Verunsicherung »irgendwie« nach neuen Wegen gesucht wird.

Das ist nicht genug. Statt Zurückziehen in den Bau und Jammern auf nach wie vor hohem Gehaltsniveau bräuchte es nun eigentlich Ehrlichkeit bei der Auseinandersetzung mit Versäumnissen in der Vergangenheit, Innovationskraft und Mut für einen Aufbruch in eine neue Zukunft.

Als Banker, der einen Großteil dieser Entwicklung mit begleitet hat, verstehe ich die aktuelle Rat- und Sprachlosigkeit meiner Zunft. Gleichzeitig will ich sie nicht akzeptieren und mit diesem Buch einen Beitrag leisten, sie zu durchbrechen. Die von den Banken immer wieder selbst gepredigte Transparenz muss sich auch auf ihre Rolle vor, in und nach der Finanzkrise beziehen, und zwar öffentlich. Eine öffentliche Debatte nur *über*, nicht aber *mit* den Banken schadet nicht nur ihrem Ruf, sondern auch ihren eigenen Interessen, in Zukunft robuster und stabiler zu werden.

Ob die Banken in der Lage sind, wieder ihren angestammten Aufgaben nachzukommen und dabei neue weniger risikoreiche Geschäftsmodelle aufzubauen als jene, die mit an den Abgrund führten, wird einen großen Einfluss darauf haben, ob es zu einer Schuldeneskalation kommt, die bekanntlich Staaten, Banken- und Versicherungssysteme und internationale Beziehungen zerstören kann.

Und wenn es nicht die Banken sind, wer dann soll die ihnen volkswirtschaftlich eigentlich zukommenden Funktionen übernehmen? Sind es in Zukunft die Finanzmärkte mit den Geld- und Kapitalmärkten und den Schattenbanken wie Hedgefonds oder Private-Equity-Fonds, die schon in den letzten Jahrzehnten in dieser Richtung agierten, ohne umfassend reguliert worden zu sein? Oder das Internet mit seinen neuen Ideen in Sachen Zahlungsverkehr oder die Schaffung eigener Kunstwährungen wie Bitcoin? Entwicklungen in diese Richtung gibt es zuhauf, vor allem im internationalen Zahlungsverkehr, wo selbst Technologiegiganten wie Apple und andere zu wichtigen Akteuren werden wollen. Und trotzdem erscheint es zweifelhaft, dass Banken als wichtige Dienstleistungsunternehmen für die Realwirtschaft ganz vom Markt verschwinden werden.

Aber nicht nur die Finanzmarktakteure und Banker selbst, auch Politiker, Medien und viele andere schrecken davor zurück, sich öffentlichkeitswirksam und ohne Populismus mit Vergangenheit und Zukunft der Banken und ihrer Funktionen zu beschäftigen. Wer versteht schon genug von Soll und Haben, von Ratingagenturen, Überbesicherungen oder Derivaten wie Zins-Swaps und Optionen, von Kreditmultiplikatoren oder schlechten Hypotheken, ohne sich innerhalb weniger Sätze in Widersprüche zu verstricken?

Insbesondere seit den 80er-Jahren haben sich Banken und Finanzmarktakteure mit einem zunehmend wahnwitzigen Fachjargon gegen eine öffentliche Auseinandersetzung geschützt. Viele Finanzmarktakteure haben dabei selbst nicht verstanden, was sie sagten und taten und welche volkswirtschaftlichen und gesellschaftlichen Konsequenzen ihr Tun haben würde. Mathematische Genies, smarte Händler und Verkäufer in schönen Anzügen, die mit englischen Worthülsen um sich warfen, und immer leistungsfähigere Großrechner machten aus Banken Börsen, an denen sich vieles handeln ließ: Anleihen, Währungen, Rohstoffe, Hypotheken, Kredite, Optionen, Futures und andere Derivate, aber auch Macht, Status, Prestige oder staatliche Anerkennung.

Nur eines waren diese Gebilde seit Mitte der 90er-Jahre allesamt nicht mehr: Institutionen, die sich ihrer Hauptaufgabe bewusst waren, den Einlegern über eine transparente Handhabung von Risiken und Haftung ein kalkulierbares Maß an Sicherheit zu geben und Wirtschaft und Gesellschaft mit Krediten so zu versorgen, dass das Maß zwischen notwendiger Kreditknappheit und angemessener Versorgung der Wirtschaft im Gleichgewicht blieb.

Stattdessen entwickelten sich kurz vor Ausbruch der Finanzkrise Kredit- und Schuldversprechen zur allgemein verfügbaren billigen Ramschware – für Private, für die Finanzmärkte, für Banken und für Staaten. Kredit wurde seiner Knappheit beraubt, die es eigentlich braucht, um das Kapital dorthin zu lenken, wo es ökonomisch und gesellschaftlich den größten Nutzen stiftet. Statt größtmöglichem Nutzen entstand so größtmöglicher Schaden.

Ursachen einer Schuldenkrise – theoretisch. Und wer ist verantwortlich?

Wie konnte das nur geschehen? Wie konnten Banken nur so deformieren? Und nicht nur sie, denn nicht nur sie bauten ja mit an immer höheren Schuldenbergen? Das taten und tun ebenfalls Regierungen, Politiker, Großunternehmen, Zentralbanken, andere Finanzmarktakteure und auch die Bürger selbst. Dennoch: Wie konnten wir nur in einer so gefährlichen Krisenkonstellation landen, in einer noch massiveren Schuldenkrise als jener, die vor sieben Jahren akut wurde? Einer gigantischen Schuldenkrise, über die wir noch dazu nicht wirklich diskutieren (wollen). Warum tun wir das eigentlich nicht? Aus Angst?

Das jedenfalls wäre verständlich. Denn in Schuldenkrisen wirken Kräfte, die eine Gesellschaft aus den Angeln heben können. Sie können zu großen Vermögens- und Wohlstandseinbußen, zu Geldvernichtung, sozialem Elend und politischer Instabilität führen – mit der Folge innergesellschaftlicher Verwerfungen und zwischenstaatlicher wie auch geopolitischer Konflikte. Das war schon immer so.

Seit 2008 ahnen wir: Heute ist es nicht anders. Denn die ökonomischen Jubelmeldungen hierzulande dürfen nicht verdecken, was schon jetzt überall deutlich erkennbar zu besichtigen ist, etwa in Griechenland, Zypern, Spanien oder Portugal: Dramatische Vermögens- und Wohlstandseinbußen gibt es hier ebenso wie wachsende politische Instabilität und wachsendes soziales Elend – ganz zu schweigen von den Anfeindungen, die Politiker anderer

46

Länder, vor allem Deutschlands, in diesen Krisenländern zu vergegenwärtigen hatten und teilweise noch haben.

Nicht auszudenken, wenn sich die aktuelle Schuldenkrise in solchen oder gar noch schlimmeren Folgen demnächst in Frankreich zeigt. Die ökonomischen Grund- und Verschuldungsdaten unseres wichtigsten Partnerlandes sind schon länger alarmierend – und das damit durchaus verknüpfte Erstarken der politischen Rechten um Marine Le Pen ist es nicht minder. Große Gefahren gehen auch von einem Straucheln des hoch verschuldeten Schwergewichts Italien aus, dessen Wirtschaftsleistung inzwischen unter das Niveau von 1999 gesunken ist.

Die Gefahr, von diesen ökonomischen und politischen Lawinen überrollt zu werden, ist gerade in Zeiten global vernetzter Volkswirtschaften sehr groß.

Die Ausgangslage ist also klar: Wir haben einen riesigen Schuldenberg, der seit der akuten Finanzkrise 2007/08 und der akuten Euro-Krise 2010 weiter massiv gewachsen ist, der uns zu erdrücken und unseren Wohlstand abzugraben droht.

Die ernüchternden Zahlen etwa zu steigenden Verschuldungsquoten, Zentralbankbilanzen, Wachstumsschwäche oder Haftungsumfängen zur Kenntnis zu nehmen, ist dabei das eine. Ein anderes ist, zu verstehen, wie es zur Entstehung des Schuldenbergs kam.

Das sich hier bietende Bild ist vielschichtig.

In jedem Fall hilft die ökonomische Theorie in einem ersten Schritt bei einer Einordnung, über was für eine Schuldenkrise wir überhaupt zu reden haben. Denn sie kennt im Wesentlichen zwei Arten von Schuldenkrisen: Die eine ist zwar unangenehm und begrenzt gefährlich, ermöglicht aber Ökonomien und Gesellschaften immer wieder auch einen Prozess der finanzwirtschaftlichen und allgemeinen ökonomischen Neuausrichtung. Gemeint ist damit die vertraute konjunkturelle Krise – die immer als eine im Prinzip gut handhabbare Schuldenkrise gesehen werden kann, auch wenn sie selten so diskutiert wird.

Verkürzt ausgedrückt geschieht dabei Folgendes: Die Wirtschaft wächst, bewegt sich also im konjunkturellen Zyklus nach oben, bis sie überhitzt – und bis dann ein Ereignis eintritt, etwa eine Zinserhöhung, gestiegene Rohstoffpreise, ein Regierungswechsel oder eine Streikwelle, das die Kalkulationen der Wirtschaftsteilnehmer verändert und die Stimmung kippen lässt. Bei vielen zuvor als profitabel kalkulierten Projekten sinkt nun die Rentabilität, das Konsumklima trübt sich ein, die Arbeitslosigkeit beginnt zu steigen, und auch die Firmenpleiten nehmen zu. Das zwingt die Banken, die zuvor den konjunkturellen Aufschwung mit einer wachsenden Kreditvergabe finanziert haben, zu Abschreibungen auf Kredite, von denen zunehmend weniger bedient werden, und zu größerer Zurückhaltung in ihrem künftigen Kreditverhalten. Neue Kredite, also auch das Schuldenmachen, werden damit teurer und knapper. Der auf diese Weise einsetzende vorsichtigere Umgang mit Geld im Allgemeinen und vor allem mit risikobehafteten Krediten im Besonderen überträgt sich auf die Realwirtschaft. Hier werden nun anstehende Investitionen angesichts veränderter Erwartungen neu bewertet, angesichts etwa zu hoher Kreditkosten vermehrt verworfen oder auf die lange Bank geschoben. Eine ähnliche Dynamik zeigt sich mehr oder weniger parallel bei Konsumentscheidungen. Auch die fallen insgesamt vorsichtiger aus und nehmen in ihrem Volumen ab. Als Folgen drohen vermehrte Arbeitslosigkeit, Betriebsstilllegungen und Bankenschieflagen, und das so entstehende veränderte Erwartungsklima beeinträchtigt das Investitions- und Konsumverhalten nochmals negativ. So kommt es zu einer konjunkturellen Abwärtsspirale, die sich nach und nach verstetigt.

Zwar sind solche Konjunkturabschwünge und die damit verbundenen Kreditverknappungen immer mit temporären Wohlstandsverlusten und wachsenden Unsicherheiten verbunden. Gleichzeitig aber erfüllen sie auch einen wichtigen Zweck, nämlich den Kräften der Mäßigung sowohl in der Real- wie auch in der Finanzwirtschaft wieder Geltung zu verschaffen. Man könnte sagen: Aus einem heiß laufenden Wirtschafts- und Finanzsystem, in dem die für eine ökonomische Dynamik im Prinzip durchaus nützliche Profitgier überhandgenommen hat, wird in einem konjunkturellen Abschwung und anschließender Rezession Dampf abgelassen.

Oder anders ausgedrückt: Aus einem kollektiven Überschwang, der zu nicht funktionierenden Geschäftskonzepten und zu vielen Schulden geführt hat – vor allem zu stark risikobehafteten Schulden –, wird über veränderte Erwartungen, veränderte Preise für Kredite und angepasste Geschäftskalkulationen nach und nach eine kollektive Vorsicht oder gar Angst. Sie zeigt sich in sinkender Bereitschaft, Kredite zu vergeben und Schulden zu machen. Die Folge dieser Entwicklungen ist ein wirtschaftlicher Abschwung, in dem sich die Karten neu mischen. Marktteilnehmer, deren Geschäftsmodelle nur auf Kredit, also auf Fremdkapital und niedrigen Zinsen beruhten, werden dabei aus dem Markt gedrängt, oder sie lernen, ihre Geschäftsmodelle anzupassen. Die Stellung von Eigenkapital im Verhältnis zu Fremdkapital beziehungsweise vor allem riskanter Schuldenfinanzierung wird in diesem Anpassungsprozess gestärkt.

Erst wenn diese Entwicklung durchlaufen wurde, kann es konjunkturell wieder aufwärtsgehen, etwa angestoßen durch Zinssenkungen, Regierungswechsel und anderes mehr. Konjunkturaufschwünge dauern erfahrungsgemäß dabei in der Regel zwischen drei und sieben Jahren, während die darauffolgenden Krisen im Durchschnitt nur etwa ein Viertel so lang sind.

Konjunkturelle (Schulden-)Krisen sind damit vergleichsweise harmlos – zumindest dann, wenn der Staat oder andere wichtige Akteure wie etwa Zentralbanken nicht massiv eingreifen, sondern Markt- und Schuldenanpassungsprozesse ihren Weg nehmen lassen.

Finanzwirtschaftlich, realwirtschaftlich und politisch viel gefährlicher als konjunkturelle sind dagegen strukturelle Schuldenkrisen. Sie nämlich stellen eine Art Kulmination vormaliger Konjunkturkrisen dar, in denen die volks- und finanzwirtschaftliche Neuausrichtung über Insolvenzen nicht mehr wettbewerbsfähiger Marktteilnehmer nicht stattgefunden hat beziehungsweise nicht hat stattfinden dürfen. Solche Situationen können nur dann entstehen, wenn die wichtigsten finanzwirtschaftlichen Akteure einer Volkswirtschaft – also der Staat, die Zentralbank und die Banken unter Einschluss der Finanzmärkte – den Zerstörungs-, Mäßigungs- und Verschlankungsprozess, wie er in Konjunkturkrisen stattfinden kann, nicht zugelassen haben. Der damit einhergehende negative Auswahlprozess findet nicht statt. Der Anpassungsdruck bleibt dann im Kessel und wird mit jeder Krise größer. Die Schulden im Finanzsystem, vor allem die risikobehafteten, wachsen über die Zeit immer weiter, und eine mögliche konjunkturzyklische Bereinigung wird wegen ihrer schieren Größe zu einer immer stärkeren Bedrohung für die Stabilität der betroffenen Ökonomien. Deren Gesellschaften sind dann zunehmend damit beschäftigt, die über viele Krisen zu kräftig gewachsenen Schulden und ihre damit verbundenen Ansprüche im Zaum zu halten, ein Unterfangen, das immer schwieriger wird.

Es kann kein Zweifel darüber bestehen, dass die eben beschriebene Entwicklung in den westlichen Industrienationen seit Mitte der 80er-Jahre stattgefunden hat, also auch bei uns. Längere Phasen des wirtschaftlichen Abschwungs wurden dabei so weit wie möglich vermieden: über die Zentralbanken und ihre Geldpolitik, über den Staat und seine Konjunkturprogramme oder seine Garantien für taumelnde Großunternehmen und Banken, über die Aufweichung des Insolvenzrechts und – am stärksten – über die wachsende Verschuldung einer sich seit den 80er-Jahren völlig verändernden Finanzindustrie.

Seit dieser Zeit wird immer weniger zwischen wenig risikobehafteten Schulden einerseits und stark risikobehafteten Schulden andererseits unterschieden. Auch die Sanktionierung von nicht mehr wettbewerbsfähigen Unternehmen und Banken, das heißt ihre Verkleinerung oder ihr Verschwinden vom Markt, hat seither kaum noch stattgefunden. Vor allem die risikobehafteten Schuldversprechen sind stattdessen Teil des Finanzsystems geblieben. Mehr noch: Weil sie schneller gewachsen sind als wenig risikobehaftete Schulden, haben sie die Funktionsfähigkeit der Geld- und Kreditsysteme nachhaltig unterminiert und die Staatshaushalte durch immer neue Rettungsprogramme und Haftungsversprechen überbelastet.

Im Herbst 2008 war die Rechnung für diese Fehlentwicklung erstmals fällig. Mit der Insolvenz der New Yorker Investmentbank Lehman Brothers brach eine Schuldenlawine auf die alten Industrienationen herein, wie es sie in Friedenszeiten noch nicht gegeben hatte. Dass damals kaum jemand über eine Schuldenkrise sprach und sich stattdessen der Begriff der Finanzkrise durchsetzte, ändert nichts daran, dass die tieferen Ursachen all jener Verwerfungen bei überbordenden Schulden zu suchen sind. Spätestens seit der drohenden Insolvenz von Griechenland und den quartalsmäßig auftretenden Haushaltsverwerfungen in den USA sollte nun aber – eigentlich – für niemanden mehr zu übersehen sein: Die westlichen Gesellschaften befinden sich in einer schwelenden, strukturellen Schuldenkrise immensen Ausmaßes.

Die Frage ist: Hilft die ökonomische Theorie, hier etwa die der Konjunkturzyklen und der durch sie entstehenden strukturellen Schuldenkrisen, hinreichend zu verstehen, warum wir uns in der derzeitigen Schuldensituation befinden und wie wir aus ihr wieder herausfinden können? Nicht wirklich. Zwar ist es im Prinzip nützlich zu wissen, dass die Schuldenberge struktureller und nicht konjunktureller Natur sind. Denn so wird klar, warum konjunkturpolitische Maßnahmen wie etwa Ausgabenprogramme des Staates, so spektakulär sie auch anmuten mögen, unsere gegenwärtige Krise nicht lösen werden.

Doch der Blick auf ein echtes Verständnis von Entstehung und Wachstum der Schuldenberge muss weiter gehen: Wann hat dieser Prozess begonnen, wie sah seine Dynamik aus, welche Wendungen hat er genommen, welche politischen und finanzwirtschaftlichen Weichenstellungen gab es (und welche nicht), wer ist dabei aktiv gewesen, gegebenenfalls im Zusammenspiel mit anderen, wer hat gewonnen und wer verloren, welche neuen Systeme sind da entstanden, wer ist Täter und wer Opfer?

Um also die von der aktuellen Schuldenkrise ausgehenden Wohlstandsbedrohungen anzugehen, müssen wir den Horizont weiten. Und wir müssen uns dem zuwenden, was in den letzten zehn, 20, 30 und noch mehr Jahren finanzwirtschaftlich schiefgelaufen ist, und unsere Schlüsse daraus ziehen. Wer nicht weiß, wie wir in diese Krise geraten sind – in diese still vor sich hin eskalierende Schuldenkrise –, der wird auch nicht in der Lage sein, Lösungen zu finden, die sich von populistischen Vereinfachungen und reinen Schuldzuweisungen unterscheiden.

Wer aber ist verantwortlich – und wie genau? In einer nach vorne gerichteten Rückschau treffen wir auf eine Reihe von Akteuren, die in vielfältigen Beziehungen zueinander stehen und die in komplexen Prozessen über Jahrzehnte zu unserer aktuellen Schuldensituation beigetragen haben:

- auf internationale Großbanken, Investmentbanken und ein gefährliches System von Finanzmarktakteuren – Letztere zusammengefasst unter dem Begriff Schattenbanken, etwa Hedgefonds und Private-Equity-Fonds, sowie unter dem Begriff institutionelle Anleger, darunter vor allem Investmentfonds, Pensionsfonds, Versicherungen, Banken und Organe der öffentlichen Hand;
- auf hoch verschuldete Staaten und ihre entfesselten Zentralbanken sowie auf überforderte und auf Zeit spielende Regierungen und Politiker;
- auf Volkswirte in Forschung, Banken, Versicherungen und anderen Finanzunternehmen, deren Modelle und Methoden fragwürdig sind;
- auf Bürger, Arbeitnehmer, Rentner und Pensionäre mit ihren aktuellen und künftigen Rechten und Ansprüchen, von denen sie kaum freiwillig abrücken werden;

- auf hoch verschuldete Finanzsysteme, Ratingagenturen, supra-
  staatliche Regulierungsorganisationen wie die Bank für Internationalen Zahlungsausgleich und andere; etwa jene, die den
  für grenzüberschreitende Gläubiger-Schuldner-Beziehungen
  so überragend wichtigen Rahmen prägen, also die internationale Währungsordnung;
- auf die alten Mächte des Westens, inklusive Japan, und auf
  neue dynamische Protagonisten wie China und andere.

Für die aktuelle Schuldenkrise sind also, wie es aussieht, viele verantwortlich. Fast möchte man sagen: nicht nur »die anderen«, sondern »wir alle«. Das Anerkennen, dass nicht nur wenige die bösen
Buben sind, sondern viele – noch dazu eingebunden in langfristig
wirkende wirtschaftliche, soziale und politische Entwicklungen
und systemische Restriktionen –, erschwert zu verstehen, wie wir
in diese Krise geraten konnten und wie wir sie lösen können.

So oder so, die Schuldenkrise wird uns auf viele Jahre begleiten.
Begleiten wir also auch sie. Und beginnen wir mit der Spurensuche.
Doch Vorsicht: Einfache Antworten gibt es nicht.

Perspektive 1
Erste Annäherung:
Schulden, Krisen und Interessen

Es gibt Dinge, die sind so selbstverständlich, dass wir kaum über sie nachdenken. Was zum Beispiel ist Geld beziehungsweise welche Funktionen hat es? Junge Bankauszubildende oder Wirtschaftsstudenten etwa lernen das schnell: Geld ist Tauschmittel, Wertaufbewahrungsmittel und Recheneinheit. Das klingt simpel und verständlich. Aber ganz so einfach ist es dann doch nicht.

Geld und Schulden, Sicherheit und Vertrauen

Also, was sind Schulden? Oder konkreter: Was für eine Beziehung haben wir zu jemandem, dem wir etwas schulden? Hat er uns etwa einen Gefallen getan, schulden wir ihm womöglich einen Gefallen. Fest steht: Hat er uns Geld geliehen – also einen Kredit gegeben –, dann schulden wir ihm die Rückzahlung des Geldes. Und wenn wir mit ihm ausgemacht haben, dass wir ihm das Geld bis zu einem bestimmten Zeitpunkt zurückbezahlen und bis dahin Zinsen eines bestimmten Prozentsatzes des geliehenen Geldes entrichten müssen, so schulden wir ihm auch das. Vereinfacht ausgedrückt kann man damit sagen: Schulden, über die wir hier sprechen, sind geldliche oder zumindest geldwerte, in der Regel vertraglich geregelte Verpflichtungen, die ein Schuldner gegenüber einem Gläubiger hat.

Etwas verkürzt kann man in unserem heutigen Geld- und Kreditsystem, das sich auf keine realen Werte wie etwa Gold stützt, sogar formulieren: Schulden = Kredit = Geld. Am Beispiel: Wenn wir einen Hypothekenkredit für einen Hauskauf erhalten, dann fließt dafür Geld von der Bank an uns, und mit diesem Geld bezahlen wir das Haus. Gegenüber der Bank haben wir auf diese Weise Schulden – wobei wir nicht nur zur Rückzahlung des Kredits verpflichtet sind, sondern auch zur Zahlung der Zinsen.

Was hier so einfach daherkommt, ist in Wirklichkeit zentral. Denn in einer modernen, arbeitsteiligen Volkswirtschaft mit komplexen Markttauschbeziehungen wie der unseren sind Geld, Kredit und Schulden grundlegende Größen des Miteinanders. Mehr noch: Eine funktionierende Geld- und Kreditwirtschaft ist eine wesentliche Voraussetzung für Arbeitsteilung, Innovation, Wachstum und Prosperität.

Dass so etwas nicht selbstverständlich ist, dürften gerade wir Deutschen wissen. Denn hierzulande ist der Satz aus der ehemaligen DDR »Wir tun so, als ob wir arbeiten, und die tun so, als ob sie uns bezahlen« nicht vergessen. Er steht für ein System, in dem die kommunistischen Führungskader es grundsätzlich abgelehnt hatten, Geld, Kredit und Schulden als Teil einer auf Freiheit, Markt und Arbeitsteilung beruhenden Ökonomie vorzusehen. Die wirtschaftliche Entwicklung war dementsprechend.

Damit Geld und Kredit ihre für eine moderne Marktwirtschaft wichtigen Funktionen erfüllen können, muss allerdings eines vorhanden sein: Vertrauen. Gemeint ist damit das Vertrauen in ein System, in dem ein Gläubiger darauf zählen kann, dass das von ihm verliehene Geld gemäß den festgelegten Bedingungen auch tatsächlich an ihn zurückfließt.

Im Grundsatz versprechen moderne Marktwirtschaften wie die unsere, dass dies geschieht. Mit anderen Worten: Sie, das heißt der

Staat und seine Institutionen, versprechen Eigentumsschutz und Rechtssicherheit. Konkret bedeutet das: Wenn jemand seine Schulden nicht zurückzahlt, so versprechen sie, dass es Instanzen gibt, an die sich ein Gläubiger wenden kann, um seine berechtigten Ansprüche durchzusetzen. Und in dem Maße, wie die staatlichen Institutionen dieses Versprechen halten, schaffen sie auch Vertrauen.

Teil dieses Vertrauen schaffenden Prozesses ist es, dass Kredit ein verfügbares, aber gleichzeitig knappes Gut ist und bleibt. Oder anders ausgedrückt: Kredit darf – um die Funktionsfähigkeit des finanz- und realwirtschaftlichen Gesamtsystems zu gewährleisten – nicht beliebig wachsen. Die Aufgabe, dass dies geschieht, wird dabei – zumindest im Prinzip und im Wesentlichen – den staatlich regulierten und kontrollierten Banken und der ihnen übertragenen Kreditfunktion zugewiesen. Die Zentralbanken, die Geld quasi aus dem Nichts schaffen können, sind dabei zwar nicht unwichtig, der größte Teil der Geld- und Kreditschöpfung findet jedoch über die Einlagen und die dadurch möglich werdende Kreditgewährung der Banken – auch Giralgeld- oder Kreditschöpfung genannt – statt.

Vereinfacht dargestellt führt dabei eine Neukreditgewährung zu einer Bankeinlage, zum Beispiel, wenn der Kreditnehmer mit dem Gegenwert des Kredits eine neue Heizung finanziert. In einem solchen Fall entsteht dann über die Bezahlung der Rechnung beim Heizungsmonteur und dem Heizungshersteller eine neue Einlage bei ihrer Bank. Diese Einlage wiederum kann für diese Bank die Basis für die Vergabe eines neuen Kredits sein, der dann, wenn damit in der Realwirtschaft Kauftransaktionen durchgeführt werden, wieder zu neuen Einlagen führt. Zwar gibt es Möglichkeiten der Begrenzung dieses Hand in Hand gehenden Geld- und Kreditwachstums, etwa über Mindestreserven, welche die Banken bei der Zentralbank zinslos hinterlegen müssen oder wenn die gesamtwirtschaftliche Nachfrage nachlässt oder wenn viele Wirtschaftssubjekte Bargeld horten, anstatt es bei den Banken anzulegen. Trotzdem sind es die Banken, die über Einlagen neue Kredite –

quasi aus dem Nichts – schaffen und insofern Geld »schöpfen« können.

Eigentumsschutz, Vertrags- und Rechtssicherheit, Kreditschöpfung und Kreditknappheit sind also die finanzwirtschaftlichen Fundamente, auf denen unsere modernen, demokratischen Marktwirtschaften beruhen. Und Banken beziehungsweise ihre Funktionen in Kreditprozessen spielen dabei die zentrale Rolle

Was aber, wenn wir uns nicht mehr darauf verlassen können, dass andere ihre Schulden an uns zurückzahlen und uns auch niemand zu unserem Recht verhilft? Und was, wenn dies auf breiter Front geschieht, dass also nicht nur wir, sondern auch viele andere damit rechnen, dass niemand für ihr Recht einsteht und es durchsetzt? Und was geschieht, wenn Kredite ins Uferlose wachsen, weil es keine Institutionen mehr gibt, die ihre Knappheit gewährleisten oder ihre Rückzahlung? Dann zerbricht das Vertrauen, und auch das marktwirtschaftliche System beginnt, Risse zu bekommen – mit unabsehbaren Folgen.

Am Abgrund – nichts ist sicher – Retterei ohne Ende

Ein Vierteljahrhundert nach dem Zusammenbruch des Kommunismus müssen wir feststellen: Genau diese Dynamik erleben wir – und zwar in einem der Kernzentren der Marktwirtschaft, dem Finanzsektor. Die daraus resultierenden Gefahren sind nicht minder gefährlich als jene in Staaten, die von Anfang an Geld, Kredit und Schulden als eine vernachlässigbare Größe betrachtet haben. Ganz offenkundig lernen wir: Nicht nur die grundsätzliche Ablehnung der Rolle einer modernen Finanzwirtschaft kann Staaten an den Abgrund führen, sondern auch eine spezifische Überfokussierung auf Kredit und Schuldenmachen, die Gegenstand dieses Buches ist.

Im Herbst 2008 brach in der gesamten westlichen Welt ein Großteil des Finanzsektors zusammen und musste von den Staaten gerettet werden. Doch was heißt schon Rettung? Von den Staaten gerettet zu werden heißt vor allem eines: Wir, die Bürger, als Steuerzahler, Rentner oder Pensionäre, stehen im Risiko und haben daher im Zweifel am Ende zu bezahlen. Das gilt in jedem Fall bereits kurzfristig. Denn kurzfristig steht Geld, das unsere Ansprüche bedienen sollte, nicht mehr zur Verfügung: nicht als Rente, nicht als Pension, nicht als Kindergarten, nicht als neue Straße oder digitale Autobahn.

Jene, die die Rettung vorantreiben, also im Wesentlichen Politiker, Zentralbanker und Lobbyisten aus Unternehmen und Verbänden, behaupten zwar, dass wir mittel- bis langfristig betrachtet so etwas wie eine Rettungsdividende erhalten. Ob die jedoch fließt, ist alles andere als sicher. Auch das Gegenteil könnte eintreten. Die für die Rettung bereitgestellten Gelder und Garantien könnten nicht nur kurzfristig nicht verfügbar sein, sie könnten sich auch mittel- bis langfristig ganz und gar in Luft auflösen. Denn wenn wir seit dem Ausbruch der Finanzkrise 2007/08 eines gelernt haben sollten, dann doch wohl dies: Unser Wunsch nach Vorhersehbarkeit mag menschlich verständlich sein, am Ende aber gilt in Krisenzeiten, dass nichts sicher ist.

Und dies gilt vor allem für die Finanzmärkte. Die Konsequenzen erleben wir heute gerade dort. Denn seit dem Ausbruch der Krise haben die Banken – also eine der wichtigsten Gruppen der Finanzakteure – neben einem Großteil ihres Kapitals auch ihr Gesicht verloren. Ihr Reputationsverlust ist beispiellos.

Dabei brauchen wir die Banken und das Vertrauen in sie als finanzwirtschaftliche Intermediäre, um die marktwirtschaftlichen Fundamente nicht zum Einsturz zu bringen. Doch nicht nur ihr gesellschaftliches Ansehen ist auf dem Nullpunkt angelangt, auch ihre alten Geschäftsmodelle tragen nicht mehr. Und während sie dringend nach neuen Wegen suchen, Geld zu verdienen, werden Banken und andere Finanzakteure von Hundertschaften an Aufsehern durchkämmt, mit Stresstests durchleuchtet und neuen staatlichen und supranationalen Regulierungen unterworfen. Mit ihnen hofft man, des aus dem Ruder gelaufenen Monsters der Finanzmärkte, für viele die Hauptschuldigen am Schuldendesaster, Herr zu werden. Eine ähnliche Durchleuchtungs- und Regulierungsstrategie wird spätestens nach dem Ausbruch der Euro-Krise 2010 auch für den Euro-Währungsraum gefahren. Damit scheint die europäische Einheitswährung über staatliche Rettungsschirme und die Europäische Zentralbank für viele erst einmal stabilisiert.

Längst jedoch ist klar: Die Stabilisierung war nur scheinbar erfolgreich, man hatte sich Zeit gekauft. In Wirklichkeit wirkt die Euro-Krise mit Macht weiter – und sie tut es mehr denn je. Da helfen auch immer neue, gerade hierzulande meist höchst umstrittene EZB-Programme zur Ankurbelung der Kreditvergabe von Banken an die Realwirtschaft wenig. Sie tun es im Übrigen auch deshalb nicht, weil ein Großteil des Problems in der Euro-Zone nicht in einem zu geringen Kreditangebot, sondern in einer zu geringen Kreditnachfrage besteht. Die EZB versucht dabei, über ihre Geldpolitik ein Investitionsproblem zu lösen, das so nicht gelöst werden kann. Die Angst vor Deflation, Überschuldung und nachlassender Wachstumsdynamik in der Euro-Zone nimmt den Unternehmen die Zuversicht, ihr für Investitionen eingesetztes Kapital – auch als Kredite – mit guter Rendite zurückverdienen zu können.

Und längst ist ebenfalls klar, dass auch die globale Schuldenkrise mit großer Macht weiterwirkt. Wir neigen dazu, je nach Nachrichtenlage und wenn überhaupt, nur die Euro-Krise im Blick zu haben. Sich darauf zu beschränken ist aber gefährlich und verstellt den Blick, denn die Euro-Krise stellt nur einen Ausschnitt der fast unbemerkt weiter wachsenden Schuldenberge in der Welt dar.

Damals wie heute: Schuldenkrisen und ihre Folgen

Grundsätzlich bedrohen ausgreifende Schuldenkrisen Menschen in ihrer Existenz, und sie lösen große Ängste aus. Wenn sich diese Ängste zu einem Massenphänomen entwickeln, dann führen ursprünglich auf Vertrauen basierende und auf Wechselseitigkeit von Leistung und Gegenleistung angelegte Schuldverträge am Ende zu allgegenwärtigem Misstrauen und Abwehrverhalten, zur Infragestellung und Negierung der vertraglichen Vereinbarungen, zur Aufweichung des Rechts, zur Schwächung der Wachstumskräfte und zur Auflösung der Ordnung; dies *innerhalb* von Gesellschaften, aber auch *zwischen* den Nationen.

Die Hitler-Karikaturen von Angela Merkel im von Schulden gebeutelten Griechenland gehören noch zu den moderaten Ausdrucksformen von Konflikten und Hass. Es kann viel schlimmer kommen. Das zeigen einige Blicke in die Geschichte, und zwar sowohl in die ältere als auch in die jüngere.

Der Beginn der Französischen Revolution etwa war auch das Ergebnis einer zuerst schwelenden und dann eskalierenden Staatsschuldenkrise. Dasselbe gilt für ihre Zuspitzung und für ihr Ende mit dem Aufstieg Napoleons. Er kann auch als eine direkte Konsequenz des völligen Verfalls der Revolutionswährung, der Assignaten, gesehen werden, die in weniger als vier Jahren 98 Prozent ihres Wertes verloren hatten. Finanzieller Niedergang, exzessive Schuldenausweitung und Nachlassen der revolutionären Dynamik gingen dabei Hand in Hand. Als infolgedessen die gesellschaftliche Auflösung drohte, versprach Napoleon Bonaparte die Wiederherstellung der Ordnung durch eine starke Hand. Auf seine Machtübernahme folgte die finanzwirtschaftliche Stabilisierung, unter anderem durch Gründung der Banque de France, der französischen Zentralbank.

Schulden spielten auch für das Scheitern der Weimarer Republik mehr als 100 Jahre später eine wichtige Rolle. Diesem Scheitern gingen zunächst ein fast völliger Wertverlust deutscher

Geldvermögen 1923 und eine nur wenige Jahre später einsetzende Deflationskrise voraus. Die Folge dieser Krise waren 1931 Bankenschließungen, Massenarbeitslosigkeit und der Totalausfall des Deutschen Reiches als internationaler Schuldner. Zweifellos haben der Aufstieg des Nationalsozialismus und der Aufstieg Hitlers vielschichtige Ursachen. Ökonomisch aber sollten sie nicht primär – wie es in fast allen Schulgeschichtsbüchern steht – als Ergebnis der Hyperinflation gesehen werden, sondern vor allem als Konsequenz von Deflation, Bankenzusammenbrüchen, massiv ansteigender Arbeitslosigkeit, Ausfall des Deutschen Reichs als internationaler Schuldner sowie dem damit verbundenen Zusammenbruch ökonomischer, gesellschaftlicher und staatlicher Ordnung. Gerade wir Deutschen, die wir derzeit Export- und Gläubigernation sind, sollten nicht vergessen, dass das Deutsche Reich in der ersten Hälfte des 20. Jahrhunderts zweimal seine Währung vernichtete (1923 und 1948) sowie dreimal die Forderungen seiner Auslandsgläubiger nicht mehr bediente (1929, 1932 und 1952/53).

Schulden spielten ebenfalls bei der internationalen Dimension der Weltwirtschaftskrise in den 30er-Jahren eine entscheidende Rolle. Denn während sie im Ersten Weltkrieg noch Koalitionäre gewesen waren, standen sich nach Kriegsende Frankreich, Großbritannien und die USA plötzlich als Gläubiger und Schuldner gegenüber. Und nachdem sie sich während der gesamten 20er-Jahre in dieser Frage nicht arrangieren konnten, kam es nach Ausbruch der Großen Depression ab Ende 1929 in der Frage der Kriegsschulden zu einer wachsenden Eskalation. Die USA beharrten auf ihrem Gläubigerstatus, Großbritannien und Frankreich hingegen stellten ihn infrage. Statt also gemeinsam die sich international immer schneller drehende ökonomische Abwärtsspirale der Depression zu stoppen, schotteten sie sich lieber national ab und setzten einen Abwertungswettbewerb ihrer Währungen in Gang. Das intensivierte den Schuldenzwist. Die Folgen waren weitere nationale, sich gegenseitig hochschaukelnde Schutzzölle, der Niedergang der internationalen Arbeitsteilung und ein weiteres Erlahmen von Investition, Beschäftigung und Konsum. So verstärkten ungeklärte Schulden zwischen den ehemaligen (und zukünftigen) Alliierten die weltweite Depression auf das Heftigste.

Schulden lösten auch die Lateinamerika-Krise aus. In den 70er-Jahren hatten internationale Kreditinstitute zinsgünstige Milliardenkredite in US-Dollar nach Süd- und Mittelamerika herausgereicht, weil sie hier starkes Wachstum und attraktive Renditen erhofften. Die Kredite waren von Anfang an schlecht oder nicht besichert, flossen nicht selten in zweifelhafte Projekte und Kanäle, worüber angesichts weltweiten Anlage- und Investitionsnotstands lange hinweggesehen wurde. Als sich dann 1979 die US-Notenbank dafür entschied, die US-Leitzinsen deutlich heraufzusetzen, stiegen auch die kurzfristigen Kreditzinsen für die lateinamerikanischen Schuldner stark an, und etwas später wertete zudem der US-Dollar massiv auf. Die Folge: Immer mehr Schuldner konnten ihre Kredite nicht mehr bedienen. Und während die Gläubigerbanken, die so ihrerseits erheblich ins Straucheln gerieten, durch den amerikanischen Staat gerettet wurden, schlitterte der Kontinent in die »verlorene Dekade«. Sie steht synonym für größte Verwerfungen in Lateinamerika in den 80er- und 90er-Jahren, das heißt für den mehrmaligen Zusammenbruch der Staatshaushalte und nationalen Bankensysteme, für soziale Verelendung und Hoffnungslosigkeit.

Damit nicht genug, denn in der 1997 ausgebrochenen Asien-Krise ging es ähnlich zu wie in Lateinamerika zuvor. Seit Ende der 80er-Jahre flossen Kredite und Fondsinvestments – nun versehen mit dem neuen Etikett *Emerging Markets* – in ostasiatische Länder, deren Zukunftsaussichten von Analysten als rosig beschrieben wurden. Sie flossen einerseits in rentable Projekte, andererseits entwickelten sich zunehmend Immobilienblasen und ein schuldenfinanzierter Konsumboom. Dem Aufstieg folgte der Fall. Die internationalen Gelder wurden abgezogen, die Währungen mussten abwerten, und danach begann eine tiefe Wirtschaftskrise. In globalem Maßstab betrachtet wurde sie noch verschärft durch die nur ein Jahr später ausbrechende Russland-Krise; das Land wurde zahlungsunfähig.

Und doch gab es einen wichtigen Unterschied zur Lateinamerika-Krise: 1997 kamen lediglich einige Banken wie auch einer der größten Hedgefonds seiner Zeit, der Long-Term Capital Management (LTCM), unter die Räder; 1998 musste er abgewickelt werden. Die fatalen negativen Ansteckungen im Finanzsektor, die für eskalierende strukturelle Schuldenkrisen sonst kennzeichnend sind und die die Politik zehn Jahre später auf dem Höhepunkt der akuten Finanzkrise auch zum Eingreifen nötigten, blieben diesmal aus.

Denn der kollektive Glaube, dass mit der Digitalisierung und der Formierung von Technologie- und Internetunternehmen eine neue Zeit unlimitierter Gewinne angebrochen sei, ließ die Anleger trotz Asien-Krise immer mehr Geld in die Börsen pumpen. So blieb die Panik aus. Stattdessen schuf neue Hoffnung auf schnelles Geldverdienen neues Vertrauen. Zwar entstand auf diese Weise eine neue Gefahr, nämlich die Dotcom-Aktienblase, die nur zwei Jahre später platzen sollte. Staatliche Rettungsaktionen aber waren infolge der Asien-Krise diesmal nicht vonnöten.

Allerdings geschah etwas anderes. Denn die Regierungen der asiatischen Entwicklungsländer, allen voran China, zogen Lehren aus der Krise. Um auf den Fall zukünftiger Abzüge westlichen Kapitals vorbereitet zu sein, begannen sie, aus ihren laufenden Exporterlösen westliche Staatsanleihen zu kaufen.

Seither sind die westlichen Schulden direkt mit den Schwellenländern verbunden. Das heißt, die Ansteckungsdynamiken des Finanzsektors und der Staatsschulden können sich seither im Krisenfall rund um den Globus ausbreiten, und zwar nicht nur im Fall einer Krise des Vertrauens in die Zahlungsfähigkeit der Schwellenländer, sondern auch über eine Krise des Vertrauens in die westlichen Schuldversprechen. Mit nun mehr Spielern auf dem Feld der Finanzmärkte und größeren wechselseitigen Abhängigkeiten wächst nicht nur die Komplexität, sondern auch die Unvorhersehbarkeit der Folgen allen Finanzhandelns.

Kein Zweifel, angesichts der seit dem Akutwerden der Finanzkrise 2007/08 weiter gestiegenen Schuldenlasten wachsen so auch die Gefahren des Ausbruchs einer neuen internationalen Schuldenkrise.

Eigene Interessen zuerst: Das Verschwinden der Objektivität

Was aber geschieht genau, wenn auf breiter Front die Gefahr erkennbar wird, dass Kredite auf ebenfalls breiter Front nicht mehr bedient werden? Sind das erste Anzeichen einer womöglich eskalierenden Schuldenkrise? Gläubiger fragen dann nicht nach Erklärungen, wie dies geschehen konnte. In ängstlicher Sorge um das verliehene Kapital fordern sie vielmehr weiterhin und mehr denn je die Zahlung von Zinsen und die Rückzahlung des ausgeliehenen Kapitalbetrags.

Sie fordern also gerade dann, wenn Vertrauen in Misstrauen umschlägt, jene Leistung des Schuldners, die ihnen vertraglich zugesichert ist.

Die Schuldner wiederum, denen es unmöglich ist, diese Leistung zu erbringen, suchen Auswege für eine Rettung, etwa indem sie die Gültigkeit der Schuldversprechen infrage stellen. Oder indem sie darauf pochen, trotz Zahlungsschwierigkeiten auch weiterhin gute Schuldner zu sein. Oder indem sie zum Ausdruck bringen, dass sie es demnächst wieder sein werden. Oder indem sie nachzuweisen versuchen, dass nicht sie, sondern andere für die Nichterfüllung verantwortlich sind. Unabhängig von ihrer jeweiligen individuellen Position fordern sie zudem so lange wie möglich, die existierenden Schulden nicht untergehen zu lassen. Sie fordern Zinsreduktionen, Laufzeitverlängerungen und – entscheidend – neue Kredite.

Diese Muster sind nicht nur in privaten Schuldner-Gläubiger-Beziehungen zu beobachten. Die Eskalation der Griechenland-Krise im Zuge der Euro-Verwerfungen zeigt vielmehr anschaulich, dass sie auch auf der Ebene der Staatsschulden typisch sind, insbesondere dann, wenn es sich bei den Investoren um Ausländer handelt und wenn es – wie bei souveränen Schuldnern üblich – keine Insolvenzordnung für Staaten gibt.

Wichtig ist zudem, dass Schuldverträge auch als Beziehungswechsel auf die Zukunft verstanden werden müssen. Schuldverträge werden eben nicht wie die meisten realwirtschaftlichen Verträge abgewickelt und insofern fast gleichzeitig erfüllt. Vielmehr sind sie zukunftsgebunden. Mit dieser Zukunftsgebundenheit aber sind sie ebenso wie die mit ihnen verbundenen Schuldner-Gläubiger-Beziehungen anfällig für absehbare und unabsehbare Veränderungen im Lauf der Zeit. Für eskalierende Schuldenkrisen ist das insofern zentral, als hier Anfälligkeiten zusammenkommen und negativ aufeinander wirken können, die weit mehr als andere Verträge die Vergangenheit, die Gegenwart und die Zukunft miteinander verbinden. »Gute« Schuldverträge, also solche, deren Risiken auch in Krisen für Vertragspartner und Gesellschaft zu bewältigen bleiben, sind dabei der Kitt, der das Gestern, das Heute und das Morgen in Gesellschaften zusammenhält. »Schlechte« Schulden hingegen, deren Risiken spätestens in Krisen nicht mehr zu bewältigen sind, beschädigen die Brückenfunktion des wirtschaftlichen, finanzwirtschaftlichen und gesellschaftlichen Vertrauens zwischen dem Gestern, dem Heute und dem Morgen substanziell.

Damit wird aber auch Folgendes verständlich: In großen Schuldenverwerfungen kollidieren vertragliche Leistungsversprechen mit normativen Konzepten wie etwa der Schuld, der Angemessenheit oder der Gerechtigkeit. Die ohnehin schon bestehende ängstliche Sorge um verliehenes Kapital oder um Ansprüche, die nicht mehr erfüllt werden könnten – wie etwa die Auszahlung von Löhnen, Gehältern, Renten und Pensionen in Griechenland –, trifft also auf emotional aufgeladene Werthaltungen, die objektive Einschätzungen erschweren. Die Folge ist klar. Können vertraglich gegebene Leistungsversprechen nicht mehr gehalten werden, dann führt das zu Abwehrhaltungen der Leistungsverweigerer, die moralisch fundiert daherkommen.

Genau diese aber machen ausgreifende Schuldenkrisen so gefährlich. Denn gegen moralisch oder moralfundamentalistisch daherkommende Abwehrhaltungen gibt es kaum ein Ankommen. Es gehört zu ihrem Wesen, dass sie mit rational-objektiven Argumenten, die nicht dem Moralfundament der Abwehrenden entsprechen – etwa der Gerechtigkeit für die kleinen Leute, die nun gegen die Interessen der Kapitalgeber in Stellung gebracht werden –, nicht überwunden werden können.

In Schuldenkrisen ist damit faktisch jeder Partei, und alle stehen dabei unter maximalem Stress, weil sie viel zu verlieren haben und diesen Verlust moralisch begründet zu vermeiden versuchen. Und da es für den Staat und für ein gesamtes Finanzsystem kein Insolvenzrecht gibt, entwickeln sich aus plötzlich bedrohten Schuldner-Gläubiger-Konstellationen zunehmende Konfrontationen im politischen Raum, um deren Ausgang immer heftiger gerungen wird. Ringen tun dabei letztendlich alle: der Staat, die Parteien, die Finanzmärkte, die Realwirtschaft, jeder Einzelne. Sämtliche Gläubiger-Schuldner-Verhältnisse sind damit emotional und politisch stark aufgeladen.

Diese Aufgeladenheit findet sich auch bei der Suche nach Ursachen und Lösungen einer Krise wieder. Denn es gibt nicht nur jede Menge sich widersprechender Informationen und Thesen. Weil sie selbst darin verstrickt sind, erklären Politiker, Banker, Zentralbanker, Gewerkschafter oder Finanzwissenschaftler die Krise je nach Zeit und Interessenlage zudem aus ihrem subjektiven Blickwinkel, der sich je nach gewandelter Interessenlage auch laufend ändern kann. Bei schwierigen Kreditverhandlungen, wie sie etwa zu Beginn des Jahres 2014 im Zusammenhang mit der schwelenden Euro-Krise stattfanden, nannten europäische Politiker Portugal noch ein Pleiteland. Ein paar Monate später nur, vor der nächsten Parlamentswahl, wurden die portugiesischen Sparanstrengungen dann über den grünen Klee gelobt. Beide Aussagen, so verständlich sie aus der Situation heraus erscheinen mögen, waren allein von den eigenen, zeitgebundenen Interessen derjenigen getrieben, die sie aussprachen.

So zwingt eine eskalierende Schuldenkrise alle beteiligten Parteien immer wieder zum Loben und Kritisieren ein und desselben Tatbestands, zum Steuern und Gegensteuern, zu Drohgebärden und Beschwichtigungen. Diese Ambivalenz verstärkt die allgemeine Unübersichtlichkeit, die Unsicherheit und damit die Angst sowohl von Gläubigern wie von Schuldnern, in der Krise zu Verlierern zu werden. Objektive Aussagen sind in Schuldenkrisen deshalb Mangelware. Subjektivität und Ängste dominieren das Geschehen.

Wir tun gut daran, uns das klarzumachen und immer wieder daran zu erinnern. Auch aktuell, denn Beschwichtigungen von Politikern oder Zentralbankern sind vor allem dieses: subjektiv, parteiisch, kurzfristig, situationsabhängig und interessengeleitet.

Dass es kaum objektive, sondern überwiegend parteiische Aussagen gibt, liegt dabei weniger am nicht vorhandenen Willen, sich aus der subjektiven Ecke herauszubewegen, sondern mehr am Umstand, dass jene Schuldversprechen, die nun nicht mehr gehalten werden, das Ergebnis des Handelns der Schuldner und Gläubiger, Krisenerklärer und -löser darstellen. Es geht also nicht darum, dass sie nicht objektiv kommunizieren wollen. Vielmehr bleibt ihnen gar nichts anderes übrig, wie alle anderen auch parteiisch zu sein und ihre Interessen zu wahren. Zu viel steht dabei für Schuldner und Gläubiger auf dem Spiel.

Hinzu kommt, dass Schulden, die nicht mehr bedient werden können, erst dann keinen Wert mehr darstellen, wenn alle Seiten dies so erklären. Aber wer verzichtet schon freiwillig auf seine Ansprüche? Diese starke Weigerung verschärft die Konfrontationen. Es verwundert daher nicht, dass – ähnlich wie bei Steuern, die selbst dann nicht aufgegeben werden, wenn die Anspruchsgrundlage für ihre Einführung weggefallen ist – eine freiwillige Streichung von Schuldversprechen kaum stattfindet. Auch daraus schafft eine langsam eskalierende und in ihren Grundfesten nicht angegangene Schuldenkrise ihre eigene negative Dynamik. Lange, zu lange gilt der Satz: Es kann nicht sein, was nicht sein darf – bis im schlimmsten Fall alle Auswege verbaut sind.

In jenen massiven Verwerfungen von Kredit und Schulden, denen wir derzeit ausgesetzt sind, regieren also bei der Suche nach Krisenerklärungen und -lösungen immer Parteilichkeit und Interessen. Von Gläubigern wie von Schuldnern sind in Schuldenkrisen deshalb nur Rufe Betroffener zu vernehmen.

Und nicht nur das. Denn gleichsam tief eingesunken in ihre emotional und moralisch aufgeladenen parteiischen Interessenlagen können Schuldner und Gläubiger fast notwendigerweise zugleich an einen Punkt gelangen, sich der Illusion hinzugeben, ihre Forderungen oder deren Negierung seien objektiv und unverrückbar. So wird vermeintliche Objektivität zur Selbsttäuschung, sowohl für die Gläubiger wie für die Schuldner. Und die Rufe der Betroffenen werden so nur noch lauter.

Im Übrigen rufen auch wir selbst. Denn auch dann, wenn wir selbst keine Schulden und keine Kredite vergeben haben, wissen wir, dass uns als Mitglieder unseres Gemeinwesens die Krise berührt – zu sehr ist unser persönliches Wohlergehen von staatlichen und finanzwirtschaftlichen Versprechen abhängig. Die Schuldenkrise nämlich könnte unser Geld und unsere Ansprüche verschwinden lassen. Wie sollen wir da neutral bleiben? Und wie sollten wir das von Politikern – die uns ja vertreten –, wie sollten wir das von Zentralbankern, Finanzakteuren, Medien et cetera erwarten, die selbst jeweils auf ihre Weise in die Krise verstrickt sind und ihr Handeln immer noch an einer vermeintlichen Normalität ausrichten, die es schon lange nicht mehr gibt?

Sollen also auch wir – die wir selbst Betroffene sind – nicht mehr rufen? Nein. Denn uns bleibt ja gar nichts anderes übrig, als zu rufen: vernehmlich und mit guten Argumenten. Und die brauchen wir. Denn die Welt, in der wir leben, wird – ob wir es wollen oder nicht – von finanzwirtschaftlichen Akteuren und Systemen angetrieben, die unser Leben in der Form fragil gewordener Schuldner-Gläubiger-Beziehungen auf viele Jahre bestimmen werden.

Frühe Weichenstellungen – eine lange Liste: Rasantes Kreditwachstum, veränderte Banken, verschwindende Haftung, rettender Staat, deutsches Lehrgeld

Eine moderne Volkswirtschaft benötigt für ihr Funktionieren die Versorgung mit Geld und Kredit. Das gilt für Unternehmen, Bürger und den Staat gleichermaßen. Geld und Kredit sind das Schmiermittel für erfolgreiches wirtschaftliches Handeln. Doch die damit verbundene Dynamik kann aus dem Ruder laufen – wie sich spätestens seit Akutwerden der Finanzkrise von 2007/08 bis heute zeigt.

Kreditexpansion und ihre Folgen

Allgemein lässt sich die diesen Verwerfungen zugrunde liegende Bewegung vereinfacht wie folgt beschreiben: Lange gibt es eine stark wachsende Kreditvergabe, wachsende Schulden und, damit verbunden, steigende Ansprüche. Das gilt für Schuldner wie Staaten, Finanzmärkte, Privathaushalte und Realwirtschaft gleichermaßen. Ab einem Punkt jedoch dreht sich das Kreditwachstum abrupt um und leitet nun mit jener Logik, die es hat entstehen lassen, die Zerstörung der Kreditbeziehungen ein. Dabei werden ursprünglich im Vertrauen geschlossene Leistungsbeziehungen zwischen Schuldner und Gläubiger durch Schutz- und Abwehrverhalten auf beiden Seiten ersetzt. Das heißt, in auf Kooperation und Leistungsbereitschaft angelegten Schuldner-Gläubiger-Verhältnissen verkehrt sich Vertrauen in Misstrauen und Hoffnung in Hoffnungslosigkeit – zuerst individuell, dann sich gegenseitig verstärkend kollektiv. Im Extrem kommt es bis zur Massenhysterie, so wie dies etwa beim New Yorker Aktiencrash 1929 und der sich anschließenden Weltwirtschaftskrise in den 30er-Jahren geschah. Dazu tritt ein weiteres Muster, das diese Dynamik verstärkt. In Zeiten einer sich anbahnenden oder ausbrechenden Krise steigt für den (schlechten) Schuldner rasant die Gefahr, Zins und Tilgung nicht mehr bedienen zu können, Kredite nicht mehr verlängert zu bekommen und damit illiquide und insolvent zu werden.

Genau diese Gefahr macht zunächst exzessive Kreditvergaben mit exzessiv wachsenden Schulden so gefährlich, denn früher oder später wird es notwendigerweise zu stark kontraktiven Kreditprozessen kommen. So wie Gläubiger und Schuldner sich in guten Zeiten gegenseitig bestärken und ihre Kreditbeziehungen wachsen lassen, genauso werden sie in beginnenden Konstellationen abnehmender Kreditvergaben geradezu dazu gezwungen, ihren Kreditpartnern mit wachsendem Misstrauen zu begegnen. Die Folge bei den Kreditgebern ist dann meist eine Strategie des »Rette sich, wer kann«, also das Bestreben, die Schulden so schnell wie möglich einzutreiben oder loszuwerden. Wenn das nicht gelingt, dann werden im schlimmsten Fall die Gläubiger – etwa Banken – zu »Opfern« ihrer Schuldner und gehen mit ihnen unter. Allerdings geschieht das nur dann, wenn man sie auch tatsächlich untergehen lässt und nicht der Staat über Rettungspakete oder Haftungsübernahmen eingreift.

Wenn Banken in eine Kreditkrise geraten, in der sie sowohl Gläubiger wie auch Schuldner sind – weil sie sich etwa gegenseitig nicht werthaltige Kredite verkauft haben –, dann eskaliert eine solche Entwicklung sehr schnell zu einer tiefen Krise des gesamten Bankensystems. Trifft eine solche Krise dann auch noch auf Staaten, deren Handlungsfähigkeit aufgrund eigener strukturell zu hoher Schulden stark eingeschränkt ist, dann entwickeln sich daraus Verwerfungen größten Ausmaßes, die man nur noch als extremen Ausnahmezustand beschreiben kann. Findet all das nicht nur innerhalb geschlossener nationaler Systeme statt, sondern im international finanz- und realwirtschaftlich vernetzten Raum, dann entstehen Ansteckungsrisiken, die die ganze Welt aus den Angeln heben können.

All dies sind unverkennbar genau jene Dynamiken, die 2007/08 und abermals nach Ausbruch der Euro-Krise 2010 zu beobachten waren. Angesichts des seit dieser Zeit weiter gewachsenen Schuldenbergs könnten sie demnächst wieder in Gang gesetzt werden und das heftiger denn je. Bereits heute gibt es wieder ein tiefes Misstrauen zwischen vielen Finanzmarktteilnehmern. Wie sonst ist es zu erklären, dass der Interbankenhandel – also jener Handel, in dem sich Banken gegenseitig Geld leihen und der für ein funktionierendes Finanzsystem auf Dauer unverzichtbar ist – bis heute nicht wieder richtig in Gang gekommen ist? Wie sonst auch ist zu erklären, dass trotz niedrigster Leitzinsen viele Banken kaum Kredite an Unternehmen vergeben und ihr Kapital lieber bei der EZB parken, selbst dann, wenn sie dafür wie seit Kurzem keine Zinsen mehr bekommen, sondern dafür zahlen müssen?

Kreditschöpfung – Kreditzerstörung

Grundsätzlich gilt also: Schuldenkrisen sind immer auch Gläubigerkrisen, beide Krisen sind nicht voneinander zu trennen. Jenseits dessen aber ist zentral, dass es bei dem engen Verhältnis zwischen Schuldner und Gläubiger nicht nur um das für beide Seiten kostspielige Scheitern einer Beziehung zwischen Kreditnehmer und Kreditgeber geht, sondern auch um die Dynamik dessen, was mit den vielen Verflechtungen dieser Beziehung geschieht, wenn sie brüchig sind.

Ein Beispiel macht das deutlich: Ein von einer Bank gewährter Ratenkredit für einen Flachbildschirm bleibt über seine Laufzeit mit anderen Geld- und Kreditgrößen im Finanzsystem wie auch mit der Realwirtschaft eng verknüpft. Denn seine Rückzahlung liegt in der Zukunft. Bis diese vertraglich definierte Zukunft eingetreten ist, muss der Schuldner den Zins- und Tilgungsdienst leisten. Auch die Frage des Eigentumsübergangs des TV-Geräts an den Schuldner ist von der vollen Rückzahlung des Kredits abhängig. Wichtig aber ist vor allem dies: Die Schuldner-Gläubiger-Beziehung ist zugleich Teil eines Prozesses, den man, wie erwähnt, Kredit- oder Giralgeldschöpfung der Geschäftsbanken nennt, bei dem am Ende – sehr verkürzt ausgedrückt – zwar nicht die Zentralbankgeldmenge, aber die im Geld- und Kreditsystem umlaufende Geldmenge über zusätzlich geschaffene Einlagen und Kredite, die wiederum zu zusätzlichen Einlagen und Krediten führen, erhöht wird.

Wird allerdings ein Kredit schlecht – das heißt, ein Schuldner kann ihn nicht mehr bedienen –, dann hemmt dies den Kreditschöpfungsprozess der Banken. Der Kreditgeber muss den Kredit dann nicht nur abschreiben. Es muss in der Folge auch ein Abschmelzen der Einlagen für mögliche künftige Kreditvergaben hinnehmen. Im schlimmsten Fall – wenn das also häufiger und mit großen Volumina passiert – schrumpft die Kreditvergabe. Mit ihr aber schrumpfen auch die Einlagen nochmals, und die Folge ist eine weitere allgemeine Kreditverknappung und so fort. Im Eskalationsfall kann das eine Bank an den Rand des Ruins bringen. Deshalb besteht die Aufgabe des Managements einer Bank darin, durch vorsichtiges Handeln sowie mit ausreichenden Liquiditäts- und Bilanzierungsreserven auch in Krisen überlebensfähig zu bleiben.

Was aber, wenn Banken die ihnen eigentlich zukommende volkswirtschaftliche Aufgabe der Kreditschöpfung und Kreditverknappung, wie sie auch für normale konjunkturelle Zyklen typisch und nötig ist, nicht mehr auf eigene Rechnung durchführen, das heißt auf eigenes Risiko und mit entsprechender Haftung etwa des Eigenkapitals, sondern diese Funktion an Dritte abgeben?

Dann kommt es darauf an, inwieweit deren Haftung für eingegangene Risiken und deren Einkommensanreize mit der Erfüllung der Kredite verknüpft bleibt. Genau dieser Punkt ist sehr wichtig, und zwar deswegen: Die zentrale Basis gelingender Kreditschöpfung im Rahmen klassischer Bankgeschäfte ist die Kombination der Gewinnabsicht der Bank, über Kreditzinsen Einnahmen zu generieren, und ihrer Vorsicht, mit ihrer nachhaltigen Prüfung der Kreditvergabe und der Überwachung des Rückzahlungsprozesses bis zum Ende der Laufzeit dafür zu sorgen, dass die vereinbarten Zins- und Rückzahlungsmodalitäten auch eingehalten werden. Weil das Scheitern von Banken als finanzwirtschaftliche Intermediäre und Kreditschöpfer sowohl für die Realwirtschaft wie auch für die Stabilität des Staates insgesamt so gefährlich ist, werden Banken zusätzlich gesetzlich umfangreich reguliert und kontrolliert, und das seit mehr als 100 Jahren. Ziel dieser staatlichen Regulierung und Kontrolle ist es, das Risikoverhalten der Banken mit Blick auf ihre eigene Verschuldung, ihre Liquiditätsvorsorge und ihr Kreditverhalten zu begrenzen.

Falls nun aber die Dritten, über die nun Kreditschöpfungsprozesse in Gang gesetzt werden, für potenzielle Fehler beziehungsweise Risiken in diesen Prozessen nicht haften, weil die Bankenregulierungen für sie nicht greifen und sie daher Haftung in ihren Verträgen ausschließen können, dann werden sie ihr Augenmerk »auf Teufel komm raus« auf immer neue Kreditschöpfungsmöglichkeiten richten. Denn so können sie ihre Einkommen maximieren. Auf Risiken zu achten stellt für sie – anders als für klassische Kreditbanken – keine Priorität dar, denn für auftretende Verluste haben sie ja im Ernstfall nicht einzustehen. Die Folge einer solchen Konstellation ist klar: Im Vertrauen der Dritten darauf, dass am Ende schon »irgendjemand« für die Risiken einstehen muss, also die Anleger oder am Ende im Zweifel die Steuerzahler, werden Kredit- und Schuldenvolumina stark wachsen.

Wie es aussieht, hat exakt dieser im Prinzip unregulierte und unkontrollierte Wandel zu immer expansiveren Kreditschöpfungsprozessen in den westlichen Gesellschaften in den letzten Jahrzehnten stattgefunden. Was also ist da genau geschehen – mit den Banken und den Dritten, die für eingegangene Risiken bei einem aus dem Ruder laufenden Prozess der Kreditschöpfung und des Schuldenmachens? Und wie kommt es, dass trotz laufend wachsender Schulden keine roten Lampen aufleuchteten, in den Banken, auf den Finanzmärkten, bei den Regulierungsbehörden?

Transformation des Bankgeschäfts (1): Der Aufstieg der Geld- und Kapitalmärkte

Eine erste Annäherungsantwort muss lauten: In einem dramatischen Veränderungsprozess verloren die Banken mehr und mehr die Grundlage ihres klassischen Geschäfts, nämlich die Einlagen, mit denen sie Kredite vergeben konnten.

Dieser radikale Transformationsprozess begann mit dem Aufkommen der Geldmarktfonds Ende der 60er-Jahre in den USA. Geburtshelfer der neuen Fondsvariante war Merrill Lynch. Das Unternehmen, eine der damals größten amerikanischen Investmentbanken, legte einen für die Öffentlichkeit zugänglichen Fonds mit Schuldpapieren wie etwa verbriefte Schuldpapiere mit einer Laufzeit zwischen einem Tag und maximal zwei Jahren auf. Gleichzeitig wurde darauf geachtet, dass die Emittenten der Schuldpapiere eine gute Bonität aufwiesen, um so Zahlungsausfälle von Schuldnern möglichst zu vermeiden.

Schon diese Konzeption des Fonds war eine Innovation, und sie wurde rasch zu einer Erfolgsgeschichte. Denn zur gleichen Zeit, als die ersten Geldmarktfonds entstanden, galt für US-Banken eine gesetzliche Maximalverzinsung. Die wiederum hatte für die Geldmarktfonds keine Relevanz. Für die nach besten Verzinsungen ihres Kapitals Ausschau haltenden Anleger wurden daher Geldmarktfonds als Anlagemöglichkeit interessanter und Banken uninteressanter.

In der Folge entwickelten sich die Geldmarktfonds sowohl für die Anleger wie auch für die Schuldpapieremittenten zu einem Markt, auf dem man nicht nur mehr Renditen zu erwirtschaften hoffte, sondern mit dem man auch die verstärkte staatliche Regulierung, der Banken ausgesetzt waren, umgehen konnte. Man spricht in diesem Zusammenhang auch ganz allgemein von Regulierungsarbitrage: Das heißt, zum einen bekommen die Anleger in den unregulierten Geldmarktfonds höhere Zinsen als für Einlagen in den regulierten Banken. Und zum anderen haben auch die Schuldpapieremittenten aufgrund der nicht vorhandenen Regulierung und des Wegfalls der damit verbundenen hohen Kosten einer Bank einen Zinsvorteil.

Schnell entwickelten sich so die Geldmarktfonds zu einem aggressiven Konkurrenten der Bankeinlagen. Und ihr Markt wuchs rasant. Als 1974 Merrill Lynch den Investoren ihrer Geldmarktfonds dann auch noch ein Scheckbuch anbot – wie sonst bei einem Girokonto einer Bank üblich –, war die (unregulierte) Kopie einer Bankeinlage komplett.

Die Banken verloren in den Folgejahren Milliarden an Einlagen an die Geldmarktfonds und konnten ihrem klassischen Kerngeschäft, der Vergabe von Krediten an die Realwirtschaft, immer weniger nachkommen.

Um also zu überleben, blieb den Banken gar nichts anderes übrig, als auf diese existenzbedrohende Entwicklung zu reagieren.

Und so wandelten sie sich, und zwar grundlegend.

Das zeigt sich auch im Kreditschöpfungsprozess. Wie schon beschrieben lag der mit der Kreditschöpfung verbundene »Hebelfaktor« der Banken bis Mitte der 80er-Jahre der meisten internationalen Banken bei etwa zehn. Vor Ausbruch der Finanzkrise

2007/08 lag dieser Faktor im Durchschnitt des internationalen Bankensystems jedoch bereits bei etwa 30.

Übersetzt in für Risiken tatsächlich haftendes Eigenkapital bedeutet das: Das internationale Bankensystem verfügte im Vorfeld der Krise im Durchschnitt über weniger als 3,5 Prozent an haftendem Eigenkapital, während es Mitte der 80er-Jahre noch zehn Prozent waren. Die Risikopuffer der Kreditinstitute für das Auffangen von Verlusten hatten also dramatisch abgenommen.

Doch nicht nur das. Denn führt man sich gleichzeitig vor Augen, dass die Banken seit Anfang der 80er-Jahre einen Großteil ihrer für das Kreditgeschäft benötigten Einlagen wie auch die Kredite an die sich entwickelnden Geld- und Kapitalmärkte sowie an neue Anlegergruppen verloren, dann stellt sich umso mehr die Frage, warum ihre Kredithebel nicht kleiner wurden oder zumindest stabil blieben, sondern im Gegenteil geradezu explodierten – und mit ihnen die Risiken. In der Realwirtschaft werden Einheiten, die einen Großteil ihres Geschäftes verlieren, automatisch kleiner, oder sie werden vom Markt verdrängt. Bei den Banken hingegen war es umgekehrt – sie wuchsen, indem sie sich veränderten.

Sie wuchsen also nicht in ihrem bisherigen Geschäftsmodell in der ihnen eigentlich zugedachten Funktion als klassische Einlagen- und Kreditinstitute, die an spezifische Eigenkapital-, Sicherheits- und Haftungsregeln gebunden waren. Vielmehr wuchsen sie in einem neuen Geschäftszweig. Denn die Banken wandelten sich in wesentlichen Teilen zu Dienstleistungsunternehmen für diejenigen, die jetzt zunehmend die Kredit- und Vermögensentscheidungen trafen, das heißt für die rasant an Bedeutung gewinnenden internationalen Geld- und Kapitalmärkte. Verkürzt ausgedrückt: Sie wurden zu mit Provisionen bezahlten Händlern und Verkäufern von Wertpapieren, vor allem von verbrieften Schuldtiteln wie beispielsweise Unternehmens- oder Staatsanleihen.

Diese Transformation der klassischen Banken und ihres Geschäftsmodells fand nicht zufällig statt. Vielmehr wurde sie möglich, weil die staatlichen Bankenregulierungen die neuen Kreditschöpfungsmöglichkeiten via Finanzmärkte nicht einschränkten; im Gegenteil, sie unterstützten sie. In der Folge wanderten die Einlagen und Kredite – und damit das Risiko von Übertreibungen und ihre mögliche Haftung dafür – aus den Bankbilanzen in die sich entwickelnden Finanzmärkte- beziehungsweise in die Geld- und Kapitalmärkte.

Finanzmärkte sind dabei sämtliche Märkte, auf denen Kapital wie etwa in Form von

- Wertpapieren, beispielsweise Aktien,
- verbrieften Rechten, beispielsweise öffentliche oder private Schuldverschreibungen,
- Kredit- und Darlehensverträgen (darunter auch Hypotheken),
- Zentralbankgeld oder
- Währungen

gehandelt wird.

Kapitalanbieter auf den Finanzmärkten suchen dort nach den besten Möglichkeiten, ihr Geld anzulegen und dabei ihre Rendite zu maximieren. Kapitalnachfragern wiederum ermöglicht der Handel auf den Finanzmärkten, beabsichtigte Investitionen oder andere Ausgaben zu finanzieren. Zusammengebracht werden beide Seiten durch Finanzintermediäre, das heißt etwa durch Banken, wenn sie Handelsplattformen zur Verfügung stellen, oder durch klassische Börsen.

Neben den Devisen- beziehungsweise Währungsmärkten gehören zu den Finanzmärkten vor allem die Geld- und Kapitalmärkte. Der Kapitalmarkt ist dabei der Markt für mittel- bis langfristige Kapitalbeschaffung, auf dem Unternehmen, Staat und auch private Haushalte Kredite wie Unternehmens- und Staatsanleihen, Aktien oder Beteiligungskapital nachfragen. Der Geldmarkt ist demgegenüber der Markt, auf dem Gelder mit einer Fristigkeit von einem Tag bis zu zwei Jahren gehandelt werden, also etwa Tages- und Termingelder, kurzfristige Zinspapiere, Wechsel und anderes mehr.

Im Zuge des wachsenden Bedeutungsgewinns von Geld- und Kapitalmärkten zulasten der klassischen Funktionen von Kreditinstituten wurde allerdings Folgendes lange übersehen: Weil die Banken sowohl Einlagen wie auch Kredite an die neuen Geld- und Kapitalmärkte verloren, wurden auch sie gezwungen, sich dort zu refinanzieren und dort ihre Gelder anzulegen. So wurden die Finanzmärkte gewissermaßen zum verlängerten Arm der Bankbilanzen, ohne aber denselben Haftungsregeln wie Kreditinstitute zu unterliegen.

Heute ist klar, dass diese Verbindung die potenziellen Ansteckungsrisiken zwischen Banken in ihrer klassischen Funktion einerseits und Geld- und Kapitalmärkten andererseits im Fall einer Krise massiv erhöht hat. Damals aber, als die Entwicklung hin zu den Geld- und Kapitalmärkten begann, ging ein Großteil der Marktteilnehmer und Regulierer davon aus, dass die finanzwirtschaftlichen Risiken auf mehreren Schultern – also auf denen der Banken und der institutionellen Anleger der Geld- und Kapitalmärkte – besser und sicherer verteilt sein würden, als dies zu den alten Zeiten der alleinigen Dominanz der klassischen Kreditinstitute der Fall gewesen war.

Als es vielen Marktteilnehmern und staatlichen Regulierern nach immer neuen Anlage-, Börsen- und anderen Krisen in den 90er- und 2000er-Jahren schließlich dämmerte, dass diese Annahme ein fataler Trugschluss war, fand sich allerdings niemand, der dieser Entwicklung Einhalt gebot. Oder besser: der ihr Einhalt gebieten *konnte*. Oder *wollte*?

Im Prinzip gilt das bis heute. Denn den seit der Finanzkrise für das klassische Bankgeschäft unternommenen wichtigen Regulierungsbemühungen, die darauf zielen, die Haftung für Risiken auch jenen zuzuweisen, die diese Risiken eingegangen sind, und dabei dafür Sorge zu tragen, dass genügend Sicherheiten für die Übernahme dieser Haftung vorhanden sind, stehen keine ver-

gleichbaren Bestrebungen mit Blick auf die Geld- und Kapitalmärkte gegenüber.

Transformation des Bankgeschäfts (2):
Der Aufstieg der Investmentfonds

Parallel zur Transformation der Banken und ihres Geschäftsmodells wuchs auch der Markt für Investmentfonds, der ja selbst Teil
der Geld- und Kapitalmärkte ist.

Der zarte Beginn einer Entwicklungsdynamik von Investmentfonds lässt sich in die 60er-Jahre zurückverfolgen. Ungefähr seit
dieser Zeit konnten immer breiter werdende Mittelschichten in
den Industrienationen Einkommensüberschüsse erzielen, die sie
als Vorsorge für die Zukunft anzulegen hatten. Das galt zunächst
vor allem für die USA und später dann ebenfalls für die anderen
westlichen Länder. Auch um diesen neuen Anlegerbedürfnissen
nachzukommen, entwickelte die Wirtschaftswissenschaft neue
Methoden zur Optimierung von Risiken und Gewinnchancen,
die für die weitere Entwicklung der Investmentfonds große Bedeutung haben sollten. Ein wichtiges Element im Rahmen dieser
Methodenentwicklung stellte die Anlagediversifikation dar.

Ihr Grundgedanke ist vertraut und klingt einfach: Wenn jemand zehn Einheiten einer Anleihe oder zehn gleiche Aktien in
seinem Anlageportfolio liegen hat, dann unterliegt er einem größeren Verlustrisiko als einer, der zehn verschiedene Anteile hält.
Will er also seine Anlageposition sicherer machen, muss er dafür sorgen, dass sich seine Investmentanteile nicht zu sehr ähneln.
Der finanzwirtschaftliche Terminus dafür heißt »Nichtkorrelation«.

An einem vereinfachenden Beispiel verdeutlicht heißt das: Wer
nur Aktien oder Anleihen eines Automobilunternehmens hält, der
ist nicht nur dem Risiko dieses Automobilunternehmens ausgesetzt, sondern der Konjunktur der Autoindustrie generell. Wer

seine Risiken in einem solchen Fall verringern will, sollte also keine weitere Beimischung von Autopapieren vornehmen. Besser sollten zum Beispiel Aktien oder Anleihen der Pharmaindustrie oder von Unternehmen im Lebensmittelsektor dazugekauft werden, die wenig mit der Autokonjunktur korrelieren.

Die Investmentstrategie der Diversifikation nach Anlagesektoren fand Eingang in die Portfoliotheorie, in der es auch um die optimale Diversifikation verschiedener Vermögensklassen, regionale und internationale Diversifikation, Produktdiversifikation und unterschiedlichste generelle Absicherungsstrategien von Vermögenspositionen geht. Ihre Grundlagen hatte der US-Ökonom Harry Markowitz bereits 1952 entwickelt. In den Jahrzehnten danach trat sie ihren Siegesanzug an und beförderte dabei auch den Aufstieg der Investmentfonds im Besonderen und institutioneller Anleger im Allgemeinen.

Die vermehrt entstehenden diversifizierten Fonds schienen in ihrem Anlageverhalten gegenüber einzelnen Privatanlegern viele Vorteile zu haben. Zum einen etwa: Wer sich wie die Fondsmanager professionell um Geldanlagen kümmert, sollte allein dadurch bessere Erträge generieren können als nicht darauf spezialisierte einzelne Privatanleger. Oder zum Zweiten: Große Einheiten können Anlageprodukte im Allgemeinen zu besseren Preisen einkaufen als einzelne Privatanleger.

Mit diesen Argumenten und vor dem Hintergrund sich entwickelnder neuer Investmentmethoden verbreitete sich auch die Geschäftsidee der Investmentfonds rasant: die Bündelung und Verwaltung der Geldanlagen für die damals wachsenden Mittelschichten aus der Generation der Baby-Boomer.

Doch nicht nur für Investmentfondsgesellschaften war diese Idee interessant, sondern auch für Versicherungen, den Staat oder Unternehmen, die begannen, für ihre Mitarbeiter Pensionsfonds einzurichten. Solche nun entstehenden institutionellen Anleger, die sich zudem immer stärker segmentierten, forcierten den Wandel von Anlage- und Kreditverhalten weiter.

Für die klassischen Funktionen der Banken hatte der Aufstieg der Investmentfonds weitere Konsequenzen. Banken waren fortan vermehrt nur noch indirekt in diesen Vermögensbildungsprozess eingebunden. Zum einen fungieren sie seither als Transaktionsplattformen für die Fonds, wenn diese Wertpapiere kaufen oder verkaufen. Und zum Zweiten können sie zum Kreditgeber für die Fonds werden, etwa wenn diese für hohe temporäre Auszahlungen nicht die benötigte Liquidität vorgehalten haben, aber nicht bereit sind, viele Einzelpositionen kurzfristig zu verkaufen, und deshalb einen Überbrückungskredit benötigen.

Für ihre Dienstleistungen werden Investmentfonds gut bezahlt; und genau hier wird eine weitere gefährliche Problematik erkennbar. Zum einen verdienen Investmentfonds an einer sogenannten Eintrittsgebühr, die im Allgemeinen bei zwischen zwei und fünf Prozent des eingesetzten Geldes liegt. Außerdem stellen sie ihren Kunden jährlich eine laufende Gebühr in Rechnung, die normalerweise zwischen 0,5 und zwei Prozent variiert. Nach Maßgabe der Größe des von ihnen verwalteten Vermögens erzielen Investmentfonds also bereits auf diese Weise hohe Einnahmen, vollkommen unabhängig von ihrem Erfolg. Doch damit nicht genug. Denn die Fondsmanager verdienen außerdem häufig auch dann, wenn ihre Fonds Zuwächse zeigen. Vor allem in den letzten Jahren haben sich viele Fonds mit ihren Kunden darauf verständigt, dass sie in Zeiten außergewöhnlicher Gewinne einen Teil davon für sich behalten dürfen. Anders hingegen sieht es bei Vermögensverlusten aus, wie sie etwa 2001 und 2009 massiv anfielen. Hier liegen die Risiken – von einigen wenigen Ausnahmen abgesehen – ausschließlich bei den Anlagekunden.

Die Folgen dieser problematischen Konstellation sind nicht verwunderlich: Die Nichthaftung für Verluste, das Interesse, (risikolos) viel Geld zu verwalten, und der Anreiz, im Fall großer Vermögenszuwächse daran mitzuverdienen, führen dazu, dass die Fondsmanager höhere Risiken eingehen, als sie das mit ihrem eigenen Geld tun würden. Es entstehen Übertreibungen in den

Anlagemärkten wie auch generell im Finanzsystem, denn in steigenden Anlagemärkten können Investmentfonds viel gewinnen. Warum sollten Fondsmanager also nicht alles daransetzen, dass sich die Märkte nach oben bewegen? Die Haftungsrisiken für einen Marktzusammenbruch, den sie mit ihrem Verhalten mit verursacht haben, liegen ja nicht bei ihnen.

Die Darstellung dieser Logik ist etwas vereinfacht und gilt nicht für alle Fondsmanager beziehungsweise Vermögensverwalter gleichermaßen. Dennoch beschreibt sie eine wichtige Ursache, warum es in den letzten 30 Jahren nicht nur bei den Investmentfonds im engeren Sinne, sondern im gesamten institutionellen Anlagebereich zu großen Risikoverschiebungen und Verhaltensänderungen gekommen ist – und damit im gesamten Finanzsystem. Die Gewinnanreize für die Vermögensverwalter, denen keine angemessenen Haftungsregeln gegenüberstehen – denn sie können ja die Haftung für die Verluste an die Anleger verschieben –, haben quasi eine permanente Gefahr von Marktübertreibungen institutionalisiert. Ihre Risiken liegen allein bei den anlegenden Kunden, am Ende – wenn das gesamte Finanzsystem bedroht ist – womöglich beim Steuerzahler.

Das staatlich und supranational nicht beschnittene Geschäftsmodell der institutionellen Anleger ist damit unter dem Gesichtspunkt seiner marktwirtschaftlichen Konsequenzen höchst problematisch. Denn es schafft die Möglichkeit für Marktteilnehmer, Einkommen zu generieren, ohne im Verlustfall zu haften. Eine funktionierende Marktwirtschaft setzt aber voraus, dass es einen solchen *free lunch* nicht gibt.

Dieses Versagen marktwirtschaftlicher Grundmechanismen beim Verfolgen des Geschäftsmodells der institutionellen Anleger zeigte sich in der Praxis bereits beim Entstehen und Platzen der Dotcom-Blase, in der die Anleger – geleitet von den Wertpapierabteilungen der Banken, Investmentfonds und anderen institutionellen Anlegern – seit Mitte der 90er-Jahre zuerst langsam und dann seit 1998 immer stärker dazu neigten, junge Firmen im

Technologie- und Internetbereich höher zu bewerten als klassische Unternehmen. Diese Wachstumsentwicklung zog andere Marktteilnehmer an, die an diesem Prozess mitverdienen wollten. Die steigende Nachfrage verstärkte die Volumina und die Bewegung der Marktpreise nach oben, sodass es zu einem sich selbst erfüllenden Herdenverhalten kam. Der Überschwang nährte sich selbst.

Natürlich gab es auch damals Fondsmanager, die sich dem digitalen Irrsinn in den Aktienmärkten widersetzten. Gerade weil sie aber gegen den Strom schwammen – in den Finanzmärkten (leider) fast immer eine schlechte Idee –, wurden sie auch vom Strom erfasst und als Verlierer gebrandmarkt. Denn die Renditen ihrer Fonds, bei denen sie früher aus den Technologieaktien ausstiegen als denjenigen, die bei Technologieaktien weiter voll investiert blieben, waren zunächst niedriger. Die Anleger bestraften sie dafür sofort, und einige Fonds verschwanden vom Markt. Da half es auch nicht, dass – wie nur wenig später klar wurde – die frühen Aussteiger die besseren Fondsmanager gewesen waren. Denn die investierende Herde zog nach deren Ausstieg weiter und trieb die Kurse in ungeahnte Höhen, um danach umso brutaler abzustürzen.

Warren Buffett war einer der wenigen großen Fondsmanager, der sich dem Boom widersetzte und trotz Anfeindungen, Abflüssen und Herabstufungen seines eigenen börsengelisteten Fonds Berkshire Hathaway daran festhielt, nur Aktien der damals plötzlich so genannten *Old Economy* zu kaufen; allein die Wortkreationen *Old Economy* und *New Economy* zeigen das damalige Ausmaß der Transformation im Denken der Investoren. Aus zwei Gründen wurde Buffett von der Herde nicht niedergetrampelt: Zum einen unterhielt er als vorsichtiger Investor immer genügend Barreserven, damit er Mitinvestoren im Fall ihres Ausstiegs ausbezahlen konnte, ohne die getätigten Investments auf den Markt werfen zu müssen. Zweitens war er – und ist es bis heute – der Miteigentümer seiner Fonds.

Wie ein Bankier des 19. Jahrhunderts ist er also kein Agent, der Geschäfte allein auf Rechnung Dritter abschließt. Im Fall von Verlusten blutet auch er. Das unterscheidet ihn von den meisten institutionellen Investoren, deren Geschäftsmodell eine solche Haftung nicht vorsieht. Anders als die anderen zu investieren, als die Herde also, zahlt sich für sie nicht aus. Das der Marktwirtschaft zugrunde liegende Gesetz, dass unterschiedliches Verhalten und Risikobewusstsein zu unterschiedlichen Preisen und Preisentwicklungen führt, gilt für sie also nicht. Das zwingt sie letztendlich dazu, immer nah an der Herde zu bleiben – unabhängig davon, ob das nun ökonomischen Sinn macht oder nicht.

So stiegen die Preise der New-Economy-Aktien weiter.

Verstärkt wurde das Herdenverhalten auch dadurch, dass sich die Messung des Erfolgs der Vermögensverwalter in den Fonds zumeist über maximal ein Jahr erstreckt, manchmal sind es gar nur drei Monate. Schon kurzfristige Ausreißer im Vergleich zur Performance von konkurrierenden Fonds können für einen Fondsverwalter das Ende bedeuten, das heißt, dass ihm das Mandat für eine Vermögensverwaltung entzogen wird. Um diese Gefahr auszuschalten, ist es daher wiederum im Interesse jedes Fondsmanagers, dass sich sein Anlageverhalten nicht zu weit von jenem seiner Kollegen bei der Konkurrenz entfernt, er also nah bei der Herde bleibt.

Genau dieses Verhalten, als Ergebnis von Nichthaftung und sehr eingeschränktem effizientem Wettbewerb unter den Fondsmanagern, hat die Blase so lange weiterwachsen lassen, bis auch der letzte Marktteilnehmer von den irrsinnigen Bewertungen realwirtschaftlich nicht tragbarer Geschäftsmodelle überzeugt sein musste.

In Märkten, in denen Herdenverhalten vorherrscht, wird das individuelle Denken als Grundlage des Handelns faktisch ausgeschaltet. Dabei ist gerade das Herdenverhalten in den Finanzmärkten sehr alt – wie schon die Tulpenmanie der Holländer im 17. Jahrhundert zeigte.

Zur Erinnerung: Seit ihrer Einführung in den Niederlanden in der zweiten Hälfte des 16. Jahrhunderts waren Tulpen ein Liebhaberobjekt unserer Nachbarn, vor allem in den gehobenen Schichten des gebildeten Bürgertums, der Gelehrten und des Adels. In den 30er-Jahren des 17. Jahrhunderts wuchsen die Preise für Tulpenzwiebeln – auf einer immer größer werdenden Pyramide von Krediten gebaut – nach und nach ins Exorbitante, bevor der Markt im Februar 1637 schließlich abrupt kollabierte. Bis heute gilt der holländische Tulpenwahn als die erste sehr gut dokumentierte Spekulationsblase der neueren Wirtschaftsgeschichte. Und bis heute wird sie immer herangezogen, um die Dynamik zu illustrieren, wie Entwicklungen infolge irrationalen Gruppenüberschwangs in den Finanzmärkten ablaufen.

Ganz offensichtlich kommt es in unseren aufgeklärten Gesellschaften bis heute zu ähnlichen Manien, und dies mit noch sehr viel größeren und globalen Konsequenzen. Damals kollabierte nur ein kleiner Markt in Holland, heute steht im Zweifel gleich das gesamte Weltfinanzsystem auf dem Spiel. Und wenn nicht dessen Komplettuntergang erfolgt, so kommt es doch wenigstens zu einem dramatischen Einbruch und erheblichen Wohlstandsverlusten.

So sind etwa auch die Überhitzung des Dotcom-Aktienmarkts und deren Folgen noch bestens bekannt: Im Frühjahr 2000 brachen zuerst die Kurse der Internet- und Technologieaktien und etwas später die gesamten internationalen Aktienmärkte in sich zusammen, Letzteres auch verstärkt durch die Anschläge des 11. September 2001. In den 18 Monaten nach dem Platzen der Dotcom-Blase entstanden allein im Aktienmarkt gigantische Vermögensverluste von geschätzt etwa 5000 Milliarden US-Dollar.

Trotz dieser atemberaubenden Dimensionen an vernichtetem Vermögen gingen die Finanzmärkte und ihre Protagonisten wie Banken, Investmentfonds und andere institutionelle Anleger nicht unter. Alle Finanzakteure waren zwar daran interessiert gewesen, den Boom anzuheizen. Und die Analystenteams führender Banken erfanden immer abenteuerlichere Erklärungen dafür, warum erfolgreiche Technologieunternehmen zunächst kein Geld verdienen dürften, sondern zuerst Massen davon als Investitionen »verbrennen« müssten, um dann – irgendwann – zu umso größeren Höhen aufzusteigen. Für diese Bewertungseinschätzungen aber, die den Markt über viele Jahre mit nach oben zogen, hafteten sie am Ende nicht.

Vor allem aber hatten die Banken den Großteil der im Dotcom-Boom erzielten Gewinne nicht über Kredit finanziert. Denn es waren private und institutionelle Anleger, die den Boom anheizten. Die Gewinne waren zudem weitgehend nicht realisiert worden, sodass die Vermögenszuwächse in der Mehrheit nur »gefühlte« Vermögenszuwächse waren. Der Kollaps der Aktienmärkte hatte also zwar große Konsequenzen in den Volkswirtschaften der Welt, denn er führte zu einer heftigen Rezession. Die Banken aber waren ihrer grundsätzlich weiter bestehenden Finanzierungsfunktion nicht beraubt; ihr eigenes Geld, also ihr Eigenkapital, war in letzter Konsequenz vom Platzen der Dotcom-Blase nicht berührt.

Während also die Banken in ihrer neuen Funktion als Fondsverwalter beziehungsweise Käufer und Verkäufer von Wertpapieren jahrelang zur Marktüberhitzung beigetragen und daran verdient hatten, landeten die Verluste am Ende fast ausschließlich bei den Anlegern, in der Realwirtschaft oder beim Staat. Und weil mit dem Kollaps alle Finanzakteure gleichermaßen an Ansehen und künftigen Einkommen verloren hatten und insofern kaum jemand einen komparativen Wettbewerbsnachteil erlitt, und weil zudem die US-Zentralbank im einsetzenden Wirtschaftsabschwung über nach und nach gesenkte Zinsen für eine Stabilisierung sorgte, machte die Finanzwirtschaft nach dem Platzen der Dotcom-Blase das aus ihrer Sicht einzig Vernünftige: Sie schritt einfach weiter auf ihrem Weg, zur überhitzenden Kreditschöpfung beizutragen, ohne für die entstehenden Risiken zu haften.

Nur wenige Jahre später jedoch holten sie – und die Weltwirtschaft insgesamt – die Folgen der Dotcom-Krise umso heftiger ein. Denn die niedrigen Zinsen der US-Zentralbank, die die Folgen der Dotcom-Krise hatten bekämpfen sollen, trugen wesentlich dazu bei, im US-Immobiliensektor einen neuen Boom mit verbrieften Hypothekenportfolios geringer Bonität entstehen zu lassen, der am Ende die Finanzkrise 2007/08 mit auslöste.

Wie sich die Bilder gleichen: Auch heute haben wir wieder niedrige (oder gar negative) Zinsen, mit denen die akute Finanz- und Euro-Krise angeblich erfolgreich bekämpft wird. Und wir werden sie noch dazu auf absehbare Zeit haben. Und wie schon nach der Dotcom-Krise sind seither auch diesmal die Schuldenberge weiter gewachsen. Das Platzen der Dotcom-Blase war heftig, aber noch zu bewältigen. Die Finanzkrise nur ein paar Jahre später führte an den Abgrund. Was geschieht beim nächsten Ausbruch der Schuldenkrise?

Und welche Rolle spielen dabei die sich transformierenden Banken – und die mächtigen Geld- und Kapitalmärkte?

Transformation des Bankgeschäfts (3): Die Krisen der 70er- und 80er-Jahre

Manche machen es sich einfach: In den Augen vieler Protagonisten in Kontinentaleuropa etwa sitzen die Schuldigen für das anhaltende Schuldendesaster vor allem in Washington, New York und London. Doch stimmt das? In jedem Fall nicht nur. Die Lage ist komplexer, und sie ist nur zu verstehen, wenn man dem Pfad der sich transformierenden Banken weiter folgt.

Unzweifelhaft ist: Der radikale Bedeutungswandel von Banken und Finanzmärkten sowie ihrer Zentren an der Wall Street und in der City von London haben einen großen Anteil am Ausbruch der großen Finanzkrise 2007/08 und am Weiterwachsen des Schuldenbergs danach.

Viele finanzwirtschaftliche Veränderungen – auch die Transformation des Geschäftsmodells der Banken – nahmen dabei ihre

Fortsetzung in den 80er-Jahren. Seit dieser Zeit lösten sich im Zuge schrittweiser Deregulierungen einerseits die alten Strukturen der Banken auf, und ihre Funktion als Einlage- und Kreditinstitute erodierte zunehmend. Andererseits – und parallel dazu – entwickelten sich die heute so wichtigen Geld- und Kapitalmärkte sowie die Schattenbanken, also Spezialbanken, die bankverwandte Geschäfte betreiben, aber aufsichtsrechtlich nicht als Bank kontrolliert werden.

Dabei wird die in den 80er-Jahren einsetzende sogenannte Deregulierung der Finanzmärkte nicht selten als eine Kette bewusster ideologisch fundierter Entscheidungen im Geiste dessen wahrgenommen, was heute Neoliberalismus genannt wird. Die Wirklichkeit aber sah anders aus. Denn die sich anbahnenden Deregulierungen des Finanzsektors waren vor allem das Ergebnis wachsender Instabilität des Weltwährungs- und Finanzsystems und damit verbundener fundamentaler Krisenerfahrungen.

Krise 1: Eine Herde zieht nach Lateinamerika

Der Prozess allmählicher Deregulierung der Finanzmärkte wurde zunächst mitinitiiert und forciert durch das Ende der Goldbindung des US-Dollars Anfang der 70er-Jahre – über dessen Folgen später noch ausführlicher zu lesen sein wird – sowie durch die beiden Ölkrisen von 1973 und 1979.

Vor allem durch die Explosion der Ölpreise flossen damals viele Milliarden in die Erdöl exportierenden Länder, die nun nach Anlagemöglichkeiten suchten. Weil insbesondere die Golfstaaten aber noch keine eigenen Banken und Finanzmärkte unterhielten, in denen ihre rasant wachsenden Gewinne hätten Verwendung finden können, flossen die Überschüsse zurück in das westliche Bankensystem.

Doch was sollten die westlichen Banken damit machen? In den finanzwirtschaftlich turbulenten 70er-Jahren, die in den westlichen Industrienationen durch Stagflation gekennzeichnet waren, also durch Wachstumsschwäche, steigende Sockelarbeitslosigkeit und hohe Inflation, ergaben sich für sie im Westen keine vernünftigen Anlagemöglichkeiten.

So suchten die Kreditinstitute nach internationalen Alternativen. Banken und Unternehmen in den USA stellten keine echte Option für sie dar, weil aufgrund des Israel-Konflikts zu befürchten war, dass die Milliarden aus den Golfstaaten dort Opfer von Sanktionen werden würden. Überdies herrschte auch in den USA damals eine wirtschaftliche Flaute. Stattdessen entdeckten die westlichen Banken Mexiko, Argentinien, Brasilien und andere Länder Lateinamerikas. Ökonomen und Analysten priesen hier die wirtschaftlichen Rahmenbedingungen und Wachstumschancen. Viele Länder Lateinamerikas litten zudem nach der ersten Ölpreisexplosion unter einer zunehmenden Kapitalknappheit.

Die Ausgangslage schien damit günstig. In der Annahme, dass Staaten bessere Schuldner als Banken oder Unternehmen seien, entschieden sich die führenden Banken der westlichen Welt schließlich dafür, nicht einzelnen Unternehmen oder lateinamerikanischen Banken Kredite zu geben, sondern direkt den Staaten. Und weil die westlichen Banken zudem nicht bereit waren, die Risiken lateinamerikanischer Währungen zu tragen, wurden die Kredite in US-Dollar herausgereicht. Und weil die internationalen Einleger der US-Dollars außerdem nicht willens waren, den Staaten – allen voran Mexiko – ihre Gelder langfristig auszuleihen, wurde die Verzinsung zudem an die kurzfristigen US-Zinsen gekoppelt.

Jenseits aller Sicherheitsbestrebungen war gerade Letzteres gefährlich, denn die kurzfristigen Zinsen konnten sich ja rasch ändern und steigen. Und nicht minder gefährlich war, dass viele der Kredite »auf Sicht«, das heißt ohne konkrete Laufzeit herausgegeben wurden, um auf diese Weise für die Kreditgeber die (vermeintliche) Sicherheit einzubauen, sie könnten die Kredite jederzeit zurückfordern.

In der Folge floss sehr viel Geld nach Lateinamerika. 1970 beliefen sich die Auslandsschulden des Halbkontinents nach Angaben der FDIC, also der Bankeneinlagenversicherung in den USA, auf weniger als 30 Milliarden US-Dollar. 1982, nach Ausbruch der Lateinamerika-Krise, lag die Zahl bei gigantischen 327 Milliarden US-Dollar.

Solange die kurzfristigen US-Zinsen niedrig, der US-Dollar als Währung schwach und die westlichen Ökonomien relativ stabil blieben, stellte die Bedienung der Kredite für die lateinamerikanischen Länder aber noch kein Problem dar.

Doch ab 1979 drehte sich der Wind. Zum einen wurde spätestens jetzt erkennbar, dass ein Großteil in unrentablen Projekten, Regierungskoffern und anderen dunklen Kanälen versickert war. Vor allem aber kam es mit dem Amtsantritt von Paul Volcker, dem neuen Chef der US-Zentralbank, zu einem abrupten Schwenk in der US-Geldpolitik.

Volcker wollte die USA – und die mit ihnen verknüpften Volkswirtschaften der westlichen Länder – aus der Spirale hoher Inflation, geringen Wachstums und steigender Sockelarbeitslosigkeit herausführen und verpasste dem Finanz- und Wirtschaftssystem der USA eine Rosskur. Vor allem erhöhte er die kurzfristigen Zinsen massiv und blieb auch bei dieser Entscheidung, als die US-Wirtschaft und mit ihr die Weltwirtschaft in eine tiefe Rezession schlitterten.

Als klar wurde, dass es Volcker ernst meinte mit der Inflationsbekämpfung, drehten sich die Weltwährungs- und Kreditmärkte. Der US-Dollar, vorher jahrelang als schwache Währung klassifiziert und in seiner Funktion als Weltleitwährung infrage gestellt, wertete massiv auf, und nach einer tiefen Rezession begannen die USA eine lange Phase mit starkem Wachstum und eingedämmter Inflation.

Für die lateinamerikanischen Länder dagegen wurde die geldpolitische Kehrtwende der USA zum Albtraum. Die ihnen gewährten Kredite wurden zu dem, was sie – rückblickend betrachtet – von Anfang an waren: für die Kreditnehmer unhaltbar. Die Zinslasten stiegen massiv an, und die Kapitalbeträge, die zur Rückzahlung anstanden, stiegen mit ihnen, während ihre eigenen Währungen massiv abwerteten. Parallel dazu erlahmten die – zuvor durch exzessive Schulden entfesselten – wirtschaftlichen Kräfte in Lateinamerika. 1981/82 wurde klar: Der Kontinent war volks- und finanzwirtschaftlich am Ende.

Dasselbe jedoch galt auch für die kreditgebenden Banken, die sich vorher wie eine gleichgeschaltete Herde kollektiv in Lateinamerika engagiert hatten. Nachdem die fast bedenkenlos vergebenen Kredite nicht mehr bedient werden konnten, befanden nun auch sie sich in größten Schwierigkeiten. Während sich aber die Bevölkerungen der lateinamerikanischen Länder sehr schmerzhaften Anpassungsprozessen unterziehen und so am Ende die Zeche für das Versagen des globalen Banken- und Finanzsystems zahlen mussten, wurden die US-Großbanken (und als Nebeneffekt auch die Banken der anderen westlichen Staaten) von der US-Regierung gerettet.

Und das mussten sie auch, denn sie hatten deutlich mehr als ihr gesamtes Eigenkapital verloren. Nur durch die Intervention des US-Staates und unterstützt durch dessen langjährige Umschuldungsbemühungen mit den südamerikanischen Ländern, unter anderem bekannt als Brady-Plan – benannt nach dem damaligen US-amerikanischen Finanzminister Nicholas Brady –, konnten sie überleben und in den folgenden Jahren Teile der ausgebluteten Eigenkapitalkonten langsam wieder auffüllen. Ohne diese staatliche Rettung wäre ein Großteil der US-amerikanischen Großbanken schon damals untergegangen, und mit ihnen auch einige europäische.

Krise 2: Hypothekenverbriefungen – Ronald Reagan rettet und zerstört

Damit nicht genug. Denn die staatlichen Rettungsmaßnahmen für Kreditinstitute begannen in den Vereinigten Staaten nun erst richtig. Gerettet wurde nämlich bald darauf eine weitere Bankengruppe.

Gemeint sind die US-Banken, die Hypothekenkredite vergaben. Die infolge der Volcker-Politik hohen amerikanischen Kurzfristzinsen hatten viele von ihnen in größte Schwierigkeiten gebracht. Da ein Teil der Hypotheken an die Entwicklung kurzfristiger US-Dollar-Zinsen gebunden war, konnten viele Hypothekenschuldner Zinsen und Tilgung nun nicht mehr bedienen. Darüber hinaus waren die meisten Hypothekenkredite zwar mit langfristigen Festzinsen herausgegeben worden, viele Banken hatten aber gezockt und nicht geglaubt, dass die kurzfristigen Zinsen in Richtung 20 Prozent gehen könnten. Genau das jedoch geschah. Weil sich die Banken nicht an die goldene Bankregel gehalten hatten – also langfristige Kredite nur langfristig und mit gleicher Zinsbindung zu refinanzieren –, verwandelte sich eine vormals positive Zinsmarge in massive Unterdeckungen. Die Hypotheken als Sicherheiten verloren an Wert, viele Kreditnehmer wurden zahlungsunfähig, und so entstanden für einen großen Teil der Hypothekenfinanzierer dramatisch wachsende Verluste. Viele drohten unter dieser Last zusammenzubrechen.

Angesichts dieser brenzligen Situation sah sich die Reagan-Administration zwei Möglichkeiten gegenüber: Entweder sie unternahm nichts und riskierte, innerhalb kurzer Zeit in die nächste Bankenkrise zu schlittern. Oder sie ließ sofort Druck aus dem Schuldenkessel ab, indem sie den Banken die Möglichkeit eröffnete, sich von ihren risikobehafteten Hypotheken zu trennen.

Die Reagan-Administration entschied sich für den zweiten Weg. Das heißt, sie ließ 1984 per Gesetz zu, dass Hypotheken nun Eingang in gebündelte Finanzprodukte finden durften, die fortan in den Wertpapiermärkten emittiert werden konnten. Das heißt, viele Einzelhypotheken konnten fortan in einem Hypothekenportfolio zusammengefasst werden, und dieses durfte man dann als festverzinsliches Wertpapier verbriefen und handeln.

Kurzfristig betrachtet schien diese Entscheidung richtig zu sein. Denn damit konnten sich die US-Hypothekenfinanzierer aus ihrer existenzbedrohenden Krise retten, indem sie große Teile ihrer Kredite verkauften und sich so gegen eine drohende Liquiditäts- und Insolvenzkrise schützten. Dass dies aber auf lange Sicht auch Möglichkeiten in den Geld- und Kapitalmärkten eröffnete, dieselben Fehler wie die Hypothekenfinanzierer zu machen – und dies in viel größerem Umfang –, wollte damals kaum jemand ahnen oder wissen. In jedem Fall bewirkte die Entscheidung der Reagan-Administration, dass die Preise für Hypotheken immer weniger in den regulierten Banken gesetzt wurden, sondern immer mehr in den weitgehend unregulierten Geld- und Kapitalmärkten, wo die Hypothekenportfolios fortan gehandelt wurden.

Und sie bewirkte, dass zwar Dampf aus dem Krisenkessel abgelassen, nicht aber die funktionalen Defizite des klassischen Bankensystems angegangen wurden. Stattdessen erkaufte sich die Reagan-Administration lediglich Zeit. Und sie schuf mit der Hypothekenverbriefung Anreize, dass sich das nach Rendite suchende Kapital von nun an auch für andere klassische Bankenkredite interessieren konnte.

Für jene Banken, die Hypotheken vergaben, wurden zudem Anreize geschaffen, die damit verbundenen Risiken auf Dritte, die Investoren, zu verlagern. Kreditgewährung und die Haftung für Verluste infolge der Gewährung wurden so auseinandergerissen. Die Risikobereitschaft der Hypothekenkredite gewährenden Banken wurde damit massiv erhöht.

Weiter verstärkt wurde dieser Trend durch eine Besonderheit zweier US-Institutionen, die für Hypotheken als Finanzierungsquelle fungierten. Als Ergebnis der Verwerfungen der Großen Depression gab es seit Ende der 30er-Jahre in den USA zwei staatliche Hypothekenbanken, abgekürzt Fannie Mae und Freddie Mac, deren Hauptaufgabe es war, vom Staat subventionierte, also zinsbegünstigte Hypothekenkredite zu gewähren. 1968 privatisierte der damalige US-Präsident Lyndon Johnson die beiden Institute mit dem Ziel, die aus dem Ufer laufenden Staatsausgaben in den Griff zu bekommen. Trotzdem blieben die beiden Unternehmen, die nun als Aktiengesellschaften mit Gewinnzielen am Markt operierten, für die Investoren *government sponsored institutions*, also Institutionen, die im Fall einer Krise vom US-amerikanischen Staat gerettet werden würden.

Weil sie für die Investoren der Regierung auch weiterhin sehr nahestanden, waren ihre Finanzierungskosten denen der besten Papiere der USA, den US-Staatsanleihen, sehr ähnlich. Händler und Investoren kauften ihre mit Hypotheken unterlegten Anleihen mit einem sehr geringen Aufpreis und dem Verständnis, dass die Papiere mit einer impliziten Staatsgarantie unterlegt waren.

Und weil sich Fannie Mae und Freddie Mac billiger als alle anderen Finanzinstitute refinanzieren konnten, waren sie es dann auch, die den klassischen Markt für Hypotheken von nun an dominierten. Dies hatte zur Folge, dass alle anderen Marktteilnehmer – also die privaten Hypothekenbanken oder die Sparkassen – kaum mehr Zugang zu diesem Marktsegment fanden. Das wiederum führte bei ihnen zu einem Dilemma: Entweder gaben sie das Geschäft auf, oder sie konzentrierten sich auf Hypotheken, die nach den Statuten von Fannie Mae und Freddie Mac dort kein Zuhause finden konnten.

Damit aber blieben ihnen nur noch zwei Geschäftsmöglichkeiten. Entweder sie engagierten sich im Markt der sogenannten Megahypotheken, also in sehr großen und komplexen Transaktionen, die im Fall einer Krise von der Regierung keine Hilfe erwarten durften. Oder sie konzentrierten sich auf den Markt der Subprime-Kredite, in dem es um Hypotheken von Menschen geht, die die Minimumkriterien der geforderten Kreditwürdigkeit (eigentlich) nicht erfüllten.

Mit anderen Worten: Weil klar war, dass der US-amerikanische Staat Fannie Mae und Freddie Mac bei Turbulenzen stützen würde, blieben den regionalen, kleinen, privaten Hypothekenfinanzierern und den Sparkassen nur jene Geschäfte übrig, die viel höhere Risiken in sich bargen. Und weil Fannie Mac und Freddie Mac nun quasi ein Monopol auf dem klassischen Markt von Hypotheken und verbrieften, handelbaren Hypotheken besaßen, begannen die beiden Giganten, die Bilanzsummen von mehreren Billionen

US-Dollars aufwiesen, selbst mehr und höhere Risiken einzugehen, als sie das getan hätten, wenn sie unter normalen Wettbewerbsbedingungen hätten operieren müssen.

Das Gesetz der Reagan-Administration von 1984, das darauf angelegt war, in der Krise der US-Hypotheken Dampf aus dem Bankenkessel abzulassen, schuf also auch für Fannie Mae und Freddie Mac Anreize, in das Geschäft mit riskanteren Hypothekenverbriefungen einzusteigen. Denn da ihre Bonität als fast so gut wie die des US-amerikanischen Staates selbst gelten konnte, hatten sie im Vergleich zu ihren Wettbewerbern bei den Krediteinstandskosten einen massiven Vorteil. Die volkswirtschaftlichen Folgen dieser Wettbewerbsverzerrung waren fatal, denn beide Großunternehmen mussten nach Ausbruch der Finanzkrise 2007/08 gerade wegen dieser riskanten Hypothekenverbriefungen von der US-Regierung mit vielen Milliarden US-Dollars gerettet werden.

Bedingt durch ähnliche staatlich-privatwirtschaftliche Überlappungen und dadurch entstandener wettbewerbsverzerrender Finanzierungsvorteile gegenüber ihren nicht öffentlichen Konkurrenten sollten die Landesbanken in Deutschland im Vorfeld der Finanzkrise 2007/08 im Übrigen ähnliche Risikoverhaltensmuster zeigen, für die die Steuerzahler am Ende bekanntermaßen einzustehen hatten.

Krise 3: Die Schwäche der US-Wirtschaft – Unternehmensübernahmen, Ramschanleihen und der Aufstieg der Investmentbanken

Eine vergleichbare Dynamik des Kapitals weg von regulierten Banken hin zu den weitgehend unregulierten Geld- und Kapitalmärkten, wie sie sich auf den Hypothekenmärkten entwickelte, entstand auch mit Blick auf die Praxis von Unternehmensübernahmen. Und sie entstand – damit verbunden – ebenfalls mit Blick auf die Märkte für Junkbonds beziehungsweise Ramsch- oder Schrottanleihen. Gemeint sind damit Unternehmensanleihen von Emittenten, die schlechte oder eine zweifelhafte Bonität aufweisen; das mit ihnen verbundene hohe Risiko drückt sich in einem hohen Anleihezins aus.

Bis diese Dynamik zu mehr Unternehmensübernahmen und zum Wachstum der Junkbond-Märkte als deren Finanzierungsquelle in Gang kam, wurden Unternehmen, die keine ausgezeichnete Bonität ausweisen konnten, im Wesentlichen von Banken über Kredite finanziert. Neue Weichenstellungen der Reagan-Administration bei der steuerlichen Behandlung von Fremdkapital und ein Umdenken in den Finanzmärkten aber änderten das.

Zum einen wurden nun die Fremdkapitalkosten und die Kosten bei einer Unternehmensübernahme deutlich stärker steuerlich absetzbar, als das zuvor der Fall gewesen war. Und zum Zweiten interpretierte die Reagan-Administration das bestehende Kartellrecht sehr viel großzügiger zugunsten der Großunternehmen, als dies ihre Vorgänger getan hatten. Eine ihrer ersten konkreten Maßnahmen bestand etwa in der Einstellung der seit zehn Jahren laufenden Anti-Trust-Ermittlungen gegen IBM.

Grund für diese wirtschaftspolitische Neuausrichtung war die damalige Verschlechterung der Konkurrenzfähigkeit vieler US-amerikanischer Unternehmen im internationalen Wettbewerb, vor allem im Vergleich zu Westdeutschland und Japan. Hohe Inflation, Stagnation und darniederliegende Aktienmärkte hinterließen ihre Spuren. Der US-Politik – in Teilen unterstützt von den Finanzmärkten – schienen größere Unternehmenseinheiten ein probates Mittel zu sein, aus dieser Situation herauszufinden.

Das Kalkül der US-Administration bei dieser Deregulierungsmaßnahme war also auch diesmal kein ideologisch aufgeladenes, sondern ein aus der Not geborenes. Das Risiko von Wettbewerbsverzerrungen über wachsende Oligopole nahm man dabei bewusst in Kauf.

Und die gesamte US-Industrie und ihr finanzwirtschaftliches Umfeld nahmen ihrerseits die veränderte Politik und Haltung der

US-Regierung als Einladung, kartellrechtliche Fragen von nun an weitgehend negieren zu können.

Aus heutiger Sicht fragwürdige wissenschaftliche Studien über langfristige Preis- und Risikoveränderungen von Unternehmensanleihen in den Finanzmärkten unterstützten diese Entwicklung. Diese Studien kamen zu dem Ergebnis, dass sich die Ausfallwahrscheinlichkeiten von Unternehmen mit bester Bonität und die Ausfallwahrscheinlichkeiten von Unternehmen mit schlechterem Rating in der amerikanischen Wirtschaftsgeschichte seit Beginn des 20. Jahrhunderts kaum unterschieden hätten. Und weil die schlechteren Unternehmen deutlich höhere Zinsen zahlen würden, seien die Renditen aus einem diversifizierten, also gemischten Portfolio – bestehend aus Schuldtiteln von Unternehmen mit schwächeren Ratings – deutlich höher als die Renditen aus einem Portfolio mit erstklassigen Adressen, und dies, ohne dass die Anleger wirklich ein höheres Risiko eingehen müssten.

Diese Argumentation entlang von Diversifikation, Sicherheits- und Renditeversprechen klang für viele Akteure schlüssig, attraktiv und verführerisch. In Wirklichkeit aber war sie ein statistischer Taschenspielertrick. Wer sie sich heute genauer anschaut, dem wird schnell klar, dass schon wesentliche Teile der zugrunde liegenden Zahlenreihen falsch gedeutet wurden. Das gilt vor allem für die Zeit der Großen Depression in den 30er-Jahren. Viele erstklassige Firmen verloren damals ihren Status als beste Unternehmen. Sie verloren ihn aber nicht, weil sie aus sich heraus schlechter wurden, sondern weil die gesamtwirtschaftlichen Umstände der Depression sie in größte Schwierigkeiten gestürzt hatten. Die Unternehmen mit schwächerer Bonität der 80er-Jahre hatten aber mit diesen – im Prinzip gesunden – Unternehmen wenig gemeinsam. Vielmehr waren sie bereits aus sich heraus instabiler und ihre Anleihen für Investoren daher einfach erheblich riskanter. Das aber sollte sich erst einige Jahre später herausstellen.

So ebneten politische und finanzwirtschaftliche Entscheidungen – durch falsch fundierte Analysen der Vergangenheit flankiert – den Weg dafür, dass sich das im Wettbewerb von Unternehmen so wichtige Gleichgewicht zwischen Eigenkapital und Fremdkapital eindeutig und immer stärker auf die Seite des Fremdkapitals verschob – im Endeffekt zulasten des Steuerzahlers. Mit dieser Entwicklung stieg auch die Risikoneigung der Finanzmärkte.

Denn die mit Unternehmensübernahmen verbundenen Fremdkapitalkosten wurden, wie beschrieben, steuerlich abzugsfähig. Einen Großteil der Übernahmekosten (inklusive der damit verbundenen Risiken) trugen damit also der amerikanische Staat und seine Bürger. Der Anreiz, Übernahmen überwiegend oder ausschließlich über Fremdkapital zu finanzieren, wuchs auf diese Weise erheblich. Nicht zufällig erschienen daher neue Protagonisten auf der Bildfläche der Finanzmärkte, etwa die *Raider*, die ganze Unternehmensimperien aufkauften und ihre Transaktionen ausschließlich mit Fremdkapital finanzierten.

Die Folge der Entscheidung der Reagan-Administration, Unternehmensübernahmen zu erleichtern, waren aber nicht nur, wie gewünscht, die Entstehung größerer Firmeneinheiten und eine Trendumkehr in den Aktienbewertungen amerikanischer Unternehmen. Die steuerliche Bevorzugung von Fremdkapital gegenüber Eigenkapital veränderte vielmehr auch die Voraussetzungen und die Dynamik von Unternehmensübernahmen – und zwar grundlegend.

Während vorher ein Unternehmen, das ein anderes kaufen wollte, genügend Eigenkapital nachweisen musste, wurden jetzt Übernahmen auch dann möglich, wenn dem akquirierenden Unternehmen deutlich weniger Eigenkapital zur Verfügung stand als eigentlich notwendig – oder wichtiger noch: als das Unternehmen, das es zu kaufen beabsichtigte.

Damit aber wuchs der Bedarf nach Fremdkapital, sei es in Form von Anleihen oder als klassische Bankkredite. Und weil die Banken allein diesen wachsenden Bedarf in ihren klassischen Kreditfunktionen nicht decken konnten, sprangen die Kapitalmärkte im Allgemeinen und die Junkbond-Märkte im Besonderen in diese Angebotslücke. Mit den mittlerweile vertrauten Argumenten der Diversifikation, höherer Sicherheit und höherer Renditen wanderten nach den Immobilienkrediten über den Junkbond-Markt nun also auch viele Firmenkredite aus den Bankbilanzen in die Anleihemärkte.

Die Folge war, dass es ein wachsendes Angebot an und eine wachsende Nachfrage nach Firmenanleihen mit Junkbond-Status gab, mit denen die weitgehend fremdfinanzierten Übernahmen gestemmt werden konnten.

Verstärkt wurde diese Entwicklung auch dadurch, dass es ab 1982 Banken (und ebenso US-Sparkassen) erlaubt war, Junkbonds als mehr oder weniger werthaltige Positionen in ihre Bilanz zu nehmen, und zwar sowohl individuell wie auch gebündelt in einem Portfolio. Das Verhältnis der Banken zu den Finanzmärkten wurde dadurch neu geregelt, die alten Dämme zwischen diesen beiden Welten wurden durchlässiger. Denn mit der Erlaubnis, Junkbonds in ihre Bilanzen aufnehmen zu dürfen, konnten sich die Banken nun in die Kapitalmärkte, auf denen die Junkbonds ja gehandelt wurden, aufmachen, um hier weitgehend unreguliert durch den Staat zur Finanzierung von Unternehmensübernahmen und anderem beizutragen und daran zu verdienen.

Allerdings gingen sie dabei auch ihnen bislang nicht bekannte Risiken ein. Denn abweichend von der Praxis der sonst üblichen Kreditvergabe waren die Banken als Akteure auf den Finanzmärkten nicht mit einzelnen Kreditkunden befasst, deren Kredit- und Bonitätsgeschichte ihnen im Regelfall vertraut war. Auf den Finanzmärkten kauften (und verkauften) sie nämlich nun in den meisten Fällen Portfolios von unterschiedlichen Anleheemittenten, deren Kredit- und Bonitätsgeschichte sie im Regelfall nicht kannten.

Die alte Bankerregel *know your customer* war damit außer Kraft gesetzt, und an ihre Stelle trat das gleichsam blinde Befolgen eines theoretischen Imperativs, der unabhängig von der kostenintensiven Prüfung von Krediteinzelfällen auf die verführerischen Mantren Portfolioinvestment beziehungsweise Diversifikation, Sicherheitsversprechen und Renditeoptimierung setzte.

Angesichts dieser Konstellation ist es in der Rückschau nicht verwunderlich, dass der Markt für Junkbonds explodierte. Während sich in den 70er-Jahren nur wenige Unternehmen dort refinanzierten – das Gesamtvolumen belief sich auf weniger als zehn Milliarden US-Dollar –, wuchs der Markt von 1985 bis 1989 von 59 auf 146 Milliarden US-Dollar.

Mit dem gleichsam blinden Befolgen ihres theoretischen Imperativs kauften die US-Banken mit den Junkbond-Portfolios allerdings auch vielfach »die Katze im Sack« und vergrößerten so die Risiken in ihren Bilanzen erheblich. Das Verfolgen des strategischen Regierungsziels von größeren Unternehmen und mehr Firmenübernahmen einerseits und das Wachstum der Junkbond-Märkte andererseits wurden also im Letzten mit einer (erneuten) Destabilisierung des amerikanischen Bankensystems erkauft.

Zunächst einmal aber ging alles gut, so schien es zumindest.

Vor allem erfüllten Junkbonds eine der entscheidenden Brückenfunktionen für den nun neu entstehenden Markt der *Leveraged Buyouts*, kurz LBOs, also für den Markt der mit Schulden finanzierten Unternehmensübernahmen, einschließlich »feindlicher Übernahmen«.

Zuvor war es sehr selten gewesen, dass Unternehmenszusammenschlüsse zustande kamen, wenn sich die beiden Protagonisten nicht einigen konnten. Und wenn überhaupt, dann entschieden die Anteilseigner. Das änderte sich nun. Zusammenschlüsse konnten auch dann zustande kommen, wenn eine der Parteien das gar nicht wollte.

Seit dieser Zeit, also seit Mitte/Ende der 80er-Jahre, ist die feindliche Übernahme – zumeist über Schulden finanziert – zu einer festen real- und finanzwirtschaftlichen Größe geworden. Erst seit dieser Zeit ist auch bekannt, was in der Folge geschieht: Meist wird das Zielunternehmen filetiert, das heißt, viele Unternehmensteile werden verkauft, die Kasse wird geplündert, und ein Großteil des Eigenkapitals wird durch Fremdkapital ersetzt. Wenn das gut geht, dann steigt der Aktienkurs des neu entstandenen Unternehmens, wenn nicht, dann haben die Investoren Pech gehabt. In jedem Fall verdienen an diesem Prozess viele Akteure der Finanzmärkte, vor allem Investmentbanken, Wirtschaftsprüfer, Rechtsanwaltskanzleien und Unternehmensberater.

Für das gesamte Finanzsystem jedoch war diese Entwicklung fatal. Denn mit der staatlich gesetzten steuerlichen Stärkung des Fremdkapitals zulasten des Eigenkapitals und der in der Folge stattfindenden Verschiebung der Kreditgewährung aus dem klassischen Bankgeschäft in die Kapitalmärkte, bei der gleichsam aus staatlich regulierter Kreditvergabe weitgehend unreguliertes Geschäft mit hochriskanten Anleihen wurde, entwickelte sich eine Gesamtkonstellation, in der das Verhältnis zwischen Eigen- und Fremdkapital nun völlig aus den Fugen geriet – und mit ihm die nachhaltige Begrenzung von Risiken in und zwischen den Banken und den Finanzmärkten. Wie stark, das zeigte sich darin, dass nun jedes Unternehmen, auch gut geführte und eigenkapitalstarke Unternehmen, von Firmen angegriffen werden konnten, die viel kleiner waren, oder auch von Firmen, die über wenig Eigenkapital verfügten.

Finanzmärkte, Raider und die sie beratenden Investmentbanken bestimmten schließlich immer mehr, ob es zu einem Firmenzusammenschluss, zu einer Unternehmensübernahme oder gar zu einer feindlichen Übernahme kommen sollte und wie dies abzulaufen hatte.

Eine Folge dieser Entwicklung war der Aufstieg der Investmentbanken, deren Geschäft nicht nur etwa aus Vermögensverwaltung, Wertpapierhandel und Begleitung von Unternehmen bei Kapitalaufnahmen bestand, sondern auch in der beratenden Vermittlung von Kauf und Verkauf von Unternehmensbeteiligungen. Gerade die Investmentbanken also wurden so zu entscheidenden Profiteuren der mit Junkbonds finanzierten Unternehmensübernahmen. Und während ihre Gewinne explodierten, wuchsen auch die Risiken, die sie überwiegend in die Finanzmärkte als Schulden überwälzen konnten, deutlich.

Im Februar 1990 platzte schließlich die Blase. Dabei ging nicht nur Drexel Burnham Lambert, also jene Investmentbank, die die Entwicklung hin zum Geschäft mit Ramschanleihen und ihren Verbriefungen am stärksten befördert hatte, aufgrund von kriminellen Machenschaften, Insiderhandel und Falschbilanzierung unter. Auch der Markt für Junkbonds kollabierte. Jetzt stellte sich heraus, dass die Investoren, anders als ihnen versichert, viel zu hohe Risiken eingegangen waren. Sie verloren im Durchschnitt 25 Prozent ihres Geldes. Auch First Boston, eine der etablierten US-Investmentbanken geriet an den Rand der Insolvenz, durfte dann aber mit Genehmigung der US-Regierung von ihrer schweizerischen »Schwester«, der Universalbank Credit Suisse, gerettet werden. Damit war das Ende der US-Bankentrennung zwischen Kredit- und Investmentbanken eingeleitet.

Der Zusammenbruch des Junk-Bond-Marktes führte zwar zu einem gewissen Innehalten. So wurden einige Protagonisten wie der US-amerikanische Finanzier und Investmentbanker Michael Milken oder der Börsenspekulant Ivan Boesky, denen massive kriminelle Machenschaften wie etwa Insiderhandel, Steuervergehen und vieles mehr nachgewiesen werden konnten, für einige Jahre hinter Gitter gesteckt. Zu einem grundsätzlichen Umdenken in der Frage des Verhältnisses zwischen Geschäftsbanken, Investmentbanken und Geld- oder Kapitalmärkten führte dies allerdings nicht. Der Zug der Umgehung der Banken über die Weiterentwicklung der Geld- und Kapitalmärkte fuhr weiter; dies insbesondere auch deshalb, weil über den Beginn des Endes der US-Bankentrennung jetzt ein direkter Wettbewerb um Innovationskraft und Marktanteile zwischen Kredit- und Investmentbanken in Gang gesetzt war.

Die internationalen, insbesondere aber die US-Großbanken wandelten sich deshalb immer mehr zu Investmentbanken, das heißt zu Vermögensverwaltern, Begleitern von Unternehmen bei

Kapitalaufnahmen und Wertpapierhändlern, die die Märkte für Schulden über Hypothekenverbriefungen oder Unternehmensanleihen in den weitgehend unregulierten Geld- und Kapitalmärkten an sich zu reißen suchten, unter anderem durch die Adaption und Weiterentwicklung der Ideen der Verbriefung von Kredit. Wie fatal sich diese neuen Ideen auswirken konnten, zeigte sich gerade bei den Junkbonds und Hypothekenportfolios in besonderem Maße. Als kombinierte Weiterentwicklung wurden sie 20 Jahre später unter dem Namen »Subprime-« oder »Junk-Hypotheken« zu einem der zentralen Auslöser des Ausbruchs der Finanzkrise 2007/08.

Dabei hätte diese Entwicklung bereits 1990 mit dem Zusammenbruch des Junkbond-Marktes in den USA erkannt und gestoppt werden können. Doch die US-Regierung und die US-Aufsichtsbehörden sahen auch danach keinen Grund, Unternehmen minderer Bonität in den USA fortan von den Kapitalmärkten fernzuhalten. Sie hofften, die Marktteilnehmer hätten durch ihre Verluste dazugelernt. Doch diese Hoffnung trog.

Und so begann nur wenige Jahre später das Spiel aufs Neue, diesmal aber mit weniger ambitionierten wissenschaftlichen Modellen und unter einem neuen Namen. Aus Junkbonds wurde die Anlageklasse der *High Yields*, aus Schrott wurde die Hochverzinsung und aus dem Leveraged-Buyout-Markt wurde der Markt, der heute Private Equity genannt wird.

Angesichts der in diesen Märkten zulasten des Gesamtfinanzsystems nach wie vor systematisch vernachlässigten beziehungsweise auf andere überwälzten Haftungsrisiken kann man kaum umhin, als festzustellen: »alter Wein in neuen Schläuchen«.

Krise 4: Das Drama der amerikanischen Sparkassen

Es ist nicht verwunderlich, dass sich nach der Rettung der US-amerikanischen Großbanken, der Zulassung von Hypothekenverbriefungen und dem Zusammenbruch des Junkbond-Markts die Frage stellte: Wen trifft es als Nächstes?

Kein Zweifel, die Krise der *Savings and Loans,* also der amerikanischen Sparkassen, muss als direktes Ergebnis des Aufkommens der Hypothekenverbriefungen und der Junkbonds, der wachsenden Geld- und Kapitalmärkte und – als Auslöser – eines sich abrupt veränderten Zins- und Inflationsumfeldes gesehen werden. Sie begann 1986 und verlief in zwei Schüben. Der erste erfolgte bis 1989. Eine zweite Welle an Zusammenbrüchen der Sparkassen folgte bis 1995.

Am Ende sprang der Staat ein, diesmal allerdings nicht als Retter – wie noch in der Lateinamerika-Krise oder in der Hypothekenkrise, sondern als Totengräber. Denn mithilfe von Steuergeldern in Höhe von 125 Milliarden US-Dollar wickelte er einen Großteil des Sparkassensektors faktisch ab. Insgesamt 30 Prozent der amerikanischen Sparkassen gingen dabei unter. Die größte Bankenkrise seit der Großen Depression kam so zu einem schmerzhaften Ende.

Schon in den 80er-Jahren also gab es massive staatliche Bankenrettungs- und Krisenbewältigungsprogramme – und nicht erst im Zuge der Finanzkrise ab 2007/08 oder der Euro-Krise ab 2010. Das vergessen heute nicht wenige. Und vor allem jene, die schon länger in der Welt der Finanzen unterwegs sind, werden kaum um Déjà-vu-Erlebnisse herumgekommen sein.

Vor allem aber führten die negativen Erfahrungen mit den Banken als klassische Einlage- und Kreditinstitute in den 70er- und 80er-Jahren damals zu einer Art *Rollback* klassischer Banken und ihrer angestammten Funktionen und zum Beginn der Deregulierung der Finanzmärkte. Denn unter dem Eindruck der damaligen einschneidenden Krisenerfahrungen setzte sich allmählich die Überzeugung – oder besser: die Hoffnung – durch, weitgehend unregulierte Geld- und Kapitalmärkte könnten womöglich besser als die regulierten Banken in der Lage sein, in Zukunft jenes gefährliche Herdenverhalten zu vermeiden, das die Banken in Lateinamerika gezeigt hatten. Oder sie könnten besser als Banken in der Lage sein, die Preise von Hypothekenkrediten zu setzen. Oder sie könnten besser als die Kreditinstitute zuvor in der Lage sein, die Risiken von Unternehmen einzuschätzen.

In der Nachbetrachtung wird klar: Diese Hoffnung entpuppte sich als Illusion. Zunächst einmal existierte sie aber weiter, und dies, obwohl es trotz der rasanten Deregulierung der Finanzmärkte in den 80er-Jahren eine Finanzkrise nach der nächsten gab. So ging also die Entwicklung der »Disintermediation« von Banken – also der Ersatz ihrer klassischen Krediteinlage- und Kreditgewährungsfunktion durch die Geld- und Kapitalmärkte – unterdessen rasant weiter.

USA versus Großbritannien: Von wegen Freunde – und der holprige Start Europas in die neue Banken- und Finanzwelt

Weitere Triebkräfte forcierten diese Entwicklung. Denn mit den wachsenden Geld- und Kapitalmärkten und ihren neuen Anlagesegmenten wie Hypothekenverbriefung oder überwiegend fremdfinanzierten Unternehmensübernahmen geschah etwas, was die aus der Not geborene unkontrollierte Deregulierungsdynamik in der Finanzwirtschaft massiv anheizte: Zwischen den USA und Großbritannien entwickelte sich auf dem Gebiet der Finanzwirtschaft ein heftiger Deregulierungswettbewerb. Und mit einer die neuen Finanzmärkte erobernden Londoner City – dem britischen Bankendistrikt – fand auch eine Art Anstoß für das übrige Europa statt, sich den veränderten Realitäten zu stellen.

Nicht selten kursiert auch heute noch die Mär, in den 80er-Jahren, als der Abstieg der alten Bankenfunktionen und der Aufstieg der Geld- und Kapitalmärkte an Fahrt gewann, habe es eine Art »neoliberale *Entente cordiale*« zwischen Ronald Reagan und Margaret Thatcher gegeben. Sozusagen im ideologischen Gleichschritt hätten beide etwa eine Deregulierung der Finanzmärkte und damit ihre Entfesselung vorangetrieben. Nichts ist falscher als die Annahme dieses Gleichschritts.

In Wirklichkeit nämlich entwickelte sich zwischen den USA und Großbritannien ein von nationalen Wirtschaftsinteressen getriebenes Konkurrenzdenken. Großbritanniens Großmachtzeit war lange vorbei, und seit mehr als zwei Jahrzehnten blutete auch noch seine industrielle Basis aus. Die US-Amerikaner hatten ebenfalls Probleme. Sie litten nicht nur unter den Spätfolgen von Vietnam, der Watergate-Affäre und dem Trauma der Besetzung der US-Botschaft in Teheran. Sie sahen auch die Deutschen und Japaner ökonomisch immer stärker werden, vor allem in der Industrie, altes Herzstück US-amerikanischer Stärke.

Beide Länder sorgten sich also um ihre ökonomischen und (macht)politischen Perspektiven. Angesichts der schwächelnden industriellen Basis ihrer Wirtschaft sahen sie in einer wachsenden Finanzwirtschaft eine attraktive Zukunftsindustrie. Allerdings hörten da die Gemeinsamkeiten auch schon auf. Denn Ronald Reagan und Margaret Thatcher wussten: Nun kam es darauf an, darum zu kämpfen, welche Börsen- und Finanzplätze die steigenden Umsätze generieren würden, wo das Weltfinanzzentrum von morgen stehen und wo künftig die wachsenden Finanzgewinne anfallen sollten.

Die beiden in der Frage freier Märkte sich vermeintlich im Einklang befindlichen Freunde Ronald Reagan und Margaret Thatcher wurden also mit Blick auf die aufstrebenden Finanzmärkte in Wirklichkeit zu Gegnern. Die Thatcher-Regierung stritt für London, das seine finanzwirtschaftliche Bedeutung bereits in der großen Weltwirtschaftskrise verloren hatte. Die Reagan-Administration hingegen kämpfte für New York, das seinen internationalen Status als weltgrößter Sammelplatz für Kapital zu verlieren drohte. Ihr Ziel war, an der Wall Street den größten nationalen Aktien- und Anleihemarkt der Welt entstehen zu lassen.

Die Folge war ein harter Wettbewerb zwischen den USA und Großbritannien um alte, verlorene und neu zu verteilende Pfründe, um Vermögen, Kredite, Steuern, Arbeitsplätze, internationale Bedeutung und Prestige. Letztlich aber ging es auch um internatio-

nale Macht und internationalen Einfluss, ökonomisch, finanzwirtschaftlich und politisch.

Die eingesetzten Mittel in diesem harten Wettbewerb zwischen
den USA und Großbritannien waren die – inzwischen international offiziell verschmähten, aber aller Rhetorik zum Trotz nie
aufgegebenen – nationalen Steuervorteile sowie bewusst eingesetzte Nicht- oder Fehlregulierungen wichtiger Teile der Finanzmärkte.

Zwar verfügten die USA mit dem Dollar immer noch über die
weltweit wichtigste Währung. Doch schon seit Beginn der 70er-
Jahre – nach dem Ende der Goldbindung – flossen viele Milliarden an Dollar-Geldvermögen nicht mehr wie zuvor in die Vereinigten Staaten, sondern (vor allem) nach London, wo sie vor dem
Zugriff der US-Behörden sicher und den Regeln der US-staat-
lichen Zinsbindung nicht unterworfen waren. Diese Gelder wurden damit zunächst Teil des internationalen Bankensystems. Da
die Kreditinstitute aber seit Beginn der 80er-Jahre vor allem durch
ihr Versagen in der großen Lateinamerika-Krise immer mehr
ihren Ruf verloren und durch die Reagan-Administration gerettet
werden mussten, suchte sich das nach neuen Investmentmöglich-
keiten fahndende Kapital Wege außerhalb der US-Banken – und
fand sie vermehrt in London.

Aus einer von Siegmund Warburg erstmals 1963 in der britischen Hauptstadt umgesetzten Finanzierungsidee – der Emission
einer Anleihe in US-Dollar für das italienische Autobahnunter-
nehmen Autostrade – entwickelte sich dort in den 80er-Jahren
eine eigene Emissions- und Anlageplattform für die zunehmenden Kapitalflüsse in US-Dollar außerhalb der Jurisdiktion der
Vereinigten Staaten. Der Eurobondmarkt war geboren, wobei er
seinen Namen der Tatsache verdankt, dass sich hier erstmals viele
europäische Anleiheemittenten und Investoren zusammenfanden.
Das hatte es so bislang nicht gegeben.

Die Londoner Anstrengungen, wieder zum wichtigsten Finanzplatz der Welt aufzusteigen – oder wenigstens zu einem der

wichtigsten –, entwickelten sich für die führenden politischen und ökonomischen Zirkel in den USA allerdings zunehmend zum Problem. Sie unterliefen deren Interesse, den US-Dollar als einheitliche Weltwährung in einer von den USA dominierten Interessensphäre zu erhalten. Denn durch den dynamisch sich entwickelnden Eurobondmarkt entstand ein gespaltener Dollar-Markt. Während ein Teil der Kapitalströme der Weltleitwährung in die USA floss und dort den amerikanischen Regulierungen unterworfen war, floss der zweite in internationale Kanäle außerhalb amerikanischer Kontrolle.

Eben für ihn interessierte sich auch die britische Regierung, er speiste den Eurobondmarkt. Margaret Thatchers Ziel war es in den 80er-Jahren dabei, den in London sich entwickelnden Euro-Dollar-Markt massiv wachsen zu lassen, also einen internationalen Geld- und Kapitalmarkt, auf dem auf US-Dollar lautende Anleihen (Eurobonds) gehandelt werden. Der Londoner Eurobondmarkt sollte dabei zum weltweit größten Markt für US-Dollar-Anleihen außerhalb der USA werden, also zu einem Offshore-Markt, auf dem Ansprüche und verbriefte Kredite gehandelt werden, die keiner nationalen Regulierung unterliegen. Die Verfolgung dieses Ziels war eine wirtschafts- und finanzpolitische Kampfansage zugunsten der Londoner City, des Bankendistrikts der Stadt, und im Kern eine national gefärbte Wettbewerbsstrategie zur Stärkung des Finanzstandorts Großbritannien.

Die Strategie ging auf. Die Londoner City entwickelte sich in wesentlichen Teilen zu einem Offshore-Markt, also zu einem Markt ohne nationale Regulierung, der US-Dollars anzog und auf dem es zum immer intensiveren Handel mit auf US-Dollar lautenden Anleihen kam.

Und es dauerte nicht lange, bis auch Anleihen in anderen Währungen außerhalb ihrer angestammten Länder in London aufgelegt wurden. So entstand ein Euro-DM-Markt, auf dem auf D-Mark lautende Anleihen gehandelt wurden. Und es entstanden Märkte für andere relevante westliche Währungen, etwa der

Euro-Schweizer-Franken-Bondmarkt, der Euro-Kiwi-Bondmarkt (Neuseeland-Dollar) und der Euro-Aussie-Dollar-Bondmarkt (Australien-Dollar).

Der Londoner Eurobondmarkt wuchs aber nicht nur schnell im Volumen und verbreitete sich, er schuf auch völlig neue Emissions- und Finanzinstrumente. Damit etwa die zwischen den nationalen und den Offshore-Märkten auftretenden Zinsunterschiede von den Emittenten im Eurobondmarkt genutzt werden konnten, entwickelte sich etwa der Zins-Swap-Markt, also ein Markt, über den man bei den in London ansässigen Groß- und Investmentbanken lang- und kurzfristige Zinsen in einer Währung tauschen konnte.

Mit der dynamischen Entwicklung des Londoner Eurobondmarkts boten die Briten aber nicht nur der New Yorker Wall Street Paroli. Mit den hier gesammelten neuen Erfahrungen begann auch Europa, nach und nach ein neues Kapitel aufzuschlagen und an der Transformation von Banken zu Dienstleistungsunternehmen der sich entwickelnden Geld- und Kapitalmärkte teilzuhaben – und dies umso mehr, als der Eurobondmarkt mehr und mehr zu einer Plattform für weitere, unterschiedlichste Anleihesegmente wurde. Auch so gesehen stellte er den Startschuss für die nun auch in Europa wachsende institutionelle Anlageindustrie dar.

Ein Indiz dafür war, dass sich neben dem Markt für Eurobonds in verschiedenen Währungen auch der Markt für europäische Geldmarktfonds entwickelte. So wurden in den Londoner Offshore-Märkten ähnlich wie an der Wall Street nun alle Laufzeitenbereiche abgebildet.

Damit nicht genug, denn bald darauf wurden auch europäische Aktien Teil des Londoner Offshore-Marktes, insbesondere in der Emissionsform von Euro-Optionsanleihen oder Euro-Wandelschuldverschreibungen. Beide verbinden auf unterschiedliche Weise Teile einer Unternehmensanleihe mit einer Kaufoption für eine Aktie. Im ersten Fall ist die Aktienoption unabhängig von der Anleihe handelbar, im zweiten Fall bleiben die beiden Komponenten über die Laufzeit gebunden. Die Preise solcher Emissionen hängen also sowohl von der Bonität des emittierenden Unternehmens, vom Zinsumfeld und vom weiteren Preisverlauf der Aktie des Unternehmens ab.

Anders als nationale Märkte regulierten sich die Londoner Eurobondmärkte allein über Angebot und Nachfrage. Ihre größten Vorteile lagen zum einen in der Geschwindigkeit, mit der Anlage- und Kreditinteressen miteinander in Einklang gebracht werden konnten. In manchen Fällen brauchte es nur wenige Stunden, bis aus einer Idee eine konkrete Anleihe wurde. In den nationalen Emissionsmärkten dagegen dauerte es viele Wochen, bis eine Anleihe überhaupt im Grundsatz von den Finanzbehörden genehmigt war. Weitere Vorteile lagen in der Freiheit, die Preise frei verhandeln zu können, sowie in den relativ geringen Kosten, die sowohl für die Anleger höhere Renditen wie auch für die Kreditnehmer geringere Zinsen als auf den Heimatmärkten mit sich brachten. Verführerische Vorteile – und so war es nicht verwunderlich, dass die Londoner Märkte in den 80er-Jahren sehr rasant wuchsen.

Der Eurobondmarkt entwickelte sich sehr schnell zu einer internationalen Emissionsplattform, auf der sich die Unternehmen mit klingenden Namen die Klinke in die Hand gaben, unter anderem die größten US-Unternehmen wie IBM oder General Electric, aber auch internationale Institutionen wie die Weltbank oder die Europäische Investitionsbank. Bald folgten die großen deutschen und europäischen Unternehmen wie auch die europäischen Banken, die ebenfalls begannen, sich in den Londoner Offshore-Eurobondmärkten zu besseren Konditionen zu refinanzieren, als dies mit den klassischen Kredit- oder Emissionsmethoden ihrer Heimatländer möglich gewesen wäre. Selbst europäische Länder wie Italien finanzierten sich dort sporadisch.

Ein Finanzprodukt, das dem Eurobondmarkt zu weiterer internationaler Geltung verhalf, war der Währungs-Swap. Mit ihm können langfristige und kurzfristige Zinsen auch unter zwei Währungen getauscht werden. Damit eröffneten sich Möglichkeiten, Emittenten aus der ganzen Welt – auch aus Europa – in London zu bedienen und ihnen die Wahlmöglichkeit zu überlassen, in welcher Währung und auf welcher Zinsbasis sie ihre Anleihe zurückzahlen wollten.

Insgesamt wird so auch deutlich: Der Aufstieg Londons als Finanzzentrum ist mit der Transformation der Bankenindustrie auf das Engste verbunden, auch der europäischen. Und im Rahmen dieser Entwicklung erodierten nicht nur bei den amerikanischen Banken, sondern eben auch bei den europäischen Universalbanken zunehmend die Kapitaleinlage- und Kreditvergabefunktionen, die sich stattdessen auf die wachsenden Geld- und Kapitalmärkte verlagerten, für die sie mehr und mehr als Dienstleister agierten.

In den europäischen Banken- und Finanzmärkten fand diese Erosion zunächst zwar nur langsam statt, das heißt, viele europäische Kreditinstitute nahmen die mit dieser Entwicklung verbundenen Herausforderungen zunächst eher zögerlich an. Doch nach dem Fall der Berliner Mauer war ein Wegducken für sie nicht mehr möglich.

Denn die US-Banken drangen jetzt nach Europa vor und wurden so direkte Wettbewerber der europäischen Universalbanken, und zwar auf deren Heimatmärkten. Aber nicht nur das: In diesem Prozess wurde, wie schon erwähnt, gleichzeitig das seit 1934 in den USA bestehende Trennbankensystem – in Einlagen- und Kreditbanken einerseits und Investmentbanken andererseits – zuerst aufgeweicht und später (1998) auch offiziell völlig aufgehoben.

Damit jedoch entwickelten sich die amerikanischen Großbanken – vormals auf Kapitaleinlage- und Kreditfunktion beschränkt – faktisch zu Universalbanken und wuchsen folglich in den ihnen vormals verschlossenen Bereich des Investmentbankings. Und auch die US-Investmentbanken wuchsen stark, sei es über neue Geschäftsfelder, wachsende internationale Präsenz, steigende Gewinne und zunehmend auch über Börsengänge.

Angesichts dieser Entwicklung blieb den europäischen Instituten nach dem Mauerfall also gar nichts anderes übrig, als sich nun ebenfalls mit großem Nachdruck daranzumachen, die Möglichkeiten der boomenden Geld- und Kapitalmärkte für sich zu nutzen.

Der Mauerfall bedeutete allerdings auch noch etwas anderes: Die Spaltung des US-Dollar-Marktes in einen nationalen amerikanischen und einen internationalen (vor allem in London bearbeiteten) Offshore-Markt wurde durch den Fall des Eisernen Vorhangs faktisch aufgehoben. Denn im Zuge der Fahrt aufnehmenden Globalisierung fielen nun überall in der westlichen Welt nach und nach auch die letzten Kapitalverkehrskontrollen, die es bislang durchaus noch gegeben hatte.

London als internationaler Finanzplatz gewann weiter an Bedeutung, war doch die Stadt aufgrund ihrer Sprache, ihrer liberalen Ausrichtung, der hohen Dichte an Banken und Schattenbanken und der Zeitzone gerade für den nächsten Schub der Globalisierung finanzwirtschaftlich besser gerüstet als andere europäische Finanzplätze wie Frankfurt, Paris, Zürich oder Mailand, deren Banken- und Finanzierungskulturen nach wie vor weitgehend national ausgerichtet waren.

So wandelte sich die Londoner City ab den 90er-Jahren neben New York zum bedeutendsten internationalen Finanzzentrum. Dabei profitierte sie nicht nur von der zunehmenden Präsenz der US-amerikanischen Groß- und Investmentbanken, sondern mehr und mehr auch von der Vernetzung mit den Börsen in Hongkong, Singapur, Tokio sowie mit dem aufstrebenden China.

Mit den Maastrichter Verträgen im Jahr 1992 und der Entscheidung für den Euro fielen dann nicht nur die letzten nationalen Kapitalverkehrskontrollen in der damals noch zukünftigen Euro-Zone, sondern in der Folge auch die nationalen Begrenzungen für europäische Bankenniederlassungen und für nationenübergreifende Bankenübernahmen. Dies erhöhte den Wettbewerb unter den westeuropäischen Banken zusätzlich und führte zu einem weiteren Schub in Richtung verstärkten Agierens auf den boomenden Geld- und Kapitalmärkten. Auch die europäischen Banken sahen dort inzwischen mehr Umsatz- und Gewinnpotenziale als im klassischen Einlage- und Kreditgeschäft. Der Grund: Mehr und mehr gerieten dort die Zinsmargen und mit ihnen die Ertragspotenziale unter Druck.

Die Herausforderungen für die europäischen Universalbanken waren in dieser Gemengelage nicht nur groß, sie waren hochkomplex und vielfältig: Zum einen mussten sie sich von ihrer rein nationalen Rolle verabschieden und eine europäische Rolle, die nicht nur das alte Westeuropa, sondern auch die Nachfolgestaaten der in sich zusammenbrechenden Sowjetunion einschloss, anstreben. Zum anderen erwuchs für sie aus der Konkurrenz mit den US-amerikanischen Banken die Notwendigkeit, auch im größten Banken- und Finanzmarkt der Welt, den USA, ein Standbein zu errichten. Ähnliches galt für die aufstrebenden asiatischen Märkte und hier insbesondere Chinas, das sich damals ebenfalls wirtschaftlich und finanzwirtschaftlich weiter öffnete.

Daneben war klar, dass sich die westeuropäischen Großbanken auch im wachsenden Investmentbanking mindestens in Teilbereichen zu etablieren hatten, wollten sie konkurrenzfähig bleiben. Und das bedeutete, dass sie ihre überkommenen Personal-, Kredit- und Handelsstrukturen zu überarbeiten hatten. Dabei bestand immer das Risiko, dass sie in der neuen Welt des (dienstleistenden) Investmentbanking nicht wirklich ankommen und trotzdem ihre etablierten Risikokontrollkulturen verlieren könnten. Manchen Banken, in Deutschland etwa der Hypo Real Estate oder der WestLB, passierte genau das, und es brach ihnen später das Genick.

Für die deutschen Banken war diese Herausforderung allerdings bei Weitem nicht die einzige. Denn sie standen vor der zusätzlichen Aufgabe, eine Expansionsstrategie für die neuen Bundesländer entwickeln zu müssen, in denen die Wirtschaft mit der Wiedervereinigung sofort in sich zusammengebrochen war.

Und seit 1992 waren sie darüber hinaus gezwungen, die notwendigen Schritte für die beschlossene Euro-Währungsunion vorzubereiten.

Die Wandlung der deutschen Bankenlandschaft: Nachzügler, Gewinner, Verlierer

Das war insgesamt viel Holz für die westeuropäische und insbesondere für die deutsche Bankenindustrie. In der Folge entwickelten sich die europäischen Banken entweder zu Dienstleistungsunternehmen für die wachsenden internationalen Finanzmärkte, wo attraktive Umsatz- und Gewinnpotenziale bestanden. Oder aber sie blieben reine Einlagen- und Kreditbanken, gerieten dabei aber aufgrund abnehmender Zinsmargen zunehmend in Schwierigkeiten. Wohin auch immer sie sich bewegten: Ihre Geschäftsmodelle wurden aufgrund eines sich international massiv verschärfenden Bankenwettbewerbs und eines sich völlig veränderten nationalen und internationalen Umfelds unter größten Druck gesetzt.

Um diesen Prozess in seiner Dynamik besser zu verstehen, lohnt es, sich die historischen und strukturellen Hintergründe der westeuropäischen und vor allem deutschen Bankenindustrie vor Augen zu führen.

Der Hauptgrund, warum es nach dem Zweiten Weltkrieg in den westeuropäischen Ländern zu keiner Einführung des 1934 unter dem Präsidenten Franklin D. Roosevelt eingeführten US-amerikanischen Trennbankensystems kam, lag in erster Linie an der massiven Kapitalknappheit, der sich nach dem Krieg fast alle Nationen kriegsbedingt ausgesetzt sahen. Darüber hinaus waren die europäischen Bankenstrukturen weitgehend national beschränkt und sehr fragmentiert. Erste Ansätze von Geld- und Kapitalmärkten, wie sie sich in den USA schon seit den 20er-Jahren entwickelt hatten, waren in Europa wegen der ökonomisch und politisch schwierigen Zwischenkriegszeit wie auch aufgrund der nationalen

Fragmentierung nicht entstanden. Und das bedeutete, dass es in Europa auch Investmentbanken als Dienstleister für die Akteure auf den Geld- und Kapitalmärkten kaum gab.

In den meisten kontinentaleuropäischen Flächenstaaten stand stattdessen den – relativ wenigen – großen Universalbanken eine große Gruppe von kleinen, den Kommunen verpflichteten Sparkassen und kooperativen Volksbanken gegenüber, die einen wesentlichen Teil der Spargelder und damit den überwiegenden Anteil des Privatkundengeschäfts an sich zogen. Erst mit Beginn der 60er-Jahre, als die Nachkriegserholung in den meisten westeuropäischen Nationen deutlich zu spüren war und dadurch die Sparquoten wieder deutlich stiegen, erstarkten auch die großen Universalbanken wieder. Und mit dem zunehmenden Erstarken der europäischen Wirtschaft begannen sie darüber hinaus, verstärkt in den internationalen Raum hinein zu expandieren und dort wieder Niederlassungen zu entwickeln.

In Deutschland entstanden ungefähr seit Ende der 60er-Jahre aus den Sparkassen und genossenschaftlich organisierten Volksbanken überregionale Kreditinstitute, deren Hauptaufgabe darin bestand, die überschüssigen Spargelder ihrer Regionalinstitute eben nicht mehr nur regional, sondern deutschlandweit und zunehmend auch international zu verwalten.

Aus den Sparkassen und landestypischen Spezialbanken etwa entwickelten sich die Landesbanken, die vor allem seit Mitte der 70er-Jahre zu halbstaatlichen Konkurrenten der privaten Großbanken wurden.

Die Landesbanken verfügten dabei über ein deutschlandspezifisches Haftungsmodell unter dem Namen der Anstaltslast- und Gewährträgerhaftung. Faktisch war das nichts anderes als eine Garantie des jeweiligen Bundeslandes, in dem sie operierten. Durch dieses Privileg konnten sie sich in den wachsenden Geld- und Kapitalmärkten ähnlich wie die schon erwähnten halbstaatlichen US-Hypothekenbanken Fannie Mae und Freddie Mac deutlich billiger refinanzieren als ihre privaten Konkurrenten und hatten ihnen gegenüber insofern einen massiven Wettbewerbsvorteil. Dieses Privileg, das es den Landesbanken ermöglichte, sich zu günstigen Konditionen zu refinanzieren, die sich an den Preisen für Bundes- oder Landesanleihen orientierten, wurde nach heftigstem politischem Widerstand aus Deutschland 2001 von der EU-Kommission gekappt. Allerdings gewährte die EU eine vierjährige Übergangsfrist, in der sich die Landesbanken noch einmal zu alten Konditionen refinanzieren durften und damit vor der Frage standen, was sie mit den so geschöpften Geldern nun anfangen sollten. In der Folge wurden sie zu wichtigen internationalen Nachfragern für immer riskantere Anlagepapiere, vor allem für die verbrieften US-Ramschanleihen, die viele von ihnen später an den Rand des Zusammenbruchs bringen sollten.

Die spezifisch deutsche Bankenstruktur mit ihren drei Säulen der privaten Universalbanken, der Sparkassen und Volks- beziehungsweise Genossenschaftsbanken sowie der Landesbanken begrenzte lange eine dynamische, durch Innovationen angetriebene Weiterentwicklung des deutschen Bankwesens insgesamt. Denn das kam im Zuge des Wirtschaftswunders zunächst national und dann auch international recht schnell wieder auf die Beine. Der Marktanteil der Privatbanken am nationalen Markt ist aber wegen der großen Zahl von Genossenschaftsbanken und Sparkassen im internationalen Vergleich betrachtet schon immer recht klein gewesen, und so ist es bis heute geblieben. Nicht zuletzt deswegen zeigten sich für sie auf dem heimischen Markt insbesondere im Privatkundengeschäft schnell Wachstumsgrenzen. Die Genossenschaftsbanken und Sparkassen wiederum hatten durch ihre Eigentümerstruktur, ihre Haftungsstruktur und ihren regional begrenzten Auftrag kaum Anreize für Innovation und Wachstum in die internationale Welt hinein.

Angesichts dieser Ausgangssituation verwundert es bei näherer Betrachtung nicht, dass sich hierzulande nur ein paar echte Großbanken entwickeln konnten, die die Chance nutzten, eine wichtige

Rolle auf den Weltbanken- und Weltfinanzmärkten zu spielen. Zu den wenigen privaten Banken, die diesen Weg damals beschritten, gehörten vor allem die Deutsche Bank, die Commerzbank, die zwischenzeitlich von der Commerzbank übernommene Dresdner Bank sowie die HypoVereinsbank (seit 2005 unter dem Dach der italienischen UniCredit). Unter den Landesbanken stachen insbesondere in den 80er- und 90er-Jahren die WestLB, die Nord/LB und die Bayerische Landesbank heraus, die mehrere Anläufe unternahmen, auch im internationalen Großkundengeschäft Fuß zu fassen.

Diese über Jahrzehnte durchgehaltene deutsche Bankenordnung sorgte aber auch für eine gewisse Stabilität und Zurückhaltung beim Eingehen größerer Risiken.

Beides zeigt sich auch, richtet man einen Blick auf das Topmanagement deutscher Banken, vor allem auf die börsennotierten Großbanken. Hier gab es etwa lange keine Vorstandsvorsitzenden, wie heute üblich, sondern meist Gremien mit gleichen Rechten und Pflichten aller Vorstandsmitglieder und nur manchmal einen Vorstandssprecher, der indes kaum hervorgehoben war und vor allem eher diskret und unauffällig zu sein hatte.

Denn in diesen – im Vergleich zu anderen deutschen Kreditinstituten – dynamischeren Banken ging es auch an der Spitze in erster Linie um diskretes, zurückhaltendes, gemeinschaftliches und seriöses Funktionieren. Es erstaunt daher nicht, dass die später so aus dem Ruder laufende Vergütung der Topbanker damals meist eher unspektakulär geregelt war. In jedem Fall stellte sie keinen Gegenstand öffentlicher Diskussionen dar, ganz im Gegensatz also zu den vor allem in den 2000er-Jahren immer wieder aufflammenden Debatten zu astronomischen Bonuszahlungen.

Für solche Diskussionen hätte es bis in die späten 80er-Jahre hinein auch keinen Grund gegeben. Denn 90 Prozent einer Topbankerjahresvergütung bestanden aus einem Festgehalt. Der Bonusanteil fiel also gering aus. Und auch die Gesamtgehaltssumme blieb überschaubar. Sie lag in der Regel innerhalb einer Spanne von 200 000 bis 400 000 D-Mark, bei Topinstituten wie der Deutschen Bank auch beim Doppelten. Und daneben gab es neben viel Prestige, das sich auch in repräsentativen Autos mit Fahrer oder Mietzahlungen für die Villa ausdrücken durfte, zusätzlich meist recht großzügige Pensionen.

Die Arbeit der Topbanker verlief ebenfalls in vergleichsweise ruhigen und geregelten Bahnen, meist vorstrukturiert durch wöchentliche, oft ganztägige Vorstandssitzungen, die in aller Regel am Dienstag stattfanden und nicht selten bis tief in die Nacht dauerten. Auch die Themen dieser Dienstagssitzungen waren im Allgemeinen klar vorherbestimmt: Es ging um die strategische und taktische Bankausrichtung und die gerade anstehenden großen Transaktionen, es ging um Expansionen und Restrukturierungen sowie um drohende Risiken und Wege, diese in Schach zu halten. Dabei orientierten sich die Bankenchefs in ihrer Arbeit im Allgemeinen an einem auffordernden Satz, den junge Bankauszubildende und junge Führungskräfte schnell zu lernen hatten: »Denken Sie bei allem, was Sie tun, an die Konsequenzen nicht nur für Ihren einzelnen Geschäftsbereich, sondern auch immer für die Bank im Ganzen.«

Jedem Angestellten entlang der gesamten Bankenhierarchie war klar, welche Bedeutung dieser Satz hatte: Nicht nur Ertrags- und Kosten-, Chancen- und Risiko- oder Wachstums- und Liquiditätsüberlegungen der einzelnen Bankbereiche hatten wichtig zu sein, sondern immer auch die Gesamtbank und die Folgen jeglichen Handelns für die Reputation der Bank und ihr Bild in der Öffentlichkeit.

Dazu passt, dass die meisten Mitglieder in den Bankvorständen keine ausgewiesenen Spezialisten in den ihnen anvertrauten Ressorts waren. Bei Bedarf wurden eben Spezialisten zurate gezogen. Die Bankvorstände selbst aber hatten nach Auftrag und Selbstverständnis die Gesamtbank im Blick zu haben – und nicht nur eine besondere Sparte, die gerade besonders viel Profit abwirft, wie das viele Banken in den 2000er-Jahren lange mit dem damals besonders profitablen Investmentbanking gemacht hatten, ohne sich bewusst zu machen, dass gerade durch deren Wirken auch die Risiken für die Gesamtbank, die Anleger und das Finanzsystem dramatisch erhöht wurden.

Im Verhältnis zu den Unternehmen der Realwirtschaft galt das Hausbankprinzip. Das heißt, die Unternehmen hatten meist eine, manchmal auch zwei Hauptbanken, mit der oder denen sie die meisten und vor allem wichtigen Transaktionen abwickelten. Mit ihnen finanzierten sie ihre Expansions- und Wachstumspläne im In- und Ausland. Von ihnen und ihrem internationalen Bankennetzwerk ließen sie sich auch bei ihren Auslandsgeschäften begleiten. Durch diese enge Verbindung entstand bei den Hausbanken mit der Zeit ein profundes Wissen über die von ihnen finanzwirtschaftlich begleiteten Unternehmen.

Ein Vorteil, der ihnen nicht nur bei der Absicherung von Kreditrisiken bei Firmenexpansion und -wachstum zugutekam, sondern auch dann, wenn ihre Unternehmenskunden in Schwierigkeiten gerieten. In solchen Fällen wurden sie nicht selten von ihren Hausbanken gerettet, oft durch die Umwandlung der Kreditschulden des kriselnden Unternehmens in von der Bank gehaltene Eigenkapitalanteile. Und wenn die Hausbanken nicht auf diese oder ähnliche Weise bei der Rettung unterstützten, dann begleiteten sie beim Verkauf an ein drittes Unternehmen.

Das Geschäft mit Firmenzusammenschlüssen und Firmenübernahmen, das in den USA vor allem ab Mitte der 80er-Jahre durch steuerliche Begünstigungen des Fremdkapitals zu einem boomenden Geschäftszweig mit großen Risiken wurde, stellte hierzulande also lange ein reines Krisengeschäft dar, bei dem es für die beteiligten Banken vor allem darum ging, das von ihnen als Kredit an Unternehmen herausgereichte Kapital so weit wie möglich zu sichern.

Stattdessen verfolgten die Banken hierzulande bis weit in die 60er- und 70er-Jahre hinein ganz andere Geschäftsziele, nämlich vor allem jene, die mit den klassischen Einlage- und Kreditfunktionen einer Bank zu tun hatten: Girokonto für alle, die ein laufendes Einkommen haben, Ausbau der Filialen, um den Privat- und Unternehmenskunden näher zu sein, Unterstützung der Industriekunden bei ihren internationalen Expansionen (unter anderem durch Auf- und Ausbau internationaler Niederlassungen) oder Kreditwachstum bei Privat- und Unternehmenskunden.

Außerdem agierten die Banken im Wertpapiergeschäft, in dem sie für die damals noch sehr überschaubare Zahl vermögender Privatkunden Staatsanleihen und deutsche Aktien handelten. Und sie waren in Sondergeschäften tätig, vor allem im Hypothekengeschäft, in der Schiffsfinanzierung, in der Finanzierung von Industrieanlagen oder im Rahmen von Spezialtätigkeiten wie dem physischen Goldhandel.

Die alte Welt der deutschen Kreditinstitute war also lange sehr übersichtlich. Und sie war eng verknüpft mit der Entwicklung der Realwirtschaft. Verlief diese erfolgreich, dann ließen sich sowohl im Firmen- wie im Privatkundensegment gute Geschäfte machen. Das Bilanzsummen- und Ertragswachstum der Banken hing damit in erster Linie mit dem Wachstum der Realwirtschaft zusammen.

In einer solchen Bankenwelt war überdies eine Trennung von Geschäfts- und Investmentbanking, wie es sie in den USA gab, nicht wirklich nötig. Denn trotz der Nichttrennung erfüllten Banken hierzulande vor allem ihre primären realwirtschaftlichen Funktionen von Einlagensammeln und Kreditgewährung. Und sie taten dies weitgehend bezogen auf ihr Land und dessen Bürger und Unternehmen, waren also in diesem Sinne im Wesentlichen *national players* und nur in einem überschaubaren Umfang *international players*.

Das Gleiche galt auch für die meisten Banken im übrigen westlichen Kontinentaleuropa.

Die starke und stetig wachsende deutsche Exportorientierung machte zwar auch eine wachsende internationale Begleitung von deutschen Unternehmen und vermehrte Niederlassungen in den wichtigsten Finanzzentren der Welt nötig. Doch die Banken blieben dem strengen deutschen Bilanzrecht unterworfen, und sie waren Teil der im internationalen Vergleich recht strengen deutschen Gläubigerschutzkultur.

Bis Anfang der 70er-Jahre zeigte sich damit eine insgesamt relativ stabile Entwicklung der deutschen Bankenlandschaft, ohne dass es zu systemischen Banken- oder gar Finanzkrisen gekommen wäre.

Dabei blieb es jedoch nicht.

Denn erste Probleme mit dem deutschen Bankenmodell entstanden in der Zeit der Stagflation ab Anfang der 70er-Jahre. Von dieser Entwicklung blieb auch die Bundesrepublik nicht verschont.

Und vor allem: Hohe Zinsen, hohe Inflation, schwache Wachstumsraten, Ölkrise und in der Folge stark steigende Ölpreise, größere konjunkturelle Einbrüche, als man sie bisher kannte, wachsende Arbeitslosigkeit sowie Strukturprobleme in bestimmten Industrien und Regionen – etwa bei Kohle und Stahl in Nordrhein-Westfalen – verschlechterten auch das Umfeld für das klassische Bankgeschäft. Zum einen gingen die Zinsmargen zurück, also die Differenz aus jenen Zinssätzen, die die Banken für das bei ihnen angelegte Kapital zahlen, und jenen Sätzen, die sie für die von ihnen vergebenen Kredite verlangen. Außerdem erhöhten sich die Risiken für Kreditausfälle infolge andauernder Konjunkturkrisen beträchtlich.

Hinzu kam, dass Anfang der 70er-Jahre das bis dahin geltende Bretton-Woods-Währungssystem, das die Wechselkurse über eine kombinierte Bindung an Gold und US-Dollar seit Ende des Zweiten Weltkriegs weitgehend fix gehalten hatte, zusammenbrach – ein massiver Einschnitt nicht nur für die Weltwirtschaft insgesamt, sondern gerade auch für Deutschland und seine exportorientierte Realwirtschaft.

Da das Bretton-Woods-System in eine Währungsordnung mit flexiblen Wechselkursen mit dem US-Dollar als Leitwährung überführt wurde, bedeutete dies, dass sich Banken nun allerorten ein neues Geschäftsfeld bot: der Handel mit Währungen beziehungsweise Devisen, die währungsmäßige Absicherung von grenzüberschreitenden Geschäften und Ähnliches mehr.

Neben die seit den 70er-Jahren an Bedeutung gewinnenden Geld- und Kapitalmärkte traten also die Devisen- beziehungsweise Währungsmärkte als weiterer Teilmarkt der Finanzmärkte. Wie bedeutsam der Devisenhandel seit dieser Zeit geworden ist, wird auch dadurch erkennbar, dass er mit einem globalen Tagesumsatz von mehr als fünf Billionen US-Dollar mittlerweile den größten Teilbereich der Finanzmärkte darstellt.

In ganz anderen Dimensionen zeigte sich das Risiko dieser Geschäfte indes schon deutlich früher – und zwar in Deutschland. Im Mittelpunkt stand dabei die Herstatt-Bank. Von Mitte der 50er-Jahre an war das Kölner Kreditinstitut in Mitarbeiterzahl und Bilanzsumme massiv gewachsen. Als sich die Gewinne aus dem klassischen Bankbusiness zu verringern begannen, kam ihm im Zuge der Auflösung des Bretton-Woods-Systems die Freigabe der Wechselkurse gerade recht. Denn weil die Zentralbanken die Devisenkurse nun fast vollständig der Entwicklung des freien Marktes überließen, erspähte die Herstatt-Bank im Devisenhandel ihr neues Expansions- und Gewinnpotenzial.

Zwar witterten hier weltweit auch viele andere Institute das große Geld. Für die Herstatt-Bank aber wurde der Devisenhandel zum Kernbereich, und sie betrieb ihn nicht mit Kundeneinlagen, wo er aufsichtsrechtlich einer besonderen Kontrolle unterworfen gewesen wäre, sondern als riskanteren Eigenhandel. Das sollte sich bald als fatal herausstellen.

Begünstigt durch geringe aufsichtsrechtliche Vorschriften, ohne großen Kontakt zu anderen Bankbereichen und intern weitgehend unkontrolliert ließ die Herstatt-Bank im Wesentlichen sechs dynamische Anfang-20-Jährige den Devisenhandel vorantreiben. Zwar verdiente Herstatt eine Zeit lang gut mit den »Goldjungs«, wie sie intern schnell genannt wurden. Nach Beginn der ersten Ölkrise im Oktober 1973 aber änderten sich die Dinge einschneidend, vor allem ab Januar 1974. Denn während die sechs Händler mit einem weiter steigenden US-Dollar-Kurs gerechnet und ihre Devisengeschäfte entsprechend ausgerichtet hatten, fiel der Dollar-Kurs stark und laufend.

Eine rasante Abwärtsspirale setzte sich in Gang. Bis zum Juni 1974 summierten sich die Verluste aus den falschen Wetten auf die Dollar-Kurse auf nahezu eine halbe Milliarde D-Mark, und das Eigenkapital der Bank war um ein Vielfaches aufgezehrt. Herstatt wurde insolvent. Und nachdem Rettungsversuche, auch unter Beteiligung der drei Großinstitute Deutsche, Dresdner und Commerzbank, gescheitert waren, ging der Herstatt-Kollaps als damals größte Pleite einer Bank in die deutsche Nachkriegsgeschichte ein.

Die Banken hatten nach der Auflösung des Bretton-Woods-Systems den Devisenhandel zwar sinnvollerweise als neuen interessanten Geschäftszweig entdeckt. Mit der Herstatt-Pleite aber wurden wie in einem Brennglas die mit ihm verbundenen immensen Risiken sichtbar. Im Übrigen nicht nur für eine einzelne Bank, sondern auch für das gesamte internationale Banken- und Finanzsystem, denn durch die vielfältigen Verbindungen der international ausgerichteten Herstatt-Bank verloren weltweit auch andere Geldhäuser durch die Pleite.

Damit nicht genug. Denn jenseits der entstehenden Devisenmärkte wurde schnell ein weiteres Risikoproblem für das neue Weltwährungssystem im Allgemeinen und die Bankensysteme im Besonderen offenkundig: das Herdenverhalten.

Denn wer genau hinschaute, der erkannte in den konjunkturell turbulenten Krisenzeiten der 70er-Jahre folgendes Muster: Banken vergeben in konjunkturellen Aufschwüngen gerne und großzügig Kredite, und sie tun dies vor allem deswegen, weil die Herde, also andere Banken, auch so verfährt. In Konjunkturabschwüngen hingegen verweigern sie übermäßig oft die Kreditabgabe an Unternehmen. Und sie tun das in viel stärkerem Maße, als es die Fundamentaldaten der Unternehmen rechtfertigen und weil die Herde der anderen Banken ebenfalls so agiert. Damit wirken die Banken mit Blick auf die gesamte Volkswirtschaft letztlich immer prozyklisch, das heißt, sie verstärken die konjunkturellen Ausschläge nach oben wie nach unten. Dafür wurden sie schon immer kritisiert. Aber in dieser Zeit nahm dieses Verhalten neue Züge an.

Mehr noch: Schnell wurde klar, dass diese für Kreditinstitute und das gesamte Banken- und Finanzsystem hochriskante Herdendynamik nicht nur national wirkte, sondern auch bei internationalen Ausleihungen wie den schon geschilderten Bankkrediten der US-Dollar-Überschüsse der Golfstaaten an Regierungen in Lateinamerika. Und sie wanderten auch deswegen dahin, weil die Kreditentscheidungen einer Bank in erheblichem Maße auch davon beeinflusst wurden, wie die Entscheidungen anderer Banken ausfielen. Auf diese Weise schaukelten sich die Kreditvergaben der Banken wechselseitig nach oben, ohne dass noch in angemessener Weise auf die Risiken der Kreditvergabe geachtet worden wäre. Mit dem finanzwirtschaftlichen Zusammenbruch Südamerikas zu Beginn der 80er-Jahre und dem damit verbundenen Fast-Zusammenbruch des internationalen Bankensystems entwickelte sich nicht nur ein großes internationales Kritikpotenzial gegenüber der Funktionsweise von Banken, sondern auch die zunehmende Bereitschaft, Bankgeschäfte auf die viel transparenter erscheinenden Geld- und Kapitalmärkte zu verlagern, die noch dazu weniger reguliert waren.

Die schon beschriebene konkurrenzgetriebene Entwicklung der Finanzplätze London und New York war auch ein direktes Ergebnis dieses Scheiterns der gesamten Bankenindustrie. Denn auf beiden Seiten des Atlantiks nahm nach diesem Scheitern die Bereitschaft zu, Alternativen zu klassischen Banken in Form der Förderung neuer Finanzmärkte zuzulassen. Diese Haltung setzte sich sowohl in der Politik, in der Realwirtschaft wie auch innerhalb der Finanzwirtschaft zunehmend durch.

So wuchs etwa bei der Deutschen Bank in den 80er-Jahren der Druck, die Entwicklung des Eurobondmarktes in London nicht nur von Frankfurt aus zu verfolgen, sondern auch aus London heraus mitzugestalten. Damit wurde die Bank aber mit einer neuen Kultur im Banking konfrontiert, die sie in den nächsten 15 Jahren völlig umkrempeln sollte. Mehr noch, es war ein Clash der Kulturen, der drastischer nicht hätte ausfallen können. Der klassischen deutschen »Führungskraft« einer Universalbank stand auf einmal der »internationale Deal-Maker« einer Investmentbank gegenüber. Den ersten Typus hatte die Deutsche Bank seit vielen Jahren kultiviert, den zweiten – abgesehen von einigen Aktien-, Devisen- und Anleihehändlern – aber nicht, weil es für ihn in der Führung der klassischen deutschen Universalbanken keine Verwendung gab. Noch nicht.

Die Karriere des ersten war normalerweise nach einem Studium – zumeist VWL, BWL oder Jura, am besten mit einem anschließenden Doktorat – das jahrelange Koffertragen eines Vorstandsmitglieds, das schriftliche Zusammenfassen von Meetings und danach die Führung einer Abteilung, die im Erfolgsfall zum Aufstieg in sogenannten Linienfunktionen – das heißt in ertragsrelevanten Abteilungen – führte. Im Idealfall konnte eine solche Person zwischen Mitte und Ende 40 selbst in den Vorstand aufrücken. Der Deal-Maker in London – oder auch in New York – dagegen hatte irgendetwas studiert – manchmal nicht einmal das –, aber nicht notwendigerweise die drei oben genannten klassischen Bankingfächer. Manche davon hatten an den besten amerikanischen Topuniversitäten ein zweijähriges MBA-Studium absolviert, in dem sie sich nicht aufs Koffertragen, sondern auf sofortige Führungsaufgaben als Entscheider vorbereiteten. Er oder sie waren jung, zumeist nicht älter als 23, als sie ihre Karriere begannen, und diese Karriere hieß von Anfang an: Geld- und Kapitalmärkte verstehen, Research Reports schreiben – also etwa Aktienanalysen, mathematische Risikomodelle entwickeln, Wertpapiere verkaufen oder handeln, Finanztransaktionen verhandeln und Geld über gewinnabhängige Boni verdienen. Zumeist saßen sie völlig ungeschützt – und nicht wie die deutsche Führungskraft in einem Einzelbüro – in großen Handelsräumen mit Hundertschaften von anderen jungen Leuten aus Dutzenden verschiedener Länder.

Weil sich diese Art von Bankgeschäft, also das Investmentbanking, seit Mitte der 80er-Jahre nicht nur in den USA, sondern auch in London sehr schnell entwickelte, befand sich etwa die Deutsche Bank, deren Anspruch es als wichtigste deutsche Bank vor allen anderen nationalen Wettbewerbern war, auch auf diesem Gebiet Präsenz zu zeigen, um ein echter *international player* zu werden und zu bleiben, in einem Dilemma. Und das betraf vor allem ihr Personal. Denn ihre Führungskräfte, die sie in den vorangegangenen 20 Jahren ausgebildet hatte, waren auf alles vorbereitet, vor allem auf Diskretion, Seriosität und Zurückhaltung beim Eingehen riskanter Geschäfte, nicht aber auf diese Form des »hemdsärmeligen Deal-Maker«, die es offenkundig brauchte, auf den dynamisch sich entwickelnden Geld-, Kapital- und Währungsmärkten zu bestehen. Bereits ab Anfang/Mitte der 80er-Jahre hatten die Deutschbanker dieses Defizit erkannt. Nach Jahren vergeblicher Versuche, solche neuen Bankertypen in genügender Anzahl im eigenen Haus heranzuziehen, entschied sich die Deutsche Bank 1989 schließlich dafür, Morgan Grenfell, eine alteingesessene englische Merchant-Bank, zu kaufen. Diese Bank war insbesondere auf das Emissions- und Handelsgeschäft von britischen und US-amerikanischen Aktien spezialisiert und insofern eine Investmentbank. Eingefädelt hatte diese Übernahme noch Alfred Herrhausen. Den Abschluss erlebte er nicht mehr. Nur wenige Wochen nach dem Mauerfall wurde er Opfer eines Bombenattentats, und nur kurz nach seinem Tod wurde der schon ausgehandelte Vertrag von seinem Nachfolger Hilmar Kopper unterschrieben.

Kopper etablierte die Deutsche Bank über Morgan Grenfell nicht nur in London im Investmentbanking, sondern es folgten auch im Privatkundenbereich Übernahmen von Banken in Italien, Spanien und Portugal. Und doch kam die Deutsche Bank im neuen internationalen Wettbewerbsumfeld nicht richtig voran. Morgan Grenfell hatte zwar auch eine nicht unwesentliche Präsenz in

New York. Doch schnell stellte sich heraus, dass sie mit Morgan Grenfell ihre Schlagkraft in den USA nicht wirklich erhöht hatte. Und weil die Deutsche Bank fürchtete, von der Deal-Maker-Kultur der britischen Merchant- beziehungsweise Investmentbanker in Deutschland überrannt zu werden, verzichteten die Frankfurter auf eine tatsächliche Integration. So liefen zwei Bankenkulturen, die wenig miteinander gemeinsam hatten, parallel nebeneinander her. Das führte zu großen Friktionen.

Dabei ist überhaupt zu konstatieren: Die nach dem Fall der Berliner Mauer aufeinandertreffenden Bankensysteme, -kulturen und -erfahrungen waren sehr ungleich. Während die US-amerikanischen Großbanken und die US-Investmentbanken seit Jahrzehnten praktische und von der Wissenschaft unterstützte Erfahrungen mit Wertpapiermärkten auf ihrem wettbewerbsintensiven Heimatmarkt, den USA, gesammelt hatten, waren die meisten kontinentaleuropäischen Banken nach wie vor national geprägte klassische Einlagen- und Kreditinstitute. Das änderte auch die Übernahme von Morgan Grenfell durch die Deutsche Bank nicht wirklich und vor allem nicht schnell genug. Vielmehr galt in Kontinentaleuropa im Allgemeinen, dass das Emissions- und Handelsgeschäft weitgehend auf das eigene Land beschränkt war, und auch einen europäischen Markt für Staatsanleihen gab es nicht (was auch heute noch so ist). Die europäischen Aktienbörsen wurden ebenfalls weitgehend national wahrgenommen, beaufsichtigt und geführt, und auch das Investmentverhalten war damals noch weitgehend national beschränkt.

Der Mauerfall, der Zusammenbruch des sowjetischen Blocks, die politische und realwirtschaftliche Öffnung der Welt durch die Fahrt aufnehmende Globalisierung sowie die Entscheidung für den Euro im Jahr 1992 wollten es aber, dass die Zukunft des Bankgeschäfts genau da lag, wo die US-Investmentbanken – und einige wenige britische Merchant-Banken – ihr Hauptbetätigungsfeld sahen: bei Privatisierungen, Beratungen von Unternehmensübernahmen oder von Staaten, bei internationalen Anleihe- und Ak-

tienplatzierungen, bei der Entwicklung von ausgefeilten Finanzie-
rungsstrategien unter Nutzung von innovativen Finanzprodukten
wie Derivaten et cetera. Das seit Jahrzehnten etablierte europäische System der festen Kundenbindung erodierte zunehmend
zu einem System des unter hohem Wettbewerbsdruck stehenden
Investmentbankings. Der »Deal«, nicht die Beziehung zwischen
Banker und Kunde, zwischen Gläubiger und Schuldner, stand
fortan immer stärker im Vordergrund, und mit ihm der Verkauf
von Ideen, Anlagen und Krediten und insofern Dienstleistungen.
Und damit rückte auch der klassisch vergebene Kredit, für den
werthaltige Sicherheiten zu unterlegen und für dessen Ausfall die
Bank im Zweifel zu haften, in jedem Fall aber in der eigenen Bilanz
nach Maßgabe staatlicher Regulierungen vorzusorgen hatte, als
Geschäfts-, Umsatz- und Ertragsziel in den Hintergrund.

Diese für europäische Kreditinstitute schwierig gewordene
Wettbewerbssituation sollte in den 90er-Jahren im Übrigen auch die
Deutsche Bank immer wieder treffen, etwa bei den Privatisierungen
der ehemaligen DDR-Unternehmen durch die staatliche Treuhandanstalt. Obwohl die Deutsche Bank – wie alle anderen deutschen
Großbanken auch – selbst eine große Last der finanzwirtschaftlichen Umstellung der Wiedervereinigung zu tragen hatte, wurden
die lukrativen oder lukrativ erscheinenden Privatisierungen der
ehemaligen Industrieunternehmen der DDR weltweit ausgeschrie-
ben. Diese Ausschreibungen aber waren dann die Einstiegstickets
für die erfahrenen US-Investmentbanken wie Goldman Sachs
oder Morgan Stanley, aber auch für die Großbanken wie JP Morgan
und Citibank, die sich darüber sehr schnell in Deutschland fest-
setzten. Die Deutsche Bank bekam von der Treuhandanstalt zwar
auch Aufträge, aber im Grunde nicht mehr als ihre US-Konkur-
renten. 1991 verlor die Bank dann auch ihr bis dahin geschütztes
Privileg, die Anleiheemissionen für ihre besten Industriekunden
wie Daimler-Benz und andere als *Lead Manager* – also als von
vornherein gesetzte Bank – zu führen. Eine der größten, damals
auch öffentlich breit diskutierten Niederlagen erlitt die Bank dann

1997 bei der Privatisierung der Deutschen Telekom. Das Unternehmen wurde dabei eben nicht von der Deutschen Bank an die Börse geführt, sondern von Goldman Sachs. Und als im folgenden Jahr Daimler-Benz in den USA eine Fusion mit Chrysler einging, wurde das Unternehmen nicht von der Deutschen Bank, sondern ebenfalls von Goldman Sachs beraten.

Dies brachte das Fass der Niederlagen gegenüber der US-Bankenindustrie zum Überlaufen. Der Deutschen Bank wurde klar: Wollte sie den Wettbewerb mit den US-amerikanischen Banken aufnehmen, benötigte sie selbst eine substanzielle Präsenz im größten und am stärksten entwickelten Banken- und Finanzmarkt, also an der Wall Street. So entschied sie sich 1998, die amerikanische Investmentbank Bankers Trust zu kaufen. Die Ironie der Geschichte will es, dass der Berater der Deutschen Bank wieder die US-Investmentbank war, die ihr auf ihrem europäischen und deutschen Heimatmarkt zuvor so viele Niederlagen bereitet hatte – Goldman Sachs.

Mit dieser Übernahme und der darauffolgenden hart ausgefochtenen Integration war der Clash der Bankerkulturen innerhalb der Deutschen Bank nicht mehr zu vermeiden. Mehr noch, ab jetzt übernahmen die US-amerikanischen Deal-Maker zunehmend das Zepter, auch in den Führungsetagen der Bank.

Bankers Trust war zwar immer noch kein allzu großes Gewicht im klassischen US-Investmentbanking, also bei Aktien, klassischen Anleihen oder Unternehmensübernahmen. Die Bank war aber in dem aufstrebenden Derivategeschäft, also der Strukturierung von Risiko- und Renditeinstrumenten auch in den USA – neben JP Morgan – führend. Damit entwickelte sich die Deutsche Bank zu einer der erfolgreichsten internationalen Banken auf dem Gebiet der Devisen, der Strukturierung von Anleihen sowie auf dem rasant wachsenden Gebiet der schon erwähnten Kreditausfallversicherungen sowie den damit verbundenen Anwendungsmöglichkeiten.

Die Verschiebung der bankinternen Kraftfelder in Richtung internationales Investmentbanking, also nach London und New York, sorgte beim deutschen Teil der Bank inklusive des Vorstands für großer Verunsicherung. Doch nicht nur das. Denn insbesondere die durch die besondere Form des deutschen Bankenmarktes – gerade im Privatkundengeschäft dominiert von Sparkassen und Volksbanken – verhinderte Konsolidierung wurde für alle deutschen Großbanken und damit auch für die Deutsche Bank zu einem zunehmenden Problem. Ihr Marktanteil bei Privatkunden war mit deutlich unter 15 Prozent einfach zu klein, als dass sie Stärke und Entwicklungspotenzial daraus hätte ziehen können. Als dann im Frühjahr 2000 der Vorstand unter der Führung des Hilmar-Kopper-Nachfolgers Rolf-Ernst Breuer den Zusammenschluss mit der Dresdner Bank bekannt gab, wurde aus dem internen Clash der Bankerkulturen innerhalb der Bank ein echter Aufstand.

Insbesondere die Investmentbanker unter dem Dach der Deutschen Bank sorgten sich dabei um ihre Pfründe, denn ihr (vermeintlich) zukünftiger Partner, die Dresdner Bank, brachte mit der 1995 erworbenen Londoner Merchant-Bank Kleinwort Benson ebenfalls eine Investmentbank in die Transaktion ein. Damit stand die Frage im Raum, welche Investmentbanker von welcher Seite ihren Job verlieren würden. Das aber ließen sich die Investmentbanker der Deutschen Bank nicht gefallen. Und so drohten sie, in Scharen die Bank zu verlassen, und weil damit der angestrebte Zusammenschluss ökonomisch sinnlos geworden wäre, sagte die Führungsetage der Deutschen Bank den Deal schließlich ab.

Zwei Dinge wurden damals deutlich: Die Machtverhältnisse innerhalb der Deutschen Bank wurden spätestens durch die Bankers-Trust-Übernahme massiv auf das Investmentbanking verschoben. Und Bankenbosse wurden mehr und mehr zu Abhängigen der Erfolge oder Misserfolge der Investmentbanker. Als die zentralen Akteure auf den boomenden Geld-, Kapital- und Währungsmärkten gaben sie die Strukturen vor und hatten in den zentralen Dingen, also in der strategischen Ausrichtung und bei der Entlohnung weitgehend das Sagen. Nicht zuletzt deswegen explodierten auch bei der Deutschen Bank – wie bei den nationalen und internationalen Wettbewerbern ebenfalls – die Gehälter und vor allem die Boni der Investmentbanker.

Aber auch in der Frage einer möglichen deutschen Bankenkonsolidierung war damit mehr als ein Akzent gesetzt. Die deutsche Logik hinter der Transaktion hätte darin bestanden, die jeweilige Schwäche der beiden Einzelinstitute auf dem deutschen Privatkundenmarkt über einen Zusammenschluss zu überwinden. Damit hätten die beiden gemeinsam eine wichtige Lücke im deutschen Privatkundengeschäft, sowohl im Volumen, in der Qualität der Bankdienstleistung wie auch im Ergebnis schließen können. Und sie hätten den deutschen Bankenmarkt robuster gemacht, insbesondere auch im Verhältnis zu seinen Nachbarn wie Italien oder Frankreich, wo diese Konsolidierungen – dort auch unter Einschluss der Sparkassen – stattfanden. Mit dem Abbruch der Verhandlungen zwischen Deutscher und Dresdner Bank wurde klar: Eine freiwillige, über die privaten Universalbanken führende deutsche Bankenkonsolidierung war aus Deutschland heraus faktisch unmöglich.

Bestätigt wurde diese Einschätzung ein Jahr später, als ein neuer Versuch, diesmal zwischen Commerzbank und der Dresdner Bank, aufs Neue scheiterte. Erst zum denkbar schlechtesten Zeitpunkt, mitten in der sich ausbreitenden Finanzkrise im Sommer 2008, sollte es dann zu einer Konsolidierung im deutschen Universalbankenbereich kommen. Aber eine echte Konsolidierung war das eigentlich nicht mehr, denn die Übernahme der Dresdner Bank durch die Commerzbank wurde im Strudel der Verwerfungen der Finanzkrise zu einer erzwungenen staatlichen Rettungsaktion.

Vielen anderen deutschen und europäischen Universalbanken aus der zweiten Reihe erging es ähnlich oder noch schlechter. Sie versuchten zwar allesamt, den Anschluss an die neue Finanzwelt zu finden, den meisten gelang das aber nicht. Das lag auch daran, dass der europäische Bankenmarkt sehr fragmentiert blieb und viele Banken wie beispielsweise die deutschen Landesbanken direkt oder indirekt von der öffentlichen Hand dominiert waren und dabei immer wieder politische und geschäftspolitische Kompromisse eingehen mussten. Ihr Geschäftsmodell war schon vor dem Ende des Kalten Krieges fragil. Seit den 70er-Jahren kam es immer wieder zu für die Steuerzahler teuren Skandalen und Fast-Pleiten. Mit dem Privileg, über von ihren Bundesländern oder den Sparkassen subventionierten Kreditratings in den 90er-Jahren sehr schnell zu wachsen, wurden sie zwar größer, internationaler und mutiger, robuster wurden sie dadurch aber nicht. Dasselbe galt für die deutschen Hypothekenbanken, deren Zinsmargen schon seit Ende der 80er-Jahre zunehmend kleiner wurden. Auch ihr Geschäftsmodell wurde instabiler.

Die großen europäischen Universalbanken wie Deutsche Bank, Credit Suisse, UBS, Barclays, BNP Paribas und andere hingegen haben unter Schmerzen den Wettbewerb mit den US-Banken aufgenommen und sind auf diesem Weg wichtige europäische, global vertretene Finanzinstitute geworden. Sie haben die Transformation von Kreditbanken zu Investmentbanken und Vermögensverwaltern – wenn auch in unterschiedlicher Ausprägung – auch deshalb erfolgreich vollzogen, weil sie eine nachhaltige, wenn auch zumeist teuer erkaufte US-Präsenz aufbauen konnten. Die meisten europäischen Banken hingegen müssen sich – nicht erst seit der Finanzkrise – mit einer regionalen Rolle in der zweiten Reihe zufriedengeben oder sind ganz vom Markt verschwunden.

So standen sich zu Beginn des neuen Jahrtausends vier Bankengruppen gegenüber: Starke und erstarkende US-Großbanken, die sich zu Investmentbanken wandelten, starke und stärker werdende US-Investmentbanken wie Goldman Sachs, Merrill Lynch, Lehman Brothers oder Morgan Stanley, eine kleine Gruppe von europäischen Universalbanken, die in der Lage waren, den Wettbewerb mit ihren US-Wettbewerbern auf Augenhöhe aufzunehmen, sowie eine große Gruppe von anderen europäischen Banken, die mehr schlecht als recht versuchten, sich in dem neuen Wettbewerbsumfeld zu behaupten.

Gerade für die Letzteren wurden die Möglichkeiten, sich zu entwickeln, auch durch die sich verschlechternden Umstände prekär. Die schon erwähnte internationale Liquiditätsschwemme, der massive Abzug vieler Kundengruppen auf die Geld- und Kapitalmärkte, die relativ geringen Zinsen und die abnehmenden Zinsmargen erwiesen sich gerade für die europäischen Banken der zweiten Reihe in dieser Zeit als hochgefährlich. Zum einen waren die Eintrittsbarrieren ins erfolgreiche Investmentbanking für die meisten von ihnen allein schon monetär, aber auch kulturell viel zu hoch, zum anderen verblieben ihnen immer geringere Einnahmen aus ihren angestammten Geschäften. Dies ließ viele sich auf Geschäftsfelder zubewegen, die riskanter waren als ihre alten, bekannten. Und sie taten dies dann mit Volumina, die man im Nachhinein, aber viel zu spät als Klumpenrisiko erkannte, etwa als Schiffshypotheken, Filmfinanzierungen, Kreditderivate oder über das Bauträgergeschäft, und dies oftmals nicht nur im nationalen Raum, von dem man ja noch genügend verstand, sondern europaweit, zum Teil auch in entferntesten Gegenden der Welt.

Im Ergebnis führte dies seit Beginn des neuen Jahrtausends zu einer hochgefährlichen Mischung aus internationalen Gewinner- und nationalen Verliererbanken. Die ersten schritten auf dem Weg der Strukturierung von hochkomplexen Finanzprodukten – Kreditausfallversicherungen, verbrieften Pools an Forderungen, Devisen- und Rohstoffderivaten – weiter voran, während die zweiten versuchten, zusätzliches Einkommen aus neuen, zunehmend prekär werdenden Ertragsquellen zu gewinnen.

Weil seit Beginn des neuen Jahrtausend die westliche Welt gerade auch durch den Rückfluss westlicher Staatsschulden aus den Schwellenstaaten mit zusätzlichem Geld überschwemmt wurde, und dies bei gleichzeitigem schwachem Wirtschaftswachstum, entwickelte sich daraus ein finanzwirtschaftliches Dilemma, wie es dies in den internationalen Bankenmärkten zuvor noch nie gegeben hatte: Die ertragsschwachen Banken hatten zwar aufgrund der Liquiditätsschwemme Geld, das ihnen sozusagen aus den Ohren quoll, sie hatten aber zunehmend das Problem, dieses Geld sicher und ertragreich anzulegen. Aus diesem Dilemma entwickelte sich dann eine Lösung, die keine war, sondern schon in ihrem Anfang den Zusammenbruch des gesamten internationalen Bankensystems in sich trug: Die schwachen Banken suchten händeringend nach Anlagemöglichkeiten, und die Wall Street lieferte ihnen dafür die Lösung: wertpapierbasierte Portfolios an Hypotheken-Ramschanleihen. Mit dieser Entwicklung war die letzte Stufe der Loslösung der Banken von jeglicher realwirtschaftlichen Realität vollzogen, und zwar sowohl bei den Anbietern wie auch den Nachfragern dieser Produkte.

Im Nachhinein ist festzustellen: Es waren insbesondere Institute in Bankenmärkten wie etwa Deutschland, in denen eine freiwillige Konsolidierung des Sektors – vielfach aus politischen Gründen – nicht rechtzeitig hat stattfinden können, die unzählige Milliarden US-Dollar in die Hand nahmen, um sich mit jenen Ramschpapieren an der Wall Street einzudecken, die später als verbriefte Subprime-Kreditbündelungen zum Auslöser der Finanzkrise wurden. Und es waren neben einigen Universalbanken insbesondere die Landes- und Hypothekenbanken, also Institute, die schon seit vielen Jahren das Problem mit sich trugen, welches Geschäftsmodell sie in der neu entstehenden globalen Banken- und Finanzwelt verfolgen sollten.

Natürlich waren die Subprime-Anleihen in erster Linie ein höchst fahrlässiges Produkt der Wall Street, falscher staatlicher Anreize, der strukturierenden Banken, der Ratingagenturen und der Kreditausfallversicherungen. Es war aber die international wachsende Nachfrage nach diesen Produkten unter anderem aus Deutschland, die aus einer US-Bankenkrise eine internationale Bankenkrise ungeahnten Ausmaßes werden ließ. Und diese Nachfrage war ein Ergebnis eines sich nicht im Gleichgewicht befindlichen deutschen Bankensystems, das aufgrund seiner Strukturschwächen sich schon damals in einem akuten Anlage- und damit in einem geschäftspolitischen Notstand befand. Inzwischen gilt dieses Problem aufgrund der faktischen Abschaffung der Zinsen für die gesamte finanzwirtschaftliche Welt.

Es gilt aber auch: Die nach Ende des Kalten Krieges scheinbar vor Kraft strotzenden US-Banken, die seit Mitte der 90er-Jahren die Standards im Welt-Banking setzen, waren schon damals alles andere als gesund. Die vielen Banken-, Anlagen- und Kreditkrisen vor und seit dieser Zeit bezeugen das. Dennoch waren es die US-amerikanischen Banken, die nicht nur im Banking, sondern in allen verwandten Bereichen – also beispielsweise bei den Wirtschaftsprüfern, in der Frage der Bilanzierung, bei den Juristen und bei den Unternehmungsberatern – von nun an die internationalen Regeln vorgaben. Und so wuchsen auch diese und bilden inzwischen, ähnlich wie die Investmentbanken, ein globales Geflecht an Beratungsdienstleistungen. Es war der – mit rasant wachsenden Gehältern und Boni versüßte – blinde Glaube, dass die sich entwickelnden Geld- und Kapitalmärkte mit den auf ihnen agierenden Schattenbanken und Banken mehr Sicherheit, Liquidität und Transparenz in den internationalen Gläubiger-Schuldner-Verhältnissen schaffen würden. Das Gegenteil war und ist der Fall.

Das Neue nimmt Fahrt auf – Regulierer hinken hinterher

Und was taten die Staaten angesichts der neu entstehenden globalen Geld- und Kapitalmärkte mit ihren mit der Zeit immer größer werdenden Risiken und ihrer schwindenden Haftung?

Denn es ist ja Aufgabe der Staaten und von ihnen abgeleiteten suprastaatlichen Organisationen, dafür zu sorgen, dass die Banken- und Finanzsysteme national und international so geordnet operieren, dass sie der Realwirtschaft nutzen, die internationale Arbeitsteilung fördern und am Ende über Wachstumsprozesse den Wohlstand sichern und mehren, nicht aber dazu beitragen, ihn zu zerstören.

Wo und wie also regulierten die Staaten? Vor allem bei den Banken und ihrem klassischen Geschäft. Die meisten nationalen Bankenregeln waren dabei wenig aufeinander abgestimmt. Vielmehr tendierten sie dazu, über die Gewährung von Standortvorteilen und Ähnlichem miteinander zu konkurrieren. Und dort, wo es übergeordnete internationale Regelungen gab, wie vor allem bei den im Jahr 1988 in Kraft gesetzten Eigenkapitalvorschriften für Kreditinstitute der Bank für Internationalen Zahlungsausgleich, abgekürzt Basel I, wurden zwei wichtige Elemente nicht berücksichtigt.

Zum einen nahmen die Basel-I-Regeln die sich verändernden Parameter, die sich durch die Verlagerung der Kreditentscheidung von den Banken auf die Geld- und Kapitalmärkte ergaben, nicht in ihrer notwendigen Tragweite in die Risikomodelle auf. Konkret berücksichtigten die Regulierungsbehörden dabei zu wenig, dass Kreditentscheidungen von im Prinzip haftungsbefreiten Vermögensdienstleistern und Wertpapierhändlern in den Finanzmärkten größere Risiken hinterlassen würden als die Kreditentscheidungen von klassischen Banken, die ihre Risiken mit Eigenkapital hinterlegen und auch andere Regeln beachten mussten.

Zum anderen gingen die Basel-I-Vertreter davon aus – mehr noch, sie konstatierten –, dass westliche Staaten keine eigenen Schuldenkrisen auslösen könnten. Das Länderrisiko von OECD-Staaten wurde deshalb – von wenigen Ausnahmen abgesehen – auf null angesetzt. Ihnen wurde also zugeschrieben, dass sie nicht würden pleitegehen können, und dies, obwohl schon damals viele westliche Staaten eine gefährlich wachsende Staatsverschuldung auswiesen. Die Regulierungsbehörden stellten den Finanzinstituten damit faktisch einen Freibrief aus, Staaten und ihre von ihnen explizit oder implizit garantierten Institutionen zu finanzieren – ohne Eigenkapitalunterlegung und damit ohne jegliche Bilanzbegrenzung. Es war, ist und bleibt diese Fehlregulierung, die Bank-, Finanz- und Staatsschulden so lange quasi im Gleichschritt wachsen ließ.

Insgesamt also wurde auf beiden Seiten des Atlantiks, aber auch bei den internationalen Bankregulierern zu wenig beachtet, dass die Erosion des klassischen Bankgeschäftsmodells bei gleichzeitigem Aufstieg der Geld- und Kapitalmärkte das Risikoverhalten nicht nur der Banken, sondern auch der Finanzmarktakteure – inklusive der Staaten – insgesamt signifikant ändern sollte.

Damit wurde eine Entwicklung in Richtung eines veränderten Umgangs mit Risiken vorangetrieben, die sich mit Blick auf die Krisenanfälligkeit des Banken- und Finanzsystems in vielerlei Hinsicht als hochproblematisch erweisen sollte – bis heute. Denn auch die später folgenden internationalen Regulierungsrunden der Bank für Internationalen Zahlungsausgleich, Basel II (formell in Kraft seit 2007, dem Jahr des Beginns der Finanzkrise) und Basel III (in Kraft seit Ende 2010), laufen den Anforderungen hinterher.

Perspektive 3
Risiko und Rendite als Wissenschaft: Neue Risikomodelle, neues Risikodenken und die Folgen

Die Welt der Banken und Finanzmärkte ist nicht nur die Welt von Geld, Vermögen und Kapital, von Kredit, Schulden und Ansprüchen et cetera. Sie ist vielmehr zugleich eine der Suche nach Sicherheit beziehungsweise der Begrenzung von Risiken. Mehr noch: Das Erkennen, Erfassen und Bewerten von Risiken, das heißt die angemessene Behandlung von Risiken möglicher Zahlungsausfälle von Schuldnern ist eine *der* zentralen Größen in der Finanzwelt.

Vom Einzelnen zur Bank, zur Finanzwirtschaft, zur Realwirtschaft, zur Krise

Wer einen Kredit aufnimmt, der versteht schnell: Je größer das Risiko, das er als Schuldner mit Blick auf den möglichen Ausfall seiner Zahlungsfähigkeit für die Gläubigerbank darstellt, desto höher fallen die Kreditkosten für ihn aus. Wer zum Beispiel in Unternehmensanleihen investiert, der lernt schnell: Höhere Zinsen, die natürlich mehr verlocken als niedrigere, sind im Allgemeinen mit dem höheren Risiko eines Zahlungsausfalls des Schuldners verbunden. Ähnliches gilt für die Laufzeit eines Kredits oder einer Anleihe: je länger diese angelegt sind, desto risikobehafteter sind sie.

Was für den Einzelnen relevant ist, ist es für Banken und Finanzmarktakteure erst recht. Eine zentrale Basis ihres Geschäfts ist der adäquate Umgang mit Risiken. Dabei sind etwa Banken bestrebt, nicht nur Geschäfte mit niedrigem Risiko abzuschließen, sondern auch solche mit höherem, denn damit können sie mehr Geld verdienen. Das gilt zum einen für klassische Kredit- beziehungsweise Geschäftsbanken. Und es gilt zum Zweiten auch für Investmentbanken, und hier unabhängig davon, ob sie – wie in den USA bis in die 90er-Jahre – getrennt von den Geschäftsbanken ihrem Business nachgingen, oder ob sie – wie in Europa – Teil einer Universalbank sind.

Allerdings müssen die Banken immer auch darauf achten, dass sie mit Blick auf die Gesamtheit ihrer Geschäfte nicht zu viele Schuldner, Investments und Forderungen in ihren Bilanzen – oder im Fall der Investmentbanken als Kunden – haben, bei denen das Risiko von Zahlungsausfällen vergleichsweise groß ist. Tun sie das nicht, dann wächst die Gefahr, dass sie selbst große Verluste erleiden, sowohl materiell wie auch in ihrer Reputation. Im schlimmsten Fall werden sie darüber am Ende insolvent.

Wenn das aber geschieht, so wächst auch die Gefahr, dass auch andere Banken, mit denen sie über viele Kanäle geschäftlich verbunden sind, mit in den Pleitesog gerissen werden. In der gleichen Gefahr stehen dann ebenfalls Unternehmen aus der Realwirtschaft, denn sie sind ja mit ihren Banken ebenfalls in vielfältige Schuldner-Gläubiger-Beziehungen eingebunden. Wenn aber auch sie auf breiter Front in den Pleitestrudel getrieben werden oder zumindest massive Probleme bekommen, dann sind viele Arbeitsplätze gefährdet, die Steuereinnahmen gehen zurück, die Einnahmen der Sozialversicherungen sinken und so weiter. Die Folge ist am Ende eine Wachstums- und Wirtschaftskrise, die – wenn sie heftig ausfällt und über einen längeren Zeitraum wirkt – zu dramatischen

Vermögensverlusten, zu hohen Sozialkosten, zu gesellschaftlichen Konflikten und auch zu Streit zwischen den Nationen führen kann.

Was hier als im Großen und Ganzen vereinfachte Ursache-Wirkungs-Kette daherkommt, zeigt in Wirklichkeit natürlich deutlich vielschichtigere Ursachen- und Wirkungsmuster. Dennoch gilt grundsätzlich, dass der falsche Umgang mit Risiken (und Sicherheiten) in Banken und Finanzmärkten weitreichende Folgen für die Banken selbst und für Wirtschaft und Gesellschaft im Ganzen haben kann.

Mehr noch: Für das Verständnis der Entwicklung der Schuldenkrise, in der wir feststecken, ist dieser Umgang zentral. Der Kollaps der US-Investmentbank Lehman Brothers im Herbst 2008 und der Beinahe-Kollaps Griechenlands nur zwei Jahre später haben uns das deutlich vor Augen geführt.

Es lohnt daher in besonderem Maße, den über die Jahrzehnte sich verändernden Umgang der Banken und Finanzmärkte mit den Risiken eines Zahlungsausfalls von Schuldnern genauer zu betrachten. Und es lohnt umso mehr, als deren Welt des Risikomanagements im Laufe der Zeit immer komplexer und undurchschaubarer geworden ist.

Undurchschaubarer wurde diese Welt dabei nicht nur für die allgemeine Öffentlichkeit und den Bürger oder für die meisten Medien und Politiker. Das Gleiche gilt vielmehr ebenfalls für viele Finanzpraktiker und Ökonomen. Beides ist bedenklich. Finanzpraktiker und Ökonomen sollten verstehen, was sie tun – gerade weil es sich folgenschwer für uns alle auswirken kann. Aber auch Politik, Medien und wir alle sollten es – zumindest in einem Mindestmaß – verstehen, um angemessen kontrollieren und Finanzregeln ändern zu können, damit künftig Schlimmeres verhindert werden kann.

Eine solche Undurchschaubarkeit des Umgangs mit Risiken, wie wir sie zu konstatieren haben, stellt also selbst ein Risiko dar. Sie war es in den letzten Jahrzehnten vor dem Ausbruch der Finanzkrise 2007/08 und ist weiterhin gefährlich mit Blick auf den Ausbruch einer neuen Schuldenkrise.

Die Veränderung beim systematischen Umgang von Banken und Finanzmarktakteuren mit den Risiken von Zahlungsausfällen von Schuldnern kam schleichend. Sie fing harmlos an, nahm dann jedoch rasant Fahrt auf. Vor allem aber war sie für das gesamte System von Geld und Kredit verheerend, mit Folgen, die uns noch auf Jahre hinaus beschäftigen werden.

Die alte Welt des Risikos: Praktiker, Realisten und die allgegenwärtige Gefahr des Vermögensverlusts

Kein Zweifel, aus heutiger Sicht war der erfolgreiche Umgang mit Investments und der damit verbundenen Risiken bis zum Beginn des 20. Jahrhunderts keine Wissenschaft, sondern ein Handwerk. Es brauchte das geübte Hantieren mit Zahlen und Zinsen, es brauchte Wägen und Wagen, es brauchte harte Arbeit und gute Nerven, und es war vielfach eng mit Politik und Diplomatie verbunden.

Das Investieren und die mit ihm verbundenen Risiken und Renditechancen wurden dabei dominiert von zumeist im Hintergrund agierenden Bankiers, von politisch und wirtschaftlich einflussreichen Beratern, manchmal auch von Außenseitern und Querdenkern. Trotz dieser Unterschiede war allen Anbietern und Nachfragern von Investments im Grundsatz klar: Kriege, falsche Geschäftskonzepte, unangebrachtes Vertrauen, Missernten, Fahrlässigkeit, Fehlinterpretationen, Innovationen, Kreditkrisen oder Revolutionen konnten aus einem vermeintlich sicheren Einkommen aus Beteiligungen, Aktien oder Anleihen sehr schnell Fehlinvestitionen machen, bei denen sich am Ende das eingesetzte Kapital in Luft auflöste.

Im Übrigen gab es überhaupt nur eine kleine Minderheit von Nachfragern nach Investments. Nur sie hatten damals genügend

Geld und Güter angesammelt, um von den Renditen ihrer Investments ein auskömmliches Leben bestreiten zu können. Dennoch wusste auch diese überschaubare Gruppe der sogenannten Rentiers, dass es sichere Investments und daraus fließende sichere Renditen nicht gab.

Blickt man zurück in die zweite Hälfte des 19. Jahrhunderts bis zum Anfang des 20. Jahrhunderts, dann verwundert dieses Wissen nicht. Denn in dieser Zeit erlebte die westliche Welt mit Industrialisierung, Verstädterung und über Innovationen und Wachstumsschübe bis hin zu Wirtschaftskrisen und Börsenzusammenbrüchen so ziemlich jeden Wechselfall, der Vermögen vermehren, aber auch vernichten konnte und es auch tat. Jeder Rentier – oder zumindest dessen unmittelbare Vorfahren – hatte damit immer wieder am eigenen Leibe erfahren, wie gefährlich und unsicher die Welt des Geldes, des Kredits und der Investments sein konnte.

Und diese Welt war, anders als heute, noch nicht voneinander getrennt: Die Kredite und das Investieren befanden sich unter einem Dach von Banken, die sich für beide Bereiche verantwortlich fühlten. Die Fragen, ob jemand seinen Kredit nicht zurückzahlen konnte oder ob ein Investment schlecht wurde – ob also die Gefahr bestand, dass es nicht die geplante Rendite abwarf oder sogar das eingesetzte Kapital zu verschwinden drohte –, bildeten für die Bankinstitute im Grunde ein und dasselbe Thema. Sie waren damit sowohl Kredit- beziehungsweise Geschäftsbanken und zugleich Investmentbanken. Große unabhängige Anleger, die das institutionelle Fondsgeschäft für Dritte betreiben und die heute üblich sind, gab es damals nicht. Führende Privatbankhäuser wie etwa die Rothschild-Bank, aber auch die sich in der zweiten Hälfte des 19. Jahrhunderts bildenden Aktienbanken betrieben Geschäfts- und Investmenttransaktionen unter einem Dach.

Kredit und Investment, Risiko und Rendite, Eigenkapital und Fremdkapital wurden zudem ausschließlich von jenen dominiert, die über Geld, politischen Einfluss und über innovativen Geist verfügten. Das heißt, sie befanden sich in der Hand der finanzwirtschaftlichen, politischen und realwirtschaftlichen Führungszirkel jener Zeit. In Verfolgung ihrer eigenen Interessen und manchmal auch in konfliktreicher Auseinandersetzung miteinander – meist zwischen Politik, wagemutigen Unternehmern und Finanzwirtschaft – entschieden nur sie, ob und, wenn ja, mit wessen Geld welche Projekte finanziert wurden und im Fall ihres Scheiterns auch wieder abzuschreiben waren.

Ein besonders anschauliches Beispiel für die Wechselfälle, denen sich Investoren Ende des 19. bis Anfang des 20. Jahrhunderts gerade bei großen internationalen Projekten ausgesetzt sahen, ist der französische Bau des Panama-Kanals, der für viele reiche Franzosen und Europäer zu einem Investmentgrab wurde. Als der französische Staat 1890 erkennen musste, dass weder Ferdinand de Lesseps – der vorher immerhin erfolgreich den Suez-Kanal gebaut hatte – noch Gustave Eiffel, der Ingenieur des Eiffelturms, das Panama-Projekt vor dem Zusammenbruch retten konnten, verfügte die französische Regierung, dass die Panama-Gesellschaft »konkursunfähig« zu sein hatte.

Obwohl also das Unternehmen am Ende war, durfte es nach Ansicht der führenden französischen Politiker zunächst einmal nicht untergehen. Zu viel stand für die politischen Führungszirkel auf dem Spiel, und auch damals schon sprach man von gefährlichen Ansteckungsrisiken – eine Rhetorik, die uns spätestens seit der Finanzkrise und der Euro-Krise wieder bestens vertraut ist. Man meinte damit – und fürchtete zu Recht –, dass die Krise die gesamte französische Volkswirtschaft, den Staat und die soziale Stabilität zum Straucheln bringen könnte.

Den Investoren nützte dieser vermeintliche Status der »Konkursunfähigkeit« der Panama-Gesellschaft allerdings wenig, denn ihr Kapital war trotzdem weg. Und obwohl die Gesellschaft Dutzende von französischen Parlamentariern und Journalisten mit viel Geld zum Schweigen zu bringen versuchte, entwickelte sich aus ihrem Zusammenbruch eine der gefährlichsten politischen Krisen Frankreichs im ausgehenden 19. Jahrhundert. Erst 1902 und damit zwölf Jahre nach Ausbruch der französischen Panama-Kanal-Krise wurde die staatliche Auffanggesellschaft schließlich für 40 Millionen US-Dollar an die USA verkauft. Die hatte ein geostrategisches Interesse an einer Durchfahrt durch die mittelamerikanische Landenge und machte nicht viel Federlesen, raubte Kolumbien de facto das Land, durch das der Kanal gebaut wurde, rief einen von Amerika abhängigen neuen Staat mit dem Namen Panama aus und baute die Wasserstraße zu Ende.

Die für den August 1914 anberaumte Eröffnungsfeier des Panama-Kanals fiel zwar aus, weil zwei Wochen zuvor in Europa der Erste Weltkrieg begonnen hatte, und sie wurde erst sechs Jahre später nachgeholt. Die amerikanischen Investoren aber konnten dabei ihr Geld vermehren – während die französischen Gäste der Eröffnungsfeier ihren Einsatz bei der Pleite der französischen Panama-Gesellschaft bereits Jahre zuvor verloren hatten.

Gerade die Entstehung des Panama-Kanals vor gut 100 Jahren machte erneut deutlich: Investieren war mit hohen Risiken verbunden, die am Ende dazu führen konnten, dass nicht nur keine Renditen flossen, sondern dass auch das eingesetzte Kapital verschwand.

Wissenschaftlich basiert war die Welt der Investments damals noch nicht. Das jedoch sollte sich bald ändern.

Aufbruch in die Moderne – ein französischer Mathematiker analysiert Kurstabellen

Wie dies oft bei großen Durchbrüchen und Innovationen geschieht, begann auch die Geschichte des Investments beziehungsweise der Finanzwirtschaft als moderne Wissenschaft in einer Studierstube eines Außenseiters. Und sie begann mit intelligentem Nachdenken im Paris des Jahres 1900. Ob die französische Panama-Krise auf dieses neue Denken einen Einfluss hatte, ist nicht verbürgt. Unwahrscheinlich ist dies aber nicht.

In jedem Fall begann das neue Denken mit dem Studium von Kurstabellen. Der junge Wissenschaftler Louis Bachelier (1870 bis 1946) marschierte dabei voran. Bachelier war kein Ökonom, sondern Mathematiker mit dem Hauptgebiet Statistik, und so interessierte ihn besonders die Weiterentwicklung der Erkenntnisse von Gauß und anderen. Und weil er in jungen Jahren auch mit den Finanzmärkten in Berührung gekommen war, verband er seinen mathematischen Forscherdrang mit den praktischen Entwicklungen von finanzwirtschaftlichen Preisen.

Konkret untersuchte er dabei die Preise von französischen Aktien und Anleihen, die schon damals jeweils in einem Index zusammengefasst waren, so wie dies auch heute etwa im DAX oder in Anleiheindizes erfolgt. Vor allem forschte er zu einer Antwort auf die Frage, von welchen Kräften die täglichen Kursänderungen einzelner Aktien oder Anleihen getragen waren. Die Ergebnisse seines Nachdenkens fasste Bachelier in einer Doktorarbeit mit dem Titel *Die Theorie der Spekulation* zusammen.

Heute kann als gesichert gelten, dass Bachelier so etwas wie ein intellektuelles Genie war. Damals jedoch passierte nach der Veröffentlichung seiner Erkenntnisse zunächst einmal gar nichts. Weder die damalige Volkswirtschaft noch die Mathematik interessierten sich für seine Arbeit. Die Mathematiker fanden seine Erkenntnisse nicht mathematisch genug. Und für die Ökonomen gehörten die Verläufe von Preisindizes von Aktien oder Anleihen in die schnöde Welt von Praktikern und Bankiers, die sie nicht kümmerte. Für sie ging es damals fast ausschließlich um die großen ökonomischen Linien von Grenznutzen, Arbeitsteilung oder Preis- oder Kapitaltheorien.

Erst Jahrzehnte später wurde die Wissenschaft auf Bacheliers Fragen und Erkenntnisse aufmerksam, und mit ihr die Banker und Finanzpraktiker. Und nicht zufällig geschah dies in einer völlig veränderten Welt, in der das Investieren und die damit verbundenen Risiken kaum mehr das alleinige Geschäft der Mächtigen und Reichen waren, wie noch zu Zeiten des Panama-Kanal-Baus.

Denn es sollten staatliche und private Pensionsfonds für Arbeiter und Angestellte sein, die nicht nur den Anstoß gaben zu einer Verbreiterung und Demokratisierung von Finanzanlagen, sondern auch zu ihrer Verwissenschaftlichung und Institutionalisierung im größeren Maßstab.

Als Ergebnis des Zusammenbruchs der New Yorker Börse 1929 und der darauffolgenden Großen Depression taten sich nach dem Zweiten Weltkrieg in den USA genau jene Fragen auf, mit denen sich Bachelier ein paar Jahrzehnte zuvor bereits beschäftigt hatte. Die entscheidende war dabei: Gibt es für Investoren bei Aktien oder anderen Geldanlagen Muster, deren Kenntnis man nutzen kann, um die Rendite eines Investmentportfolios zu erhöhen oder auch das Risiko eines Zahlungsausfalls des Schuldners zu vermindern?

Bachelier wusste zwar sehr wohl, dass er nicht in der Lage war, die zukünftigen Preise von einzelnen Anleihen oder Aktien vorherzusagen. Aber er ging davon aus, dass es mit seinen statistischen und mathematischen Erkenntnissen möglich sei, die Preisänderungen – oder im heutigen Finanzjargon: die Fluktuationen oder Volatilitäten – von Wertpapieren wie Aktien oder Anleihen im Verhältnis zu einem Index beschreiben zu können. Und er behauptete zudem, dass das Risiko der Preisänderungen von finanzwirtschaftlichen Größen im Verhältnis zu einem Index statistisch messbar sei und damit zumindest in einem gewissen Umfang auch steuerbar.

Für die damalige Zeit war das eine revolutionäre Aussage, die die weitere Entwicklung einer modernen Finanztheorie maßgeblich prägte. Denn Bachelier formulierte als Erster, es sei am sinnvollsten, Rendite in den Investmentmärkten nicht als rein singuläre Ergebnisse menschlichen oder wirtschaftlichen Verhaltens zu betrachten, sondern als abhängig von einer Entwicklung entlang statistischer Gesetze. Wissenschaftlich begründbar folgte für ihn daraus, dass Renditen und Risiken von Anlageportfolien optimiert werden können.

1964 gelangte erstmals eine ins Englische übersetzte Ausgabe seiner Doktorarbeit an amerikanische Universitäten und traf dabei auf eine Entwicklung, die sich für die Verbreitung seiner Ideen auf verschiedene Weise als günstig erwies und sie rasch und auf breiter Front vorantrieb.

Ähnliche Fragen wie Bachelier hatte sich nämlich bereits Anfang der 50er-Jahre der damals noch junge Harry Markowitz gestellt, ohne dass er Bacheliers Arbeiten gekannt hätte. Noch vor dem Erwerb seines Doktorats an der renommierten University of Chicago publizierte er 1952 einen Fachartikel mit den Grundlagen der Portfoliotheorie, der schnell für großes Aufsehen sorgte. Obwohl auch Markowitz sich vonseiten der etablierten Wirtschaftswissenschaften zunächst massiver Kritik ausgesetzt sah, etwa des legendären Ökonomen Milton Friedman, der in Abrede stellte, seine Arbeit hätte überhaupt etwas mit der Volkswirtschaft als Wissenschaft zu tun, setzten sich Markowitz' Ideen bald rasant durch. 1990 erhielt er für seine wissenschaftlichen Leistungen den seit 1969 vergebenen Preis der Schwedischen Reichsbank in Wirtschaftswissenschaften zur Erinnerung an Alfred Nobel, bekannt – wenn auch sachlich nicht richtig – als Wirtschaftsnobelpreis.

Mehr noch: In Bacheliers und Markowitz' Ideen fanden vier weitere spätere Nobelpreisträger, die die Theorie der Finanzwirtschaft stark beeinflussten, ihre wissenschaftlichen Wurzeln: William Sharpe mit seinem Capital Asset Pricing Model, kurz CAPM, dessen Grundlagen er 1964 vorstellte, Eugene Fama mit seiner Effizienzmarkthypothese (1970) sowie Myron Scholes und Robert Merton mit ihrer Optionstheorie (1972/73).

Sie entwickelten weiter, was Bachelier und Markowitz begonnen hatten. Und wie diese gehören auch sie zu den Gründungsvätern der modernen Finanztheorie. Die sich aus ihr ergebenden praktischen Anwendungen revolutionierten die Banken und Geld- und Kapitalmärkte komplett und schnell. Und sie ermöglichten es, dass die Finanzindustrie erstmals zu einem eigenständigen Motor der Industrieländer werden konnte, mit Wachstumsraten, die insbesondere zwischen 1980 und 2008 die der Realwirtschaft weit übersteigen sollten.

Dass diese Revolution mit ungeheuren Risiken einherging, für deren Haftung letztlich andere als die Finanzakteure einzustehen hatten, zeigte sich freilich in großer Deutlichkeit erst bei der Finanzkrise 2007/08 und bei der Bewältigung ihrer Folgen bis heute.

Um zu verstehen, auf welchen Weg sich die Finanzwirtschaft seit den 50er-, 60er- und 70er-Jahren gemacht hat, lohnt ein Blick in die Grundlagen des bachelierschen Denkens, also auf die statistischen Merkmale der von Bachelier untersuchten Kurstabellen. Zum einen erkannte er darin, dass mehr als zwei Drittel der Preisbewegungen der Wertpapiere sehr klein ausfielen. Das von ihm zugrunde gelegte Maß war dabei die sogenannte Standardabweichung (also die Streuung von Zufallsvariablen um ihren Mittelwert). Zum Zweiten stellte Bachelier fest, dass 95 Prozent der gefundenen Werte kleiner als zwei und 98 Prozent kleiner als drei Standardabweichungen waren. Im Umkehrschluss bedeutete dies, dass es nur zu extrem wenigen größeren Ausschlägen bei den Preisbewegungen von Wertpapieren kam.

Der französische Mathematiker zog daraus den Schluss, dass sich Aktien- oder Anleiheindizes genauso verhalten, wie diese die sogenannte Glockenkurve oder gaußsche Normalverteilung abbildet. Dabei handelt es sich um eine Wahrscheinlichkeitsverteilung, die sich um viele mittlere Werte verdichtet, die an beiden extremen Enden immer kleiner werden und deshalb grafisch die Form einer Glockenkurve annehmen. Bis heute kommt wohl kein Schüler im Mathematikunterricht um das Kennenlernen dieser Glockenkurve und der hinter ihr stehenden Logik herum.

Mit der Wahrscheinlichkeitsverteilung der Glockenkurve arbeiten beispielsweise Lebensversicherer, etwa bei der Kalkulation der Beiträge für Versicherungsnehmer. Und das ist auch sinnvoll. Denn wenige Menschen sterben sehr früh, und ebenfalls wenige werden deutlich älter, als es die durchschnittliche Lebenserwartung zeigt. Die meisten Menschen hingegen – mehr als zwei Drittel – sterben zu einem Zeitpunkt um die durchschnittliche Lebenserwartung herum. Statistisch und grafisch heißt das: Die meisten Werte zu den verschiedenen Sterbealtern liegen im mittleren und am stärksten ausgeprägten Teil, also dem »dicken Bauch« der Glockenkurve. Das Risiko für eine Lebensversicherung, dass beispielsweise 20 Prozent der Lebenden älter als 120 Jahre alt werden wird in einer solchen Glockenkurve grundsätzlich nicht ausgeblendet. Es ist aber so gering dass es – mit Hilfe der immer neu adjustierten Sterbetafeln – im praktischen Versicherungsbetrieb vernachlässigt werden kann, ohne dass ein Lebensversicherer Gefahr liefe, aufgrund nicht genügend berücksichtigter Risiken ökonomisch in Schieflage zu geraten.

Nützliche Berechnungen auf Basis der gaußschen Normalverteilung des Eintritts von Wahrscheinlichkeiten (im Beispiel von verschiedenen Sterbealtern) lassen sich auch für viele andere Lebensbereiche anstellen, etwa für die durchschnittliche Größe von Wohnungen – was zum Beispiel wichtig ist für den städtischen Wohnungsbau –, für die Messung menschlicher Intelligenz oder auch für den täglichen Wasserkonsum von Privathaushalten.

So nützlich sie in vielen Lebensbereichen allerdings auch sein mögen: Für manche Bereiche sind es sie nicht. Vor allem sind sie es nicht überall in der Welt der Finanzen.

Louis Bachelier, Harry Markowitz & Co.: Unsicherer Grund – und die Unmöglichkeit eines Börsencrashs

Ob es wirklich sinnvoll ist, in den Finanzmärkten bei der Berücksichtigung von Risiken von den Erkenntnissen der Glockenkurvenlogik zu profitieren, hängt wie bei allen angewandten mathematischen Erkenntnissen von den praktischen Voraussetzungen dessen ab, was erfasst wird.

Wenn beispielsweise die Eintrittswahrscheinlichkeit extrem seltener Ereignisse wie etwa die einer Springflut von über 30 Metern Höhe berechnet werden soll, dann ist die Glockenkurve nicht nur keine gute Annäherung, sondern unbrauchbar, wenn nicht grundsätzlich falsch. Man spricht bei solchen extrem seltenen Ereignissen auch von den *fat tails*, den »fetten Enden« oder »schwarzen Schwänen«. Deren Auftreten und Ausprägung zeigen zwar auch spezifische Eintrittsmuster, doch haben diese nichts mit der Glockenkurve zu tun. Bis heute sind solche seltenen Ereignisse mit den Instrumenten der Wahrscheinlichkeitsrechnung zwar grundsätzlich erfassbar. Dies dann aber mit völlig anderen mathematischen Modellen, wie sie etwa bei den Rückversicherungen mit Blick auf die Erfassung von Naturkatastrophen oder Ähnlichem Anwendung finden.

Die Frage, ob die untersuchten Phänomene und die mit ihnen verbundenen möglichen Ereignisse tatsächlich einen Glockenkurvenverlauf abbilden, hängt also vom Auftreten wiederkehrender Ereignismuster ab. Die meisten dieser Muster befinden sich dabei in einem Korridor, den man als Zwei-Drittel-Bauch bezeichnet. Daneben gibt es weitere Muster, die weniger oft auftreten und die nach Maßgabe ihrer abnehmenden Wahrscheinlichkeit auf den beiden Seiten des Kurvenbauchs abgebildet werden können.

Eine der wichtigsten Grundvoraussetzungen für das Zustandekommen eines glockenkurvenartigen Verlaufs von Eintrittswahrscheinlichkeiten betrachteter Ereignisse lautet: Sie sind unabhängig voneinander. Und das bedeutet, dass das Eintreten eines Ereignisses die Wahrscheinlichkeit, dass ein anderes eintritt, nicht beeinflusst (und umgekehrt). Das klassische Beispiel dafür ist die Münze, die bei jedem neuen Wurf Kopf oder Zahl zeigen kann. Wenn diese Grundvoraussetzung, also die Unabhängigkeit des Eintretens von Ereignissen gegeben ist, dann entsteht bei der statistischen Erfassung von Eintrittswahrscheinlichkeiten und ihrer grafischen Abbildung automatisch die Glockenkurve. Am Beispiel des Münzwurfs bedeutet das etwa Folgendes: Die Wahrscheinlichkeit, dass 10 000-mal hintereinander Zahl fällt, ist zwar nicht gleich null, sie ist aber sehr gering – was sich auch darin zeigt, dass sie am äußeren Rand der Glockenkurve abgebildet wird.

Wenn aber die Wahrscheinlichkeiten der Ereignisse nicht unabhängig voneinander sind und andere Eintrittswahrscheinlichkeiten hervorbringen, dann ist das Modell der Glockenkurve ein fragwürdiges wissenschaftliches Instrument zum Erfassen und Bewerten von Phänomenen und führt im besten Fall zu suboptimalen Ergebnissen, im schlechtesten Fall zu statistischen oder tatsächlichen Desastern.

Genau hier beginnen das Problem und die Relevanz mit Blick auf die Entstehung unserer aktuellen Schuldenkrise. Denn das der heutigen Finanztheorie zugrunde liegende Denken beim Erfassen und Bewerten von Investmentrisiken orientiert sich seit den 70er-Jahren durch den von Bachelier und Markowitz ausgelösten Paradigmenwechsel an der Glockenkurvenlogik und ihren Grundvoraussetzungen.

Diese Grundvoraussetzungen bestehen aber bei näherer Betrachtung nicht. Eigentlich könnte man sogar schon mit dem gesunden Menschenverstand erkennen, dass die Wahrscheinlichkeiten des Eintritts von Ereignissen zum Kursverlauf von Aktien oder Anleihen nicht voneinander unabhängig sind.

Ein illustrierendes Beispiel für eine im Gegenteil bestehende Abhängigkeit des Eintritts von Wahrscheinlichkeiten von Ereignissen zum Kursverlauf ist dieses: Die Zentralbank erhöht die Zinsen deutlich. Dadurch verändern sich die Preise aller kurzfristigen Anleihen, und zwar nach unten. Bei den langfristigen Anleihen hängt es davon ab, ob die Finanzmarktakteure die Zinserhöhung als erfolgreiche Inflationseindämmung sehen. Dann können sich diese sogenannten Langläufer verteuern. Falls sich im Markt aber die Meinung durchsetzt, die Zinserhöhung sei nicht ausreichend, können auch langfristige Zinspapiere im Wert fallen – und damit in der Verzinsung steigen. Auch die Aktienpreise verändern sich infolge der Zentralbankmaßnahme. Höhere Fremdkapitalkosten bedeuten für Unternehmen geringere Gewinne. Die Aktienmärkte tendieren nach unten. Abhängig von ihrer Branchenzugehörigkeit reagieren manche Aktien stärker auf Veränderungen der Zentralbankzinsen, etwa die der Bau- oder der Wohnungsbauindustrie, andere wiederum sehr viel weniger, beispielsweise die Lebensmittelindustrie. Infolge der Zinsänderung der Zentralbank verändern sich also die Preise der einzelnen Wertpapiere beziehungsweise von Gruppen von Wertpapieren in einem sehr unterschiedlichen Umfang. Manche tun es stark, manche schwach, und sie bilden dabei je eigene Muster aus. Diese Muster wiederum können sich gegenseitig beeinflussen, weil die dahinterstehenden Gruppen von Wertpapieren oder einzelnen Wertpapieren in ihrem Kursverlauf nicht unabhängig voneinander sind.

Schon das ist wichtig. Noch wichtiger aber ist vor allem dieses: Die großen, von der Glockenkurve als sehr unwahrscheinlich dargestellten Preisausschläge in den Aktien- oder Anleihemärkten finden in der Wirklichkeit viel zu oft statt und sind viel größer, als dass sie die Glockenkurve in ihrem Modell zulassen könnte.

Ein drastisches Beispiel illustriert dieses Defizit und seine verheerenden Folgen für die Behandlung von Risiken durch Banken und Finanzmärkte. Der Aktiencrash vom Oktober 1987, der sich als Tagesverlust der relevanten Aktienindizes von fast 25 Prozent zeigte, hätte im Modell der Glockenkurve so nie passieren dürfen. Oder anders ausgedrückt: Das Risiko eines Eintritts dieses Ereignisses liegt in diesem Modell zwar nicht bei null. Aber es ist so gering – nämlich eins zu zehn hoch 50 –, dass bei angenommener Glockenkurve selbst das Wort »statistische Vernachlässigung« eine massive Übertreibung wäre, und dies selbst dann, wenn in der Kurve die Ereignisse von mehreren Milliarden von Handelstagen eingegangen wären.

Die Finanztheorie, die seit den 70er-Jahren immer stärker vom Glockenkurvendenken bei der Risikobehandlung beherrscht war, konnte also dieses höchst unwahrscheinliche Ereignis eines Börsencrashs und die mit ihm verbundenen Risiken nicht erfassen. Trotzdem fand der Absturz statt.

Ähnliches gilt für die vielen etwas kleineren Börseneinbrüche. Als etwa in der Asien- und Russland-Krise im Sommer 1998 die Kurse der internationalen Aktienbörsen an jeweils drei Handelstagen innerhalb des Monats August um mehr als sieben Prozent nachgaben, gingen die Wahrscheinlichkeiten für den Eintritt eines solchen Szenarios davon aus, dass es sich nur einmal in 500 Milliarden Jahren ereignen könnte. Trotzdem aber ereignete es sich Dutzende von Malen innerhalb von weniger als 100 Jahren.

Die Defizite des bachelierschen Ansatzes, der Portfoliotheorie und ihrer Weiterentwicklungen mit Blick auf ihren unzureichenden Umgang mit den Risiken zeigen sich also in den Finanzmärkten mit aller Deutlichkeit. Mehr noch, seit dieses Denken die Märkte beherrscht, haben die großen Ausschläge zugenommen, und die Abstände zwischen ihnen haben sich verkürzt.

Und bei näherer Betrachtung verwundert dies auch nicht. Denn das auf der Glockenkurvenlogik basierende Risikodenken von Bachelier, der Portfoliotheorie und ihrer Weiterentwicklungen setzt voraus, dass die Kurse von morgen mit denen von heute nichts zu tun haben, oder anders ausgedrückt: Ob ein Unternehmen erfolgreich ist oder nicht, entscheidet sich bei diesem Risikodenken jeden Tag neu, egal wie es dem Unternehmen gestern ergangen ist. In der Welt der Glockenkurve gilt also täglich – beziehungsweise bei jedem Ereignis – der Spruch »Neues Spiel, neues Glück«.

Theorie trifft auf Wirklichkeit – Wirklichkeit trifft auf Handlungsdruck

Es liegt auf der Hand, dass so eine Annahme wirklichkeitsfremd ist, sind doch die Veränderungen von heute – als Arbeit, Management, Wettbewerb, Unternehmensübernahmen, Firmenpleiten, Patentanmeldungen, Ressourcenknappheit, Einsatz von Kapital, Innovationen et cetera – eindeutig mit jenen von gestern, heute, morgen oder übermorgen verbunden. Ein Beispiel illustriert das:

Eine heute verkündete Unternehmensübernahme etwa in der Automobilzulieferindustrie wirkt sich auch noch heute auf die Kurse aus, und ebenfalls auf jene von morgen und übermorgen. Sie wirkt sich womöglich auch auf die Kurse der gesamten Autoindustrie auf. Denn die befindet sich nun in einer veränderten Wettbewerbskonstellation, welche massiven Einfluss etwa auf Einkaufspreise, Produktion oder Absatz haben kann. Vielleicht ist davon aber auch nur der Kurs *eines* Automobilunternehmens betroffen, das bislang hauptsächlich mit den beiden, nun fusionierten Automobilzuliefern zusammengearbeitet hat. Welche Folgekonstellation auch immer eintritt: Von der Unabhängigkeit der Wahrscheinlichkeit eines Kursereignisses vom Eintreten eines anderen ist nichts zu sehen, die Grundvoraussetzung der Glockenkurvenlogik ist also nicht gegeben.

Trotz dieser offenkundigen Defizite setzte sich das Modell der Glockenkurve als statistisches Instrument zur Erfassung, Bewertung und Optimierung von Anlagerisiken und Investmentrenditen durch. Und dafür gab es gute Gründe.

So wie es Zeiten gibt, in denen wissenschaftliche Durchbrüche erst mit großer Verzögerung zur Kenntnis genommen, genutzt und vorangetrieben werden, genauso gibt es Zeiten, in denen wissenschaftliche Antworten auf ein praktisches Problem so brennend wichtig werden, dass selbst bei theoretischen Fehlern niemand mehr auf sie verzichten will oder kann. Wie es aussieht, geschah genau das mit dem Modell der Glockenkurve, auf dem wesentliche Teile der modernen Finanztheorie aufgebaut wurden. Dabei hätte es durchaus anders kommen können.

Denn die Ironie der Geschichte zur modernen Theorie der Finanzwirtschaft will es, dass 1964 ein Doktorvater und sein Doktorand an der University of Chicago aufeinandertrafen, die sich in ihren wissenschaftlichen Ansätzen zur Erfassung von Risiken in den Finanzmärkten bis heute diametral widersprechen.

Der eine, der Mathematiker, Physiker und Finanzwissenschaftler Benoît Mandelbrot, lehnte die Glockenkurve als theoretische

Basis für die Finanzmärkte wegen ihrer Defizite vehement ab. Der andere hingegen, sein Schüler Eugene Fama, verteidigte sie und kleidete sie in ein ökonomisches Theoriegebilde, die Effizienzmarkthypothese, die er im Jahre 1970 als Weiterentwicklung seiner Doktorarbeit vorlegte.

Fama setzte sich durch, und dies auch in den Augen der Fachwelt, denn wie schon Markowitz vor ihm erhielt auch er – wenn auch erst 2013 – den Nobelpreis für Wirtschaft.

Seine Effizienzmarkthypothese postuliert, dass in den täglichen Kursen von Aktien, Anleihen oder anderen Wertpapieren alle in einem Markt verfügbaren Informationen eingepreist sind. Sie nimmt also an, dass alle Finanzmarktakteure – das heißt die Händler oder die Analysten von Banken genauso wie die Investoren – über die gleichen und vollständigen Informationen verfügen. Und sie nimmt an, dass sich alle Akteure rational verhalten.

Kein Zweifel, diese Annahmen sind weit von der finanzwirtschaftlichen Wirklichkeit entfernt. Weder wissen alle alles, noch wissen sie dasselbe. Und sie verhalten sich auch nicht alle rational im Sinne des zentralen Verhaltensmodells der Ökonomie, also im Sinne des Homo oeconomicus, jenem Idealtypus, von dem angenommen wird, er kümmere sich um sein Eigenwohl, wisse jederzeit, was er will, und wähle zwischen verschiedenen Handlungsalternativen vernünftigerweise immer genau jene aus, von der er erwartet, sie maximiere seinen Nutzen.

Die Wirklichkeit beim Investieren und beim Umgehen mit Risiken sieht verglichen mit diesen einfachen Modellannahmen deutlich komplexer aus. Es gibt Herdenverhalten – wie es sich etwa in der Lateinamerika-Krise gezeigt hatte –, und es gibt Insidertrading. Es gibt rationale Zahlenfresser und Hasardeure. Es gibt langfristig und kurzfristig orientierte Anleger. Es gibt Investoren, die sich über Schulden finanzieren, andere investieren nur ihr Erspartes et cetera. Darüber hinaus gibt es auch beim Investieren wie bei Kleidung Moden, also Aktien, Branchen, Wertpapiergattungen oder Anlagestrategien, die gerade angesagt sind, während andere während dieser Modezeiten aus dem Fokus der Investmentindustrie herausfallen. Vor allem aber gibt es Übertreibungen und Zusammenbrüche, und diese sind eben nicht sehr selten, sie gehören zum Alltag der Finanzmärkte.

Damit nicht genug, denn auch auf der anderen Seite, auf der Seite also, in die investiert wird, zeigen sich komplexe Verhaltensmuster und heterogene Strukturmerkmale. So gibt es Unternehmen, die eine sehr transparente, und andere, die eine völlig intransparente Informationspolitik betreiben. Das Gleiche gilt für Staaten; man denke nur an den Fall Griechenland im Zuge der zweiten Eskalation der Euro-Krise 2012, bei dem irgendwann auch dem Letzten klar wurde, dass man sich auf die offiziellen griechischen Informationen in keinem Fall verlassen darf.

All diese komplexen Verhaltensmuster und Strukturmerkmale auf Anbieter- wie auf Nachfragerseite der Finanzmärkte werden bei den Annahmen und Grundlagen der famaschen Effizienzmarkthypothese also ausgeblendet.

Die Gründe dafür, dass sich die Effizienzmarkthypothese trotzdem durchsetzte, sind einleuchtend. Zum einen ist sie einfach, eindeutig und prägnant. Vor allem aber gab sie der seit den 70er-Jahren sich immer stärker entwickelnden institutionellen Anlegerschaft und einer sich verändernden Finanzindustrie einen Handlungsrahmen, mit dem sich Risiko, Rendite, die Diversifikation von Investments und vieles mehr in Zahlen messen ließ. Mehr noch, man konnte auf deren Basis »rational« handeln. Das rationale Handeln war in Wirklichkeit also mehr ein Versprechen oder eine Anleitung als eine die Effizienzmarkthypothese stützende Grundannahme. Oder anders ausgedrückt: Die Effizienzmarkthypothese war nicht nur einfach, eindeutig und prägnant, sie war vor allem für die Finanzmärkte praktisch nutzbar.

In ihren Weiterentwicklungen ermöglichte sie zudem eine vernünftig erscheinende Alternative zu dem aktiven Investment – und dabei insbesondere zum *Stock Picking*, also dem gezielten Aussuchen von »richtigen« Aktien unter bestimmten Gesichtspunkten –, weil sie ja postulierte, dass es wenig Sinn mache, sich einzelne Wertpapiere als die »richtigen« herauszusuchen.

Sie brachte damit auch den Durchbruch der Strategie des passiven Investierens auf den Weg, also vor allem den Kauf von Anteilen an einem Fonds, dessen Zusammensetzung einen Index (von Aktien, Anleihen oder anderen Anlageklassen) abbildet und sich nur »passiv« ändert, das heißt nur in Reaktion auf Indexanpassungen. Diese Fonds sind heute bekannt als ETF oder *Exchange Traded Funds*.

Und mit Portfoliotheorie, Effizienzmarkthypothese und ihren Weiterentwicklungen ließen sich für die Finanzmärkte auch noch andere neue Wege beschreiten.

Einen besonders wichtigen beschritten Fischer Black und Myron Scholes im Jahr 1972/73 mit ihren im Rahmen eines neuen finanzmathematischen Modells zur Bewertung von Finanzoptionen entwickelten Formeln. Auch sie gingen in ihrem Grundmodell von der gaußschen Normalverteilung von Preisentwicklungen im Verhältnis zu einem Mittelwert und damit von der Effizienzmarkthypothese aus. Mit dem Black-Scholes-Modell, dessen Veröffentlichung zunächst zweimal von renommierten Fachzeitschriften abgelehnt wurde, sich dann aber schnell durchsetzte, bekamen die Finanzmarktakteure vor allem mit Blick auf das Instrument der Finanzoptionen ganz neue Möglichkeiten an die Hand, die zu einer Vielzahl neuer Produkte und Investmentstrategien führten.

Scholes erhielt für seine insofern also bahnbrechenden Arbeiten den Wirtschaftsnobelpreis des Jahres 1997. Sein Kollege Black war zu diesem Zeitpunkt bereits gestorben. Dafür wurde neben Scholes auch Robert Merton ausgezeichnet, der an der Entwicklung des neuen Optionenmodells ebenfalls beteiligt gewesen war, und zwar insbesondere als Mathematiker, der in der Lage war, die schwierigen, der Theorie zugrunde liegenden Gleichungen zu lösen.

Bachelier, Markowitz, Fama, Scholes & Co.: Ihren Theorien, Modellen und daraus folgenden Handlungsimplikationen war eines gemeinsam. Nicht die Einzelpapiere, seien es Aktien oder Anleihen, stellten den Ausgangspunkt ihres Denkens dar, sondern ihre mit der gaußschen Normalverteilung berechenbare Schwankungsbreite der Wertpapierpreise gegen einen Gesamtmarkt, auch Varianz genannt.

Mit ihren Modellen wurde diese Schwankungsbreite – beziehungsweise wurde die Volatilität – zu einer Risikogröße, mit der sich nicht nur Portfolios von Investments verschiedener Risikoneigungen zusammenstellen ließen. Vielmehr ließen sich auch neue Produkte wie Optionen entwickeln, mit denen man Risiko bewerten, handeln, erhöhen oder vermindern konnte.

Eine Option lässt sich dabei als handelbares Recht verstehen, eine bestimmte Sache zu einem späteren Zeitpunkt zu einem vereinbarten Preis zu kaufen oder zu verkaufen. Sie ist insofern ein Termingeschäft, bei dem nur der Optionsinhaber, der die Option zu einem bestimmten Preis erworben hat, entscheiden darf, ob er die Option gegen den Optionsverkäufer ausübt oder verfallen lässt. Im Unterschied zu den halbseitig verpflichtenden Optionen verpflichten demgegenüber Futures als börsengehandeltes Termingeschäft beide Vertragspartner in gleichem Maße. Ein weiterer Vorteil von Optionen besteht für den Käufer darin, dass er Wertpapierpositionen eingehen kann, ohne zum Zeitpunkt seines Investments den vollen Preis dafür aufbringen zu müssen. Die Kosten von Optionen belaufen sich zumeist im unteren einstelligen Prozentbereich der auf sie bezogenen Wertpapiere. Mit Optionen können also Investmentstrategien verfolgt werden, die ansonsten nur mit viel höherem Kapitaleinsatz möglich wären. Allein das macht sie besonders attraktiv, für das Gesamtsystem der Finanzmärkte aber auch gleichzeitig gefährlich.

Optionen sind heute in den Finanzmärkten als Instrument der Risikoabsicherung weitverbreitet. Denn seit Black, Scholes und Merton gilt: Mit Optionen ist *hedging* möglich, das heißt die Absicherung von Aktien-, Anleihe-, Wechselkurs- oder Rohstoffpreisschwankungen gegen Risiken.

Doch nicht nur das. Denn es zeigte sich, dass sich mit Optionen auch auf andere Weise sehr viel Geld verdienen ließ. So lassen sich mit ihnen etwa auch spekulative Positionen aufbauen. Das heißt, mit ihnen lässt sich also darauf wetten, dass etwa Aktien, Anleihen, Währungen oder Rohstoffe am Ende eines festgelegten Zeitraums mit ihren Preisen nach oben oder unten gehen. Ist man zudem davon überzeugt, dass sich eine spekulative Position besonders vielversprechend darstellt, kann man sie sich zudem mit Fremdkapital unterlegen, um auf diese Weise vom Leverage-Effekt beziehungsweise vom attraktiveren Kredithebel zu profitieren und die Eigenkapitalrendite noch weiter zu erhöhen.

Ein einfaches Beispiel illustriert die Wirkungen des Kredithebels: Wer 2000 Euro Eigenkapital in Staatsanleihen investiert und bei deren Verkauf nach einem Jahr 2200 Euro zurückbekommt, der darf sich über eine Rendite von zehn Prozent bezogen auf das eingesetzte Eigenkapital freuen. Wer jedoch 1000 Euro des eingesetzten Kapitals für den Anleihenkauf durch einen Kredit ersetzt, für den verändert sich diese Rechnung. Unter der Annahme, dass nach einem Verkauf der Anleihen 2200 Euro an ihn zurückfließen, muss er nun das geliehene Kapital und vor allem die Zinsen darauf zurückzahlen. Geht man dabei von einem Kreditzinssatz in Höhe von fünf Prozent aus, so bleibt für den Investor unter dem Strich noch ein Gewinn von 200 minus 50 =150 Euro übrig. Das klingt zunächst nach weniger als die 200 Euro, über die man sich im ersten Fall freuen durfte, ist es aber natürlich nicht. Denn es bedeutet, dass die Rendite bezogen auf die 1000 Euro Eigenkapital durch den Kredit nicht mehr bei zehn Prozent liegt wie im ersten Beispielfall, sondern bei 15 Prozent. Sie wurde nach oben »geleveragt« oder »gehebelt« (englisch: *leverage* für Hebel). Gerade für die Optimierung von Renditen hat der mit dem Einsatz von Fremdkapital verbundene Kredithebel also zentrale Bedeutung – und das gilt nicht nur für Optionen, sondern für alle Finanzgeschäfte.

Doch die mit der Nutzung des Black-Scholes-Optionenmodells verbundenen neuen und großen Profitchancen hatten eine gefährliche Kehrseite, denn der Leverage-Effekt vervielfachte nicht nur die Gewinnmöglichkeiten, sondern ließ auch die Verlustrisiken in die Höhe schnellen. Um im Beispiel zu bleiben: Wenn von den investierten 2000 Euro nach zwölf Monaten nur noch 1800 Euro zurückfließen – zum Beispiel wegen eines Kurseinbruchs der erworbenen Staatsanleihe –, dann ist klar: Falls die 2000 Euro nur aus Eigenkapital bestehen, steht am Ende ein Minus von zehn Prozent bezogen auf dieses Kapital zu Buche. Falls man sich aber die Hälfte des investierten Kapitals geliehen hat, beläuft sich Verlust am Ende jedoch auf hohe 25 Prozent bezogen auf das eingesetzte eigene Geld.

Trotzdem gilt: In den neuen Modellen von Markowitz, Fama oder Black, Scholes und Merton fanden die Banken und Finanzmarktakteure grundsätzlich neue Möglichkeiten für den Umgang mit Investmentrisiken und zur Optimierung von Renditen. Die mit den unzureichenden Fundierungen ihrer Finanzmodelle verbundenen Risiken für die Finanzwirtschaft im Ganzen wurden dabei übersehen oder sie wurden in Kauf genommen, weil die neuen Theorien und ihre Anwendungsmöglichkeiten griffig, einfach und praktisch daherkamen.

Benoît Mandelbrot: Eine Alternative, die keine ist

Es waren diese praktischen Überlegungen, aufgrund derer Benoît Mandelbrot, der schon in den 60er-Jahren die Schwächen der Glockenkurvenlogik als Basis finanzwirtschaftlicher Berechnungen der Risiken von Aktien oder Anleihen nachdrücklich benannt hatte, von Universitäten, Finanzmärkten und relevanten Akteuren in Staat und Zentralbanken abgelehnt wurde.

Mandelbrot hatte herausgefunden, dass sich Wertpapierkurse eben nicht wie Sterbetafeln im Sinne der gaußschen Normalverteilung verhalten. Vielmehr verhalten sie sich wie das Wetter oder das Chaos, zeigen wilde Ausschläge nach oben und nach unten, und das in kurzen Zeitabständen und in Skalen, die sich an den äußersten Rändern der Glockenkurve abspielen, also genau dort, wo sie nicht gesehen und risikoadäquat erfasst werden. Mit anderen Worten: Mandelbrot konstatierte zwar, dass sich Wertpapierkurse nicht selten durchaus wie die Normalverteilung verhalten können. Aber er wies vehement auch auf deren »fette Enden« hin, jene extrem seltenen Ereignisse, die sich als riesige Ausschläge nach unten als Finanz- und Anlagekrisen zeigen. Zu Recht stellte er fest, dass es Zeiten gibt, in denen dann diese Krisen »die Normalität« sind.

Für Mandelbrot war daher klar: Wir dürfen in den Finanzmärkten, die von ähnlichen Kräften wie das Wetter oder das Chaos bewegt werden, nicht postulieren, dass wir mit einer falschen Analogie – der Unterstellung der Normalverteilung für den Verlauf von Wertpapierkursen – Ordnung und Sicherheit in unserem finanzwirtschaftlichen Denken und Handeln schaffen. Risikoerfassung, Risikobewertung und – damit verknüpft – Renditeoptimierung von Wertpapieren dürften daher nicht auf Modellen basieren, die die Normalverteilung unterstellen. Wird sie trotzdem unterstellt, werden mögliche seltene Ereignisse mit verheerenden Folgen wie Börsencrashs oder Anlagen- und Finanzkrisen nicht ihrem Risiko entsprechend erfasst, im schlimmsten Fall gar befördert. Und wir werden am Ende von ihnen überrascht, ohne dass wir vorher gegensteuern könnten.

Mandelbrots Argumente wurden damals zwar gehört, seine Forschung wurde wissenschaftlich auch diskutiert – mehr allerdings auch nicht. Denn seine mathematischen Alternativmodelle waren im Unterschied zu jenen, die er bekämpfte, weder griffig noch einfach. Vor allem aber waren sie mit Blick auf die Risiken und ihre Eintrittswahrscheinlichkeiten nicht rechen- und berechenbar. Mit anderen Worten: Mandelbrot mochte zwar recht haben, aber er hatte keine handliche Alternative zu bieten.

Genau das manövrierte Mandelbrot in eine Außenseiterposition, denn genau nach dieser praktischen Handlichkeit hielten

Anfang der 70er-Jahre die Finanzmarktakteure Ausschau. Und dafür hatten sie gute Gründe. Denn jene theoretischen Überlegungen, die erst Bachelier und später Markowitz und seine amerikanischen Kollegen zu den Aktien- und Anleihemärkten angestellt hatten, wurden mit dem Ende der Bretton-Woods-Währungsordnung und dem Beginn der flexiblen Währungskurse ab Anfang der 70er-Jahre plötzlich auch für ganz andere Teilmärkte des Finanzsektors relevant, etwa für die sich nun entwickelnden Zins- und Währungsmärkte. Angesichts dieser neuen Situation suchte der Finanzsektor dringend nach praktischen finanzwirtschaftlichen Modellen und Werkzeugen zum Umgang mit den neuen Risiken, etwa aufgrund von Zins- oder Wechselkursschwankungen. Und angesichts der Dringlichkeit ihrer Suche gewichteten die Finanzmarktakteure die Praktikabilität der neuen Theorien und Modelle höher als ihre wissenschaftlichen Grundlagen.

Nicht zufällig also stellten für Mandelbrot daher die Jahre um 1972 einen Wendepunkt dar, an dem aus einer offenen Auseinandersetzung um eine moderne Theorie der Finanzwirtschaft ein fast religiöser Glaube wurde:

»Damals schwappte eine neue Welle durch die Finanzwelt. Markowitz' Portfoliotheorie, Sharpes Wertermittlung für Anlagen und das Marktmodell Bacheliers verbreiteten sich, und im folgenden Jahr (1973) veröffentlichten Black und Scholes ihre einflussreiche Formel für die Kursermittlung von Optionen. Die ›moderne Finanztheorie‹ war das offizielle Bekenntnis. Meine Hypothese widersprach ihr, und in der etablierten Kirche der Ökonomie war ich etwa so willkommen wie ein ketzerischer Aranier beim Konzil von Nizäa.«
Quelle: Benoît Mandelbrot, Fraktale und Finanzen, S. 234

In der Folge wurde Mandelbrot zwar der Begründer der »fraktalen Geometrie«. Bis zu seinem Lebensende 2010 war er aber auch damit beschäftigt, eine alternative Finanztheorie zu entwickeln, in der die großen Ausschläge nicht nur die (systematisch vernachlässigte) Ausnahme, sondern die Regel bilden können. Erst nach Ausbruch der Finanzkrise, also knapp zwei Jahre vor seinem Tod, wurde man wieder auf seine seit Jahrzehnten vorgetragenen Argumente und differenzierten Alternativmodelle aufmerksam. Die Finanzmärkte und mit ihnen die Volkswirtschaften hätten sich zweifellos anders entwickelt, wäre das früher geschehen.

Ab den 70er-Jahren jedoch verlor Mandelbrot nach und nach an Boden beim wissenschaftlichen Kampf um die angemessenen Grundlagen und Modelle einer modernen Finanztheorie. Stattdessen wurde die Glockenkurve als Versuch, die finanzwirtschaftliche Wirklichkeit in den Aktien-, Anleihe- und anderen Märkten abzubilden, zum Ausgangspunkt einer Revolution in den Finanzmärkten und eines damit verbundenen Entwicklungspfads, der nicht nur bis zu den Verwerfungen infolge der Finanzkrise 2007/08 führt, sondern sich auch bis zur aktuellen Schuldenkrise weiter fortsetzt.

Das Neue setzt sich durch, die US-Regierung hilft – falsche Gewissheiten

Zwischen 1972 und 1974, also in nur zwei Jahren, wälzte eine sich radikal neu fundierende Finanztheorie die Risikobewertung sowie Theorie und Praxis von Finanzanlagen und Renditeoptimierung von Grund auf um.

Dabei ging es Schlag auf Schlag. Als Erstes nahmen die Top-US-Universitäten die Portfoliotheorie und die damit verbundenen praktischen Anwendungsmöglichkeiten in ihr festes Curriculum auf. Schon das war ein Meilenstein.

Und der zweite folgte auf dem Fuß. Denn über ein neues Pensionsgesetz mit dem Namen ERISA (*Employee Retirement Income Security Act*) sanktionierte der amerikanische Staat die Portfoliotheorie und das Capital Asset Pricing Model (CAPM) für öffentliche Pensionsfonds in einer Weise, die sich ihre Begründer wohl kaum hätten träumen lassen. Denn ihre Modelle hatten fortan als verbindlicher Handlungsrahmen für »vorsichtiges Investieren« zu gelten.

Das CAPM baut auf der Portfoliotheorie auf und wurde in den 60er-Jahren maßgeblich von William Sharpe entwickelt sowie – unabhängig von ihm und mit etwas anderen Fragestellungen – auch von Landsmann John Lintner und dem Norweger Jan Massin. Während Sharpe für seine Arbeit 1990 mit dem Wirtschaftsnobelpreis ausgezeichnet wurde, erfuhren Lintner und Massin diese Ehrung nicht mehr, da sie einige Jahre zuvor gestorben waren.

Das CAPM erweiterte die markowitzsche Portfoliotheorie in einem wichtigen Punkt. Sharpe interessierte dabei die Frage, welcher Teil des Gesamtrisikos eines Investitionsprojektes nicht durch Risikostreuung, also durch Diversifikation zu beseitigen ist und wie im Rahmen des Portfoliomanagements am besten mit risikobehafteten Anlagen beziehungsweise Anlagemöglichkeiten umzugehen sei, sodass am Ende Risiken minimiert und Renditen maximiert werden.

Durch die Aufnahme ihrer Theorien und Modelle in das US-Pensionsgesetz gelang Markowitz und Sharpe (und Kollegen) etwas, was zuvor noch keinem anderen Wissenschaftler gelungen war: Ihre Theorien gingen in ein amerikanisches Bundesgesetz ein, ohne dass es für sie ein *Backtesting* gegeben hätte, also ohne dass sie über ihre Anwendung auf historische Daten evaluiert worden waren.

Fast gleichzeitig mit den Ritterschlägen für Portfoliotheorie und CAPM geschah ein Drittes: Die älteste Terminbörse der Welt, die Chicago Board of Trade, die zuvor weitgehend eine Agrar- und Rohstoffbörse gewesen war, öffnete sich für den Markt für längerfristige Finanzkontrakte, also für Futures und Optionen. Die von Black, Scholes und Merton entwickelten Preisformeln für Optionen trafen nun auf die Wirklichkeit. Mehr noch: Schnell begründeten sie durch die mit der Chicagoer Entscheidung verstärkte weltweite Anwendung in den Finanzmärkten auch ihre *eigene*, neue Wirklichkeit.

Universitäten, Staat, Finanzindustrie: Eine so schnelle und wuchtige Bestätigung der Ideen von Markowitz & Co. erscheint in der Rückschau beispiellos. Angesichts dieser Entwicklungen erstaunt es nicht, dass Benoît Mandelbrots Einwände gegen die neue Finanztheorie in Wissenschaft und Finanzpraxis immer weniger gehört wurden.

Das Gefährliche an diesen Entwicklungen: Der feste Glaube an die Richtigkeit der neuen Ideen, den Mandelbrot als quasi religiös und bekenntnishaft gegeißelt hatte, sowie die staatliche und wissenschaftliche Bestätigung schürten in der Finanzpraxis von Beginn an und danach immer stärker eine falsche Gewissheit. Es war die falsche Gewissheit, die Bachelier bereits 70 Jahre zuvor formuliert hatte. Sie lautete: Finanzwirtschaftliche Risiken sind mit mathematischen und statistischen Mitteln in den Griff zu bekommen.

Diese falsche Gewissheit wurde dabei durch den Charme von Einfachheit und praktischer Handlichkeit begünstigt, die sich bei der Anwendung der neuen Finanztheorie in vielen Aspekten zeigte.

So machte es die moderne Finanztheorie möglich, nicht nur risikogewichtete Portfolios zusammenzustellen oder Unternehmen und deren Investitionen genau zu bewerten. Sie ermöglichte vielmehr ebenfalls, das Risiko eines Portfolios in einer einzigen Risikozahl zum Ausdruck zu bringen. Konnte es etwas Praktischeres geben?

Die alte Erkenntnis, dass die Zukunft unsicher ist und kaum planbare böse Überraschungen bereithält, schien mit der zunehmenden Anwendung der neuen Instrumente in der Finanzwirtschaft der Vergangenheit anzugehören. Dies schuf mit der Zeit bei den handelnden Finanzakteuren einen Grad an Selbstvertrauen, der viele vergessen ließ, dass finanzwirtschaftliche Preise weitgehend von nicht selten unberechenbaren Menschen und ihren noch viel weniger berechenbaren Interaktionen gemacht werden und nicht in erster Linie von Steuerbarkeit insinuierenden statistischen Modellen abhängen.

Mit kontinuierlich wachsendem Selbstvertrauen ausgestattet gingen die Finanzteilnehmer in den Märkten mehr und mehr Risiken ein, als sie eingegangen wären, wenn sie *ge*wusst oder sich *be*wusst gemacht hätten, dass ihr eigenes, vermeintlich »vorsichtiges Handeln« in der Aggregation das Gegenteil bewirken kann.

Das wird in Folgendem deutlich: Eine der Grundvoraussetzungen, unter denen sich Portfolios von Wertpapieren »risikogewichtet« zusammenstellen lassen, ist die Möglichkeit, die Korrelation oder Nichtkorrelation der Preise von Einzelpapieren zu einem Index und zueinander berechnen zu können. Die Preise von Pharmaaktien beispielsweise korrelieren stärker miteinander als die der Pharma- mit Versicherungsaktien. Korrelation bezeichnet dabei die Beziehung zwischen zwei oder mehreren Ereignissen, Merkmalen, Funktionen oder Ähnlichem, ohne dass diese Beziehung kausal sein müsste. Basierend auf den Erkenntnissen von Bachelier, Markowitz, Fama und Sharpe wurde nun die Diversifikation von Investments – schon vorher bekannt als Risikobegrenzung – mehr und mehr zu einer von Finanzpraktikern angewandten Wissenschaft.

Allerdings wird dabei wieder mit der bekannten problematischen Glockenkurvenlogik, die einen Finanzmarkt der Normalverteilung, also der nicht sprunghaften Kurvenverläufe, voraussetzt, gearbeitet. Doch noch ein weiterer Aspekt ist hochproblematisch. Denn die praktische Anwendung des strategischen Prinzips der Nichtkorrelation bewirkt, dass – wenn viele dieser so fundierten Strategie folgen – am Ende das genaue Gegenteil dessen geschieht, was beabsichtigt war: Die Nichtkorrelation von Preisen und ihren Entwicklungen wird über die aggregierte Anwendung der Portfoliotheorie, also die Anwendung von sehr vielen, aufgehoben. Mehr noch, die Korrelation von vorher nicht miteinander korrespondierenden Preisverläufen unterschiedlicher Vermögensklassen wird so quasi institutionalisiert. Wie bei Banken schon beschrieben, kann ein solches – wissenschaftlich basiertes – Herdenverhalten verheerende Folgen nach sich ziehen.

Dieses problematische Phänomen hat aber weder die Wissenschaft noch die Finanzwirtschaft davon abgehalten, den strategischen Weg der Anwendung der Portfoliotheorie weiterzuschreiten. Ganz im Gegenteil, die mit ihm verbundenen praktischen Möglichkeiten haben die Finanzwirtschaft auf gefährliche Weise revolutioniert.

Und bei näherer Betrachtung ist das auch nicht verwunderlich. Denn nun schien endlich die Aussicht zu bestehen, finanzwirtschaftliche Risiken über relativ einfach zu berechnende Zahlen messbar zu machen.

Eine dieser Zahlen ist das griechische Beta, eine aus der Portfoliotheorie ableitbare Zahl, die es möglich macht, etwa »gefährliche« von »ungefährlichen« Aktien zu unterscheiden. Auch bei ihr geht es um Schwankungsbreiten, also um die Frage, welche Aktien große, welche mäßige und welche geringe Ausschläge gegenüber einem Aktienindex ausweisen, insbesondere dann, wenn die Marktentwicklung nach unten zeigt. Es geht dabei – und das machte das Beta-Konzept so interessant – weniger um Gewinnmaximierung, sondern – wieder einmal – um Risikobegrenzung.

Das Prinzip der Arbeit mit dem Beta-Konzept im Rahmen der Portfoliotheorie ist wie folgt zu verstehen: Innerhalb eines Aktienindex – etwa des DAX oder des M-DAX – gibt es zum einen Aktien, die sich entweder wie der Index selbst bewegen. Ihr Beta – Beta bedeutet die über eine Regressionsanalyse ermittelte Schwankungsbreite zu einem Index – ist eins. Anders ausgedrückt: Sie verhalten sich in der Schwankungsbreite genau wie der Gesamtmarkt. Solche Aktien hängen meistens von den Konjunkturzyklen ab, ohne aber deswegen in einer Rezession über Gebühr zu leiden. Sie bewegen sich in ihren Preisschwankungen mit dem Gesamtmarkt. Ein Beispiel dafür ist etwa der Einzelhandel, der über das Konsumklima von Konjunkturschwankungen abhängig ist und sich in Auf- und Abschwüngen ähnlich entwickelt wie der Gesamtmarkt.

Andere Aktien hingegen haben ein Beta größer als eins, das heißt also, sie bewegen sich stärker als der Markt. Ihre Sprünge nach oben wie nach unten sind größer. Mit ihnen kann man vielleicht mehr Geld verdienen, ihr Risiko, in einer Gesamtbewegung des Marktes nach unten viel Geld zu verlieren, macht sie aber auch gefährlich. Bei Firmen, deren Aktien ein Beta größer als eins aufweisen, handelt es sich meist um Industrieunternehmen und Rohstofferzeuger, aber auch um junge Industrien, die stark von Unsicherheit, Fremdkapitalabhängigkeit, hohen Investitionen und starkem Wettbewerb geprägt sind, wie beispielsweise die IT- oder die Biotechnologiebranchen.

Drittens schließlich gibt es Aktien, die sich weniger stark als der Markt bewegen – die also ein Beta von weniger als eins ausweisen. Wenn der Markt steigt, folgen ihre Preisverläufe meistens nur in kleinerem Maß auf dem Weg nach oben als der Index. Bei Konjunktureinbrüchen leiden sie dafür aber auch weniger als der Gesamtmarkt. In der Frage des Verlustrisikos sind sie damit die am wenigsten gefährlichen. Hinter solchen Aktien stehen meistens Unternehmen, deren Risiko- und Renditeverläufe weniger stark von der Konjunktur abhängen. Beispiele dafür sind etwa Firmen der Lebensmittel-, Energie- oder Gesundheitsbranche.

Mit dem sich aus der Portfoliotheorie ergebenden Handwerkszeug wurden Risiko und Vorsicht also plötzlich »objektiv« berechenbar. Als Beta ließen sich dabei Risiko und Vorsicht erstmals in Zahlen ausdrücken. Ausgehend hiervon ging es nun nur noch darum, Portfolios zusammenzustellen, welche die genaue Risikopräferenz der Investoren zum Ausdruck brachten. Das Mittel hierfür war die Diversifikation von Investments, die je nach Risikopräferenz unterschiedliche Risikograde ausweisen mussten und, damit es funktionierte, keine oder nur geringe Korrelationen zueinander hatten. So zumindest die Theorie.

Investmentbanken wie Merrill Lynch erkannten sofort, dass sich mit der Portfoliotheorie auch für sie die Welt der Finanzanlagen grundlegend ändern würde. Sie setzten die neuen Erkenntnisse um und gaben ihren wichtigsten Anlagekunden Beta-Bücher an die Hand. Mit ihnen konnte man sogenannte träge Werte – das heißt Wertpapiere mit einem niedrigen Beta – als »vorsichtige Investments« von sehr volatilen Papieren mit einem hohen Beta (und damit hohem Risiko) unterscheiden und entsprechend der eigenen Risikoneigung so miteinander mischen, dass man das »optimale« Portfolio mit der selbst gewählten Risiko-Rendite-Neigung erhielt.

Es war genau diese Innovation (und Illusion!) der numerischen Bezifferbarkeit von Risiko in Verbindung mit dem Mittel der Diversifikation, die den US-amerikanischen Gesetzgeber dazu brachte, erstmals in der Geschichte der Finanzwirtschaft neue Theorien und Modelle mit dem Ziel des »vorsichtigen Investierens« auf Basis von Markowitz und Sharpe in ein Bundesgesetz zu gießen.

Dabei ging es der US-Regierung keinesfalls darum, die Finanzwirtschaft von der Leine zu lassen. Das Gegenteil war der Fall: Der Staat ließ sich in dem ERISA-Gesetz von dem Glauben und der Hoffnung leiten, dass »vorsichtiges Investieren« auf Basis von Markowitz und Sharpe gerade für Pensionsfonds der richtige Weg sei, die zukünftigen Pensionsvermögen seiner Staatsbediensteten so sicher wie möglich anzulegen.

Ratingagenturen: Vorsicht, staatlicher Stempel und Interessenkonflikte

Ähnliches Regulierungsbestreben galt für die fast gleichzeitige staatliche Verfügung, für Anleihen die Ratingagenturen nicht mehr nur als optionale Bewertungsinstanzen zuzulassen, sondern das vorsichtige Handeln der institutionellen Anleger durch gesetzliche Mindestratings nunmehr auch auf den sich entwickelnden Geld- und Anleihemärkten gesetzlich vorzuschreiben.

Denn im Jahr 1975 entschied die US-Börsenaufsicht SEC (United States Securities and Exchange Commission), dass nur Ratingagenturen die gesetzliche Verpflichtung der Unternehmen erfüllen dürfen, sich bewerten zu lassen, ehe sie für den US-Kapitalmarkt zugelassen werden. Sie entschied ferner, dass dies von mindestens zwei zugelassenen Ratingagenturen zu geschehen habe. Und sie beschränkte dabei die Auswahl auf den Branchenführer Standard & Poor's sowie auf Moody's und Fitch Ratings.

Wie schon die Portfoliotheorie und das CAPM bekamen damit auch die Ratingagenturen und ihre Bewertungen einen staatlichen Stempel.

Ratingagenturen sind private, gewinnorientierte Unternehmen, die die Bonität, also die Kreditwürdigkeit etwa von Staaten, ihren unterordneten Gebietskörperschaften und Unternehmen bewerten. Ausgangsidee ihrer Existenz ist der berechtigte Wunsch von Gläubigern und Investoren, über die Bonität ihrer Schuldner informiert zu werden, das heißt darüber, mit welcher Wahrscheinlichkeit sie ihr eingesetztes Kapital und die vereinbarten Zinsen zum vereinbarten Zeitpunkt von diesen zurückerhalten. Ratingagenturen fassen das Ergebnis ihrer Untersuchung in einer Buchstabenkombination zusammen, dem Ratingcode, der Ratingnote oder einfach dem Rating (englisch für: Bewertung, Einstufung). Dieses Rating reicht im Allgemeinen von AAA (höchste Bonitätsstufe) bis zu D, dem Status (nahe) der Zahlungsunfähigkeit. Unternehmen, Institutionen oder gebündelte Kredite mit einem Rating von AAA bis BBB gelten als *Investment Grade*, Papiere darunter gelten als *Non-Investment Grade* oder auch wie schon beschrieben, als High Yield oder Junk, auf deutsch Ramsch.

Weil der amerikanische Staat aber nicht bereit war, die Ratingagenturen für ihre nun gesetzlich vorgeschriebenen Ratings zu bezahlen, schrieb er ihnen außerdem vor, dass diese ihre Gebühren nicht wie bisher von den Anlegern eintreiben mussten, sondern von nun an von den Anleiheemittenten, das heißt von den Unternehmen, dem Staat und seinen Gebietskörperschaften wie in Deutschland den Ländern und Gemeinden.

Genauso wie bei seiner Entscheidung, Portfoliotheorie und CAPM im Rahmen des ERISA-Gesetzes zum Teil des Handlungsrahmens für »vorsichtiges Investieren« zu machen, genauso ging es dem amerikanischen Staat bei der Entscheidung, Mindestratings gesetzlich festzulegen, um das Gebot der Vorsicht. Er hatte also beste Absichten (und wollte nicht die Welt »neoliberal« revolutionieren, wie heute manche meinen).

Doch auch die gesetzlich erzwungene Veränderung des Geschäftsmodells der Ratingagenturen ging ja vom amerikanischen Staat aus. Und dieser Wandel war gefährlich.

Denn weil der Staat Geld sparen wollte – ohne diese Veränderung hätten etwa auch die staatlichen Pensionsfonds die Gebühren für die Ratings bezahlen müssen –, schuf er für die Ratingagenturen ein Dilemma. Solange sie nämlich von den Investoren bezahlt wurden, hatten sie kein einkommensrelevantes Problem, wenn sie Unternehmen, Aktien oder Anleihen schlechter bewerteten als vorher. Sie schrieben und analysierten ihre Berichte für die Investoren und wurden von diesen auch für ihre Dienstleistung entgolten.

Mit der gesetzlich veranlassten Veränderung ihres Geschäftsmodells änderte sich das. Diejenigen, denen sie gerade eine schlechtere Bonität aussprachen, sollten sie – dafür! – auch noch bezahlen. Damit öffneten sich Tür und Tor für Interessenkonflikte beim Ausbalancieren von zukünftigen Einkommensinteressen und objektiven Ratings, zu denen die Ratingagenturen von Gesetzes wegen ja eigentlich verpflichtet waren.

Besonders deutlich und fatal traten diese Interessenkonflikte bei den seit Ende der 90er-Jahre praktizierten Bewertungen der Junk-Immobilien beziehungsweise Junk-Hypothekenkredite zutage.

Zur Erinnerung: Ab Frühjahr 2007 nahmen die Zahlungsausfälle auf dem US-Markt für Hypothekenkredite mit geringer Bonität – Subprime genannt – drastisch zu. Es folgten umfangreiche Neubewertungen von Krediten, Kreditportefeuilles wurden aufgelöst, Spezialinstitute wie die staatsnahen Hypothekenbanken Fannie Mae und Freddie Mac gerieten ins Straucheln und mussten gerettet werden. Die Ratingagenturen gerieten dabei schnell ins

Zentrum der Kritik, weil sehr viele jener Papiere, die sie noch gestern – gegen Honorar ihrer Auftraggeber – gut bewertet oder zumindest mit einem mittleren Rating versehen hatten, quasi über Nacht auf oder nahe Junk-Niveau runterzustufen waren. Ihnen wurde daher – und wird bis heute – zum Vorwurf gemacht, dass sie ihrer gesetzlich fixierten Aufgabe, objektive Bonitätseinschätzungen abzugeben, zugunsten ihrer Einkommensinteressen vernachlässigt hätten.

Und dies mit fatalen Folgen: Denn die US-Hypothekenkredite wurden auf den internationalen Finanzmärkten über Kreditverbriefungen refinanziert. Auf diese Weise erreichte die Subprime-Krise ab Sommer 2007 ebenfalls die Finanzmärkte der anderen westlichen Industrieländer, sodass es gut ein Jahr später mit dem Kollaps der US-Investmentbank Lehman Brothers zum Ausbruch der globalen Finanzkrise kam.

Nicht von ungefähr also wird seither darüber diskutiert, welchen Anteil die Ratingagenturen und ihr Interessenkonflikt zwischen Einkommenserzielung und ihrer Aufgabe zu objektiven Ratings – etwa bei den US-Hypothekenpapieren – am Ausbruch der Finanzkrise haben.

Nicht von ungefähr also wird seither ebenfalls darüber debattiert, wie es besser gelingen kann, dass die US-Ratingagenturen, das heißt die drei globalen Quasi-Oligopolisten Standard & Poor's, Moody's und Fitch Ratings, dazu gebracht werden können, ihrer eigentlich gesetzlich vorgeschriebenen Aufgabe, objektive Ratings abzugeben, wieder gerecht werden.

Versuche, gegen sie Schadensersatzansprüche geltend zu machen, scheiterten bislang, denn US-Ratingagenturen können für Fehleinschätzungen nicht auf Zahlung von Schadensersatz verklagt werden. Nach geltender US-Rechtsauslegung gelten ihre Ratings im Rahmen verfassungsrechtlich geschützter Meinungsfreiheit als reine Meinungsäußerungen. Daraus lassen sich schwerlich konkrete Regressansprüche ableiten. Dieses Nebeneinander von staatlich verordnetem »objektivem« Risikostempel einerseits und rechtlichen und strukturellen Schwächen der Ratingagenturen in der Haftungsfrage andererseits schafft großen Raum für Fehleinschätzungen und – oftmals – zu späte Bonitätsherabstufungen.

Jenseits dessen darf aber nicht vergessen werden: Es war der amerikanische Staat, der die Ratingagenturen mit seinem Gesetz von 1975 erst in jenen Interessenkonflikt zwischen Einkommenserzielung und der Aufgabe objektiven Ratings von Schuldnern brachte, über den fast 40 Jahre später nun – endlich und zu Recht – geklagt wird.

Und es waren der amerikanische Staat und mit ihm die Staaten anderer OECD-Länder sowie supranationale Institutionen wie die Bank für Internationalen Zahlungsausgleich, die ihrer Kontrollfunktion mit Blick auf eine objektive Bonitätsüberprüfung von Schuldnern nicht ausreichend nachkamen, indem sie sich fast ausschließlich auf die Ratingagenturen als vermeintlich objektive Risikorichter beriefen.

Mächtige Finanzvorstände, gescheiterte Fusionen

Auch für die Realwirtschaft brachte die uneingeschränkte Unterstützung der modernen Finanztheorie seitens der Universitäten, des Staates und der Finanzindustrie bahnbrechend Neues. Denn genauso wie die Investoren ihre Portfolios jetzt risikogewichtet zusammenstellen konnten, genauso waren nun auch die Unternehmen in der Lage, mit (vermeintlich) glaubwürdigen Risikozahlen neue Investitionsprojekte oder Unternehmensübernahmen auf Herz und Nieren zu prüfen.

Das Instrument dazu war das schon erwähnte Capital Asset Pricing Model (CAPM) von William Sharpe. Denn genauso wie sich in den Anlagemärkten mit den Modellen der Portfoliotheorie gut rechnen ließ, genauso ließen sich mit dem CAPM nun neue Geschäftssparten oder auch Firmenübernahmen rechnen und die damit verbundenen Risiken zahlenmäßig handlich darstellen.

Doch auch in diesem Fall sieht die damit verbundene Rechnung problematisch aus, denn das CAPM basiert auf der modernen Portfoliotheorie und weist daher auch die mit ihr verknüpften, bereits diskutierten hochriskanten Unzulänglichkeiten auf. Auch bei der Anwendung des CAPM werden zukünftige Investitionen in Risikokategorien eingeteilt. Die Formel dafür ist griffig, basiert aber auf Voraussetzungen, die es in der wirtschaftlichen Wirklichkeit kaum oder in nur sehr eingeschränktem Umfang gibt. Erstens: Alle Marktteilnehmer haben die gleichen Informationen und Präferenzen. Zweitens: Jeder kann sich so hoch verschulden, wie er will. Und drittens: Alle Marktteilnehmer haben als Ausgangspunkt dasselbe Portfolio an Vermögensgegenständen.

Jenseits dieser eigentlich offensichtlichen Unzulänglichkeiten jedoch stand mit dem CAPM für Unternehmen nun erstmals ein wissenschaftlich basiertes Instrument bereit, strategische Investitionsentscheidungen rechnerisch zu fundieren.

Und die Rechnungs- und Entscheidungsfunktion wuchs im Zuge der sich durchsetzenden Anwendung des CAPM der Finanzabteilung zu.

Das hatte Folgen für die Machtverteilung in den Chefetagen von Großunternehmen der Realwirtschaft. Die Gewinner waren dabei die Finanzvorstände. Bislang zeichneten sie als Verwalter der Liquidität und der ordnungsgemäßen Buchführung und Bilanzierung für die Sicherstellung der finanziellen Stabilität des Unternehmens verantwortlich. Mit den neuen Möglichkeiten des CAPM änderte sich das. Nun rückten sie dem Einflussbereich des Vorstandsvorsitzenden, der in der Regel hauptsächlich für die strategische Unternehmensausrichtung verantwortlich war, sehr nahe. Denn mit Verwendung des CAPM waren es immer mehr die Zahlen der Finanzabteilungen, die die entscheidende Basis dafür lieferten, ob eine Investition getätigt oder verworfen wurde. Und je mehr sich die Anwendung des CAPM durchsetzte, desto mehr erfuhren Finanzfunktion und -abteilungen innerhalb der Großunternehmen eine Aufwertung.

Seitdem ist es an der Tagesordnung, dass aus einem erfolgreichen Finanzvorstand der nächste Vorstandschef, aus einem erfolgreichen *Chief Financial Officer* (CFO) der nächste *Chief Executive Officer* (CEO) wird. Die Gründe sind klar: Vor allem der Finanzvorstand verfügt über das Wissen, zukünftige Investitionen mit den für eine Risikobetrachtung relevanten Zahlen zu unterlegen, kritische Fragen zu stellen und Entscheidungen zu begründen, die auf den Grundmodellen von Sharpes Theorien fußen.

Nicht zufällig entstand daher aus der wissenschaftlichen und staatlichen Sanktionierung der Portfoliotheorie und des CAPM auf den Finanzmärkten ein neues Feld der Bewertung und Finanzierung von Unternehmen, das seither *Corporate Finance* genannt wird. Mit der Anwendung der Ideen und Modelle von Markowitz und Sharpe wurden damit auch Übernahmen von Unternehmen wissenschaftlich unterfüttert, und zwar mit wahrscheinlichen Risiko-Rendite-Verläufen, ihren Renditeanforderungen und daraus herleitbaren Preisen.

Bei näherer Betrachtung fällt aber auch diese Bilanz, also die Bilanz der Anwendung der Glockenkurvenlogik beziehungsweise des CAPM auf Unternehmensübernahmen, mager aus. Zwar verschafften sie Horden von Investmentbanken, Wirtschaftsanwälten und Unternehmensberatern über Jahrzehnte fantastische Geschäfte. Doch die meisten Studien belegen, dass fast zwei Drittel aller großen Unternehmensübernahmen der letzten Jahrzehnte die in sie gesetzten Erwartungen zu den Renditeverläufen nicht erfüllt haben. Fast könnte man sagen, als zeige sich in diesem Zwei-Drittel-Bauch die Glockenkurve des Scheiterns des CAPM in der Praxis.

Dieses Scheitern wurde auch hierzulande wieder und wieder deutlich. Zwar hatte die Entwicklung zu immer größeren Unternehmenseinheiten in den USA der 80er-Jahre begonnen. Doch der Übernahmeboom schwappte bald auch nach dem Fall der Berliner Mauer nach Europa und Deutschland und setzte sich hier fort – mit teilweise immensen Wertverlusten.

1994 etwa kaufte BMW das britische Automobilunternehmen Rover – nur um es sechs Jahre danach mit Verlusten von neun Milliarden D-Mark wieder loszuschlagen. Im Vergleich zu seinem schwäbischen Konkurrenten kam der Münchner Autobauer aber noch glimpflich davon. Denn Daimler-Benz fusionierte 1998 mit dem US-Automobilunternehmen Chrysler, das zuvor schon mehrmals vor dem Aus gestanden hatte. In den Worten des damaligen Vorstandsvorsitzenden Jürgen Schrempp besiegelte diese Transaktion, in der die DaimlerChrysler AG entstand, »eine Hochzeit im Himmel«. Die Wirklichkeit sah indes erschreckend anders aus. Bis 2007 verlor Chrysler circa 35 Milliarden Euro an Marktwert. Daimlers Verluste übertrafen diese Marke noch. Und als sich Daimler zwei Jahre später von Chrysler trennte, war klar, dass die Anleger statt einer Hochzeit im Himmel nun »eine Trennung in der Hölle« erleben mussten.

Sowohl beim Einstieg wie beim Ausstieg hatten Investmentbanken, Berater und Wirtschaftsprüfer viel Geld verdient. Der Reputationsverlust indes lag allein bei den Unternehmen, der wirtschaftliche Schaden allein bei ihren Aktionären. Und indirekt bei den Beschäftigten und der Volkswirtschaft insgesamt, denn mit den am Ende verlorenen Milliardensummen wären besser Ersatz- und Neuinvestitionen getätigt worden.

Neue Welt der Optionen – und die »Quants« als Retter

Schließlich schuf die neue Finanztheorie die schon von Bachelier versuchte, aber erst von Black, Scholes und Merton ermöglichte Berechenbarkeit von Optionen, ohne auf menschliche Erwartungen zurückgreifen zu müssen. Mit ihrem Modell benötigte man nur vier Zahlen: erstens die Zinsen, zweitens die Laufzeit, drittens den Ausübungspreis – also den Preis, zu dem man am Verfallstag den Basiswert kaufen oder verkaufen kann – und viertens die zu erwartende Schwankungsbreite des Preises der jeweiligen Option.

Die ersten drei sind unbestrittene Fakten. Bei der vierten Zahl, der Volatilität, sieht es dagegen anders aus. Und das hat Gründe. Denn die Kritik am Black-Scholes-Modell ist die schon aus den mandelbrotschen Argumenten vertraute. Wie die Anwendung des CAPM und der Modelle der Portfoliotheorie setzt auch das Black-Scholes-Optionenmodell die Unabhängigkeit von Eintrittswahrscheinlichkeiten betrachteter Ereignisse voraus. Es setzt also voraus, dass der Eintritt eines Optionskursereignisses – etwa Anstieg oder Verlust – den Eintritt eines anderen nicht beeinflusst und umgekehrt. Nur dann kann es wirklich zu einem glockenkurvenartigen Verlauf von Eintrittswahrscheinlichkeiten betrachteter Phänomene kommen. Und nur dann macht es Sinn, mit den damit verknüpften Handlungsimplikationen für Risikobegrenzung und Renditeoptimierung zu arbeiten.

Die finanzwirtschaftliche Wirklichkeit sieht allerdings in vielen Fällen anders aus. Denn die Preis- und Risikoverteilung wird in wichtigen Teilen durch die Handlungen der Teilnehmer in den Finanzmärkten bestimmt, und diese beeinflussen sich laufend. Das heißt, mit jeder Kredit- oder Anlageentscheidung in den Finanzmärkten ändern sich die Preise, die Risiken und die Umstände. Damit kann die Schwankungsbreite von Optionskursen nicht als konstant oder normal verteilt in Rechnungen eingehen, ohne das Risiko von Preisverzerrungen oder von falschen Ergebnissen in Kauf zu nehmen.

Genau diese Normalverteilung von Optionspreisen jedoch setzt das Black-Scholes-Modell voraus. Und trotz dieses grundlegenden Fehlers trat das Modell begünstigt durch seine Handlichkeit in der Anwendung seinen Siegeszug durch Wissenschaft und Finanzpraxis an.

Wenn man aber – wie heute in der Finanzindustrie üblich – die Optionsformel nicht mit einer gegebenen, festen Volatilität, sondern mit verschiedenen Schwankungsverläufen rechnet, so finden sich vor allem zwei Ergebnisse: Zum einen schwanken die realen Preise von Optionen, und zwar in einigen Fällen massiv. Und zum anderen zeigen sich Preisineffizienzen, die mit der Black-Scholes-Optionentheorie nicht erklärt werden können. In der grafischen Darstellung dieser Ergebnisse kommt es dann zu sogenannten *Volatility Smiles*, das heißt zu einem Kurvenverlauf mit unterschiedlichen Optionspreisen, der wie der lächelnde Mund eines Smiley-Aufklebers aussieht und sich insofern stark von jenen Mustern von Optionspreisen unterscheidet, die laut Modell eigentlich auftreten müssten.

Auch bei den Optionen zeigte sich also: Theorie ist das eine, die Praxis ein anderes.

Und was machten die Finanzakteure? Bis heute arbeiten sie weiter mit dem Black-Scholes-Optionenmodell als Basis. Und in die Handelssäle der Groß- und Investmentbanken haben sie neben die klassischen Wertpapierhändler die – im Jargon – »Quants« gesetzt, das heißt Physiker und Mathematiker, die nichts anderes tun, als die Handelspositionen auf die mit dem Optionenmodell eigentlich nicht in Einklang zu bringenden Preisineffizienzen durchzukämmen und Vorschläge zu machen, wie man diese praktisch nutzen oder sich vor ihnen schützen kann. Mandelbrot würde sagen, dass hier etwas repariert wird, das nicht repariert werden kann, weil die Modellgrundannahmen – nämlich dass sich finanzwirtschaftliche Preise und die mit ihnen verbundenen Risiken nach der Glockenkurve rechnen lassen – nicht stimmen.

Die Quants sind damit für die Groß- und Investmentbanken Feuerwehr in der Risikofrage und Sturmtrupp in der Frage der Gewinnmöglichkeiten zugleich. In gewisser Weise sorgen sie dafür, dass man das eigentlich nicht funktionierende Optionenmodell im Wertpapierhandel ansonsten weiter nutzen kann.

Warum sollte man es auch ändern? Dafür bräuchte es ja einen theoretischen, leicht rechenbaren Neuanfang, und den gibt es nicht.

Weil also ein theoriebasierter, gut rechenbarer Neuanfang nicht so einfach möglich ist, wird mit großer mathematischer und digitaler Unterstützung weitergewurschtelt. Dabei wird bewusst die

Gefahr in Kauf genommen, dass es infolge unzureichend berücksichtigter Risiken demnächst wieder zu einer Großkrise kommen kann.

Wirklichkeitstest: Viele Krisen, viele Abstürze, Scheitern ohne Ende

Angenommener Glockenkurvenverlauf von Wertpapierkursen, Portfoliotheorie, Effizienzmarkthypothese, CAPM und Black-Scholes-Optionenmodell: Ihre Schwächen mit Blick auf stark vereinfachende, in Teilen falsche Annahmen zur finanzwirtschaftlichen Wirklichkeit und vor allem mit Blick auf den dadurch berechenbaren Umgang mit Risiken sind offenkundig. Ihre von Wissenschaft, Staat, Finanzpraxis und Ratingagenturen seit Anfang der 70er-Jahre mit Wucht vorangetriebene Verbreitung hatte fatale Folgen. Es kam zur Entwicklung eines Pfades, auf dem gefährliche Risiken systematisch ausgeblendet wurden.

In den 70er-Jahren fielen viele dieser Schwächen in der praktischen Finanzwelt allerdings nicht besonders auf – noch nicht. Und das hatte Gründe.

Zum einen brachen zwischen 1973 und 1974 die US-amerikanischen Aktienmärkte um fast 45 Prozent ein. Die Kombination aus dem Ende der Goldbindung des US-Dollars und der damit verbundenen Entstehung einer neuen Weltwährungsordnung mit flexiblen Wechselkursen – über die später noch ausführlicher zu sprechen sein wird – einerseits sowie aus Stagflation und staatlicher Schuldenausweitung andererseits ließen die US-Aktiengewinne der vorhergehenden 15 Jahren wie Schnee in der Sonne schmelzen.

Außerdem befand sich die Institutionalisierung der Investmentindustrie noch in ihren Anfängen, und die Banken waren damit beschäftigt, ihre überschüssigen US-Dollar-Anlagen der Erdöl exportierenden Staaten in Lateinamerika anzulegen.

Auch dominierten die alten klassischen Kreditinstitute noch die Finanzmärkte, und nicht, wie später, die Investmentbanken mit ihren anderen Risikokulturen oder die Schattenbanken wie Hedgefonds, Private-Equity-Fonds und andere mit ähnlichem Risikoverhalten.

Die Anwendung des Instruments der Optionen war dementsprechend limitiert. Infolge der Entstehung einer neuen Weltwährungsordnung ab Anfang der 70er-Jahre und einer sich deshalb neu formierenden Real- und Finanzwirtschaft richtete sich der Fokus dieser Anwendung vor allem dahin, wo es mit nun flexiblen Wechselkursen völlig neue Herausforderungen gab: auf den Markt für Währungen.

So fand auch das erste Gewitter in diesen vom Geist der neuen Finanztheorie infizierten Finanzmärkten statt: die Pleite der deutschen Herstatt-Bank im Jahr 1974. Sie war ein Ergebnis einer Fehlspekulation ihrer Händler auf den Futures- und Optionsmärkten zwischen D-Mark und US-Dollar.

Die Herstatt-Pleite stellte einen Weckruf an die internationalen Bankenaufseher bei der Bank für Internationalen Zahlungsausgleich dar. Denn durch die Herstatt-Pleite wurde deutlich: Der (auch von Optionen und Futures getriebene) Handel mit Währungen war nicht nur eine Chance. Er barg auch wachsende Schwankungs- und Erfüllungsrisiken, die im Fall einer Krise nicht nur *eine* Bank, sondern auch viele weitere Institute gemeinsam in den Abgrund treiben konnten – und in ihrem Gefolge womöglich ganze Volkswirtschaften.

Auch deshalb ging es danach für die internationalen Bankenregulierer von der Bank für Internationalen Zahlungsausgleich darum, die Banken vor Finanzinstrumenten, denen die Herstatt-Bank zum Opfer gefallen war, zu schützen. Allerdings sollte es – gerechnet vom Jahr der Herstatt-Pleite an – noch 14 Jahre dauern, bis ein erstes internationales Abkommen zur Bankenregulierung unter dem schon erwähnten Namen Basel I geschlossen werden konnte.

Von 1974 bis 1988 hatten sich die Banken und Finanzmärkte allerdings noch einmal völlig verändert. Und sie hatten dies getan unter dem Einfluss der neuen Ideen, Theorien und Modelle der modernen Finanztheorie. Die mit ihnen verbundene Gewissheit, man könne nun alle Risiken zahlenmäßig erfassen und bewerten und hätte so Risikobegrenzung und Renditeoptimierung gewissermaßen auf einem – wissenschaftlich abgesicherten – Schirm, erwies sich aber als grundlegend falsch.

Vor allem ab den 80er-Jahren zeigten die Märkte erstmals und in dann immer kürzeren Abständen die Zähne, die Mandelbrot nicht prognostiziert – er hielt wenig von Prognosen –, sondern durch systematische Vergangenheitsanalysen statistisch nachgewiesen hatte.

Die großen Ausschläge, die Blasen und sich daran anschließenden Zusammenbrüche nahmen seither massiv zu. Die Tabelle auf den Seiten X und Y veranschaulicht, wie massiv. Anhand von 20 Fällen zeigt sie den wachsenden Trend zu finanzwirtschaftlichen Übertreibungen und Katastrophen seit dem großen Börsencrash von 1987.

20-mal also wurde – um es salopp auszudrücken – die Glockenkurve als Maß der Preisabweichung von einem Mittelwert von ihren »fetten Enden« erschlagen, und dies in einem Zeitraum von nur einem Vierteljahrhundert.

Bei einigem Nachdenken könnte man noch ein halbes Dutzend weiterer Krisen anfügen, die zwar nicht ganz so groß waren, wie die in der langen Tabelle auf Seite 184 und 185 aufgeführten, aber doch groß genug, um auch sie als Illusion der Normalverteilung von Wertpapierpreisentwicklungen zu entlarven.

Falsche Modelle, steigende Schulden, wachsende Gefahr

Es ist kein Zufall, dass – wie die Tabelle zeigt – größere Blasen und Zusammenbrüche immer häufiger auftraten. Das gilt insbesondere für die Jahre ab 1995.

Denn seit dieser Zeit kam es in Staatshaushalten, in Privathaushalten, in der Realwirtschaft und in den Finanzmärkten zu einer wachsenden Verschuldung, wenn auch in unterschiedlichen Ausprägungen und Schüben. Die Anwendung der Portfoliotheorie und die Zunahme der Verschuldung verdichteten sich seitdem zu einem gefährlichen Gemisch.

Denn mit dem Leverage-Effekt von Krediten besteht grundsätzlich die Möglichkeit, die Rentabilität des Eigenkapitals in getätigten Investments über einen schuldenfinanzierten Anteil nach oben zu »hebeln«. Dies gilt allerdings nur bei guter Anlageentwicklung. Bei schlechter Anlageentwicklung kommt es hingegen zur Umkehrung des Leverage-Effekts, sodass für einen Investor, der sein Investment mit Fremdkapital unterlegt hat, das Risiko eines Kapitalverlusts bis zur Totalabschreibung stark ansteigt.

Und wenn so etwas nicht singulär geschieht, sondern durch Herdenverhalten unterstützt quasi systemische Formen annimmt, dann wird auch das Risiko des Scheiterns für alle immer größer: für die Finanz- und für die Realwirtschaft – und damit am Ende für ganze Volkswirtschaften und Staaten.

Die Finanzkrise 2007/08 war so gesehen kein Unfall. Vielmehr muss sie auch als Folge eines bedenklichen Gleichschritts von Wissenschaft, Staat und Finanzwirtschaft bei der Behandlung und Beurteilung von Risiko und Rendite gesehen werden. Die Kombination der Anwendung von defizitären Modellen wie der Portfoliotheorie und anderen einerseits und wachsender Verschuldung, mit der Investments unterlegt wurden, andererseits erwies sich dabei als fatal. An diesem Gleichschritt hat sich bis heute nicht wirklich etwas geändert, und er ist umso gefährlicher, als die Verschuldung in den Finanzmärkten, den Privathaushalten und den

Krisen auf den Finanzmärkten von 1987 bis 2012

Schwarzer Montag	1987	Die weltweiten Aktienmärkte erleiden mit fast 25 und 31 Prozent den bis heute größten Tages- und Wochenverlust aller Zeiten.
Junkbond-Krise	1990	Die US-Investmentbank Drexel Burnham Lambert kollabiert. Damit verbunden: Absturz der Junk-Unternehmensanleihen. Dies wiederum löst den Zusammenbruch eines Großteils der US-amerikanischen Sparkassen aus.
Zweiter Golfkrieg	1991	Extreme Schwankungen des Ölpreises.
Zinswende in den USA	1994	Die US-Zinsen steigen massiv an und führen zu großen Verlusten von mit Schulden unterlegten Derivaten in den Anlagemärkten (also von Finanzprodukten, deren Preis vom Preis anderer Produkte abhängt und/oder daran angelehnt ist).
Mexiko: Tequila-Krise	1994	Wie schon zu Beginn der 80er-Jahre kollabieren Mexiko und seine Banken aufs Neue. Dies führt zu massiven Geldabflüssen aus fast allen Schwellenländern.
Asien-Krise	1997	Zusammenbruch der asiatischen Aktien- und Immobilienmärkte, danach ihrer Währungen. Tiefe Wirtschaftskrise und weltweit hohe Verluste für die Banken.
Russland-Krise	1998	Russland wird zahlungsunfähig. In der Folge verschärft sich die Krise in den Schwellenländern.
LTCM-Pleite	1998	Der bekannteste Hedgefonds der Welt wird unter Führung der US-Zentralbank von einer internationalen Bankengruppe aufgefangen und danach abgewickelt. Die Liquidität in den Finanzmärkten geht massiv zurück, und die Risikoprämien steigen (also die Entschädigung für die Übernahmen eines Risikos).
Goldmarktkrise	1999	Der Goldpreis explodiert, nachdem viele Zentralbanken verkündet haben, ihre Goldverkaufsprogramme künftig massiv einzuschränken. Das führt zu großen Verlusten für Marktteilnehmer, die auf einen fallenden Goldpreis spekuliert hatten.
Platzen der Dotcom-Blase	2000	Nach der größten Aktienhausse aller Zeiten brechen die meisten Technologiebörsen in sich zusammen. Verluste in New York von mehr als 50 Prozent, im Neuen Markt in Frankfurt bis zu seiner Schließung 98 Prozent.
Argentinien-Krise	2001	Argentinien wird zum wiederholten Mal insolvent. Schwellenländeranleihen und -aktien geraten unter Druck.

11. September	2001	Terrorangriff auf die USA. Einstellung aller finanzwirtschaftlichen Handelsaktivitäten, Flucht in die Staatsanleihen, massive Zunahme der Risikoaversion.
Krise der US-Unternehmensanleihen	2001/ 2002	Die beiden US-Großkonzerne Enron und WorldCom kollabieren. Kriminelle Bilanzierungspraktiken werden aufgedeckt, in deren Folge auch einer der globalen Marktführer für Wirtschaftsprüfungen, Arthur Andersen, liquidiert wird. Große Verunsicherung und massive Preisabschläge bei Risikopapieren.
Dritter Golfkrieg	2003/ 2004	Alliierter US-Angriff auf den Irak. Ölpreise steigen auf Rekordhöhen.
GM- und Ford-Krise	2005	Die viel zu geringen Zinsmargen auf Unternehmensanleihen steigen massiv an, als die Ratingagenturen Ford und GM auf Junk-Status heruntersetzen. Hohe Verluste im Segment der Unternehmensanleihen, insbesondere bei Hedgefonds.
Schwellenländerkrise	2006	Große Verkaufswelle von Aktien ausgewählter Schwellenländer wie der Türkei oder Indien.
Krise der US-Schrottimmobilien	2007	Amerikanische Investoren verlieren das Vertrauen in die Ratings der Subprime-Kredite. Die US-Häuserpreise gehen erstmals spürbar zurück, und die Finanzkrise kündigt sich an. Erste Investmentbanken geraten in Schwierigkeiten. BNP Paribas muss zwei Geldmarktfonds schließen. Erste staatliche Rettungen europäischer Banken, etwa IKB in Deutschland oder Northern Rock in England. Die internationalen Geld- und Interbankenmärkte trocknen aus.
Große Finanzkrise	2008	Nach dem Zusammenbruch der US-Investmentbank Lehman Brothers droht das weltweite Finanzsystem zu kollabieren. Größte staatliche Rettungsaktionen für Banken und Versicherungen aller Zeiten, tiefe Wirtschaftskrise weltweit.
Euro-Krise (1)	2010	Ausbruch der Staatsschuldenkrise im Euro-Raum, nachdem Griechenland zugeben muss, jahrelang falsche Schuldenzahlen an Eurostat, das Statistische Amt der Europäischen Union, geliefert zu haben.
Euro-Krise (2)	2012	Das Währungssystem steht mit einem möglichen Griechenland-Bankrott und den damit verbundenen Ansteckungsrisiken kurz vor dem Zusammenbruch. Die Kombination aus Euro-Rettungsschirmen, Teilabschreibungen und einer völlig veränderten EZB-Politik, die de facto einer Bestandsgarantie des Euro gleichkommen sollte, kann die Märkte beruhigen.

Quelle: eigene Darstellung

Staatshaushalten in den letzten Jahren nochmals massiv gewachsen ist.

Auch der Ausbruch einer neuen Megakrise wird so gesehen kein Unfall sein.

Natürlich wussten Wissenschaft, Staat und Finanzwirtschaft, dass die Portfoliotheorie mit Blick auf die Erfassung von Risiken – insbesondere extrem seltener Ereignisse – große Schwächen aufwies. Aber ihre Anwendungsmöglichkeiten waren zu einladend, als dass jemand auf sie verzichten wollte. Hinzu kam, dass zwar die Risiken aus der Umkehrung des Leverage-Effekts bekannt waren. Doch auf der Jagd nach Rendite gab es immer wieder neue und gute Gründe, die privaten, staatlichen oder finanzwirtschaftlichen Schuldversprechen auszuweiten. Und auch dabei galt ja das Gesetz der Herde: Wenn alle auf die segensreiche Wirkung des Kredithebels zur Optimierung der Rendite auf das eingesetzte Eigenkapital setzten – warum nicht auch ich?

Unterstützt wurde diese Sicht durch die wachsende Überzeugung vieler westlicher Zentralbankprotagonisten, dass mit der nachhaltigen Eindämmung der Inflation seit den 80er-Jahren bei gleichzeitig steigenden Aktienmärkten und fallenden Renditen in den Anleihemärkten die westlichen Industrienationen in eine lange, stabile Phase eingetreten seien, in die Phase der sogenannten »Großen Mäßigung«. Mehr noch: Die Zentralbanker zeigten sich je länger, je mehr davon überzeugt, dass vor allem durch ihr richtiges Handeln die negativen Nebenwirkungen von Konjunkturzyklen endlich unter Kontrolle gebracht waren. Sie wurden dafür von Politik und den Finanzmärkten gefeiert, aber sie lagen falsch. Denn es war weniger ihr Verdienst, dass die inflationären Tendenzen selbst bei massiver Ausweitung der Staats- und finanzwirtschaftlichen Verschuldung in Zaum blieben. Vielmehr waren es vor allem die deflatorischen Kräfte der Globalisierung, die wirkten. So produzierten nun zunehmend die Schwellenländer jene Waren, die wenige Jahrzehnte zuvor noch im Westen hergestellt wurden, und zwar im Verhältnis sehr preiswert. Und gleichzeitig kauften sie dann auch noch die Schulden – also die Staatsanleihen – der alten Industrienationen. Auf die Idee, dass diese Entwicklung langfristig instabil sein könnte, kam insbesondere die US-Zentralbank Fed nicht. Vielmehr sah sie sich in den ersten Jahren des neuen Jahrtausends als Versicherer der Finanzmärkte bestätigt.

Diese gefährlichen, sich verfestigenden Grundhaltungen der westlichen Zentralbanker unterstützten logischerweise die Neigung der Finanzmarktakteure, zunehmend an eine neue Normalität zu glauben, die verhieß, auch mit großen Risiken ohne Angst sehr viel Geld verdienen zu können.

Versuche, die Finanztheorie mit Blick auf ihre Risikodefizite zu reparieren, hat es im Übrigen zuhauf gegeben. Tausende von Computern haben seit den 80er-Jahren immer wieder Risikoszenarien mit dem Ziel durchgespielt, die Schwächen der genutzten Theorien einzudämmen. Ein plakatives Beispiel dafür ist die sogenannte Monte-Carlo-Simulation, ein Verfahren, das seitdem große, sehr unwahrscheinliche Risiken in die Berechnungen einzubauen suchte. In der Summe aber blieben diese Reparaturversuche allesamt Stückwerk – und das war auch kein Wunder, da man sich von der handlichen Glockenkurve als Grundidee für die Abbildung von wahrscheinlichen Preisentwicklungen und Risiken, wie sie ja auch für die Portfoliotheorie gilt, nicht trennen wollte. Eine wissenschaftlich fundierte Alternative, die gleichzeitig einfach zu rechnen ist, gibt es eben bis heute nicht.

Damit nicht genug. Denn weil man an der Portfoliotheorie für »vorsichtiges Investieren« festhielt, kam es zu einer weiteren Fehlentwicklung. Die Portfoliotheorie trug nämlich ebenfalls wesentlich dazu bei, dass die bei den Banken sonst grundlegend wichtigen Kreditvergaben, Einzelkreditbetrachtungen und die damit verbundenen Risikomodelle immer stärker in den Hintergrund rückten und dafür andere Geschäftsmodelle in den Vordergrund traten.

Das lag an den sich verändernden Umständen, aber auch an den Banken selbst, denn sie sahen sich einem stark wachsenden internationalen Wettbewerb ausgesetzt und mussten daher erfinderisch sein. Noch mehr aber lag es an den dynamisch sich entwickelnden Geld- und Kapitalmärkten mit ihren Schattenbanken wie Hedgefonds oder Private-Equity-Fonds, denen immer mehr die Rolle zufiel, die Preisbildung nicht nur für Aktien oder Anleihen zu übernehmen, sondern auch für Kreditprodukte wie Hypotheken und für Unternehmen.

Die Banken waren im Zuge dieser Entwicklung immer weniger klassische Kreditinstitute beziehungsweise Geschäftsbanken. Stattdessen wurden sie immer mehr zu Verkäufern beziehungsweise Händlern von Wertpapieren in den Finanzmärkten. Dieser allmähliche Wandel veränderte auch ihr Verhalten in Sachen Risiko grundlegend. Während sie vorher die Fehler unvorsichtigen Handelns in ihren eigenen Bilanzen zu spüren bekamen, entwickelten sie nun Finanzprodukte und handelten mit Finanzprodukten, bei deren Ausfall am Ende nicht sie hafteten, sondern deren Haftung in den Geld- und Kreditmärkten landete. Sie hofften, durch die Verlagerung der Haftung und Risiken in die Geld- und Kreditmärkte in einer Krise die Suppe des Scheiterns nicht mehr selbst auslöffeln zu müssen. Dass es ganz so einfach nicht ist, zeigte sich dann mit Ausbruch der Finanzkrise 2007/08, als viele Banken eben doch mit in den Strudel gerissen wurden und gerettet werden mussten.

In jedem Fall also veränderte sich das Geschäft der Banken. Immer weniger stand die Einzelkreditvergabe und damit verbundene Risikoprüfung im Vordergrund, und immer mehr dafür anderes, das mithilfe der Portfoliotheorie und ihrer Erweiterungen gemanagt wurde: zum einen der syndizierte Kredit großer Bankenkonsortien, also die Gewährung eines einheitlichen Kredits durch eine Gruppe von Banken an einen Kreditnehmer; und zweitens das Kreditportfolio in den Finanzmärkten, also die mittels forderungsbesicherter Wertpapiere erfolgende Verbriefung einer nach bestimmten Kriterien ausgewählten Teilmenge von Krediten (etwa Immobilienkredite, Privatkredite für Autos, Forderungen aus Kreditkarten etc).

Gerade der zweite Geschäftsbereich erwies sich als besonders gefährlich. Um das zu verstehen, lohnt noch einmal der Blick in die Folgen der in der Finanzpraxis angewendeten Portfoliotheorie. Eines ihrer wichtigsten Argumente für die Risikosteuerung ist die Ermöglichung diversifizierten Investments. Erfolgreiche Diversifikation wiederum setzt, wie erläutert, die Nichtkorrelation der Wertentwicklung von Wertpapieren in einem Portfolio voraus. Bei richtiger Anwendung der Portfoliotheorie ergibt sich dann für jeden Investor die Möglichkeit, das »richtige«, das heißt, das den individuellen Risikopräferenzen angepasste Portfolio aus Anleihen, Liquidität und Aktien zusammenstellen zu können.

Allerdings kann der angewendete Grundsatz der Nichtkorrelation von Wertpapieren in der Praxis diversifizierten Investments einen entscheidenden Haken haben. Denn wenn sich alle Anleger gleich verhalten und korrelierte und nicht korrelierte Wertpapiere nach ähnlichen Mustern zusammenstellen, dann wird, wie schon gezeigt, aus der Nichtkorrelation genau das Gegenteil: die Gleichschaltung beziehungsweise Synchronisation von Märkten, die in ihrem ursprünglichen Preisverhalten keine Korrelationen zueinander hatten. Die kollektive Befolgung der Grundprinzipien der modernen Finanztheorie führt dann also zur Sprengung ihrer Voraussetzungen.

Zu genau dieser gefährlichen Korrelation bis hin zur Gleichschaltung von vorher nicht korrelierten Vermögens- und Kreditklassen ist es in den letzten 20 Jahren über die Anwendung der neuen Finanztheorie gekommen.

Gleichschaltung einerseits und Übertreibung andererseits – als Ergebnis des Glaubens an die Normalverteilung von Risiken – wurden dabei zu den treibenden Kräften in den Finanzmärkten, und das mit immer mehr Anlagen, die Rendite suchten, und mit immer höheren Verschuldungskoeffizienten, also mit immer höheren schuldenfinanzierten Investmentanteilen.

Eine von den Gesetzen der Gleichschaltung dominierte Rendite-Schulden-Spirale baute sich auf – sie besteht bis heute.

Dazu kommt noch ein Weiteres: Denn wenn die meisten Teilnehmer in den Finanzmärkten mit einer falschen Theorie der Zusammenstellung von Portfolios die Preise in den Märkten bilden, dann führt das nicht nur zu Korrelationen von Märkten, deren Preisfunktion normalerweise ihren eigenen fundamentalen Gesetzen folgt. Es führt über die Gleichschaltung vorher nicht korrelierter Preise und ihrer Verläufe ebenfalls zu einer massiven Unterminierung einer sauberen Preisbildung.

Wenn aber die Preisbildung in den Finanzmärkten mit den Fundamentaldaten der Realwirtschaft nicht mehr übereinstimmt, dann kommt es auch in der Realwirtschaft zu großen Fehlallokationen von Kapital.

Gerade die effiziente Allokation von Kapital über echte Marktpreise ist aber für Marktwirtschaften eine Grundbedingung ihres Funktionierens. Werden die beschriebenen Fehlentwicklungen also nicht zügig korrigiert, dann erodieren die Fundamente der Marktwirtschaft gleichsam schleichend.

In der Nähe dieser Argumentation bewegt sich im Übrigen auch George Soros. Immer wieder hat der milliardenschwere Investor und Philanthrop in diesem Zusammenhang die Reflexivität der Finanzmärkte – er fokussierte insbesondere auf bestimmte Produkte wie etwa auf die Kreditausfallversicherungen – als wichtige Krisenursache herausgestellt. Verkürzt ausgedrückt ist er der Meinung, dass bestimmte Produkte und Verhaltensweisen der Finanzindustrie der letzten Jahrzehnte ihre eigene Wirklichkeit geschaffen haben und das bis heute tun. In der Konsequenz würden sie mit den klassischen Angebots- und Nachfragekräften von Realwirtschaften kollidieren und nicht selten zu falschen Preisen und so zu ineffizienter Kapitalallokation und großem volkswirtschaftlichem Schaden führen.

Ein plakatives Beispiel dafür ist das Herdenverhalten der institutionellen Anleger, das seit Mitte der 90er-Jahre zeitweilig zu einer Gleichschaltung der Preise von Währungen mit den Preisen von Rohstoffen oder Aktien führte. Am ausgeprägtesten zeigte sich dieses Phänomen über viele Jahre etwa in der Gleichförmigkeit der Preisentwicklung des japanischen Yen und der Preisverläufe an der New Yorker Aktienbörse. Es waren die von der Finanzwirtschaft selbst verursachten Herdenkräfte, die diesen Preisverläufen dieselbe Richtung gaben, denn realwirtschaftlich gab und gibt es für sie keine Begründung.

LTCM: Das Hedgefonds-Desaster – und keiner lernt dazu

Dass die Gleichschaltungen von realwirtschaftlich nicht korrelierten Preisen insbesondere bei einer großen Marktbewegung nach unten für Investoren sehr teuer werden können, bekamen zwei der Nobelpreisträger, Merton und Scholes, dann in der Praxis zu spüren. Von ihren Theorien überzeugt, gründeten sie zusammen mit den besten Anleihehändlern der Wall Street 1993 einen Hedgefonds, den Long Term Capital Management LP, kurz LTCM.

Anders als klassische Publikumsfonds dürfen Hedgefonds keine Privatkunden ansprechen oder Werbung betreiben. Ihre Kunden sind normalerweise Multimillionäre oder Milliardäre, also Investoren, deren Vermögen nicht vom Staat geschützt werden müssen.

Anleger in solchen Fonds wissen, dass sie viel Geld verdienen können. Sie wissen aber auch, dass das Verlustrisiko ebenfalls sehr hoch ist. Das liegt daran, dass Hedgefonds zwei Geschäfte betreiben können, die anderen Fonds strengstens verboten sind: Zum einen dürfen sie Wertpapiere verkaufen, ohne sie zu besitzen, das sogenannte *short selling*. Und zweitens dürfen sie ihre Positionen mit so vielen Schulden unterlegen, wie sie das für richtig halten.

Beide Punkte sind hier wichtig. Solange sie richtigliegen, können Hedgefonds damit auch in fallenden Märkten hohe Erträge erwirtschaften. Ihre Gewinne können sie aber noch immens steigern, wenn sie ihre Investmentpositionen mit Schulden unterlegen. Dann wachsen die Gewinne exponentiell. Im Fall des Scheiterns ihrer Strategie gilt jedoch das Umgekehrte, denn dann wird es für die Investoren sehr schnell sehr eng, weil sie dann mit dem nach unten wirkenden Leverage-Effekt konfrontiert werden.

In den ersten drei Jahren entwickelte sich der LTCM prächtig. Jahresrenditen von über 40 Prozent schienen die Nützlichkeit angewandter Portfoliotheorie zu bestätigen. Dabei war der Fonds zunächst weitgehend in den US-amerikanischen Anleihe- und Aktienmärkten aktiv, bis er – aufgrund großer Zuflüsse und wachsender Kredithebel – auch nicht amerikanische Anleihe-, Währungs- und Aktienmärkte nach »Schnäppchen« durchkämmte.

Die Fondsstrategie war griffig und einleuchtend: Sie fußte zum einen auf der Annahme, dass sich die Preise der Anleihen nur sehr moderat bewegen würden. Oder anders ausgedrückt: LTCM spekulierte darauf, dass die moderate Volatilität in den Anleihemärkten, wie sie die erfolgreiche Anwendung der Portfoliotheorie voraussetzte, auch in Zukunft gering bleiben würde.

Der Fonds fußte zweitens auf der Annahme der Konvergenz. Das heißt, LTCM ging davon aus, dass sich die Preise ähnlicher Wertpapiere, die sich weniger durch fundamentale Daten als durch ihre Liquidität oder nur sehr kleine materielle Eigenschaften unterscheiden, über die Zeit annähern würden.

In einem so angenommenen Umfeld – moderate Volatilität und daraus folgende Konvergenz – ließen sich unter Anwendung von markowitzscher Portfoliotheorie und sharpeschem Capital Asset Pricing Model Preisunterschiede von bestimmten teuren oder billigen Papieren ausnutzen. Dabei verkaufte man die teuren und kaufte gleichzeitig die billigen, und zwar so lange, bis sich die Preisunterschiede wieder ausgeglichen hatten. Danach strich man den Gewinn ein und suchte nach neuen Anlagemöglichkeiten.

Allerdings sieht die reale Welt anders aus. Denn anders als es die Portfoliotheorie und der ihr zugrunde liegende glockenkurvenartige Verlauf von Wertpapierpreisen und ihren Risiken es postulieren, lösen sich in den Finanzmärkten Zeiten geringer Volatilität immer wieder mit Zeiten immens hoher Volatilität ab.

Und wie sagte schon der berühmte Berliner Bankier Carl Fürstenberg zu Beginn des 20. Jahrhunderts, gemünzt auf die Finanzmärkte: »Zum Aussteigen wird nicht geklingelt.« Die Portfoliotheorie und ihre Weiterentwicklungen kennen keine Panik. In den realen Finanzmärkten aber ist die Panik ein bekanntes, wiederkehrendes Phänomen, etwa wenn es nach Zeiten geringer Volatilität plötzlich zu großen Ausschlägen bei Wertpapierkursen nach unten kommt.

Das Jahr 1998 entwickelte sich dann zum Super-GAU für die Finanzmärkte: Große Turbulenzen, große Panik, große Verluste – und am Ende war die Portfoliotheorie (eigentlich) entzaubert.

Nachdem ganz Südostasien schon 1997 in eine Währungs- und Wirtschaftskrise geraten war, stand Russland im August 1998 vor der Zahlungsunfähigkeit. Die Finanzmärkte reagierten sofort. Für Anleihen, Aktien und viele Währungen gab es nur eine Richtung – nach unten, und zwar ohne Ausnahme, und damit völlig anders, als es die Fondspositionen von LTCM vorsahen.

Schon einige Monate zuvor hatte LTCM in der Asienkrise begonnen, Geld zu verlieren. Das Eigenkapital des Fonds schmolz dahin, die Anlagen verloren an Wert, während die Schulden als Ergebnis der Umkehrung des Leverage-Effekts wuchsen.

LTCM wurde schließlich zum Opfer eines Herdenphänomens, das man als »Flucht in die Sicherheit« bezeichnet. Dabei kommt es in Krisen zum massiven Verkauf von riskanteren Risikopositionen – etwa von Unternehmensanleihen oder Aktien – bei gleichzeitigem Kauf von sichereren Staatsanleihen.

Trotz der eskalierenden Krise waren die LTCM-Manager nicht willens, sich für einige Hundert Millionen US-Dollar retten zu lassen. Goldman Sachs und Warren Buffett standen als Investoren bereit, doch sie wurden zurückgewiesen. Das Eigenkapital von LTCM war zwar auf weniger als zehn Prozent gesunken, doch die Fonds-Manager glaubten noch immer daran, Herr der Lage zu sein. Ihre Rechnung, dass es bald zu einer Besserung kommen würde, ging indes nicht auf. Der Fonds blutete weiter aus.

Nur wenige Tage später trat dann ein Retter auf, dessen Sorgen sich nicht auf Hedgefonds generell oder auf LTCM im Besonderen richteten, sondern auf diejenigen, die ihn finanzierten und im Risiko standen, im Fall einer Insolvenz von LTCM selbst massiv zu bluten: auf die großen internationalen Banken. Aus Angst vor einer durch den Fall von LTCM ausgelösten internationalen Bankenkrise schritt die US-Zentralbank ein und organisierte mit den wichtigsten Kreditbanken des Fonds innerhalb weniger Stunden hinter geschlossenen Türen dessen Rettung.

Dabei verloren die ursprünglichen Investoren faktisch ihr ganzes Investment. Jede der Banken verlor mehrere Hundert Millionen an US-Dollars. Danach wurde der Fonds abgewickelt. Zwei Jahre später gab es LTCM nicht mehr.

Wenn es einen markanten Punkt in der jüngeren Finanzgeschichte gibt, den man als tragisch bezeichnen kann, dann waren es die Monate nach dem Scheitern von LTCM. Denn anstatt die Lehren aus dem Desaster zu ziehen, zog die Finanzmarktkarawane unter Einschluss der Zentralbanken, der Regulierungsbehörden und der Staaten auf ihrem eingeschlagenen Weg einfach weiter.

Wohl vor allem, um sich zu beruhigen, gab es erneut theoretische Reparaturversuche, etwa indem das Basismodell der Glockenkurve mit weiteren Reparaturmodellen unterfüttert wurde. Das änderte jedoch nichts an den Grundproblemen bei der Risikoerfassung und -bewertung. Auch der *Bail-out*, also die Rettung durch die US-Zentralbank Fed, sorgte bei den Banken nicht für ein Umdenken in Sachen Risiko. Ganz im Gegenteil: Der Bail-out wurde als Einladung angesehen, sich von nun an in Krisen am besten immer auf die US-Zentralbank zu verlassen. Wenn sich die Fed schon darum kümmert, einen unregulierten Hedgefonds zu retten, dann wird sie wohl alles tun, auch regulierte Banken aus einer ernsten Krise herauszuhauen, so damals die durchaus nachvollziehbaren Schlussfolgerungen der Banken.

Der *Greenspan-Put* – benannt nach dem damals amtierenden Fed-Chef Alan Greenspan – als eine wenn auch nur unter vorgehaltener Hand ausgesprochene Versicherungspolice für die Banken durch die Fed war geboren.

Anstatt also innezuhalten, nachzudenken und das Investmentverhalten mit Blick auf die offensichtlich gewordenen Risiken zu ändern, gab es von nun an kein Halten mehr.

Stattdessen bildete sich begünstigt durch den Greenspan-Put gerade bei den internationalen Banken ein neues Sicherheitsdenken heraus – mit gravierenden Folgen. Denn anstatt nun die Risiken und Grenzen der neuen Finanztheorie offenzulegen, verstärkte sich in den Banken und den Finanzmärkten der feste Glaube, man habe die Risiken voll im Griff – mit im Wesentlichen unveränderten theoretischen Risikomodellen, obwohl die sich bei LTCM so bitter gerächt hatten.

Zur gleichen Zeit arbeiteten die internationalen Bankenaufseher in Basel an einer neuen Bankenregulierung, an Basel II. Basel I ja war auch durch die Herstatt-Pleite 1974 angestoßen und 1988 Kraft gesetzt worden und hinkte schon damals den Realitäten und Notwendigkeiten einer sich rapide verändernden Finanzindustrie hinterher. Umso dringender wurden zeitgemäße neue globale Regulierungsvorschriften benötigt. Und dies umso mehr, als die Banken – bedingt durch das Wachstum ihrer Investmentsparten – weltweit immer größer wurden und die Säle der Wertpapierhändler das internationale Banken- und Finanzwesen immer stärker dominierten.

Wie nötig neue Regulierungsvorschriften waren, zeigte sich auch nach dem LTCM-Kollaps. Denn es wurde bekannt, dass viele der Groß- und Investmentbanken, die die hohe Leverage-Dynamik für den Hedgefonds über Kredite ermöglicht (und damit lange sehr viel Geld verdient) hatten, ähnliche Investmentpositionen wie LTCM gehalten hatten.

Über das Kopieren des angesagtesten Fonds der Welt hatten viele Banken mitverdienen wollen. Dann aber wurden alle – Original und Imitate – gleichzeitig auf dem falschen Fuß erwischt. Aus der Panik eines einzelnen Fonds wurde so die Panik einer großen Gruppe. Die Richtung war damit klar – noch weiter nach unten. Die Schnelligkeit und das Ausmaß dieser Bewegung wurden durch das Herdenverhalten massiv erhöht.

Die Summe der Verluste war damit am Ende sehr viel höher, als das der Fall gewesen wäre, wenn die Marktteilnehmer unterschiedliche Investmentpositionen gehalten hätten.

Das Herdenverhalten, das den Banken gut 15 Jahre zuvor in der Südamerika-Krise zu Recht vorgeworfen worden war, hatte mit LTCM und seinen kreditgebenden Banken erstmals auch in den modernen Anlage- und Kreditmärkten ein Gesicht des Scheiterns bekommen.

Kein Zweifel, dieses Gesicht und die Ursache seines Entstehens hätte man sowohl bei der US-Zentralbank wie auch bei den internationalen Bankenaufsehern in Basel sehen können – allerdings nur dann, wenn man den Banken selbst auch adäquate Risikokontrollinstrumente verordnet hätte.

Das aber war nicht der Fall. Schlimmer noch: In den 90er-Jahren setzte sich in den Banken immer mehr die Praxis durch, das Risikomanagement aufbauend auf denselben wissenschaftlichen Theorien und Modellen zu betreiben, die bei LTCM ins Verderben geführt hatten. Das sich so ausbreitende Risikomessverfahren erhielt dabei in der Folge den Namen »Value at Risk«.

Zwar wurde es in der Europäischen Union im Gefolge von Basel II, der zweiten großen Bankenregulierungsrichtlinie der Bank für Internationalen Zahlungsausgleich, erst 2007 als für alle Finanzinstitute geltendes Risikomessverfahren eingeführt. Doch schon 1998 machten es die meisten nationalen Bankenaufsichtsbehörden vor allem für Groß- und Investmentbanken zum jeweils verbindlichen Verfahren, mit dem Bankenrisiken erkannt, beurteilt und gemanagt werden mussten. Das galt auch für die USA, die die Basel-II-Regeln nie ratifizierten.

Investmentbanken: Macht, Geschäft und Risikoverlagerung

Ein erster kurzer Blick zurück hilft zu verstehen, wie es im Laufe der Zeit dazu kam – und was diese Fehlsteuerung seither angerichtet hat.

Bis zum Anfang der 80er-Jahre war die Bankenwelt mit ihrem damaligen Kerngeschäft – dem Einsammeln von Einlagen und der Gewährung von Krediten für die Realwirtschaft in Sachen Risikobetrachtung und -beurteilung überschaubar unterwegs. Zwar hatte das Jahrzehnt davor bedingt durch Stagflation und Ölkrisen allerorten einen wirtschaftlich trüben Verlauf gezeigt. Auch die Abkehr von der Bretton-Woods-Währungsordnung der Nachkriegszeit und die damit verbundene Hinwendung zu flexiblen Wechselkursen hatten zu einigen finanzwirtschaftlichen Turbulenzen geführt, unter anderem mit der weltweit Wogen schlagenden Pleite der Kölner Herstatt-Bank, die über Devisenfehlspekulationen riesigen Ausmaßes gestürzt war. Doch bis zum Dekadenwechsel hatte es lange keine größeren Krisen des globalen Banken- und Finanzsystems gegeben; das Lateinamerika-Desaster der Banken, die Krise der US-Hypothekenverbriefungen oder das Drama der US-Sparkassen lagen noch in der Zukunft.

Lange bestanden die größten Risiken im klassischen Bankgeschäft vor allem – und lediglich – aus zweierlei. Zum einen war dafür zu sorgen, dass die Bank immer liquide ist, dass also berechtigten Zahlungs- und Auszahlungswünschen der Kunden jederzeit nachgekommen werden konnte. Und zum Zweiten ging es darum, zu hohe Risiken bei der Kreditvergabe zu vermeiden. Mit dem Untergang der Herstatt-Bank lernte man dann, dass mit flexiblen Wechselkursen und daher massiv zunehmenden Devisentransaktionen fortan ein dritter zentraler Risikobereich in das Zentrum der Aufmerksamkeit rücken musste, um Schieflagen des eigenen Instituts infolge eigenen Agierens oder infolge des Agierens anderer Marktteilnehmer zu vermeiden.

Die Vorstände in den Banken kannten diese drei Risikofelder nur allzu gut. Und wenn sie auch selbst nicht notwendigerweise Risikospezialisten waren, so waren sie in einem im Vergleich zu heute recht übersichtlichen Weltfinanzsystem im Allgemeinen doch erfahren genug, dafür Sorge zu tragen, dass die Risiken im Fokus gehalten wurden und die Banken ihre Funktion als Transmissionsriemen für die Realwirtschaft erfüllen konnten.

Geprägt von einem Geist ausgeprägter Zurückhaltung bei Projekten, von denen man zu wenig verstand, kennzeichnete die Führungsriegen der meisten klassischen Banken damals auch eine große Risikoscheu. Bei strittigen Fragen, auch und gerade bei solchen, die mit neuen Risikoentscheidungen verbunden waren, wurde bis spät in die Nacht hinein diskutiert und gerechnet, bis es schließlich zu einer gemeinsam getragenen Entscheidung kam.

Überhaupt gab es in den Führungsetagen, wie schon vorher beschrieben zumeist keine wie auch immer geartete Richtlinienkompetenz eines Vorstandsvorsitzenden – wenn denn ein solcher überhaupt ernannt worden war. Vielmehr herrschte zumeist das Konsensprinzip vieler Gleicher. Und nicht von ungefähr galten Konsensfähigkeiten neben Führungsfähigkeiten als die wichtigsten Anforderungen, die eine Bank an ihre Manager bis hinauf an die Spitze stellte.

Mit der allmählichen Verschiebung der Kapitalsammel- und Kreditvergabefunktion von den klassischen Geschäftsbanken in die weitgehend unregulierten Geld- und Kapitalmärkte, die in den 70er-Jahren begann und dann im nächsten Jahrzehnt rasant an Tempo zulegte, änderte sich allerdings diese vertraute Bankenwelt.

Teil der Veränderung war der schon beschriebene Aufstieg der Investmentfonds sowie der Geld- und Kapitalmärkte. Und Teil der Veränderung war zudem das Wachstum der Investmentbanken in der angloamerikanischen Bankenwelt sowie der Bedeutungsgewinn der Handelsabteilungen auch in den kontinentaleuropäischen Universalbanken.

Beide Wachstumsprozesse stehen für eine vergleichbare Entwicklung. In den USA etwa galt seit den 30er-Jahren bis in die 90er-Jahre hinein die Trennung der klassischen Kredit- beziehungsweise Geschäftsbanken einerseits von den Investmentbanken andererseits. Vom Aufstieg der weitgehend unregulierten Finanzmärkte profitierten in der Folge zunächst vor allem die im Vergleich zu den klassischen Kredit- und Geschäftsbanken deutlich weniger regulierten Investmentbanken.

In Deutschland und im übrigen Kontinentaleuropa zeigte sich demgegenüber eine etwas andere Dynamik. Denn im Unterschied zur amerikanischen Bankenwelt waren hier die Bankenlandschaften durch das Universalbankensystem geprägt, und sie sind es bis heute. Das heißt, bis heute sind kontinentaleuropäische Banken dadurch gekennzeichnet, dass klassische Einlage- und Kreditfunktionen und Investmentbankfunktionen nicht getrennt, sondern unter einem Bankendach nebeneinander bestehen.

Und unter diesem einen Dach schrumpfte für die Universalbanken mit dem Aufstieg der Geld- und Kapitalmärkte nun die Bedeutung der Kreditabteilungen und des Kreditgeschäfts nach und nach. Dafür wuchs für sie die Bedeutung des Investmentbankingressorts. Mit ihnen konnte nun das Wachstum der Geld- und Kapitalmärkte vorangetrieben werden. Denn immer stärker wurde klar: In diesen boomenden Märkten lagen fortan die Gewinnpotenziale für die Universalbanken, und sie konnten nur daran teilhaben, wenn sie ihre Handels- und Vertriebskapazitäten ausbauten. In der Folge wuchsen die Mitarbeiterzahlen in diesem Bereich und auch die Handelssäle der Institute schwollen an.

Doch mit den Gewinnpotenzialen verschoben sich auch die Risiken – in die Finanzmärkte und auf Bankenebene vor allem in die Investmentbankingbereiche. Das wiederum hatte Konsequenzen für ihre Führung. Denn von den hier entstehenden neuen Spezialrisiken verstanden die generalistisch ausgerichteten Old-School-Top-Banker kaum mehr etwas. Neue Produkte wie Zins- und Währungs-Swaps, Kredite an Hedgefonds, Optionen auf Aktien,

Zinsen und Währungen, Verbriefungen von gebündelten Hypotheken und anderes mehr machten die Vorstände bei der Beurteilung der von diesen Produkten ausgehenden Risiken zu Abhängigen der Chefs ihrer *Trading Floors*.

Die Frage war, wie sie damit umgehen sollten. Und nachdem ab den 70er-Jahren bereits Portfoliotheorie, Effizienzmarkthypothese, Capital Asset Pricing Model, Black-Scholes-Optionsmodell & Co. die Finanzmärkte aufmischten und den Banken dort neue Umsatz- und Gewinnquellen erschließen halfen, wuchs den Bankvorständen auch bei der Messung und Beurteilung der neuen Risiken der Handelsaktivitäten (scheinbare) Rettung aus der Ecke der modernen Finanztheorie zu.

So kam es, dass sich griffig scheinende – in Wirklichkeit aber hochproblematische – finanzmathematische Formeln zur Messung und Beurteilung von Risiken in der Folge zur schieren Notwendigkeit entwickelten, die Banken in einer Weise steuern zu können, dass man ihrem Führungspersonal keine grobe Fahrlässigkeit in Risikofragen vorwerfen konnte.

Hätte es andere Möglichkeiten gegeben? Durchaus. Die alte Regel »Wenn du etwas nicht richtig verstehst, dann lasse die Finger davon«, die auch der legendär erfolgreiche Investor Warren Buffett in seinen Entscheidungen als Anleger seit Jahrzehnten beherzigt, wäre eine Option gewesen.

Doch aus guten Gründen wurde sie in den meisten Fällen nicht gewählt. Und das hatte mit der Dynamik der Veränderungsprozesse einerseits und dem Streben nach Machterhalt der alten Bankeliten andererseits zu tun: Die Transformation der klassischen Banken, die mit dem Aufstieg der Geld- und Kapitalmärkte aus klassischen Kreditinstituten immer stärker zu Dienstleistungsunternehmen für eben diese Märkte mutierten, wurde angetrieben durch eine sich entwickelnde Konkurrenz zwischen den USA und Europa.

Ihren Ursprung hatte sie in den Vereinigten Staaten. Der Druck auf die Bankenwelt war hier so groß, dass darüber selbst das alte Trennbankensystem kollabierte. Und das war auch nicht verwunderlich. Denn den Kredit- und Geschäftsbanken brach ja mit dem in die Geld- und Kapitalmärkte abwandernden Kapital mehr und mehr ihr Stammgeschäft der Kapitaleinlage und Kreditvergabe weg. Und so drängten sie aus schieren Überlebensgründen vor allem nach dem Mauerfall und im Zuge Fahrt aufnehmender Globalisierung immer stärker in das Handelsgeschäft, um sich so einen eigenen Zugang zu den Geld- und Kapitalmärkten zu sichern.

Umgekehrt sahen auch die erstarkenden Investmentbanken immer weniger einen Grund, warum sie den schwächer werdenden klassischen Kreditbanken noch länger deren Stammgeschäft allein überlassen sollten. Und da sie ihre Gewinne über die boomenden Geld- und Kapitalmärkte massiv steigern konnten, wurden ihre Strategien, die Einlagen und Kredite der Großbanken auf die Geld- und Kapitalmärkte zu verlagern, immer aggressiver.

Die Erosion des Trennbankgeschäfts wurde also von beiden Typen von Banken vorangetrieben: von der einen Seite, um Schwäche zu überwinden, und von der anderen Seite aus der Stärke heraus, letztendlich jegliche Form von klassischen Kreditprodukten in den wachsenden Wertpapiermärkten unterzubringen. Im Jahr 1998 folgte schließlich die formelle Aufhebung des US-Verbots, die Geschäfte von Kredit- und Investmentbanken unter dem Dach einer Bank zu organisieren.

Diese von den Banken in den USA getriebene Wettbewerbsdynamik in Richtung attraktiver Geld- und Kapitalmärkte wirkte sich parallel massiv auf die großen europäischen Universalbanken aus. Und das war auch nicht verwunderlich, denn der Kampf um finanzwirtschaftliche Rendite und Kapital war längst ein globaler geworden. Für die europäischen Universalbanken verschärfte sich also ebenfalls der Wettbewerb – wobei es allerdings auch Unterschiede gab. Denn während die meisten europäischen Institute nicht recht wussten, was sie von den schnellen Veränderungen halten sollten, waren es lange vor allem die Schweizer Großbanken, die Deutsche Bank und die britische Barclays Bank, die die

Entwicklungen der modernen Finanztheorie und die Chancen der Geld- und Kapitalmärkte für sich schon früh und in ähnlicher Weise zu nutzen trachteten, wie dies auch die US-amerikanischen Banken taten.

Doch es gab auch große Gemeinsamkeiten aller Banken diesseits und jenseits des Atlantiks. Denn die mit dem dramatischen Wandel der Kredit-, Banken- und Finanzsysteme einhergehenden grundsätzlichen Fragen in Sachen Führung und Organisationsstruktur waren für alle Institute zunächst einmal ähnlich gelagert.

Aus Sicht der Banken-Top-Etagen der *Old School* ging es dabei zuallererst um die Legitimation ihres Führungsanspruchs. Denn es war das eine, hinter vorgehaltener Hand zuzugeben, dass man wenig konkretes Wissen davon hatte, was im Zuge des Wandels der Banken- und Finanzwelt wirklich geschah. Ein anderes aber war, wie man damit in der Öffentlichkeit und vor den eigenen Gremien umging. Genau wie Politiker oder Unternehmenschefs konnten es sich auch Bankvorstände nicht leisten, über die Veränderung der Märkte entstehende Kompetenzdefizite öffentlich nach außen zu tragen, wollten sie ihre Jobs und die mit ihnen verbundenen Machtpositionen nicht verlieren.

Dabei war längst klar: Für die neuen, mit dem Aufsteigen der Geld- und Kapitalmärkte verbundenen Geschäftsmodelle waren viele der bisherigen Vorstände in den klassischen Kredit- und Universalbanken nicht mehr die richtigen Top-Manager. Vor allem waren sie nicht mehr die richtigen, weil sie mit Blick auf die Risikoerkennung und -steuerung mit ihren noch in alten Bankzeiten erworbenen Erfahrungen nicht mehr einschätzen konnten, was da mit ihren Institutionen in einer neu entstehenden Finanzwelt eigentlich geschah und was besser zu unterbleiben hatte.

Trotzdem aber blieben sie zunächst und versuchten, sich anzupassen, um ihre eigenen Machtpositionen abzusichern. Weil aber die neu entstehende Finanzwelt für die alten Top-Banker lange fremd blieb und diese von den dynamischen Investmentbankern, die die Großbanken in der Folge kaperten und ihnen immer größere Profite in die Kassen spülten, auf gefährliche Weise abhängig wurden, begann zugleich eine Zeit, in dem sich innerhalb der Banken das Anarchische als das Neue zulasten des Bewusstseins der Vorsicht als das Alte durchsetzte.

Und das geschah sichtbar für alle. Denn wer viel Geld verdiente, wurde gefeiert, mit immer größeren Bonuszahlungen belohnt und stieg auf. Wer weniger Geld verdiente – also etwa im alten Kreditstammgeschäft arbeitete –, gehörte zu den Verlierern. Es ist klar, dass das die Unternehmenskulturen, das heißt die Werte, Normen und Verhaltensweisen in den Banken mit der Zeit einschneidend veränderte – und zwar auf allen Ebenen.

Value at Risk (1) – ein Risikomaß, das wenige verstehen und an das viele »glauben«

Im Zuge dieses Prozesses fuhren die klassischen Kredit-, Geschäfts- und Universalbanken also hinaus auf ein Meer, dessen Wetter und Wellen sich völlig von jenem Ozean unterschieden, auf dem sie in den Dekaden zuvor unterwegs gewesen waren. Und weil sich die nun befahrenen Meere mit Blick auf die Risiken eines möglichen Untergangs unterschieden, nahmen die Kapitäne, das heißt die Vorstände der Banken, ein Rettungsboot mit an Bord, das zum Ziel hatte, die wachsenden Handels- und Risikopositionen der Banken abzusichern: das Risikomaß Value at Risk (Wert im Risiko).

Vereinfacht ausgedrückt gibt Value at Risk an, welcher Verlust aus einer bestimmten Risikoposition mit einer gegebenen Wahrscheinlichkeit entstehen kann. So jedenfalls nahmen es die meisten Marktteilnehmer wahr. Dieser Wert bezieht dabei auf einen bestimmten Zeithorizont, etwa einen Tag, eine Woche oder einen Monat. Risikopositionen können dabei zum Beispiel die von einer Bank gehaltenen Kreditportfolios des US-Hypothekenmarkts, die Gesamtheit des Wertpapierhandelsbestandes, das Portfolio eines einzelnen Wertpapierhändlers oder allgemein auch die aggregierte Gesamtheit aller Bankenrisiken sein.

Das Value-at-Risk-Modell begann sich ab Ende der 80er-Jahre allmählich durchzusetzen und galt bis zur Finanzkrise als das wichtigste Risikostandardmaß im Finanzsektor. Es ist in der Logik der Portfoliotheorie angelegt und finanzmathematisch fundiert, bringt jedoch seit Beginn seiner Anwendung wegen des mit ihm verbundenen mathematischen Anspruchsniveaus ein großes Dilemma mit sich. Diejenigen nämlich, die es ursprünglich wirklich von Grund auf verstanden und entwickelt haben, waren zumeist keine Banker, sondern Physiker und Finanzmathematiker. Im Umkehrschluss bedeutete das, dass rund 90 Prozent der Banker nicht in der Lage waren – und das gilt für die weitaus meisten bis heute –, die mit dem Value-at-Risk-Modell verbundene Risikowelt im Detail wirklich zu verstehen.

Dennoch mussten sich alle Mitarbeiter und (Top-)Manager in einer Bank vom Beginn seiner Abwendung an auf die sich aus ihm ergebenden Werte verlassen.

Wenn aber etwas nicht wirklich verstanden wird, dann entsteht nicht nur ein gefährliches Kontrollproblem. Es entsteht auch die Gefahr, dass die gleichsam blinde Akzeptanz des Unabänderlichen mit der Zeit zu einem quasi-religiösen Glauben wird. Denn es gilt: Wenn kein Zweifel möglich ist – etwa auch, weil man sein Nichtverstehen nicht zugeben mag, aber trotzdem dabeibleiben will oder muss –, dann folgt nicht selten Gläubigkeit.

Und wo in Ermangelung von Kompetenz und Wissen Gläubigkeit einsetzt, ist die schleichende Entwicklung zu einem Geist nicht weit, in dem die Beteiligten voneinander annehmen, die anderen würden schon verstehen, was da gerechnet wird. Und von dort ausgehend ist auch der Geist von Unfehlbarkeit und Überheblichkeit nicht fern.

Wer in den 90er- und Nuller-Jahren in der Banken- und Finanzwelt unterwegs war und diese Zeit mit dem Anspruch von Ehrlichkeit und kritischer Reflexion heute in den Blick nimmt, kann kaum umhin, diese unkritische Gläubigkeit mit Blick auf das ursprüngliche Value-at-Risk-Modell und mit ihm verbundene Risikomodelle zu konstatieren.

Das gilt nicht nur für die interne Bankenwelt, sondern auch für die nationalen und internationalen Bankenaufseher. Die meisten der von dort entsandten Entscheidungsträger verstanden lange genauso wenig von der neuen Finanzmathematik wie die Banker selbst – was im Übrigen auch lange für die jeweiligen nationalen Zentralbanken zutraf. Im Laufe der Zeit mag sich das allmählich geändert haben, doch bis es sich änderte, hatte sich längst das herausgebildet, was der US-amerikanische Wirtschaftshistoriker und Nobelpreisträger Douglass North als *path dependence* bezeichnen würde, als (institutionell grundierte) Pfadabhängigkeit entlang eines einmal eingeschlagenen Wegs.

Im Übrigen war es wohl auch deswegen kein Wunder, dass der einmal entlang von Value at Risk eingeschlagene Weg in der Analyse und Steuerung von Risiken gegangen wurde, weil die 90er- und Nuller-Jahre für Banker und andere Finanzmarktakteure gerade auf dem Gebiet, auf dem Value at Risk relevant war, also mit Blick auf die schnell wachsenden Handelsplattformen der Banken, wahre Goldgräberzeiten darstellten. Gerade dort wurden nicht nur die größten Risiken eingegangen und gemessen, sondern auch die höchsten Gewinne erzielt. Mit Value at Risk als wichtigstes Risikomaß sollte daraus ein Risiko-Rendite-Dilemma entstehen.

Value at Risk (2) – aus Risikobegrenzung wird Risikoerhöhung

Das Value-at-Risk-Konzept war nicht nur das Ergebnis akademischer Überlegungen. Vielmehr war es auch das Ergebnis praktischer Bemühungen zweier US-Investmentbankgiganten, Bankers Trust (seit 1999 Teil der Deutschen Bank) und JP Morgan (heute Teil von JPMorgan Chase & Co.), Ende der 80er-Jahre ihre eigenen

Risiken in den wachsenden Handelsvolumina in den Griff zu bekommen.

Basierend auf den Grundlagen, die auch für die im praktischen Bankalltag mittlerweile wohlvertraute Portfoliotheorie gelten, entwickelten die beiden Banken Methoden, mit denen die tägliche Risikoposition einer Bank als Ergebnis aller Forderungen und Verpflichtungen in einer einzigen Risikozahl möglich wurde: das Value at Risk der Gesamtbank.

Und dies war praktisch: 15 Minuten nach Handelsschluss bekamen die Vorstände von der Handelsabteilung der Bank Risikozahlen, die angaben, mit wie viel Risiko die Bank mit Blick auf ihre verschiedenen Risikopositionen im Feuer stand und die zu einer Gesamtrisikozahl verdichtet wurden. Das vermittelte den mit Risiken in der Bank Befassten und vor allem den Bankvorständen am Ende eines jeden Tages jene Sicherheit, die sie brauchten, um – salopp formuliert – abends ruhig schlafen zu können.

Insbesondere JP Morgan gab sich mit der internen Einführung des Value-at-Risk-Modells nicht zufrieden. Nachdem der Chef der Research-Abteilung nicht nur seine eigenen Vorstände, sondern auch viele andere Banken von den Vorteilen des Value-at-Risk-Modells überzeugt hatte, gingen sein Arbeitgeber und er noch einen Schritt weiter: Sie warben bei den Bankenregulierern von der Bank für Internationalen Zahlungsausgleich darum, dieses Verfahren als Regulierungsinstrument international und für alle Banken verpflichtend einzuführen – mit Erfolg.

Allerdings auch mit Folgen. Denn obwohl es viele lange nicht sehen wollten oder konnten: Die Anwendung des Value-at-Risk-Modells versprach von Beginn an nicht nur gleichsam verführerisch einfachen Nutzen, es barg wie alle Systeme, die auf sehr restriktiven Modellannahmen fußen, auch Gefahren.

Das Modell war – und ist – deswegen gefährlich, weil es wie die schon als problematisch diskutierte Portfoliotheorie die Normalverteilung des Eintritts von Ereignissen voraussetzt und daher mit unzureichenden statistischen Grundlagen von möglichen Extremsituationen gefüttert ist. Bankenchefs und Bankenaufsehern musste – und muss – es aber darum gehen, bei ihren Risikobetrachtungen gerade Extremereignisse im Blick zu behalten, um darauf vorbereitet zu sein, was mit der Bank passiert, wenn viele Märkte verrückt spielen. Diese Extremereignisse aber blendet die Normalverteilung weitgehend aus. Darüber hinaus gingen die Daten, die das Value-at-Risk-Modell speisten, auf Zeiten der Normalität zurück. Sie berücksichtigten also beispielsweise keine Krisenszenarien, wie sie dann seit 2007 tatsächlich auftraten (und ja eigentlich auch früher aufgetreten waren, wenn auch in kleinerem Maßstab).

Die Entwickler des Value-at-Risk-Verfahrens waren sich dieser Defizite bewusst. Und sie versuchten, sie zu überwinden. In der Anwendung fokussiert das Value-at-Risk-Verfahren daher durchaus auch auf seltene Ereignisse, etwa auf jene Fälle von Risiken, die sich bei ihrer statistischen Erfassung außerhalb einer 95-prozentigen oder auch einer 98-prozentigen Wahrscheinlichkeit der Glockenkurve einer Normalverteilung bewegen. In der Sprache der Statistik bedeutet das: Bei der Anwendung des Modells legt man das Risikomaß etwa auf 95 oder eben 98 fest, was im Umkehrschluss – wiederum in der Sprache der Statistik – heißt: Das Risiko, dass ein extrem seltenes Ereignis eintritt, liegt in einem in der statistischen Modellsprache so genannten Konfidenzintervall von fünf beziehungsweise zwei Prozent.

Im Modell wird mit einem solchen Vorgehen rechenbar, welche Verluste im Fall des Eintritts eines sehr seltenen, für die Gesamtrisikoposition der Bank gefährlichen Ereignisses – etwa der Kollaps einer anderen Bank oder die Zahlungsunfähigkeit eines Staates – mit hoher Wahrscheinlichkeit nicht überschritten würden. Beziehungsweise es wird – im Umkehrschluss – rechenbar, mit welcher geringen Wahrscheinlichkeit Verluste am äußeren Rand der Verteilungskurve eine gewisse Größe überschreiten könnten.

Ein einfaches Zahlenbeispiel in Bezug auf die Risikoposition eines einzelnen Wertpapierhändlers einer Bank illustriert das: Ein

Value at Risk von 500 000 Euro auf Basis eines festgelegten Risikomaßes von 98 und damit eines Konfidenzintervalls von zwei Prozent bedeutet, dass der Händler mit seinem Portfolio nach der normal verteilten Wahrscheinlichkeitsrechnung in zwei von 100 Fällen einen Verlust von 500 000 Euro oder mehr erleiden kann.

Value at Risk gibt also keine sichere Zahl an, wie hoch der maximale Verlust ist. Die Rechnung nach dem Value-at-Risk-Modell spuckt vielmehr am Ende lediglich eine Zahl aus, die verspricht, dass mit einer zweiprozentigen Wahrscheinlichkeit ein Verlust von im Minimum 500 000 Euro entstehen kann – aber eben auch deutlich mehr. *Wie viel* mehr allerdings, das bleibt offen.

Tritt der Risikofall ein, dann könnten im beschriebenen Beispiel also durchaus plötzlich durchaus drei Millionen Euro Verlust entstehen oder gar noch mehr. Und dies, obwohl zuvor nur ein Value at Risk von einer halber Million Euro ausgewiesen worden war.

Wenn man sich klarmacht, dass Abertausende einzelner Risikopositionen in einer Bank auf diese Weise berechnet und dann am Ende eines Tages zum Gesamt-Value-at-Risk einer Bank zusammengeführt werden, dann wird klar, um welche großen Summen es beim Sichanbahnen oder Ausbrechen einer Krise letztlich geht, auf die eine Bank nicht wirklich vorbereitet sein kann – und mit ihr ein ganzes Banken- und Finanzsystem.

Eine kleine Illustration verdeutlicht das. Geht man etwa von 100 Händlern mit gleichen Value-at-Risk-Werten wie im obigen Beispiel aus, so ergibt das einen aggregierten Value at Risk von 100 mal 500 000 Euro gleich 50 Millionen Euro. Bricht allerdings eine Krise aus, so könnte sich der Verlust tatsächlich auf 100 mal zehn Millionen Euro gleich eine Milliarde Euro belaufen – oder mehr! Und so kam es mit Ausbruch der Finanzkrise am Ende ja auch.

Was also ist eine Zahl wert, die genau das Gegenteil einer verwertbaren Risikogröße angibt: das Minimum anstatt das Maximum? Bei näherer Betrachtung hätte diese grundsätzliche Schwäche des Value-at-Risk-Ansatzes ausreichen müssen, ihn auf eine Schwarze

Liste für Risikomanagement in Banken – ja eigentlich überall – zu setzen.

Doch das geschah nicht. Das Value-at-Risk-Verfahren wurde trotz seiner grundsätzlichen Schwächen ebenso grundsätzlich von Banken wie nationalen und internationalen Regulierungsbehörden als Risikomaß akzeptiert.

In Ermangelung einer echten Alternative wollte man mit Blick auf die sich dynamisch entwickelnden Finanzmärkte zumindest *irgendein* Risikoinstrument haben, anstatt gar keines. Und man wollte den Banken, denen in einer sich verändernden Finanzwelt (scheinbar) gar nichts anderes übrig blieb, als sich über das Engagement in den Geld- und Kapitalmärkten neue Geschäftsmodelle zu erschließen, diesen Weg durch übermäßige Restriktionen (auch im Risikomanagement) nicht verbauen.

Wie problematisch indes die Anwendung des Value-at-Risk-Verfahrens ist, zeigte sich auch in weiteren Punkten. So überließen die Regulierungsbehörden den Banken nicht nur die Risikomessung als solche, sondern auch die Entscheidung über die Wahl des Risikomaßes beziehungsweise der damit verbundenen Konfidenzintervalle. Und natürlich macht es angesichts der in einer Bank täglich getätigten Milliarden-, wenn nicht Billionenumsätze einen Unterschied, ob eine Bank im Rahmen der Anwendung des Value-at-Risk-Modells ein Risikokonfidenzintervall von fünf, zwei oder einem Prozent oder noch weniger wählt.

Es mag auf einer Seite verständlich sein, den Banken auf diese Weise einen gewissen Freiraum bei der Gestaltung ihres Risikomanagements geschaffen zu haben. Doch angesichts der dabei für eine Bank und für das Banken-, Finanz- und Wirtschaftssystem insgesamt auf dem Spiel stehenden Summen nahm man dabei eine Anfälligkeit für einen Systemkollaps in Kauf, die im Rückblick geradezu naiv erscheint.

Zudem ließ man mit diesem absurden Vorgehen nicht nur den »Tiger« selbst entscheiden, wie er Vorsicht im Detail definiert. Man erhöhte für ihn damit auch den Anreiz, sich auf Geschäfte zu fokussieren, deren Risiken außerhalb der – selbst – gewählten Konfidenzintervalle lagen. Denn Geschäfte mit größeren Risiken bedeuten auch größere Gewinnpotenziale.

Hierzu ein Beispiel: Wenn eine Bank ein Risikokonfidenzintervall von drei Prozent gesetzt hatte, dann blieben in dem ausgehend hiervon gemessenen Value at Risk jene Risiken von Geschäften, die nach eigenen Berechnungen zum Beispiel bei einem Prozent Eintrittswahrscheinlichkeit lagen, außerhalb des Erfassungsbereichs. Genau auf solche Geschäfte konzentrierten sich folgerichtig die Handelsabteilungen der Banken, konnten sie doch sicher sein, dass sie mit ihnen die – offizielle und von den Bankenaufsichtsbehörden akzeptierte – Risikoposition der Bank nicht tangierten. Und weil diese Geschäfte diese offizielle Risikoposition nicht tangierten, waren sie zwar riskant, aber gerade weil sie riskant waren, war mit ihnen viel Geld zu verdienen.

Das Instrument dafür waren die explosionsartig wachsenden Kreditausfallversicherungen (auf die im nächsten Kapitel detailliert eingegangen wird). Diese hätten sich nie in jenem Ausmaß durchgesetzt, wie sie es schließlich taten – sie wuchsen zwischen 1997 und 2007 um das 200-Fache –, wenn es dieses sich durch die Nutzung des Value-at-Risk-Verfahrens auftuende »Risikoschlupfloch« nicht gegeben hätte.

Um im Beispiel zu bleiben: Wenn etwa kurz vor Ausbruch der Euro-Krise die Insolvenz von Portugal von einer Bank mit vier Prozent Wahrscheinlichkeit eingeschätzt worden wäre, dann hätte für diese Bank theoretisch die Möglichkeit bestanden, zur Absicherung gegen diese Insolvenz eine Kreditausfallversicherung abzuschließen oder umgekehrt, einer anderen Bank dieses Risiko abzunehmen. Wegen der vergleichsweise großen Insolvenzwahrscheinlichkeit Portugals hätte das jedoch zu einer massiven Erhöhung der gesamten Value-at-Risk-Position der Bank geführt, wodurch eine solche Transaktion für die Bank keine wirklich vernünftige Handlungsoption gewesen wäre. Als Alternative hätte sich aber beispielsweise angeboten, eine Kreditausfallversicherung abzuschließen, mit der sich die Bank nicht nur gegen die Insolvenz Portugals, sondern *gleichzeitig* gegen eine Insolvenz Italiens absichert. Denn das Risiko für den Eintritt einer solchen Doppelinsolvenz hätte außerhalb des von der Bank festgelegten und von den Bankenaufsichtsbehörden akzeptierten Risikokonfidenzintervalls von drei Prozent gelegen.

Wegen dieser Zusammenhänge ist es in der Rückschau nicht wirklich verwunderlich, dass genau solche und ähnliche Risikogeschäfte im internationalen Bankenbereich en vogue wurden, führten sie doch kurzfristig zu Gewinnen, ohne dass die damit verbundenen dramatisch erhöhten Risiken für die risikotragende Bank in den offiziellen Risikomesswerten erkennbar waren.

Und sie führten noch zu etwas anderem: Seit Beginn des neuen Jahrtausends nämlich konzentrierten sich die Banken zunehmend darauf, sich *gegenseitig* genau solche Risiken abzunehmen oder abzusichern, deren Eintrittswahrscheinlichkeiten sehr gering und die deshalb sehr profitabel waren, bei denen aber, sollten sie doch eintreten, sehr hohe Verluste auftreten würden. In der Folge dieser sich auf breiter Front durchsetzenden Praxis kam es zu einer massiven Erhöhung der aggregierten Risikopositionen im internationalen Banken- und Finanzsektor, und dies abermals, ohne dass es in offiziellen Risikomesswerten der Banken – und damit für die Regulierungsinstanzen – erkennbar war.

Wer die Ursachen für die stetig steigenden Gewinne der Banken zu dieser Zeit, die Explosion der Boni und die Loslösung der Bankwirtschaft von jeglicher realwirtschaftlichen Wirklichkeit sucht: Hier findet er sie. Die Gier wurde möglich, weil die Angst – sowohl innerhalb der Banken als auch offiziell, von den Zentralbanken, den Bankvorständen und von Regulierungsseite – infolge unzureichender Risikoerfassungsverfahren ausgeschaltet war.

So führte die Anwendung des Value-at-Risk-Konzepts als offizielles Bankenregulierungskonzept zum genauen Gegenteil dessen, für das es eigentlich eingeführt worden war: Statt Risiken im internationalen Banken- und Finanzsystem zu begrenzen, verstärkte das Verfahren diese Risiken. Es kann kein Zweifel darüber bestehen, dass dies massiv zum Ausbruch der Finanzkrise 2007 beigetragen hat.

Das spricht die Banken keinesfalls von ihrer Schuld frei. Mögliche und tatsächliche Regulierungsarbitrage – also das Nutzen oder Nichtnutzen von Freiräumen eines Regulierungsrahmens – sind nicht identisch. Was die Banken dabei vergessen haben: Für ihr Überleben und für ihr Handeln waren und sind sie erst einmal selbst verantwortlich. Sie haben sich und andere mit langfristig unhaltbaren Gewinnen – und natürlich mit hohen persönlichen Boni – geblendet. Das gilt für einzelne Banken wie auch für die Bankengemeinschaft. Dabei waren sie Täter. Ähnliches gilt für die institutionellen Anleger, die zu Beginn des neuen Jahrtausends die internationalen Banken als die neuen Börsenlieblinge entdeckten. Nach dem Zusammenbruch des Dotcom-Booms entstand die nächste Illusion, die Illusion eines neuen finanzwirtschaftlichen Zeitalters, in dem die Gewinne von Banken und ihres Umfeldes in den Himmel wachsen würden. Während die Banken regulierungsbedingt wie auch aufgrund massiven eigenen Fehlverhaltens immer höhere Erträge erwirtschafteten, forderten die Anleger von ihnen weiter wachsende Renditen. Diese waren aber nur möglich, wenn die Eigenkapitalbasis der Banken verringert wurde. So weiteten die Banken nicht nur die eigenen und die systemischen Risiken aufgrund ihrer viel zu laxen Risikopolitik weiter aus. Vielmehr setzten sie dann auch noch über Aktienrückkäufe ihr Eigenkapital herab, sodass die Verschuldungsgrade – und damit die Eigenkapitalverzinsung – in den Nullerjahren noch weiter stiegen. Es waren diese fatalen – keinesfalls automatischen –, aber sich gegenseitig hochschaukelnden Fehlentwicklungen, die das internationale Bankensystem in die Falle der eigenen Zerstörung laufen ließ. Fehlregulierung, wissenschaftliche Gläubigkeit, Unwissen, Leverage, Gier, falsches Sicherheitsdenken, völlig abstruse Ansprüche der Investorengemeinschaft oder das sich blinde Verlassen auf die Zentralbank bildeten am Ende ein Gemisch, in dem finanzwirtschaftliche Rationalität, Innehalten, Nachdenken und Vorsicht keinen Platz mehr fanden. Auch deshalb fuhr der Zug der Zerstörung selbst nach dem Sommer 2007, als allen finanzwirtschaftlichen Teilnehmern die Ernsthaftigkeit der Lage hätte klar sein müssen, bis September 2008 ungebremst weiter.

Und heute? Inzwischen sind viele Schlupflöcher von Value at Risk gestopft. Die Banken arbeiten seit der Finanzkrise – zum Teil aus eigenem Antrieb, aber mehr noch bedingt durch verschärfte Regulierungsvorschriften – mit Risikokennzahlen, die stärker als zuvor Extremereignisse in ihre Berechnungen mit aufnehmen. Die zum Teil sehr verworrenen Fachbegriffe dafür lauten etwa *Conditional Value at Risk*, Stresstest oder auch *Adverse Stresstest*, ein von der EZB im Jahr 2014 durchgeführter Bankentest der systemrelevanten europäischen Banken, in dem die potenziellen finanzwirtschaftlichen Verwerfungen im Vergleich zum klassischen Stresstest noch einmal deutlich höher ausfallen. Damit steigen auch die Anforderungen an Liquiditätspolster und an die Höhe des notwendigen Eigenkapitals.

Die hinter diesen Fachbegriffen stehenden Modelle und Methoden stellen ohne Zweifel Verbesserungen in der Erfassung und Steuerung von Bankrisiken dar, die überfällig waren und vielfach aus den viel robusteren Modellen der Versicherungswirtschaft entlehnt sind. Dennoch weisen auch sie nach wie vor ein Problem auf: Sie sind und bleiben Modelle, die aggregierte Risiken messen und keine Einzelrisiken. Sie können der Wirklichkeit zwar näher kommen, aber auch sie sind nicht in der Lage, einen neuen Ausbruch einer Banken- und Finanzkrise in seiner dann konkreten Form völlig abbilden zu können.

Was die meisten Bankenstresstests in Europa und insbesondere in der Euro-Zone im Übrigen ebenfalls nicht erfassen, sind jene Risiken, die mit der potenziellen Insolvenz von Staaten einhergehen – ein weiteres verheerendes Defizit.

Schon heute wissen wir: Die Banken sind immer noch nicht gesund. Sie liegen zwar – mit einigen Ausnahmen – nicht mehr auf der Intensivstation, aber von einer »neuen Normalität« sind und bleiben sie noch weit entfernt.

Das liegt nicht nur an trotz aller Verbesserungen nach wie vor defizitären Risikomanagementwerkzeugen, sondern auch daran, dass viele Sicherheiten, auf die sich Banken bei ihren Geschäften seit langem stützen, nicht die Werthaltigkeit haben, die sie in einer Krise benötigen, damit sie dann auch als nachhaltig wertsichernde Risikopufferfunktion eingesetzt werden können.

Perspektive 4
Trügerische Pfänder, trügerische Sicherheit – und das Versagen der Ratingagenturen

Wenn richtig ist, dass die angemessene Behandlung von Risiken eine *der* zentralen Größen für das Funktionieren von Banken- und Finanzsystemen und damit für die Sicherung unseres Wohlstands ist, dann lohnt es, auch auf das Gegenstück des Risikos zu schauen: auf Sicherheit.

Denn natürlich gilt Folgendes: In einem Banken- und Finanzsystem, das funktioniert und die realwirtschaftlichen Kräfte von Angebot und Nachfrage unterstützt und so zur Wohlstandssteigerung einer Gesellschaft beiträgt, benötigen Kreditgeber Sicherheiten. Nur wenn sie davon ein für sie akzeptables Mindestmaß geboten bekommen, sind sie auch bereit, ihr Kapital zur Verfügung zu stellen und dabei mehr oder weniger große, aber aus ihrer Sicht vertretbare Risiken einzugehen.

Eine zentrale Bedeutung für die Gewährleistung dieser Sicherheiten haben Pfänder. Erst sie schaffen für Gläubiger eine notwendige Basis dafür, dass sie sich dann, wenn Schuldner die vertraglich vereinbarten Zins- und Tilgungszahlungen nicht mehr leisten können, von diesen ihr bei Vertragsabschluss gegebenes Kapital vollständig oder zumindest in Teilen zurückholen können. Die Tatsache, dass Pfänder bei einem Kreditvertrag als vereinbart gelten, genügt dabei zwar allein nicht, denn es müssen auch die institutionellen Voraussetzungen gegeben sein – wie insbesondere ein funktionierender Rechtsstaat, in dem Gläubiger ihre Rechte an einem Pfand im Zweifel auch durchsetzen können. Trotzdem jedoch gilt: Gibt es bei Kreditverträgen keine Pfänder als Sicherheiten, dann kann langfristig kein Vertrauen zwischen den Parteien entstehen. Die Existenz und Einklagbarkeit der Herausgabe von vereinbarten Pfändern im Fall des vertraglichen Scheiterns sind daher grundlegend für eine funktionierende Vergabe von Krediten im gesamten System von Banken, Finanzmärkten und Realwirtschaft.

Pfänder und die mit ihnen verbundene Sicherheitsabsicht in Kreditverträgen stellen einen zentralen Punkt für das Verständnis dessen dar, wie es zur Entwicklung unserer still eskalierenden Schuldenkrise kam und wie aus ihr wieder herauszufinden ist. Denn der Umgang mit ihnen änderte sich im Laufe der Zeit – mit weitreichenden Konsequenzen.

Funktionierende Banken- und Finanzsysteme benötigen werthaltige Pfänder

Die Palette der finanzwirtschaftlichen Fälle, in denen Pfänder zentral sind, ist groß. Sie reicht von einzelnen Konsumenten-, Unternehmens- und Hypothekenkrediten über Projektfinanzierungen – beispielsweise die Finanzierung eines Staudamms oder einer Erdgasleitung –, über gebündelte Kredite bis hin zu Krediten an die öffentliche Hand oder auch zwischen Staaten. Ob diese Kredite verbrieft und dann als Wertpapiere handelbar sind oder nicht, spielt in diesem Zusammenhang keine Rolle. Kreditwirtschaftlich relevante Pfänder heißen dann etwa »Sicherungsübereignung« oder »Eigentumsvorbehalt« (eines Gutes oder einer Maschine) bei Unternehmens- oder Konsumentenkrediten, »Hypothek« oder »Grundschuld« im Zusammenhang mit Immobilienfinanzierungen oder auch »Zahlungsgarantie« eines bürgenden Dritten für ein Kreditportfolio (oft durch eine Bareinlage, also Cash, abgesichert). Die öffentliche Hand dagegen nimmt in der Regel Kredit auf, ohne eines dieser Pfänder einsetzen zu müssen. Als faktischen Pfandersatz sehen die Investoren dabei ihre Steuerhoheit, politische und Rechtssicherheit und den Kapitalstock, also das jahresdurchschnittliche Bruttoanlagevermögen ihrer Volkswirtschaft. In Zeiten nicht zu hoher öffentlicher Verschuldung macht das Sinn. In Zeiten sehr knapper öffentlicher Kassen und hoher struktureller Staatsverschuldung dagegen können daraus gefährliche Konstellationen entstehen. Die »Pfänder« – tatsächlich sind es vertragliche Vereinbarungen – von IWF-Hilfskrediten für Staaten in Krisen sind etwa öffentliche Ausgabensenkungsprogramme, Maßnahmen zur Verbesserung der wirtschaftlichen Angebotsstrukturen, die Bekämpfung der Korruption sowie Programme zur Eindämmung der Schattenwirtschaft.

Im Übrigen gilt auch das paradox klingende Wort, das in früheren Bankenzeiten jedem bekannt war: »Das beste Pfand ist, wenn es kein Pfand braucht.« Gemeint ist damit, dass dann kein Pfand für die Absicherung einer Kreditforderung nötig ist, wenn der Ruf des Kreditnehmers als untadelig gelten kann, wenn also seine Bonität – im alten Bankier-Jargon – »über jeden Zweifel erhaben« ist. Auch ein guter Ruf kann also in gewisser Weise als Pfand gelten.

Schuldverträge, in denen es kein sichtbares, reales werthaltiges Pfand braucht und es trotzdem Sicherheit und Vertrauen gibt, sind in der modernen Bankenwelt indes immer seltener geworden. Sie sind die extrem rare Ausnahme in einer Welt, die bei der Kreditvergabe ansonsten nach Sicherheiten und Vertrauen schaffenden Unterlegungen mit werthaltigen Pfändern verlangt.

Damit werthaltige Pfänder ihre Sicherheitsfunktion bei der Kreditvergabe erfüllen können, müssen sie für die Gläubiger eine potenzielle Entlastung und für die Schuldner eine potenzielle Belastung bedeuten. Das heißt, für den Fall eines Scheiterns zum Beispiel eines Hypothekenkreditvertrags muss bei Vertragsabschluss absehbar sein, dass der Schuldner etwa über eine Zwangsversteigerung des hypothekarisch belasteten Hauses vermögensmäßig zugunsten des Gläubigers sanktioniert werden kann. Sein Vertrauen, dass er bei der Vergabe eines Kredites zeigte, ist also so gesehen kein bedingungsloses, sondern eines, das mehr oder weniger abgesichert ist.

Die Formulierung »mehr oder weniger« ist in diesem Zusammenhang wichtig. Zum einen ist sie zentral, weil sie darauf verweist, dass die mit werthaltigen Pfändern verbundenen Absicherungen größer oder kleiner sein können und in Abhängigkeit vom Grad der Absicherung auch unterschiedliche Vertragskonditionen nach sich ziehen. Ein vereinfachtes Beispiel macht das deutlich: Bei der Vergabe eines Kredits für den Hauskauf, der durch zwei Bankkredite finanziert wird, erfolgt die pfandmäßige Besicherung nicht selten so, dass eine Bank eine erstrangige Hypothekenbesicherung auf das gekaufte Haus erhält und die zweite Bank die nachrangige. So arbeiten etwa Bausparkassen. Für den Fall des Scheiterns der Kreditbeziehungen sind auf diese Weise die Ansprüche der ersten Bank bevorzugt abgesichert. Dafür fallen die an sie zu zahlenden Zinsen in der Folge zumeist geringer aus als die für die zweite Bank. Demgegenüber ist diese pfandmäßig schlechter abgesichert und erhält wegen des damit verbundenen höheren Risikos etwas höhere Zinsen – im Fall der Bausparkassen leicht modifiziert, weil der Kreditnehmer in der Ansparphase quasi Eigenkapital aufbaut und daraus deutlich geringere Einlagenzinsen erhält.

Die Formulierung »mehr oder weniger« ist zum Zweiten deswegen wichtig, weil die institutionalisierte und faktisch erlebte Rechtssicherheit mit Blick auf die Durchsetzung von Ansprüchen aus Verträgen, auch aus Kreditverträgen, von Land zu Land variiert. Staaten haben hier nicht nur unterschiedliche Regeln, auch die Art und Weise ihrer Anwendung unterscheidet sich. Wer schon einmal versucht hat, Ansprüche in Ländern wie Griechenland, Zypern, Argentinien oder Spanien durchzusetzen, weiß das.

Damit wird klar, dass für eine funktionierende Marktwirtschaft im Wesentlichen folgende Kausalkette gilt:

- ohne (bei staatlichen Institutionen einklagbare) werthaltige Pfänder keine Sicherheit,
- ohne Sicherheit kein Vertrauen und
- ohne Vertrauen keine beidseitig erfüllbaren (vor allem langfristigen) Kreditverträge, die ja nur dann zustande kommen, wenn Gläubiger und Schuldner aufgrund der mit den Verträgen verbundenen Anreizstruktur auch wirklich erwarten können, dass es zu Leistung und Gegenleistung kommt.

Mehr noch: Diese Kausalkette ist zu verlängern. Denn ohne beidseitig erfüllbare Kreditverträge funktionieren auch andere zentrale Bereiche der Marktwirtschaft nicht:

- ohne beidseitig erfüllbare Kreditvergabe kein funktionierendes Banken- und Finanzsystem,
- ohne funktionierendes Banken- und Finanzsystem keine funktionierende Realwirtschaft mit Ersatz- und Neuinvestitionen und
- ohne diese keine Wohlstandssicherung und -mehrung.

Diese von werthaltigen Pfändern ausgehende Kausalkette hat sich, wie sich später zeigen wird, in den letzten Jahren und Jahrzehnten einschneidend verändert.

Obwohl Pfänder eine so wichtige Rolle für den Geld- und Kreditkreislauf und den gesellschaftlichen Wohlstand spielen, wird in der Öffentlichkeit allerdings kaum über sie gesprochen. Das hat Gründe. Zum einen sind wir Deutschen nach wie vor finanzielle Analphabeten. Die Vermittlung selbst einfachster finanzieller und finanzwirtschaftlicher Zusammenhänge hat in den Lehrplänen von Schulen et cetera bis heute kaum Platz. Die Folge sind im späteren Leben große Lücken in Sachen »finanzieller Intelligenz«.

Zum Zweiten mag die Vorstellung von Pfändern in unserer bargeldlosen Zeit vielen als ein Relikt aus dunkler Vorzeit erscheinen, als auf säumige Schuldner noch der Schuldturm wartete, und mit dem Ausschluss aus Wirtschaft und Finanzwirtschaft die persönliche und gesellschaftliche Ächtung verbunden war.

Der Verlust der Pfänder und die Erosion der Marktwirtschaft

Was aber geschieht in einer Marktwirtschaft, in der Schuldverträge plötzlich ohne verlässlich einklagbare werthaltige Pfänder abgeschlossen werden oder in der sich einst (scheinbar) werthaltige Pfänder nun als quasi wertlose Pfänder entpuppen?

Diese Frage ist keine theoretische, sondern eine für das weitere Verständnis der Schuldenexplosion immens wichtige.

Zunächst einmal gilt in diesem Fall, dass bei Nichtleistung der Schuldner die Gläubiger die Last der negativen Konsequenzen allein tragen müssen.

Doch damit nicht genug: Die Schuldner können die Gläubiger nun auch erpressen. Denn die Gläubiger haben selbst bei Nichtleistung des Schuldners nach wie vor ein Interesse daran, dass sie die ihnen geschuldeten Zins- und Tilgungszahlungen wenn nicht jetzt, so doch wenigstens demnächst oder irgendwann erhalten. In keinem Fall möchten sie ihre berechtigten Forderungen als Totalverlust auf null abschreiben. Sie möchten vielmehr retten, was zu retten ist, und nicht alles verlieren. Um diese Interessenlage wissen wiederum die Schuldner – und können sie ausnutzen. Weil sie also die Hoffnung der Gläubiger auf (Teil-)Rettung ihres Kapitals kennen, können sie entweder weiteren Aufschub – am besten zu günstigeren Konditionen – oder auch neue Kreditverträge anstreben, die ihnen – wieder zu günstigen Konditionen – ebenfalls Luft verschaffen sollen.

Genau dieses Phänomen tritt im Übrigen gegenwärtig in vielen Banken der südeuropäischen Euro-Staaten auf. Sie versuchen, die herausgelegten, zum Teil schlecht gewordenen Kredite zu retten, und gehen zu diesem Zweck Kompromisse mit ihren Schuldnern ein.

Damit ist klar: Weil verlässlich einklagbare werthaltige Pfänder fehlen, können so aus Schuldversprechen, die im Banken- und Finanzsystem eigentlich untergehen müssten, noch höhere und noch länger laufende Schuldversprechen werden. In der Folge wachsen in einem sich so entwickelnden System die stark risikobehafteten Schuldversprechen rasant. Und sie wachsen zudem schneller als die (für das Funktionieren einer gesunden Volkswirtschaft so wichtigen) Kredite an Neukunden. Genau dies ist derzeit bei den krisengeschüttelten Banken der südeuropäischen Euro-Staaten zu besichtigen. Obwohl es also aufgrund (eigentlich) scheiternder Kreditvergaben zu einer Dämpfung von Kreditvergaben an die Realwirtschaft kommen müsste, kommt es stattdessen zu einer Ausweitung, aber leider am falschen Ende, nämlich bei den schlecht gewordenen Kreditverträgen. Das damit erzwungene Kreditwachstum findet also quasi in einer gescheiterten Vergangenheit statt. Das heißt aber auch: Weil also verlässlich einklagbare Pfänder in den Kreditbeziehungen fehlen, bleibt Kredit nicht so knapp, wie dies vor dem Hintergrund der realwirtschaftlichen Situationen von Gläubigern und Schuldnern eigentlich der Fall sein müsste, sondern es geschieht das Gegenteil: Die Kreditvergabe weitet sich krisenbedingt an falscher Stelle aus.

Und wenn es Kredite im Überfluss gibt, dann gibt es auch Schulden im Überfluss.

»Im Überfluss« meint dabei auch, dass mit dem Verschwinden der Pfänder die für eine funktionierende Marktwirtschaft so wichtige effiziente Allokation des Kapitals außer Kraft gesetzt wird. Das heißt, durch die so entstehenden neuen Anreizstrukturen geht das Kapital nun nicht mehr dorthin, wo es volkswirtschaftlich betrachtet den größten Nutzen stiftet. Vielmehr wandert es dorthin, wo es für nur wenige nützlich ist, nämlich in die vermeintliche Stabilisierung der Banken – ein Prozess, der zulasten der

Kreditvergabe an die Realwirtschaft und damit zulasten der Gesellschaft insgesamt stattfindet.

Die durch die Abwesenheit werthaltiger Pfänder verloren gehende dämpfende Wirkung auf die Kreditexpansion bewirkt indes eine weitere gefährliche Verschiebung. Denn weil sich die Gläubiger in ihren legitimen Rechten bedroht sehen, suchen sie bei Nichterfüllung der Schuldverträge nun die Rettung beim Staat, der die gesetzlichen Grundlagen und die Durchsetzung all dessen regelt, was mit Pfändern in Kreditverträgen zu tun hat.

Mehr noch: Auch die Schuldner suchen nicht nur, wie oben beschrieben, bei den Gläubigern (quasi erpresserisch) um eine Ausweitung ihrer Kredite nach. Sie ersuchen im Extremfall auch den Staat um Hilfe, denn sie wissen, dass dann, wenn sie selbst keine Einzelfälle sind und es viele notleidende Schuldner gibt, der Staat ein volkswirtschaftliches Interesse daran hat, dass es nicht zu einer Kettenreaktion infolge vieler kollabierender Schuldner kommt.

In der Summe ist damit eindeutig, was geschieht: Das Verschwinden werthaltiger Pfänder zur verlässlichen Unterlegung von Kreditbeziehungen und die zunehmende Erwartung der Gläubiger und Schuldner an den Staat, den sie zu ihren eigenen Gunsten zum Retter machen wollen, führen zu Störungen in der Funktionsweise von Marktwirtschaften und zu einer gefährlichen Risikoverlagerung in den öffentlichen Raum. Kredite steigen im Volumen auch dann, wenn sie immer risikobehafteter werden. Bereinigungen in Banken-, Finanz- und realwirtschaftlichen Märkten finden kaum noch statt, nachhaltiges Wirtschaftswachstum wird geschmälert und der Wohlstand gleich mit.

Auch das Verhältnis zwischen Markt und Staat verändert sich. Von einem Ordnungsrahmen, innerhalb dessen bestmöglicher Wettbewerb stattfindet und dessen verlässliches Funktionieren der Staat zu gewährleisten hätte, kann immer weniger die Rede sein. Stattdessen interveniert und rettet der Staat je nach Krisen- und Großwetterlage und bevorzugt dabei nicht jene Akteure, die in einem funktionierenden Markt und damit für die Volkswirtschaft insgesamt die besten wären. Er bevorzugt vielmehr jene, die genügend (lobbyistische) Organisationskraft haben, um den Staat über die Drohung des Untergangs des gesamten Banken-, Finanz- und realwirtschaftlichen Systems zum Handeln zu zwingen. Es sind dies auch jene Banken und Finanzmarktakteure, jene Gläubiger und Schuldner, die selbst entscheidend dazu beigetragen haben, dass dieses System seine marktwirtschaftlichen Grundmechanismen nach und nach eingebüßt hat. So wandelt sich die Marktwirtschaft faktisch in eine Hybridform, in eine »staatsrettende Marktwirtschaft«.

Die allmähliche Wandlung zur staatsrettenden Marktwirtschaft

Und da nach jedem Rettungspaket im Prinzip weitergemacht wird wie bisher, gerät auch der Staat an die Grenzen seiner finanziellen Möglichkeiten. Es ist offenkundig und bedarf nicht weiterer Erklärungen, um festzustellen: Genau diese Entwicklung haben wir bis zum Ausbruch der Finanzkrise 2007/08 erlebt und erleben sie seither verstärkter denn je.

Dass der Staat, etwa in der Euro-Zone, dabei nicht nur als Staat, sondern immer mehr auch in Gestalt der Europäischen Zentralbank agiert, ändert an dieser Logik nichts, im Gegenteil. Denn für jene Billionen Euro, die die EZB durch immer neue hochriskante Rettungsmaßnahmen aufwendet – etwa durch den Kauf von Pfandbriefen, von forderungsbesicherten Wertpapieren (*Asset-Backed Securities*, kurz ABS) mit Ramschstatus oder von Unternehmens- und Staatsanleihen, womöglich auch mit Ramschstatus –, haben am Ende die Steuerzahler zu haften. Und da Deutschland den größten Anteil an der EZB trägt, ist auch der Haftungsanteil für uns Deutsche im Ernstfall der größte.

Im Zusammenhang mit verwertbaren Pfändern und ihrer Wirkung spielt der Staat darüber hinaus eine weitere wichtige Rolle.

Denn in gewisser Weise kann man sagen, dass der Staat in einem Wirtschaftssystem ohne verwertbare Pfänder bei gleichzeitigem Kreditwachstum über den mit ihm verknüpften Kapitalstock und den mit ihm verbundenen (potenziellen) Steueraufkommen selbst zum letzten Pfand wird.

Und wenn und weil die Marktteilnehmer in der Real- und Finanzwirtschaft diese Entwicklung irgendwann einmal begreifen, ändert das auch ihr Risikoverhalten. In der Folge werden sie übermütig, und zwar sowohl Schuldner als auch Gläubiger. Die Schuldner nehmen noch mehr und noch riskantere Kredite auf, weil sie ja nicht dafür sanktioniert werden, geschweige denn haften (und im Zweifel auch vom Staat Hilfe erhoffen). Die Gläubiger wiederum gehen diesen Weg mit, weil auch sie glauben, im Falle einer Eskalation den Staat als letzten Retter an ihrer Seite zu haben. Genau an dieser Stelle zeigt sich, dass eine deutliche Schwächung der Leistungsbeziehungen zwischen Gläubigern und Schuldnern massive negative Auswirkungen auf den öffentlichen und politischen Raum ausüben.

In der Folge entstehen nämlich so Unternehmens- und Bankeinheiten, die gemessen an den realwirtschaftlichen Gegebenheiten und gemessen an den Kriterien einer funktionierenden Marktwirtschaft viel zu groß und zu risikobehaftet sind. Und es werden Geschäfte abgeschlossen oder Kredite vergeben, die schon von Anfang an niemals eingegangen worden wären, wenn die Marktteilnehmer damit hätten rechnen müssen, im Fall des Scheiterns selbst dafür zu haften.

Die für eine funktionierende Marktwirtschaft notwendige Balance zwischen Gewinnanreiz und Haftung im Falle des Scheiterns sowie zwischen Eigen- und Fremdkapital gerät so zulasten von Haftung und Eigenkapital völlig aus den Fugen. In der Folge werden die Gewinne privatisiert, im Krisenfall aber die Verluste vom Staat geschultert, der so einen Absturz des Banken-, Finanz- und realwirtschaftlichen Systems vermeiden will. Durch die staatlichen Rettungsakte haften am Ende nicht jene, die unter funktionierenden Marktbedingungen eigentlich zu haften hätten, sondern die Bürger.

Wem dieses Bild mit Blick auf die staatlichen Rettungsmaßnahmen etwa von Privat-, Landes- und Hypothekenbanken oder mit Blick auf Abwrackprämien oder Ähnliches nach dem Ausbruch der Finanzkrise 2007/08 bekannt vorkommt, der täuscht sich nicht. Die riesigen Euro-Rettungsschirme, die weitgehend mit neuen Schulden anvisierten EU-Investitionsprogramme, die teuren EZB-Rettungsmaßnahmen, die schleichenden Enteignungen auf dem Markt der Lebensversicherungen oder ganz grundsätzlich durch niedrige oder sogar negative Zinsen zeigen das nur allzu deutlich. All dies geht schon jetzt zulasten der Bürger. Sie sind schon jetzt die Verlierer.

Wer diese Logik versteht, dem wird auch klar, welche zentrale Bedeutung das Verschwinden wirklich werthaltiger Pfänder für die Erosion marktwirtschaftlicher Prinzipien zulasten der Bürger und zugunsten weniger Profiteure hat. Und dem wird klar, dass bei der Erosion dieser Prinzipien der Staat eine noch weiter gehende Rolle als bislang dargestellt spielt.

Denn werden Sanktionen auf den Märkten, sei es auf der Kredit- oder der realwirtschaftlichen Ebene, ausgeschlossen, gerät der Staat auch auf andere Weise in eine schwierige Position. Weil eine solche Entwicklung Innovationen, Wachstum und Beschäftigungsaufbau hemmt, fehlen ihm zum einen Steuereinnahmen, denn sie stützt am Ende schwache Unternehmens- oder Bankeinheiten, die in funktionierenden Märkten zur Schrumpfung gezwungen oder als ganze Einheiten untergegangen wären. Zum anderen entstehen dem Staat auch die direkten Kosten einer schwächeren Wirtschaft, etwa als wachsende Sozialausgaben, geringeres Steueraufkommen, stärkere Konjunkturausschläge oder als Kosten aus sich daraus entwickelnden Strukturkrisen.

Dies wird noch verstärkt, wenn der Staat nicht nur, wie beschrieben, durch den Wegfall des Pfandes in der Kreditwirtschaft zur Beute von wenigen – temporären – Profiteuren aus Banken-

und Finanzsystem wird, sondern wenn er freiwillig seine eigenen Schulden den Teilnehmern in der Finanzwirtschaft als »bestes Pfand« zur Verfügung stellt.

Es mag sich paradox anhören, wenn es heißt, der Staat stelle seine Schulden als »letztes Pfand« zur Verfügung. Genau das aber ist seit mehr als zwei Dekaden geschehen, und zwar dadurch, dass der Staat seine Schulden unabhängig von ihrer Höhe im Einklang mit den schon früher erwähnten Basel-I-Regulierungsvorschriften für Kreditinstitute als für Banken und institutionelle Anleger risikofrei definiert hat. Durch diesen – man muss schon sagen – Kniff entzieht er sich nicht nur als wichtigster Teilnehmer der Finanzwirtschaft marktwirtschaftlichen Mechanismen, ist insofern ein schlechtes Vorbild und verschafft sich selbst eine Art Freifahrtschein, sich über das Maß dessen zu verschulden, was für ihn nach Marktbedingungen finanzierbar wäre. Vielmehr gibt er so auch jedem, der Gläubiger des Staates ist, sei es in Form des Haltens von Staatsanleihen oder als Gewährer von Krediten, die Möglichkeit, daraus selbst neue Kredite zu schöpfen.

Indem also Staatsanleihen oder dem Staat gewährte Kredite als (quasi) risikofrei behandelt werden – wie das bei den Schulden westlicher Länder, auch etwa Griechenlands, Zyperns oder Portugals, sehr lange geschehen ist –, befeuert der Staat nicht nur systemschädliches Verhalten in der Finanz- und Realwirtschaft. Er ist vielmehr auch derjenige, der über seine eigene Verschuldung zum wichtigsten Wachstumsfaktor der Kreditschöpfung im Banken- und Finanzsystem wird.

Damit wird klar: Der Staat ist mit Blick auf die Pfandthematik nicht nur Opfer von ihn ausbeutenden Gläubigern und Schuldnern im Banken- und Finanzsystem. Er ist auch selbst Täter und Verursacher einer sich immer schneller drehenden Spirale, die zu immer höheren Schulden und zu einem instabilen System von Schuldversprechen führt, das die Funktionsbedingungen eines marktwirtschaftlichen Banken- und Finanzsystems mehr und mehr untergräbt.

Der Staat oder besser *die* Staaten müssen im Zuge dieser Entwicklung immer höhere Summen aufbringen, um die (vermeintliche) Stabilität im Banken- und Finanzsystem zu garantieren oder seinen Kollaps zu vermeiden. Am Ende laufen sie so selbst in die Schuldenfalle und tragen auf diese Weise auch dazu bei, dass das instabile System der Kreditvermehrung ohne verwertbare Pfänder kollabiert beziehungsweise permanent vor einem Kollaps steht.

Genau das erleben wir derzeit wieder. Schon länger war jenen, die genau hinschauten, klar, dass die Finanz- und die Euro-Krise nach 2012 nicht ihr Ende gefunden haben, sondern dass sich das Banken- und Finanzsystem seither trotz aller Rettungsmaßnahmen fortwährend am Rande des Abgrunds bewegt. Die zuletzt immer hektischer aufgelegten neuen Programme von EZB, der Bank von England oder der US-Zentralbank belegen nur allzu deutlich, dass der Abgrund (wieder einmal) näher denn je ist. Die Entwicklungen andernorts auf der Welt, etwa in der krisengeschüttelten japanischen Wirtschaft, wo die Zentralbank schon seit Beginn der 90-er Jahre ähnlich agiert, unterstreichen das.

Und diese Dynamik ist nicht verwunderlich. Denn irgendwann zeigt sich, dass der Staat und die mit ihm verbundenen Versprechen, er und seine Staatsschulden seien »letztes Pfand«, offenkundig nicht den Wert haben, den der Staat selbst und die Finanzmärkte ihnen lange Zeit zugemessen haben.

Am Ende muss nämlich der Staat feststellen, dass sein eigentlich wichtigstes Pfand, sein Kapitalstock und die Besteuerung seiner Wirtschaftsteilnehmer, bei Weitem nicht ausreicht, sein steigendes Ausgabeverhalten und das damit verbundene staatliche Kreditwachstum im Zaum zu halten. Die Schulden wachsen in einem solchen System einer staatsrettenden Marktwirtschaft am Ende schneller als die Ressourcen, die sie bedienen können.

Die mit den Basel-I-Regelungen postulierte Fiktion, die Schulden des Staates seien quasi risikofrei, bricht dann in sich zusammen. Was vorher risikofrei war, wird nun plötzlich hochriskant, und die Zinsen, die vom Staat etwa auf Neuemissionen von Anleihen gezahlt werden müssen, explodieren. Genau diese Dynamik zeigte sich in der zweiten Eskalationsphase der Euro-Krise 2012, als es um die Rettungen Griechenlands, Zyperns oder Portugals ging. Und sie zeigt sich auch heute noch im gleichen Kontext. Denn nachdem immer neue Rettungspakete geschnürt und Rettungsschirme gebastelt worden waren, die nichts anderes sein sollten als werthaltige Pfandunterlegungen für neue Kredite in den Krisenländern und auch tatsächlich zu einer Zinsberuhigung bei deren Staatsanleihen beigetragen hatten, explodierten immer dann, wenn die Werthaltigkeit der Pfänder temporär zweifelhaft wurde – etwa durch Aussagen von Politikern oder weil kaum Reformfortschritte zu verzeichnen waren –, auch die Zinsen.

Damit ist klar: Auch die hier ausgehend vom Verschwinden verwertbarer Pfänder bei der Kreditgewährung beschriebene Entwicklung hat in den letzten 30 Jahren in hohem Maße dazu beigetragen, die marktwirtschaftlichen Grundlagen der Kredit-, Banken- und Finanzsysteme der westlichen Länder erodieren zu lassen.

Wenn dem aber so ist, dann muss auch die derzeit so intensiv diskutierte, von vielen als bahnbrechend eingestufte Kernthese von Thomas Piketty zumindest ergänzt werden. In seinem monumentalen Werk *Das Kapital im 21. Jahrhundert* behauptet der Pariser Ökonom, dass die inhärenten Kräfte der Marktwirtschaft die Kapitalrenditen der Reichen stärker hätten steigen lassen als die Wachstumsraten der Realwirtschaft und dass wir uns daher in der Krise befänden.

Pikettys Argument dürfte, wenn es denn überhaupt stimmt, nur ein Teil der Wahrheit sein. Denn wer sich klarmacht, in welchem Maße Schulden, die immer weniger von werthaltigen Pfändern unterlegt waren, zur Fehlallokation von Kapital und zur schleichenden Erosion marktwirtschaftlicher Mechanismen beigetragen haben, der kann nicht umhin, gerade hier eine der zentralen Ursachen anhaltender Wachstumsschwäche und Einkommensungleichverteilungen in den Ländern des Westens auszumachen.

Ohne Ratingagenturen (1): Kenne deinen Kunden und hafte für dein Handeln

Die große Bedeutung der Pfänderthematik für die Schuldenexplosion wird auch in einem weiteren Aspekt deutlich: bei den Ratingagenturen in ihrer Rolle zur Beurteilung der Werthaltigkeit von Pfändern. Wie bereits beschrieben hatte die US-Börsenaufsicht 1975 entschieden, dass fortan nur Ratingagenturen die gesetzliche Verpflichtung der Unternehmen erfüllen durften, sich beziehungsweise die von ihnen begebenen Anleihen bewerten zu lassen, ehe sie für den US-Kapitalmarkt zugelassen werden. Und weil der amerikanische Staat nicht bereit gewesen war, die Ratingagenturen für ihre Bewertungen zu bezahlen, hatte er festgelegt, dass die Agenturen ihre Honorare nicht wie bisher den Anlegern in Rechnung stellen sollten, sondern den Anleiheemittenten. Dieses US-Modell setzte sich weltweit durch. Und es erstreckte sich alsbald nicht mehr nur auf Bewertungen von Unternehmen und ihren Anleihen, sondern auf immer mehr Schuldpapiere, etwa auch auf Anleihen des Staates, verbriefte Kreditportfolios oder andere forderungsbesicherte Wertpapiere.

Die Entscheidung der US-Regierung, dass fortan die Emittenten von Wert- und Schuldpapieren für die Bewertung der Ratingagenturen zu bezahlen hatten, schuf indes eine gefährliche Konstellation. Denn jene Unternehmen oder Staaten, deren Schuldpapieren die Ratingagenturen nun Bonitätseinstufungen zuwiesen, müssen seither auch dann dafür bezahlen, wenn die Bewertungen schlecht ausfallen. Und die Ratingagenturen haben seither einen Interessenkonflikt, denn für sie besteht nun ein Anreiz, bei ihren Bewertungen nicht zu streng vorzugehen, weil sie sonst um die Erteilung künftiger Ratingaufträge fürchten müssten.

Es ist daher kein Zufall, dass die Ratingagenturen für das Ausbrechen der Finanzkrise 2007/08 eine zentrale Rolle gespielt haben und dass sich an den mit ihnen verbundenen Grundproblematiken bis heute nichts geändert hat.

Das gilt auch mit Blick auf die werthaltigen Pfänder zur Unterlegung von Krediten. Denn bei näherer Betrachtung kann kein Zweifel darüber bestehen, dass die Ratingagenturen im Prozess der sich seit Ende der 90er-Jahren langsam aufbauenden US-Subprime-Krise nicht gesehen haben – oder wegen ihres Interessenkonflikts in Sachen Honorar nicht haben sehen wollen –, welche Risiken davon ausgehen, wenn das Akzessorietätsprinzip nicht mehr greift.

Bei der Kreditvergabe meint Akzessorietät die enge Verknüpfung einer Kreditforderung mit der Kreditsicherheit. Das deutsche Gesetz etwa verlangt ausdrücklich eine Abhängigkeit der Kreditsicherheit von einer Kreditforderung und umgekehrt. Es geht beim Akzessorietätsprinzip im Rahmen von Kreditvergaben also darum, dass zwischen Kreditnehmer und Kreditgeber eine direkte rechtliche Verbindung bestehen bleibt, damit der Kreditgeber die Kontrolle über ein dem Kredit unterlegtes Pfand wie etwa Hypotheken oder Bürgschaften behält und den Kreditnehmer im Falle eines Scheiterns der Vertragsbeziehung über dieses Pfand zur Haftung heranziehen kann.

Allerdings nicht nur das. Denn beim Akzessorietätsprinzip geht es auch darum, den Kreditnehmer davor zu schützen, dass der Kreditgeber Kredit und Pfand getrennt voneinander an Dritte verkauft und der Kreditnehmer durch einen – vom ihm selbst nicht autorisierten – neuen Kreditgeber gezwungen wird, den Kredit unverzüglich zurückzuzahlen. Der deutsche Gesetzgeber hat diese seit den 90er-Jahren in Deutschland zunehmende Praxis – insbesondere im Zusammenhang mit Immobilienfinanzierungen – inzwischen verboten.

Ziel der Anwendung des Akzessorietätsprinzips ist letztlich die Gewährleistung einer Sicherheit für Kreditgeber und -nehmer, dass Kredit und Pfand in der Gläubiger-Schuldner-Beziehung von Anfang bis Ende unauflöslich miteinander verbunden bleiben.

In einer akzessorisch angelegten Kreditbeziehung trägt der Kreditgeber am Ende zudem das Risiko, wenn das Pfand im Falle des vertraglichen Scheiterns nicht werthaltig oder nicht werthaltig genug sein sollte, um die nicht erfüllten Forderungen an den Kreditnehmer zu decken. Und weil er dieses Risiko trägt, kann davon ausgegangen werden, dass er alle Sorgfalt daransetzt, es bei der Prüfung und Bewertung des Kreditnehmers so genau wie möglich zu nehmen. Nach alter Bankerschule sind genau dafür Einzelfallkreditbetrachtungen und das Prinzip »Kenne deinen Kunden« (und seine Kreditgeschichte) unabdingbar.

In der Entwicklung der Subprime-Krise im US-Hypothekenmarkt trug das aus guten Gründen für Kreditbeziehungen tragende Prinzip der Akzessorietät allerdings immer weniger. Stattdessen zerbröselte es. Diejenigen nämlich, die den Hypothekenschuldnern die Kredite für die Finanzierung ihrer Häuser und Wohnungen verkauft hatten, hafteten nicht selbst, wie sie es nach dem Akzessorietätsprinzip hätten tun müssen. Sie hafteten nicht selbst, weil sie die Rechte und Pflichten aus den Kreditverträgen nicht behielten, sondern an Dritte, die Investmentbanken, weiterverkaufen konnten, die diese wiederum zu Kreditportfolios bündelten, sie dann als Schuldpapiere verbrieften und diese wiederum am Ende der Kette an Vierte – die Investoren – weiterveräußerten.

Alle Beteiligten verließen sich bei diesem Prozess auf die Logik und Dynamik der schon als hochproblematisch diskutierten Portfoliotheorie und den mit ihr verbundenen Investmentansatz der Diversifikation. Sie führten zu einer Zusammensetzung der gebündelten Schuldpapiere, in der Einzelfallkreditbetrachtungen, das für seriöse Kreditgeschäfte einstmals erfolgskritische Prinzip »Kenne deinen Kunden« und die akzessorische Verbindung zwischen Kreditnehmer und Kreditgeber, die die Haftungs- und Pfandfrage mit berücksichtigt, gleichsam im Nebel verschwanden.

Damit nicht genug. Denn darüber hinaus verließen sich die Beteiligten auf weiter steigende Häuserpreise in den USA, auf von der US-Zentralbank weiter niedrig gehaltene Kreditzinsen, auf Kreditausfallversicherungen, ausgesprochen von Unternehmen mit besten Kreditratings, und auf Geldmärkte, von denen man annahm, dass sie auch langfristig kein Problem damit hätten, die Käufer der langfristigen Hypothekenpapiere problemlos kurzfristig zu refinanzieren.

Insgesamt also versuchten alle Beteiligten, den Verlust der für funktionierende Kreditbeziehungen so wichtigen Akzessorietät über problematische Annahmen, Modelle und Berechnungen zu kompensieren. Angesichts der mit ihnen verbundenen Komplexität verwundert es in der Rückschau nicht, dass dieser Versuch scheitern musste. Eher verwundert es, wie sich die Beteiligten auf ein so komplexes Geflecht von Annahmen, Modellen und Berechnungen verlassen konnten.

Das zentrale Problem bestand dabei in Folgendem: Die Verwertungskette der verbrieften Junk-Hypotheken war ein trügerisches Spinnennetz, in dem nicht nur zu viele positive Annahmen über künftige Entwicklungen und falsche Berechnungen zu finden waren, sondern in dem nach Maßgabe der angewendeten Investmentmodelle auch kaum Krisenszenarien berücksichtigt wurden. Hätte es Letztere gegeben, wäre dieses Marktsegment der US-Subprime-Hypothekenkredite wohl nie entstanden.

Die Ratingagenturen spielten bei der Entwicklung dieses Marktsegments mit ihren Bestnotenbewertungen für die verbrieften Kreditportfolios eine entscheidende und gleichzeitig sehr zweifelhafte Rolle. Bei ihren Ratings stützten sie sich zum einen auf die Hypotheken und die mit ihnen verbundenen Immobilien selbst. Deren Werthaltigkeit als Pfand aber genügte nicht. Denn der den Hypothekenkrediten unterlegte Pfandwert der Immobilien (und der mit ihnen verknüpften Bonität der Schuldner) war der schlechteste, den es jemals in der neueren Geschichte gegeben hatte.

Dass das politisch durch die Clinton-Administration so gewollt war, vor allem um ökonomische Krisensymptome über eine erleichterte Finanzierung des Traums vom eigenen Haus auch für US-Amerikaner, die sich das eigentlich nicht leisten konnten, zu bekämpfen, ist dabei das eine. Das andere aber ist, dass gerade wegen dieser schwach pfandbesicherten Hypothekarkredite um diese herum ein gefährliches Gewebe aus vermeintlichen Sicherheiten und Quasi-Pfändern gebaut wurde. Federführend dabei waren die Groß- und Investmentbanken, die die Hypothekarkredite erwarben, in Kreditbündel verschnürten, zu handelbaren Wertpapieren verbrieften, an die Investoren wie Banken, Versicherungen und Investmentfonds verkauften und so ohne irgendwelche Haftungsrisiken große Gewinne einstrichen.

Damit das gelingen konnte, griffen sie in die nun schon vertraute Zauberkiste der portfoliotheoriebasierten Diversifikation. Denn eine deren Grundaussagen lautet: Habe ich einen Hypothekarkredit vergeben, ist dessen Ausfallrisiko weit höher, als wenn ich eine Million Hypotheken vergebe beziehungsweise ein Portfolio halte, in dem eine Million Hypothekarkredite gebündelt sind.

Daran scheint auf den ersten Blick richtig, dass die Ausfallwahrscheinlichkeiten eines Pools an Hypotheken nach dem »Gesetz der großen Zahl« im Durchschnitt bessere Resultate liefern, als wenn die Ausfallwahrscheinlichkeit lediglich eines Hypothekarkredits betrachtet wird. Doch gilt dies nur dann, wenn für die damit verbundenen Berechnungen auch die richtigen Zahlen und Statistiken zurate gezogen werden. Genau das aber geschah nicht. Denn anstatt alle Zahlen und Statistiken des 20. Jahrhunderts unter Einschluss der Weltwirtschaftskrise heranzuziehen, verließ man sich in der Frage des zukünftigen Ausfallrisikos von gebündelten Kreditportfolios auf Daten, die sich nur auf die Zeit seit den 80er-Jahren stützten, auf eine Zeit also, die, wie schon erwähnt in der Banken- und Finanzwelt *The Great Moderation* genannt wird, »Große Mäßigung«. Gemeint ist mit diesem Begriff die gewachsene Überzeugung insbesondere westlicher Zentralbanken wie der US-Notenbank Fed, dass über die Zähmung der Inflation und die Deregulierung von Real- und Finanzwirtschaft große konjunkturelle Ausschläge der Vergangenheit angehören würden.

Indem also die Zahlen und Statistiken großer Krisen in den verwendeten Modellen ausgeblendet wurden, fielen die Möglichkeiten großer Schocks – etwa ein massiver Fall der Häuserpreise, stark steigende kurzfristige Zinsen, eine tiefe Wirtschaftskrise und ein Kollaps des Bankensystems – bei Risikobetrachtungen sowohl der Investmentbanken als auch der Ratingagenturen, die die Kreditportfolios ja zu bewerten hatten, unter den Tisch.

Dass Groß- und Investmentbanken bei ihren Vermögens- und Kreditentscheidungen beim Umgang mit Risiken so vorgehen, mag für das gesamte Banken-, Finanz- und Weltwirtschaftssystem hochgefährlich sein; und es muss auch gegeißelt werden, weil es die Folgen des eigenen Scheiterns anderen aufgebürdet hat. Einzelwirtschaftlich betrachtet hingegen war ihr Vorgehen verständlich, denn die Akteure nutzten Spielräume, die ihnen das unzureichende Kontrollsystem bot, und suchten so, ihre Umsätze und Gewinne zu maximieren. Dass sie bei dem neuen Kapitalmarktsegment der gefährlichen Subprime-Kredite von Anfang an bewusst darauf verzichteten, eine eigene Handelsplattform einzurichten, die Kapital benötigt und Haftungsfolgen mit sich gebracht hätte, ändert daran nichts.

Deutlich kritischer aber muss die Rolle der Ratingagenturen in dieser Gemengelage beurteilt werden. Denn ihre Aufgabe besteht ja gerade darin, als neutrale Schiedsrichter echte Ausfallrisiken zu erkennen und zu bewerten. Hätten sie Risikobewertungsmodelle benutzt, die anders und im obigen Sinne zweckmäßig fundiert gewesen wären, dann hätten sie schwerlich jene laufenden Bestbeurteilungen von Junk-Hypothekenpapieren abgeben können, deren Werthaltigkeit bei Ausbruch der Finanzkrise »plötzlich« mit Ramschstatus anzusetzen war.

Es kann kein Zweifel darüber bestehen, dass die sich entwickelnde US-Subprime-Krise eine wesentliche Ursache für die Finanzkrise 2007/08 war. Und auch wenn es viele weitere Ursachen für die Schuldenkrise gibt, in der wir uns heute befinden, so ist im Zusammenhang mit dem Ausbruch der Subprime-Krise doch in besonderem Maße auf das Versagen der Banken und der Ratingagenturen hinzuweisen.

Dabei sollte es uns beunruhigen, dass die Ratingagenturen weiterhin ihren Dienst tun und Bewertungen zu Schuldpapieren und den ihnen unterlegten werthaltigen Pfändern abgeben, die täglich und rund um den Globus Einfluss haben auf Investments und Verschuldungen in Höhe von Billionen von US-Dollar, Euro, japanischen Yen oder chinesischen Renminbi.

Nicht von ungefähr weigern sich die drei großen Ratingagenturen Standard & Poor's, Moody's und Fitch bis heute, ihre Risikobewertungsmodelle im Detail offenzulegen. Natürlich ist es aus Businessgründen verständlich, dass sie das nicht tun wollen. Andererseits sind ihre Bewertungen für die Finanzmärkte im Allgemeinen und für deren Stabilität im Besonderen so zentral geworden, dass auch sie schon lange hätten gründlich kontrolliert werden müssen. Doch durch US-Gesetze geschützt genießen sie nach wie vor eine privilegierte oligopolistische Stellung und können – gestützt durch amerikanische Gerichtsurteile aus den 90er-Jahren – für ihre Bewertungsurteile nicht haftbar gemacht werden. Obwohl aber die entsprechende US-Rechtsprechung die Urteile der Ratingagenturen als reine Meinungsäußerungen einstufte, hätte man schon damals wissen können, dass das mit den Ratingurteilen quasi entstehende Versprechen, »Pfand« zu sein, in einer Krise tatsächlich niemals würde gehalten werden können.

Auch das erklärt das Versagen der Ratingagenturen. Denn wer kontrolliert wird und haftbar gemacht werden kann, arbeitet sorgfältiger und verantwortungsbewusster, als dies Ratingagenturen getan haben und es bis heute tun. Wer dabei auch noch echtem Wettbewerb ausgesetzt und nicht Teil eines Oligopols ist, ebenso.

Die Ratingagenturen versagten mit Blick auf die US-Subprime-Krise und die Beurteilung von Risiken und der Werthaltigkeit von Hypothekenpfändern noch in weiteren Punkten.

So berücksichtigten sie in ihren Bewertungen nicht, dass mit der Verbriefung der Junk-Hypothekarkredite und der dann folgenden Anlagepraxis gegen die älteste aller verlässlichen Bankregeln verstoßen wurde: die goldene Bankregel.

Sie besagt, dass langfristige Anlagen wie Hypothekenanleihen auch langfristig refinanziert werden müssen. Davon konnte bei der Finanzierung der Junk-Hypothekenportfolios aber keine Rede sein. Die Anleger, die diese Investments über ihre Spezialgesellschaften außerhalb der eigenen Bilanz tätigten, refinanzierten ihre Anlagen vielmehr in den auf kurzfristige Kapitaltransaktionen ausgelegten Geldmärkten, und zwar alle drei Monate als sogenannten *Roll-over*, das heißt alle drei Monate wiederkehrend.

Damit dieses Verfahren allerdings funktionieren konnte, musste vorausgesetzt werden, dass die Geldmärkte auf absehbare Zeit keinen großen Schwankungen und Krisen ausgesetzt sein würden. Eine sehr mutige Annahme – zu mutig, wie sich bald zeigte. Denn als einige Fondsmanager dazu übergingen, die (langfristigen) Hypotheken-Junkbonds in (kurzfristigen) Geldmarktfonds anzulegen, um im Wettbewerb mit anderen Fonds eine höhere Rendite zu erzielen, stiegen mit den dort nun eingebrachten Junk-Portfolios auch die Risiken in den Geldmärkten stark.

Die Ratingagenturen hatten diese gestiegenen Risiken durch die von ihnen gelieferten Bewertungen der Subprime-Bonds indes zuvor in kaum einer Weise berücksichtigt. Das heißt, sie hatten durch ihre Top-Bewertungen im Prinzip festgestellt, dass die zur Besicherung der Kreditportfolios unterlegten Pfänder werthaltig genug waren, um mögliche Zahlungsausfälle kompensieren zu können.

Eine große Fehlleistung, die sich auch mit den Interessenkollisionen im Honorarmodell und mit jenen problematischen Annahmen, Modellen und Berechnungen erklären lässt, die die gesamte Banken- und Finanzbranche nutzte – und mit der Tatsache, dass sie selbst nicht kontrolliert und haftbar gemacht werden kann.

Doch das Versagen der Ratingagenturen mit Blick auf die Bewertung von Ausfallrisiken der Junk-Hypothekenportfolios reichte noch weiter. So berücksichtigten sie ebenfalls nicht, dass die von Spezialversicherern wie AIG ausgesprochenen Kreditausfallversicherungen (*Credit Default Swaps*, kurz CDS) – von den Ratingagenturen mit der Bestnote AAA ausgestattet – in einer Krise nicht mehr greifen könnten.

Frei von staatlichen oder anderen Beschränkungen entwickelten sich Credit Default Swaps in den Finanzmärkten seit Mitte der 90er-Jahre, und zwar explosionsartig. Sie sind im Wesentlichen als ein Kreditderivat zu verstehen, mit dem das Handeln von Kreditausfallrisiken etwa von Anleihen, Bankkrediten oder Hypotheken ermöglicht wird, also mit Risiken, wie sie für Banken (oder auch Hedgefonds) Alltagsgeschäft sind. Als Grundlage dieses Handels wird ein Vertrag zwischen einem sogenannten Sicherungsnehmer und einem Sicherungsgeber geschlossen, der Bezug auf einen Referenzschuldner nimmt, meist große Unternehmen, die auch an den Finanzmärkten aktiv sind. Der Sicherungsnehmer leistet dabei zu Anfang eine Prämienzahlung und danach laufende weitere Prämienzahlungen an den Sicherungsgeber, die sich an der Risikosituation des Referenzschuldners zur Zeit des Vertragsabschlusses orientieren. Haben CDS von den Ratingagenturen besser bewertete Unternehmen zum Gegenstand, so fallen die Prämien niedriger aus als solche, deren Referenzschuldner schlechter bewertet waren.

Dabei gilt in jedem Fall: Wenn der in dem CDS-Vertrag genannte Referenzschuldner ausfällt, erhält der Sicherungsnehmer dafür im Gegenzug vom Sicherungsgeber – zum Beispiel von einer Versicherung oder von einer Bank – eine Ausgleichszahlung. CDS-Verträge ähneln also insofern einer Versicherung, die Gläubiger (beziehungsweise Sicherungsnehmer) gegen einen Kreditausfall abschließen, wenn auch mit dem Unterschied, dass der Sicherungsnehmer die Ausgleichszahlung bei Ausfall des Referenzschuldners auch dann erhält, wenn ihm dadurch gar kein Schaden entsteht. Denn CDS-Verträge unterliegen in den USA wie in vielen anderen Teilen der Welt kaum einer Regulierung, sodass Investoren sie auch dann kaufen können, wenn sie dem Referenzschuldner keinen Kredit gewährten und nur auf dessen steigendes Ausfallrisiko wetten. Mit Credit Default Swaps können also Kreditausfallrisiken auch ganz unabhängig von bestehenden eigenen Kreditbeziehungen versichert werden. Jedem steht frei, auf jegliche Form von vertraglichen Schuldner-Gläubiger-Beziehungen – ohne jegliche Begrenzung – CDS-Verträge abzuschließen. Das hat zu dem Paradox geführt, dass beispielsweise im Jahr 2005, als die Anleihen von Ford auf Junk-Status herabgestuft wurden, die auf die Ford-Anleihen sich beziehenden CDS-Versicherungen ein Vielfaches dieser Anleihen ausmachten. Damit war klar: Viele dieser Credit Default Swaps erfüllten keine klassische Sicherungsfunktion, sondern waren reine Spekulationen auf das Überleben oder den Untergang des Unternehmens. Sie sind damit das ultimative Gegenkonzept zur Akzessorietät von Krediten.

Wichtig ist dabei auch der Umfang der CDS-Leistungen. So sieht der Vertrag in der Regel vor, dass der Sicherungsgeber dem Sicherungsnehmer zusagt, einen möglichen Zahlungsausfall zu 100 Prozent auszugleichen. Die meisten CDS-Verträge versichern also nicht einen Teilausfall von vielleicht fünf oder 15 Prozent, sondern es geht dabei fast immer um alles oder nichts. Allein das macht sie in der Aggregation so gefährlich. Denn die Erfüllungsrisiken können im Fall einer Krise des Referenzschuldners und womöglich des gesamten Banken- und Finanzsystems ins Gigantische steigen – sodass am Ende gerade wegen des Systemkollapses jene gigantischen Ausgleichszahlungen, die die Versicherungen für Zahlungsausfälle eigentlich vorsehen, nicht mehr geleistet werden können.

Genau das geschah auch 2007, als die Finanzkrise ausbrach. Die Kreditausfallversicherungen waren nichts mehr wert, sie konnten für jene Risiken, die sie einmal hatten absichern sollen, nicht mehr genutzt werden. Denn US-Versicherer wie AIG, die in großem Stil in das Geschäft mit den Kreditausfallversicherungen eingestiegen waren, gerieten wegen umfangreicher CDS-Deals und der mit ihnen verbundenen, sich schlagartig vermehrenden Zahlungsausfälle, die sie nun eigentlich zu bedienen hatten, dadurch selbst an den Rand des Zusammenbruchs – mit schlimmsten Konsequenzen für das gesamte Banken- und Versicherungssystem. Eine AIG-Pleite hätte zwingend weitere Investoren und Schuldner, darunter viele Banken, die zuvor die von der AIG (vermeintlich) gedeckten Credit Default Swaps gekauft hatten, ins Schlingern gebracht. Um das zu vermeiden – um also einen Kollaps des US-Banken- und -Finanzsystems und wohl auch des globalen Banken- und Finanzsystems zu vermeiden –, wurde AIG schließlich mit dreistelligen US-Milliarden-Staatshilfen gerettet.

Bevor dies alles aber geschah, hatten sich die Käufer der Ramschhypotheken auf die Top-Bewertung der Ratingagenturen verlassen. Und so wurden sie durch systematisch zu gute Bewertungen der Ratingagenturen in die Irre geführt. Wären die Agenturen ihrer Aufgabe nachgekommen, die Werthaltigkeit der den Schuldpapieren unterliegenden Pfänder gründlich zu prüfen und dabei auch die Problematik der in einer Krise wegbrechenden Kreditausfallversicherungen zu berücksichtigen, wären ihre ursprünglichen Ratingbewertungen nicht so positiv ausgefallen.

So aber hatten am Ende die Anleger das Nachsehen (und im Gefolge der Bewältigung der Finanzkrise schließlich die Steuerzahler), die für die Akteure des am Abgrund stehenden Banken- und Finanzsystem einzustehen hatten und bis heute einzustehen haben. Denn für die Anleger hatten die Top-Ratings für die mit Kreditversicherungen renommierter Assekuranzunternehmen abgesicherten Hypothekenportfolios den Charakter von Quasi-Pfändern. Lange hatten sie geglaubt, dass damit auch werthaltige Sicherheiten verbunden waren. Erst im Zuge der ausbrechenden Finanzkrise änderte sich das. Denn nun stellte sich mit allergrößter Deutlichkeit heraus, dass die Werthaltigkeit ein Hirngespinst war.

In der Rückschau muten diese Sichtweisen und Dynamiken geradezu absurd an. Und sie erinnern ein wenig an das Märchen *Des Kaisers neue Kleider*, bei dem am Ende und nach langer Zeit ein Kind endlich die sehr einfache Wahrheit erkennt und ruft: »Aber er hat ja gar nichts an!« In der Finanzkrise würde dieses Kind wohl etwas weniger prosaisch und eher nüchtern festgestellt haben:

»Aber da sind ja nirgends werthaltige Pfänder, die die Kreditbeziehungen unterlegen. Und die Kreditausfallversicherungen, die die Kreditbeziehungen aufseiten der Gläubiger absichern sollen, greifen im Fall einer Krise ohnehin nicht.«

Im Märchen steht am Ende der Kaiser nackt und blamiert da, aber irgendwie auch seine Entourage. In der Wirklichkeit der Finanzkrise und der bis heute still eskalierenden Schuldenkrise sieht es bislang danach aus, dass am Ende die Bürger durch die ihnen drohenden massiven Wohlstandsverluste nackt werden. Blamiert sind in jedem Fall bereits heute die Akteure des Banken- und Finanzsystems, unter Einschluss der Ratingagenturen und der sie stützenden und sich laufend weiter verschuldenden Staaten. Es ist so gesehen auch verständlich, dass diese Akteure einen massiven Reputationsverlust hinzunehmen haben.

Doch auch wenn diese Sichtweisen und Dynamiken analog dem Kaiser-Märchen absurd anmuten: Weniger absurd ist, dass Ratingagenturen, die über viele Jahre hinweg Premiumstempel auf Junk-Papiere gedrückt hatten, über ebenso viele Jahre hinweg an dieser mehr als fragwürdigen Stempelvergabe verdient hatten.

Und noch viel weniger absurd ist, sondern einfach nur weiterhin hochgefährlich, dass wir bis heute nicht wissen, inwieweit sich die Risikobewertungsmodelle der Ratingagenturen, die sich in der Finanzkrise als hochproblematisch erwiesen, geändert haben. Im Grunde spricht kaum etwas dafür, dass das so ist. Denn da die Ratingagenturen weder ernsthaft kontrolliert werden noch haften noch echtem Wettbewerb ausgesetzt sind und zudem von den Staaten geschützt werden und bei alledem auch mit ihren bisherigen Methoden sehr gut verdient haben, gibt es keinen echten Anreiz für sie, sich und ihre Arbeitsweise grundsätzlich zu verändern.

Ein weiterer Punkt des Versagens der Ratingagenturen im Zusammenhang mit der Unterlegung von Schuldpapieren mit Pfändern ist schließlich dieser: Weil jene Einlagen, die die Banken lange eingesammelt hatten, um sie zur Kreditvergabe zu nutzen, ab den 70er-Jahren immer stärker von den Geldmarktfonds auf-gesogen wurden, um von dort aus für Kreditvergabezwecke ver-wendet zu werden, waren auch die Banken – ob Geschäfts- oder Investmentbanken – immer stärker davon abhängig, sich dort selbst zu refinanzieren. Auf diese Weise entstand eine gefährliche wech-selseitige Abhängigkeit der weitgehend unregulierten Geldmärkte mit den stärker regulierten Banken. Jetzt musste nur eine Krise in einem der von ihnen bearbeiteten Märkte auftreten – also in den klassischen Kreditmärkten oder in den Geldmärkten –, um alle Akteure in eine systemisch sich verstärkende Krise zu werfen.

Und diese Krise kam. Sie entwickelte sich seit Ende der 90er-Jahre erst langsam und dann immer schneller und brach dann end-gültig 2007 aus, als klar wurde, dass die Banken eine Unmenge viel zu hoch bewerteter Ramschhypothekenportfolios in ihren Bü-chern hatten, denen trotz ihrer Sicherheit suggerierenden Top-Ra-tings weder bei den Verkäufern noch bei den Käufern werthaltige Pfänder unterlegt waren.

In der Folge brach das Kartenhaus der Subprime-Kreditportfo-lios in sich zusammen.

Zuerst funktionierten die Interbankenmärkte nicht mehr, das heißt, die Banken liehen sich gegenseitig kein Geld mehr. Denn es wurde zunehmend klar, dass die Ramschhypotheken eine Zeit-bombe für das gesamte Banken- und Finanzsystem darstellten – was wiederum das Risiko jeder einzelnen Bank erhöhte, an andere Banken verliehenes Geld nie wiederzusehen.

Als Nächstes wurden im Zuge dieses Prozesses auch die Akteure auf den Geldmärkten erst vorsichtiger und dann misstrauischer. Denn sie fürchteten nun, dass ihre Fonds mit falsch bewerteten Papieren belastet sein könnten – was sie ja vielfach auch waren –, und stellten im Sommer 2008 ihre Funktion als kurzfristige An-lage- und Refinanzierungsplattform völlig ein.

Gerade für die Groß- und Investmentbanken aber bildeten die Geldmarktfonds eine sehr wichtige Refinanzierungsbasis. Mehr noch, sie waren das Lebenselixier, das die Handelssäle der Groß-

und Investmentbanken für ihr Funktionieren benötigten, auch und gerade für das »Verarbeiten« hochriskanter Wertpapiere zu neuen Portfolios. Solange die nämlich Teil der eigenen Bilanz waren, mussten sie auch refinanziert werden. Genau das aber wurde erst schwieriger und durch das Ausfallen der Geldmarktfonds kurz darauf unmöglich.

In der Folge traute nun keiner der Banken- und Geldmarktakteure mehr dem anderen, sodass selbst jene Anlagen und Schuldpapiere massiv an Wert verloren, die zuvor zu Recht als gut oder gar sehr gut bewertet worden waren. Wie im Verlauf früherer Banken- und Finanzkrisen auch machte sich schnell Panik breit. Und in Panik wird nicht mehr zwischen »guten« oder »schlechten« Pfändern unterschieden. Stattdessen versucht jeder zu retten, was zu retten ist, vertraut nicht mehr auf Versprechen, sondern verfährt nach der Maxime *cash is king*. So geschah es auch diesmal, und so wurde das vorhandene Geld im Banken- und Finanzsystem in der Folge knapper und knapper.

Damit nicht genug, denn wegen des Austrocknens der Interbanken- und Geldmärkte wurde nun auch der in Krisen so wichtige Prozess der Entschuldung durch Verkauf von im Prinzip werthaltigen Pfändern unmöglich, denn auch ihr Wert brach aufgrund des allgegenwärtigen wechselseitigen Misstrauens massiv ein. Auf den Banken- und Geldmärkten fanden in der Folge kaum noch Transaktionen statt, beziehungsweise von ihnen und ihrer wechselseitigen Abhängigkeit ausgehend entwickelte sich eine Dynamik sich entwertender Pfänder, bis alle vermeintlichen Pfänder aufgebraucht waren – oder besser: gleichsam verschwanden.

Ausgelöst wurde diese Entwicklung durch das Wegbrechen jener Annahmen, auf denen das Kartenhaus der Subprime-Kreditportfolios aufbaut: Die Häuserpreise stiegen nicht mehr, sondern sie sanken; die Zinsen blieben nicht niedrig, sondern sie stiegen; und als klar wurde, dass die Zahlungsausfälle breitflächig und rasant zunahmen, war auch absehbar, dass die trügerischen Kreditausfallversicherungen nicht würden greifen können.

Kein Zweifel, im Prozess der Entstehung und des Ausbruchs der Subprime-Krise waren die Ratingagenturen Quasi-Pfandgeber, denn sie waren es, die die Top-Bonitäten für zweifelhafte Schuldpapiere und Kreditausfallversicherungen aussprachen. Das heißt, ihr Premiumstempel auf die Papiere und CDS signalisierte den Investoren, es gebe hinter den Kreditbeziehungen, die in den Papieren gebündelt waren, werthaltige, sichere Pfänder. So jedenfalls konnten es diejenigen sehen, die in diese Papiere investiert hatten, darunter viele deutsche Landes- und Hypothekenbanken.

Doch diese Premiumstempel waren falsch. Sie waren falsch für die gebündelten Kredite, und sie waren falsch für die Kreditausfallversicherungen, die die Kredite absichern sollten.

Wegen des riesigen Volumens der in den Finanzmärkten verbrieften Subprime-Kreditbündel – nach Schätzungen lag ihr Wert im ersten Quartal 2007 bei 1300 Milliarden US-Dollar – und wegen der nun überall drohenden Zahlungsausfälle gerieten nicht wenige der hier zahlreich beteiligten Banken und Versicherungen immer schneller ins Straucheln. Die Finanzkrise hatte begonnen und brachte bald die Banken-, Finanz- und Weltwirtschaftssysteme an den Rand des Abgrunds.

Die Ratingagenturen waren wegen ihrer Funktion als Quasi-Pfandgeber damit auch einer der wichtigsten Verursacher der Krise.

Zwar meinen manche, die von der Finanzkrise ausgehenden größten Bedrohungen seien vorbei, doch das Gegenteil ist richtig. Dass die Schulden in den letzten sieben Jahren allerorten weiter gewachsen sind, ist dabei nur ein Aspekt. Ein anderer ist, dass auch die Ratingagenturen seither weiterarbeiten – fast will es scheinen, als sei nichts gewesen.

Dabei muss ihre Rolle als Sicherheit vermittelnder Quasi-Pfandgeber gründlich überdacht werden. Denn was in der Subprime-Krise geschah, geschieht womöglich bereits wieder so ähnlich an anderen Stellen des globalen Banken- und Finanzsystems, womöglich in großem Umfang und womöglich unbemerkt vom Radar der breiteren Öffentlichkeit.

Ohne Ratingagenturen (2): Die Wiederentdeckung der Beziehung von Schuldner und Gläubiger

Doch wo stehen wir beim Nachdenken über die Rolle der Ratingagenturen genau? In einem System, in dem von den Staaten überall auf der Welt Urteile von kaum kontrollierten wenigen Ratingagenturen gefordert werden, um zum Geld- und Kapitalmarkt zugelassen zu werden, wird ihre Ratingnote zum Quasi-Pfand der Investoren. Sie verlassen sich darauf. Das heißt, sie verlassen sich dabei auf vermeintlich objektive Aussagen zum Risiko eines Zahlungsausfalls.

Wie sich im Zusammenhang mit den Subprime-Krediten gezeigt hat, ist das hochgefährlich für das gesamte Banken-, Finanz- und Weltwirtschaftssystem. Dabei ist – zusammengefasst – von folgender Dynamik auszugehen: Während in den klassischen Kreditmärkten das Prinzip der Akzessorietät mit dazugehöriger Einzelfallkreditprüfung durch die Kreditinstitute greift, dieser Markt aber zugunsten der weitgehend unregulierten Geld- und Kapitalmärkte stark geschrumpft ist, werden hier die weitaus größten Kreditvolumina abseits von Akzessorietät und Einzelfallkreditprüfung abgewickelt. Wegen dieser Volumina aber schlagen, wie in der Subprime-Krise gesehen, Fehlentwicklungen in diesen weitgehend unregulierten Märkten vehement und gnadenlos auf die Systeme der Banken, Finanzmärkte und der Weltwirtschaft und ihre Akteure durch. Dass dabei die Marktwirtschaft erodiert und der Staat in diesem Prozess durch das Verstärken von Kreditwachstum, Verschuldung und Forderung nach Bewertungen der Ratingagenturen eine höchst zweifelhafte Rolle spielt, ist bereits klar geworden.

Die Problematik mit Blick auf die Ratingagenturen zeigt sich in diesem Zusammenhang auch bei den Investoren wie Banken, Versicherungen und Investmentfonds, also bei den Nachfragern nach verbrieften Kreditpapieren auf den Finanzmärkten. Problematisch ist diese Nachfrage deswegen, weil die Investoren die zu Wertpapieren gebündelten Kreditportfolios im Allgemeinen ohne eigene Einzelfallkreditprüfung erwerben und sich stattdessen – wie schon erwähnt – auf das Bonitätssiegel der Agenturen stützen und darin ein Quasi-Pfand sehen.

Die Investoren unterlassen eine aufwendige Eigenprüfung aber nicht nur, weil sie das freiwillig entschieden haben und es kostengünstiger ist, sondern auch, weil die Staaten seit mehr als 30 Jahren die Kombination aus Diversifikation – als Risikominderung – und Ratings – als vermeintlich objektives Bewertungsinstrument – vorschreiben.

Diese Vorschriften bezogen sich zunächst zwar nur auf Anleihen, wurden aber mit den rasant wachsenden Handelsvolumina in den Geld- und Kapitalmärkten dann auch auf die dort verbrieften Kredite ausgeweitet. Mit dieser Entwicklung wuchs den Ratingagenturen eine Rolle zu, die sie nicht wirklich ausfüllen können. Denn wie die Subprime-Krise nur allzu deutlich gezeigt hat, sind Ratingagenturen in den Geld- und Kapitalmärkten nicht in der Lage, einigermaßen risikoadäquate und in diesem Sinne wenigstens näherungsweise objektive Ratingnoten zu vergeben.

Das war so nicht geplant. Oder besser: Die Erwartungen waren andere, denn die Ratingnoten sollten – so der Anspruch – quasi objektive Risiken für Zahlungsausfälle von Schuldbeziehungen wiedergeben. Und die, die diese Erwartung hegten, waren vor allem staatliche Instanzen und Investoren, aber auch die anderen beteiligten Akteure auf den Banken- und Finanzmärkten.

Ihre Erwartungen waren trügerisch. Denn die Idee, wenigstens näherungsweise risikoadäquate Ratings bei Kreditpapieren vergeben zu können, setzt voraus, dass alle Gläubiger-Schuldner-Verhältnisse vergleichbar und hiervon ausgehend bewertbar sind.

Bei näherer Betrachtung ist dies aber eine so wirklichkeitsferne Voraussetzung, dass sie selbst bei im Prinzip identischen Kreditbeziehungen nicht zu erfüllen ist. Folgendes einfaches Beispiel macht das deutlich: Wenn eine italienische Bank italienische Staatsanleihen in ihren Büchern hat, unterscheidet sich das deutlich von einer Situation, in der eine deutsche Bank solche Papiere hält. Der Unterschied zwischen diesen beiden Fällen zeigt sich besonders in einer akut werdenden Schuldenkrise des Staates in einem supranationalen Währungsverbund wie dem Euro. Denn wenn eine – womöglich gar größere – italienische Bank italienische Staatsanleihen in ihren Bücher hat und infolge des Nichtbedienens dieser Anleihen in eine Schräglage gerät, dann ist zu erwarten, dass sich der italienische Staat im Interesse seiner Staatsfinanzen, und um die Funktionsfähigkeit seines Bankensystems zu gewährleisten, um diese Bank kümmern wird – etwa indem er sie rettet oder so abwickelt, dass der Schaden für seine Finanzen und das Bankensystem so gering wie möglich ausfällt.

Anders sieht das hingegen in jenem Fall aus, in dem eine deutsche Bank italienische Staatsanleihen hält. Sie unterliegt nicht den gleichen Gesetzen wie die italienische Bank, sondern den deutschen, und der deutsche Staat hat mit Blick auf seine Banken zudem nicht die gleichen Interessen wie der italienische Staat. Den kümmert es weniger, wenn eine deutsche Bank wegen zu hoher Kredite an den italienischen Staat, die dieser nicht mehr bedienen kann, in Schieflage gerät. Den deutschen Staat aber kümmert es sehr, und dies umso mehr dann, wenn die Bank wichtig ist für das Funktionieren des gesamten deutschen Bankensystems.

Schon so wird deutlich, dass im Prinzip identische Kreditbeziehungen mit Blick auf die mit ihnen verbundenen Risiken eines Zahlungsausfalls nicht wirklich vergleichbar sind. Denn die mit diesen Beziehungen verbundenen Wertpapiere entfalten in unterschiedlichen Anlegerkontexten – im Beispiel italienische versus deutsche Bank – unterschiedliche Risikowirkungen in die jeweiligen Banken- und Wirtschaftssysteme hinein. Diese höchst unterschiedlichen Risikowirkungen aber können die Ratingagenturen bei ihrer ursprünglichen Bonitätsprüfung unmöglich berücksichtigen. Die Risikobetrachtungen und Risikobewertungen der Ratingagenturen für im Prinzip identische Kreditfälle müssten sich also unterscheiden, tun es aber im Letzten nicht.

Diese Problematik wird noch deutlicher, wenn man sich auch andere Risikokonstellationen klarmacht. Etwa die Konstellation, in der Schulden von Inländern gegenüber dem Ausland anders wahrgenommen und auch anders behandelt werden als Schulden innerhalb eines Landes.

Genau das nämlich passiert in Zeiten von Schuldenkrisen. Dabei gilt zwar einerseits, dass etwa Schulden des Staates gegenüber dem Ausland bedient werden sollten, um das Vertrauen der Kapitalgeber nicht zu verlieren und auch in Zukunft wieder die Aussicht auf Kredit zu akzeptablen Konditionen zu haben. Andererseits wird aber gerade in Schuldenkrisen von verschuldeten Ländern auch erwartet und gefordert, dass deren Bürger nun zunächst dafür zu sorgen haben, vor allem jene ausländischen Gläubiger zufriedenzustellen, bei denen sie sich zuvor verschuldet hatten. Das heißt, sie werden von den Gläubigern zu Reformen mit Sparanstrengungen, längerer Arbeit und anderem mehr aufgefordert.

So berechtigt diese Forderungen auch sein mögen: Bei den Inländern, denen es in der Krise ohnehin immer schlechter geht, schaffen Auslandskredite Frustpotenzial. Vor allem in der Euro-Krise ist klar geworden, dass mit ihnen negativere Affekte verbunden sind – bis hin zu Wut und Hass auf ausländische Gläubiger und Politiker –, als wenn es allein darum ginge, die Schulden im Inland zu bedienen. Das liegt insbesondere daran, dass die Bedienung von Auslandsschulden die gerade in nationalen Schuldenkrisen so wichtige finanz- und realwirtschaftliche Manövrierfähigkeit massiv einschränkt. Denn das Geld, das in solchen Zeiten für die nationale Krisenbekämpfung im Inland nötig wäre, fließt nun an ausländische Gläubiger und steht damit als Masse für die Krisenbekämpfung im eigenen Land nicht mehr zur Verfügung.

Nicht von ungefähr also sind seit Ausbruch der Euro-Krise 2010 viele Banken dazu übergegangen, die Staatsschulden des eigenen Landes bevorzugt zu halten. Sie handeln dabei vollkommen rational, denn auf diese Weise hoffen sie, zur Stabilisierung des

Banken-, Finanz- und Wirtschaftssystems beizutragen, deren Teil sie vor allem anderen sind.

Nicht von ungefähr also tendieren Staaten in Schuldenkrisen auch immer dazu, die Schuldpapiere, die von Ausländern gehalten werden, als politische Verhandlungsmasse einzusetzen, indem sie etwa Schuldenschnitte anstreben – oder in deren Vorfeld massive Laufzeitverlängerungen bei gleichzeitigen Zinsreduktionen, was im Grunde dasselbe ist. Die für die Staaten agierenden Politiker fürchten die Reaktionen ihrer Landsleute, würden sie zunächst vor allem oder nur bei ihnen ansetzen – etwa mit einer strengen Austeritätspolitik –, und insbesondere fürchten sie ihre Abwahl.

Auch auf diese Weise wird also deutlich: Gerade in Krisenszenarien sind vermeintlich identische Schuldpapiere nicht gleichen Risiken ausgesetzt. Und es wird wieder erkennbar: Die Risikowirkungen, die von ihnen nach Maßgabe der Kontexte ausgehen, in denen sie schließlich landen – etwa in der Bank eines hoch verschuldeten instabilen Landes oder in der eines kaum verschuldeten stabilen Staates –, und die Art und Weise, wie in Krisen mit ihnen umgegangen wird, sind von Ratingagenturen bei der Vergabe ihres Bonitätstestats nicht vorauszusehen.

Eine auch nur näherungsweise objektive Bewertung des Risikos von Zahlungsausfällen gerade bei staatlichen Schuldpapieren ist also nicht möglich. In der letzten Konsequenz sind und bleiben solche Kreditentscheidungen immer subjektiv und sind in letzter Konsequenz damit immer auch politisch.

Daraus folgt nur eine Konsequenz mit Blick auf Risikobetrachtungen. Es gilt, die direkte Beziehung von Kreditgeber und Kreditnehmer im Sinne von Akzessorietät und – damit verbunden – Einzelfallkreditprüfungen wiederzuentdecken. Nur so ist es möglich, bei Schuldversprechen immer das genaue – und sich verändernde – Risikoprofil jeder Kreditbeziehung im Blick zu behalten.

Risikoprüfungen und -bewertungen von Kreditbeziehungen dürfen dabei nicht nur zu ihrem Beginn erfolgen. Vielmehr müssen sie wieder zu einer permanenten Aufgabe werden. Oder besser: Sie müssen in regelmäßigen Abständen erfolgen, und zwar von denjenigen, die als Gläubiger Verantwortung tragen. Immer wieder also sind Risikosituationen von Schuldnern und Gläubigern in den Blick zu nehmen, nicht zuletzt, um immer wieder Rechenschaft darüber abzulegen, ob den Kreditbeziehungen nach Maßgabe relevanter wirtschaftlicher Entwicklungen auch wirklich noch genügend werthaltige Pfänder unterlegt sind.

Für die derzeitige Welt der Finanzmärkte mit ihren verbrieften Kreditportfolios, in der Einzelfallkredit- und Pfandbetrachtungen für die Finanzmarktakteure gleichsam im Nebel verschwinden, würde eine solche Veränderung der Behandlung von Risiken von Zahlungsausfällen in Kreditbeziehungen auf den ersten Blick eine Revolution darstellen. Andererseits würde man mit ihr eigentlich nur zu dem zurückkehren, was funktionierende Kreditbeziehungen immer schon ausgemacht haben.

Große Schuldenkrisen haben in der Vergangenheit immer genau dort ihren Ausgang genommen, wo man sie nicht erwartet hatte. Und das ist auch kein Wunder, denn angesichts der weiter rasant wachsenden Komplexität von Banken-, Finanz- und Weltwirtschaftssystem wird es auch in Zukunft sehr viele Möglichkeiten geben, wie diese Systeme ins Schlingern geraten können. Um aber diese Möglichkeiten rechtzeitig zu entdecken, genügt es zum Beispiel nicht, verbriefte Schuldpapiere einmal und damit gleichsam summarisch zu begutachten und ihnen danach freie Bahn in die Welt der Geld- und Kapitalmärkte zu gewähren, sich dauerhaft darauf verlassend, dass die Ratingagenturen schon ihren Job machen werden. Man muss schon genauer hinschauen – wie dies etwa die Wiederentdeckung der direkten Beziehung zwischen Kreditnehmer und Kreditgeber und ihrer laufenden risikoadäquaten Risikobeurteilung mit Blick auf die Entwicklung der unterlegten werthaltigen Pfänder ermöglichen würde.

Ratingagenturen waren und sind der Versuch, ein System der Kreditvergabe, bei dem im Laufe der Zeit die Kredite auf gefährliche Weise von den sie eigentlich zu unterlegenden Pfändern gelöst wurden, »irgendwie objektivierend« zu grundieren. Dieser Versuch ist gescheitert. Und daran würde sich auch nichts ändern, wenn sich neben Standard & Poor's, Moody's und Fitch Ratings nun eine europäische Ratingagentur gründete, wie das immer einmal wieder versucht und diskutiert wurde. Nicht die Dominanz dreier US-amerikanischer Ratingagenturen sind das Problem. Die Funktion und Arbeitsweise von Ratingagenturen schlechthin sind es:

- im Auftrag des Staates unterwegs, aber von ihm (oder supranationalen Organisationen) kaum kontrolliert oder nach Versagen infrage gestellt,
- dem Wettbewerb weitgehend entzogen,
- mit problematischem Honorarmodell, dabei exzellent verdienend, ohne für die Bewertungen zu haften,
- Objektivität vorgaukelnd, obwohl es bei Krediten letztlich keine Objektivität geben kann, und
- mit erheblichen funktionalen Defiziten in der Bewertung vor allem mit Blick auf Kreditentscheidungen, also dort, wo es letztlich zu im Zweifel unkontrolliertem Aufbau von immer größeren Schuldenbergen kommt, denen wir uns derzeit gegenübersehen.

Bedingt durch staatliche Verordnungen und daraus abgeleitete Risikomodelle stützen sich Banken, Investmentfonds und Versicherungen – auch weil vom Staat so vorgeschrieben – als wichtigste Investorengruppen bei ihren Anlageentscheidungen bisher so stark auf Ratings, dass ihr möglicher Wegfall die Frage stellen lässt, wodurch sie zu ersetzen sind. Auch mit Blick auf diese Gruppen kann die Antwort nur lauten: durch die Idee einer Rückbesinnung auf eine akzessorische Beziehung zwischen Gläubiger und Schuldner.

Folgt man dieser Idee, so heißt das, dass alle staatlichen Gesetze und Verordnungen, die Ratings von Wert- und Schuldpapieren als Grundlage für den Zugang zu den Finanzmärkten vorschreiben, zu streichen wären. Denn wer ein stabileres Banken- und Finanz-system will, das nicht aus sich heraus gigantische Schuldentürme produziert, wie wir sie heute haben, muss die Kreditentscheidung wieder jenen überlassen, die sie treffen und betreffen, und dies mit allen Konsequenzen, das heißt auch mit der Konsequenz, selbst für eigene Fehlentscheidungen zu haften. Das gilt letztlich für alle, insbesondere aber für all jene, die im größeren Maßstab Vermö-gens- und Kreditentscheidungen zu fällen haben, also für Banken, Versicherungen, Investmentfonds, Pensionsfonds et cetera.

Diese Vermögens- und Kreditentscheidungen müssten dann wieder so sorgfältig vorbereitet werden, wie es nur irgend geht. Und da Haftungen nicht mehr an andere verschoben werden könnten, insbesondere nicht auf den Staat, müssten Banken und Finanzmarktakteure selbst wieder Analyse- und Bewertungstools entwickeln, die ihren eigenen Risiko- und Renditeansprüchen auch wirklich gerecht werden.

Ob es in einer auf diese Weise entstehenden neuen Banken- und Finanzwelt dann noch Ratingagenturen geben könnte, würde allein davon abhängen, ob Banken, Versicherungen und institu-tionelle Anleger bereit wären, sie als zusätzliche Analyse- und Bewertungsinstitutionen für ihre eigenen Entscheidungen zu be-rücksichtigen.

Es liegt auf der Hand, dass sich dann das Honorarmodell, in dem die Emittenten die Ratingagenturen bisher bezahlen, kaum mehr aufrechterhalten ließe. Und es liegt ebenfalls auf der Hand, dass die Ratingagenturen nur eine Chance hätten, weiter als Dienst-leister in Betracht gezogen zu werden, wenn sie künftig auch für nachweisliche Fehlurteile haften würden.

Und es liegt schließlich ebenfalls auf der Hand, dass die Rück-besinnung auf die akzessorische Gläubiger-Schuldner-Beziehung und der damit verbundene Bedeutungsverlust von Ratingagen-turen auch für den Staat einschneidende Konsequenzen hätten. Denn auch die Ratings von Staaten und ihren Anleihen würden ihre generell für Banken und die Finanzwirtschaft risikobefreiende

Komponente verlieren. Es wären vielmehr allein die Banken und Finanzmarktakteure selbst, die entschieden, ob etwa eine Staatsanleihe risikoarm wäre – etwa weil die dahinter stehenden Pfänder wie Kapitalstock und Steueraufkommen groß genug sind – oder eben nicht.

Klar ist: Ein solcher Wandel würde die bis heute gleichsam symbiotische Beziehung zwischen Staat und Finanzwirtschaft, die uns in eine staatsrettende Marktwirtschaft und in eine uns die Luft abschnürende Schuldenkrise geführt hat, zerschlagen.

Ebenso klar ist allerdings, dass dies nur dann gelingen könnte, wenn der Staat seinen Banken, Versicherungsunternehmen und Schattenbanken klarmachte, dass sie anders als in der Vergangenheit im Fall ihres Scheiterns keine staatliche Rückendeckung mehr bekommen würden.

Gelänge das, dann würde sich jeder der beiden Bereiche Staat und Finanzwirtschaft wieder darum kümmern müssen, was seine eigentliche Aufgabe ist. Und das heißt: Die Staaten würden Steuern erheben und staatliche Leistungen im Rahmen ihrer hoheitlichen Aufgaben erbringen, darunter die Gewährleistung eines marktwirtschaftlichen Ordnungsrahmens, der seinen Namen verdient, und nicht zu einer Staatsrettungsmaschine degenerieren. Und in der Frage ihrer eigenen Verschuldung würden sie sich selbst um ihre finanzwirtschaftliche Bonität kümmern müssen. Ausufernde Verschuldungen würden dann von Banken und Investoren unmittelbar sanktioniert werden – mit hohen Zinsen für Anleihen oder gar gleich der kompletten Verweigerung, Kredite zu geben. Die Folge wäre ein vorsichtigeres staatliches Wirtschaften.

Banken und Finanzmarktakteure wiederum müssten sich ebenfalls selbst darum kümmern, ihren Kunden zu versichern, dass ihre Einlagen dort sicher verwahrt werden und die versprochenen Renditen abwerfen. Falls ihnen das nicht gelingen sollte, würden auch sie vom Markt verschwinden. Auf den Staat als letztes Pfand, als Retter und Haftungsinstanz, dürften sie nicht mehr hoffen.

Und auf Zentralbanken, die die Geldhähne aufdrehen, wie das derzeit überall auf der Welt geschieht, im Übrigen auch nicht. Schon jetzt ist klar, dass die damit verbundenen Verpflichtungen für die Staaten mit keinerlei werthaltigen Pfändern unterlegt sind. Auch die Zentralbanken müssen also in die akzessorisch fundierte Banken- und Finanzwelt wieder neu hineingedacht werden.

Eine utopische Welt? Vielleicht.

Andererseits: Nicht wirklich. Denn sich zügig auf den Weg in eine solche Welt zu machen, ist die einzige realistische Chance, die hohen Schulden in Staat und Finanzwirtschaft nach und nach abzutragen und das finanzwirtschaftliche Handeln wieder mit den Gesetzen der Marktwirtschaft, die ohne Scheitern nicht funktionieren kann, zu versöhnen. Gewiss, jene, die von der heutigen Struktur der Banken- und Finanzwelt immer noch zulasten anderer profitieren – nicht wenige Politiker, Zentralbanker, angestellte Manager von Großunternehmen, Banken und Schattenbanken – wollen ihn nicht gehen, weil sie dabei zu viel verlieren würden, und blockieren.

All dies aber ändert nichts an der Richtigkeit des anzustrebenden Ziels, über die Wiedereinführung der Kombination von Gewinnstreben und Verlustverantwortung aus der Falle der staatsrettenden Marktwirtschaft herauszufinden.

Perspektive 5

Aus der jüngeren Geschichte lernen: Die anhaltende Suche nach der besten Währungsordnung – bis heute

Dass Regierungen und andere staatliche Institutionen neben Banken und Finanzmärkten über Jahrzehnte hinweg und in vielerlei Hinsicht am Ausbruch der Finanzkrise beteiligt waren, dürfte bislang deutlich geworden sein. Überdies, dass diese Beteiligung in der aktuellen Schuldenkrise anhält und stärker geworden ist. Wer sich in diesem Zusammenhang mit staatlichen Aufgaben befasst, muss feststellen, dass abgesehen von einer stark populistisch geführten Eurodebatte in der breiteren Öffentlichkeit bisher fast gar nicht die Frage diskutiert worden ist, welche Rolle die Währungssysteme für die weiter massiv wachsende Verschuldung gespielt haben und weiter spielen. Das ist ein großes Versäumnis.

Ohne Verständnis von Währungssystemen kein Verständnis für weiter wachsende Schulden

Natürlich hat uns Europäer spätestens seit 2010 immer wieder die Euro-Krise beschäftigt und tut das auch weiterhin. Doch die mit Währungssystemen verbundenen grundsätzlichen Herausforderungen reichen deutlich tiefer als nur zu fragen, ob nun die EZB mit einem Rettungsprogramm eingreifen muss, Krisenländer aus dem Euro-Währungsraum auszutreten hätten oder Deutschland gar zur D-Mark zurückkehren sollte.

Die mit einem Währungssystem verbundenen Herausforderungen sind vielmehr grundsätzlicher Art und bedürfen einer sorgfältigen Betrachtung. Mehr noch: Wer die Banken und die internationale Finanzwelt, ihre Krisen und die von ihnen aktuell ausgehenden Gefahren wirklich verstehen will, für den ist es unverzichtbar, sich mit zwei Themenkreisen vertraut zu machen: zum einen mit dem Verhältnis zwischen unserem Banken- und Finanzsystem und den beiden Währungssystemen US-Dollar und Euro sowie zum Zweiten mit der historischen Entwicklung der staatlichen und finanzwirtschaftlichen Beziehungen zwischen den USA, Europa und der Welt.

Die Auseinandersetzung mit diesen beiden eng miteinander verbundenen Themenfeldern ist auch deswegen so wichtig, weil alles andere als sicher scheint, dass die derzeitig geltende Weltwährungsordnung mit flexiblen Wechselkursen, ohne Goldbindung und mit dem US-Dollar als Leitwährung bis auf Weiteres so bleibt, wie sie ist. Nicht von ungefähr finden insbesondere seit Ausbruch der Finanz- und Euro-Krise in ökonomischen und politischen Fachzirkeln heftige Debatten darüber statt, wohin sich die aktuelle Weltwährungsordnung entwickelt – und wohin sie sich entwickeln sollte.

Und das ist gut so. Denn je dringlicher die Schuldenkrise wird, in der wir uns befinden, desto mehr wird dabei auch die Frage danach gestellt werden müssen, welchen Anteil unsere aktuelle Währungsordnung in ihrer Verknüpfung mit den Banken- und Finanzmärkten einerseits und den Staaten andererseits an unseren weiterhin explodierenden Schulden hat.

Um es vorwegzunehmen: Der Anteil ist hoch. Wenn er aber hoch ist, dann ist es nur vernünftig, darüber nachzudenken, wie die Währungsordnung und ihre Verknüpfungen neu zu gestalten wären.

Dass Währungssysteme nicht dauerhaft sind und sich schnell verändern können, daran sind wir nicht zuletzt durch die Einführung des Euro erinnert worden. Und seit immer wieder neuen Euro-Krisen in den letzten Jahren ahnen wir: Mit dem Euro, wie wir ihn kennen, könnte es bald vorbei sein – vor allem, wenn es zum Ausbruch einer erneuten großen Finanz- und Weltwirtschaftskrise kommt. Man muss sich das nicht wünschen. Aber die analytische Distanz gebietet es, festzustellen, dass es *möglich* ist, dass der Euro in seiner bisherigen Form untergeht.

Doch die Fragilität der europäischen Gemeinschaftswährung ist nur ein Aspekt. Gefangen in unserer Europa-Zentriertheit vergessen wir allzu oft, dass auch der Euro in ein Weltwährungssystem eingebettet ist, bei dem es viel größere und mächtigere Mitspieler gibt als Deutschland, Frankreich, Italien oder auch die Euro-Staaten insgesamt, allen voran die USA, aber auch Japan oder insbesondere das aufstrebende China, das auch in internationalen Währungsfragen immer kraftvoller auftritt.

Das ist wichtig. Denn Währungssysteme sind das Ergebnis innenpolitischer, wirtschaftlicher, sozialer und außen- beziehungsweise geopolitischer Güterabwägungen von Vertretern derjenigen Staaten, die Gewicht in der Welt besitzen. Regelwerk und Realität von Währungssystemen spiegeln so gesehen immer auch Machtverhältnisse wider, ausgedrückt in bestimmten Ausgestaltungen von Gesetzen, Kulturen – darunter Risiko-, Sicherheits-, Pfänderoder Schuldenbedienungskulturen – und anderem mehr.

Diese Ausgestaltungen und Entwicklungen von Gesetzen und Kulturen wirken dabei im Letzten auf das ein, um das es auch in Währungssystemen geht: um Gläubiger-Schuldner-Beziehungen und damit um Schuldversprechen und damit verbundenen Ansprüchen. Und weil es in ihnen um Schuldversprechen geht, gelten die gleichen Gesetzmäßigkeiten wie bei allen anderen Schuldversprechen auch. Es geht also um Leistung und Gegenleistung, um Werterhaltung und Wertminderung, um Erfüllung und Nichterfüllung von (Kredit- beziehungsweise Schuld-)Verträgen, um

Vertrauen und Misstrauen, um Kooperation, Konflikt und das Durchsetzen von Forderungen, Interessen und Regeln.

Staatliche Akteure und die Akteure der Banken- und Finanzmärkte agieren zu jedem Zeitpunkt in einem spezifischen Währungssystem, dessen Regeln und Funktionsmechanismen sich im Laufe der Zeit herausgebildet haben. Unabhängig von seiner Qualität ist dieses System so etwas wie der Rahmen für die von diesen Akteuren versprochenen und zu erbringenden Leistungen und Gegenleistungen von Gläubigern und Schuldnern. Und ein solcher Rahmen wird – zumindest in marktwirtschaftlichen Ordnungen – in jedem Fall gebraucht. Nur durch ihn wird es möglich, innerhalb von Ländern und über Ländergrenzen hinweg Leistungen und Gegenleistungen nominal bezifferbar sowie Ansprüche aus Kreditverträgen als Werte einforder- und im Zweifel einklagbar zu machen. Ohne Währungen und Währungssysteme, das heißt ohne ihre von Staaten gewährleisteten Grundordnungen und ohne die Beziehungen, die zwischen ihnen existieren, wäre das nicht möglich. Vor allem mit Blick auf Gläubiger-Schuldner-Beziehungen zwischen Akteuren verschiedener Länder sind Währungssysteme damit auch so etwas wie Systeme des internationalen Ausgleichs von Forderungen und Schulden. Und nur wenn sich die einem Währungssystem angeschlossenen Staaten den Regeln dieser Ausgleichssysteme auch unterwerfen, können sie funktionieren. Von ambivalenten Währungssystemen wie gegenwärtig dem Euro, in denen die Regeln stark interpretierbar sind, gehen sowohl finanzwirtschaftliche wie auch politische Gefahren aus.

Dabei wird häufig übersehen, dass Währungssysteme höchst unterschiedlich ausgestaltet sind – und immer schon waren – und damit sehr unterschiedliche Auswirkungen auf das Verhalten der staatlichen Akteure sowie der Akteure auf den Banken- und Finanzmärkten haben können. Wer sich also mit ihrer Relevanz für die weltweite Eskalation von Schulden beschäftigt, muss sich auch ein Stück weit mit den unterschiedlichen Formen ihrer Ausgestaltung beschäftigen.

Im Verlaufe des letzten Jahrhunderts etwa gab es mehrere Systeme, die jeweils in ökonomischen Krisensituationen geboren wurden und von denen viele nicht sehr lange trugen. Ein etwas ausführlicherer Blick in die jüngere Geschichte der Währungsordnungen lohnt, weil er verdeutlicht, welche zentrale Rolle alternative Währungssysteme und ihre Veränderung für die Finanz- und Weltwirtschaft spielen – sowohl mit Blick auf die Verschiebung von Macht, dem Umgang mit Krisen als auch mit Blick auf das Eskalationspotenzial von Schulden.

Mehr noch: Nur wer sie und ihre Entwicklung mit ihren Vor- und Nachteilen und in ihren Unterschieden im Grundsatz versteht – und dabei auch die spezifischen Machtkonstellationen im Blick behält –, kann auch die Entstehung jener Schuldenkrise verstehen, die uns aktuell gefangen hält und unsere Wohlstandsfundamente erodiert. Und: Nur wer sie versteht, kann auch sinnvoll darüber nachdenken, ob und wie sich unsere aktuelle Währungsordnung künftig verändern sollte – oder unausweichlich verändern wird –, um die ihr inhärenten Kräfte des exzessiven Schuldenmachens wenigstens einigermaßen in den Griff zu bekommen. Dies ist auch deshalb wichtig, weil die Regeln und Funktionsmechanismen von Währungsordnungen auch darüber entscheiden, wer in der Eskalation von internationalen Schuldenkrisen die Zeche bezahlen muss.

Der klassische Goldstandard – Segen, Widersprüche, Scheitern

Ein wichtiger Referenzpunkt jeglichen Ringens um ein stabiles Währungssystem in der jüngeren Wirtschaftsgeschichte sind ökonomisch unsichere Zeiten. Oder besser: Es sind fundamentale gesellschaftliche Umbruch- und wirtschaftliche Krisensituationen, die existierende Währungssysteme kollabieren lassen und neue hervorbringen. So war das früher, und so ist es heute.

Das Ende des Ersten Weltkriegs steht für eine solche Zeit. Denn er zerstörte nicht nur Leben und Lebensgrundlagen von Millionen Menschen. Er zerstörte auch das bis dahin genutzte gesamte System der internationalen Arbeitsteilung, das mit Blick auf Austauschprozesse von Waren, Dienstleistungen und Kapital durch ein am klassischen Goldstandard ausgerichtetes internationales Währungssystem abgesichert war.

Wen dieser weite Blick zurück erstaunen mag, dem sei hier bewusst gemacht, dass seit Kurzem eine noch überschaubare, aber wachsende Zahl von Ökonomen und Finanzpraktikern über die Rückkehr zu einem am Goldstandard ausgerichteten internationalen Währungssystem (in durchaus unterschiedlicher Ausprägung) nachdenkt. Darauf wird später noch zurückzukommen sein.

Vereinfacht ausgedrückt ist der klassische Goldstandard ein Währungssystem, bei dem – erstens – entweder die Währung aus Goldmünzen besteht (Goldumlaufwährung) oder aber aus Banknoten und Scheidemünzen, die bei der Zentralbank in Gold getauscht werden können (Goldkernwährung). Der klassische Goldstandard als Währungssystem besteht (im Fall der Goldkernwährung) – zweitens – dann, wenn eine Zentralbank einen festen Umtauschkurs der von ihr ausgegebenen Banknoten und Scheidemünzen in Gold nicht nur garantiert, sondern auch jederzeit zu einem solchen Umtausch in der Lage ist. Beim klassischen Goldstandard als Währungssystem entspricht damit – drittens – die Geldmenge eines Landes genau dem Wert des monetär genutzten Goldbestandes. In jedem Fall gelten damit schließlich auch – viertens – feste Wechselkurse zwischen Ländern, die ihr Währungssystem an den klassischen Goldstandard gekoppelt haben, was die Kapital- und Finanztransaktionen über Grenzen hinweg klar regelt.

Neben dem klassischen Goldstandard als Währungsregime gibt es auch das (nicht klassische) Proportionalsystem, bei dem von der Zentralbank nur für einen Teil der Geldmenge ein Goldbestand gehalten wird. Das ist im Übrigen alles andere als eine bloß theoretische Ergänzung. Denn gerade unlängst war dieses System in aller Munde, seitdem die Schweiz im November 2014 eine Volksabstimmung abhielt. Dabei ging es um die Einführung des Golddevisenstandards, ein System, in dem eine nationale Zentralbank einen bestimmten Prozentsatz ihrer Währungsreserven in Gold und nicht allein in ausländischen Devisen hält. In der Schweiz, so wollten es die Befürworter der Einführung dieses Systems in ihrem Land, sollte dieser Prozentsatz bei 20 Prozent liegen. Wäre die Volksabstimmung in ihrem Sinne ausgegangen, hätte das die Schweizer Nationalbank gezwungen, fast 9000 Tonnen Gold auf den internationalen Märkten zu kaufen.

Die Initiative wurde zwar nach teils heftigen öffentlichen Debatten abgelehnt, aber es ist nicht ausgeschlossen, dass es demnächst Nachahmer gibt. Vor allem aber belegt sie, wie sich währungspolitische Grundfragen langsam, aber sicher in unsere westlichen Gesellschaften drängen.

Doch zurück zum Währungssystem des klassischen Goldstandards (im Sinne der Goldkernwährung). Es war im zweiten Drittel des 19. Jahrhunderts international vorherrschend geworden und funktionierte bis zum Beginn des Ersten Weltkriegs als Anker für internationale Währungs- und Kapitaltransaktionen im Wesentlichen gut.

Da das Funktionieren des klassischen Goldstandards an bestimmte Bedingungen geknüpft ist, insbesondere an flexible Güter- und Arbeitsmärkte, war das auch kein Zufall. Genau diese Bedingungen nämlich waren in jenen ungefähr 50 Jahren vor dem Kriegsausbruch nicht nur durch nach oben und unten flexible Preise für Waren und Dienstleistungen, sondern auch durch nach oben und unten flexible Löhne und Gehälter gegeben. Denn abgesehen von Importzöllen, mit denen etwa die USA oder das Deutsche Reich seit den 80er-Jahren des 19. Jahrhunderts operierten, intervenierten die Regierungen der sich industrialisierenden ökonomisch dynamischen Länder in diesen Güter- und Arbeitsmärkten kaum. Und sie mussten es auch nicht, denn die Kämpfe um politische Partizipation von Arbeitnehmern, Bauern und anderen sowie um soziale Rechte – inklusive sozialversicherungsrechtlicher Absicherungen, Mindeststandards bei Arbeitsbedingungen oder Löhnen –, die später insbesondere die Arbeitsmärkte nach unten hin starrer machen sollten, standen noch am Anfang. Die uns heute umtreibende hohe Staatsverschuldung stellte damit kein Problem dar, denn es gab sie nicht, oder wenn, dann nur in Ausnahmefällen, zumeist in und nach Kriegen.

In einem so ausgestalteten, weitgehend den Marktkräften unterworfenen Weltwirtschaftssystem (ohne Sozial- und politische Partizipationsrechte für die Mehrheit der Bevölkerung) konnte auch das Kapital weitgehend dorthin fließen, wo es den größten Nutzen für die Investoren versprach. Stiegen in einem Land etwa die Zinsen, weil es eine Zeit lang mehr importierte als exportierte und damit ein Zahlungsbilanzdefizit aufwies, so war das auch ein Anreiz für die internationalen Kapitalanleger, sich dort zu engagieren. Das heißt, sie ließen ihr Kapital dorthin fließen, weil sie auf eine hohe Rendite hofften, und weil sie sich weitgehend darauf verlassen konnten, dass der Staat, in den sie ihr Kapital hatten strömen lassen, jene grenzüberschreitenden Ausgleichsmechanismen des Güter- und Kapitalverkehrs zulassen würde, die sich aus einem auf dem klassischen Goldstandard beruhenden Währungssystem ergaben. Das heißt, die Kapitalanleger wussten, dass die Bereinigungen von Defiziten und Überschüssen in den nationalen Zahlungsbilanzen nicht über wachsende Schulden eines Staates, sondern über die Senkung von Preisen und insofern über realwirtschaftliche Anpassungen stattfanden – zum Nutzen auch der grenzüberschreitend agierenden Kapitalanleger.

Die Vorteile eines solchen dynamischen Währungssystems, das mit flexiblen Güter-, Arbeits- und Kapitalmärkten verknüpft war, waren offenkundig: Es gab relativ wenige internationale Schuldenkrisen, es gab kaum inflationäre Tendenzen, es gab stetiges Wirtschaftswachstum im unteren einstelligen Bereich, und Strukturkrisen wurden im Allgemeinen dadurch vermieden, dass Unternehmen – also auch Banken –, wenn sie faktisch insolvent waren, untergehen konnten, ohne dass der Staat und die Zentralbanken als Retter eingriffen.

Allerdings gab es auch Nachteile, und dies vor allem für die breite Masse der hart arbeitenden Bevölkerung. Denn die Last konjunktureller und struktureller Anpassungen musste vor allem von den Lohn- und Gehaltsempfängern in Industrie und Agrarsektor getragen werden. Aus heutiger Sicht menschenunwürdige Arbeitsbedingungen, sehr niedrige Löhne, die kaum den Lebensunterhalt sicherten, die ständige Gefahr, den Arbeitsplatz zu verlieren, und anderes mehr waren Ausdruck dieser Last. So war es rückblickend betrachtet kein Zufall, dass es vor allem ab dem letzten Viertel des 19. Jahrhunderts zum Entstehen und Erstarken von Arbeiterparteien, Gewerkschaftsbewegungen und Agrarverbänden zum Schutz der Bauernschaft kam, was später zur Erosion einer der Funktionsgrundlagen eines am klassischen Goldstandard ausgerichteten Währungssystems führen sollte, nämlich der Flexibilität der Arbeits- und Agrarmärkte.

Nimmt man indes dezidiert die Schuldenperspektive ein, so war das am klassischen Goldstandard orientierte internationale Währungssystem im ausgehenden 19. Jahrhundert über viele Jahrzehnte hinweg ein Erfolgsmodell; dies insbesondere im Hinblick auf die internationalen Beziehungen, denn die finanzwirtschaftlichen zwischenstaatlichen Regelmechanismen waren eindeutig.

Es konnte freilich nicht nur deswegen zum Erfolgsmodell werden, weil, wie gesagt, die Güter-, Arbeits- und Kapitalmärkte flexibel waren und die einfachen Arbeitnehmer und Bauern die hohen Kosten für wirtschaftliche Anpassungsprozesse zu tragen hatten, sondern auch, weil es ein Land gab, das militärisch, ökonomisch und mit Blick auf seine Stellung im Rahmen der Banken- und Finanzmärkte stark und damit glaubwürdig genug war, das System auch dann am Laufen zu halten, wenn es zu Krisen kam, etwa zu internationalen Bankenkrisen.

Dieses Land war – seit Mitte des 19. Jahrhunderts – das Vereinigte Königreich. Seine Glaubwürdigkeit basierte dabei auf seiner militärischen Stärke – unter anderem ausgedrückt durch die bei Weitem größte Flotte der Welt – sowie auf der wirtschaftlichen Kraft seines Empire. Darüber hinaus war Großbritannien das Land, dessen politische und ökonomische Eliten grundsätzlich am stärksten für offene, flexible Güter-, Arbeits- und Kapitalmärkte eintraten. Hinzu traten Rechtssicherheit, Eigentumsschutz, Gewerbefreiheit sowie die im internationalen Vergleich am stärksten entwickelten Banken- und Kreditmärkte, geführt von der in der Welt bedeutendsten Zentralbank, der Bank von England.

Nicht von ungefähr also galt London als der erste Banken- und Finanzplatz der Welt. Hier wurden die meisten und größten internationalen Anleihen gehandelt. Und hier konnten sich die internationalen Kapitalanleger selbst in Krisen oder Kriegen darauf verlassen, dass ihre Gelder dort sicher verwahrt werden würden. Großbritannien genoss höchstes internationales Vertrauen mit Blick auf die verlässliche Erfüllung von finanzwirtschaftlichen Verträgen und auch mit Blick auf die jederzeit gegebene Einlösungsmöglichkeit von englischen Banknoten in Gold.

Doch dieser Zustand währte nicht ewig. Denn in den letzten beiden Jahrzehnten des 19. Jahrhunderts und in der Zeit bis zum Ausbruch des Ersten Weltkriegs geriet die starke militärische und ökonomische Stellung Großbritanniens unter Druck. Vor allem das Deutsche Reich und die USA entwickelten sich zu Konkurrenten, insbesondere bedingt durch ihre Erfolge in der Industrieproduktion. Beide Länder waren zudem gegenüber dem spezifischen wirtschaftlichen Liberalismus Großbritanniens, der sich auch in einer Präferenz für flexible Güter-, Arbeits- und Kapitalmärkte ausdrückte, skeptisch eingestellt. Stattdessen favorisierten sie insbesondere auf dem Gebiet der Agrarmärkte und ihrer Schlüsselindustrien – alle damaligen Industriegesellschaften waren gemischte Volkswirtschaften mit einem noch hohen Anteil an Landwirtschaft – Importzölle und andere Formen des Protektionismus.

Trotz dieses industriellen Erstarkens der USA und des Deutschen Reichs konnte Großbritannien seine Stellung als Garant für ein funktionierendes, auf dem klassischen Goldstandard basierendes Währungssystem noch eine Zeit lang behaupten, weil viele Briten hohe Erträge aus ihren Anlagen in Nord- und Südamerika generierten und das auf diese Weise auf die Insel zurückfließende Kapital die heimische Zahlungsbilanz im Gleichgewicht hielt. Mit der vermehrten Nutzung von Banknoten entfernte sich die Weltwährungsordnung indes bereits Ende des 19. Jahrhunderts und danach dann mehr und mehr vom klassischen Goldstandard in Richtung eines Proportionalsystems. Und mit Ausbruch des Ersten Weltkriegs wurde faktisch der Anfang vom Ende des Goldstandards als Währungssystem eingeleitet.

Denn für alle Kriegsparteien wurde quasi sofort mit Kriegsbeginn ihr Gold – eben noch letztes Pfand in einem System des automatischen internationalen Ausgleichs von Zahlungsbilanzungleichgewichten – zu einem echten Zahlungsmittel, mit dem im Ausland Waffen, anderes Kriegsmaterial und Rohstoffe gekauft werden konnten. Parallel dazu suspendierten zudem viele Staaten die Pflicht ihrer Zentralbanken, Banknoten in Gold einzulösen. Damit aber waren hier die Schleusen für das im Innern benötigte Geld geöffnet, in den meisten Ländern über die Ausgabe von Kriegsanleihen, zu geringen Teilen über Steuererhöhungen und am stärksten über eine nun durch Gold ungedeckte Ausweitung der Geldmenge seitens der Zentralbanken.

Und dieses Geld wurde gebraucht, denn mit ihm waren die Soldaten sowie die im Inland produzierten Kriegsgüter zu bezahlen. Wie in Kriegen zuvor setzte man also diesmal jene ökonomischen Gesetze gewissermaßen außer Kraft, die besagen, dass ein solcher Umgang mit der eigenen Währung und den eigenen Staatsfinanzen zwar kurzfristige Vorteile bringen mag, aber mittel- bis langfristig zunächst über Inflation und wachsende Staatsverschuldung und später über stark nachlassende Wachstumskräfte und steigende Arbeitslosigkeit womöglich teuer zu bezahlen ist.

Doch wie fast immer in Kriegen war das Verhalten der Kriegsparteien aus der Not geboren. Und so hoffte man, dass die irgendwann fällige Rechnung für die eigene Geld- und Finanzpolitik von den künftigen Kriegsverlierern, zu denen man sich selbst natürlich nicht rechnen wollte, zu zahlen wäre.

Diese Haltung – im Übrigen von allen Kriegsparteien geteilt – sollte zu einer der größten Belastungen der Nachkriegszeit werden.

Bruch durch den Krieg

Der Bruch, der sich während des Krieges und danach vollziehen sollte, war dramatisch, denn er hatte einschneidende Folgen, und zwar etwa diese:

Erstens: Die vor 1914 auf wirtschaftlichem und finanzwirtschaftlichem Gebiet noch bestehende, in gewisser Weise vertrauensvolle wechselseitige Achtung der Industriestaaten untereinander, die auch die allseitige Ausrichtung an einer auf dem klassischen Goldstandard basierenden Währungsordnung ermöglichte, verschwand, und an ihre Stelle trat wechselseitiges Misstrauen.

Zweitens: Die Kriegszerstörungen führten zu Kriegsschulden und Reparationsforderungen – und damit zu großem Verschuldungsdruck bei den Kriegsverlierern wie etwa Deutschland oder Österreich.

Drittens: Aus den Erfahrungen der Kriegswirtschaft entwickelten sich wachsende wirtschaftliche und soziale Ansprüche der allgemeinen Bevölkerung gegen den Staat wie auch gegenüber Investoren. Auch daraus erwuchs ein Druck auf den Staat, sich stärker zu verschulden.

Viertens: Mit den sich ab dem späten 19. Jahrhundert formierenden sozialen und politischen Programmen der Arbeiterbewegung wurden auch die Forderungen an die jeweiligen Regierungen lauter, dass es zur Einführung des allgemeinen Wahlrechts kam, was auch geschah. Auch diese Entwicklungen erhöhten den Druck auf Parteien und Politiker, die wiedergewählt werden wollten, im Zweifel kostspieligen ökonomischen und sozialen Forderungen der breiten Masse der Bevölkerung nachzukommen.

Fünftens: Aus extrem linken oder rechten Ideologien wurden extremistische politische Bewegungen – in Russland, in Italien, in Staaten Osteuropas und im Deutschen Reich –, die national und international auf die Sprengung des gesamten politischen, finanz- und realwirtschaftlichen Ordnungsrahmens ausgerichtet waren.

Insgesamt ließ der Krieg in Europa eine Welt entstehen, in der die ideologische, nationale und soziale Konfrontation nicht die Ausnahme blieb, sondern zur Regel wurde. Weder die in Versailles unternommenen Versuche, eine tragfähige Nachkriegsordnung zu errichten, noch die Versuche vonseiten der Staaten und Zentralbanken in den 20er-Jahren, das Vertrauen in grenzüberschreitend gegebene Zahlungsversprechen auf internationaler Ebene zu stärken, waren am Ende in der Lage, den auf Spaltung und wirtschaftliche Desintegration ausgerichteten Kräften Einhalt zu gebieten.

Im Unterschied zu den Kriegsverlierern – hier insbesondere das Deutsche Reich und Österreich– waren die westlichen Alliierten als Kriegsgewinner besser in der Lage, ihre Gesellschaften gegen die drohenden ideologischen Gefahren zu verteidigen. Sie waren schon 1914 Demokratien, und nach dem Krieg verhandelten sie als Sieger.

Für die Kriegsverlierer bestand dagegen das Problem darin, dass die nach dem Krieg in den Verliererstaaten abrupt durchgesetzte Demokratie durch Gebietsverluste, hohe Schulden und Reparationszahlungen sowie soziale Verwerfungen belastet war. Viele erlebten die Demokratie daher nicht als Gewinn, sondern als Verlust – als Verlust des Vermögens, der vertrauten Ordnung, der territorialen Integrität, der sozialen Stellung oder gar der Existenzgrundlage. Die vor dem Krieg bestehende Spaltung zwischen demokratischen und autokratischen Staaten wurde trotz der formellen Demokratisierung vormals autokratischer Länder letztlich nicht überwunden, sondern im Gegenteil wirtschaftlich, sozial und politisch verstärkt. Und die russische Revolution und ihre Konsequenzen waren dabei sowohl Kulminationspunkt wie auch eine Dauerbedrohung für ein Europa, das – vergeblich – nach einer neuen stabilen politischen Ordnung suchte.

Diese Entwicklung hatte auch Konsequenzen für die internationale Währungs- und Finanzordnung.

Denn als nach dem Ersten Weltkrieg deutlich wurde, dass Großbritannien aufgrund seiner weiter abnehmenden ökonomischen Stärke nicht mehr in der Lage war, jederzeit die im Umlauf befindlichen britischen Banknoten in Gold konvertieren zu können, wurde auch offenkundig, dass eine der internationalen Stützen für ein mögliches Wiederaufleben des Goldstandards als internationales Währungssystem unwiderruflich weggebrochen war.

Doch nicht nur diese Grundvoraussetzung des klassischen Goldstandards als internationales Währungsregime fiel weg. Auch die Flexibilität der Märkte, vor allem der Arbeitsmärkte, veränderte sich. Denn schon im Laufe des Krieges, mehr aber noch danach, wurde der Staat ein aktiver wirtschaftlicher und sozialer Gestalter. Damit wurde er erstmals auch wichtiger Teil der Finanzmärkte – als zuerst potenzieller und dann auch faktischer Schuldner.

In der Rückschau verwundert das nicht, denn mit dem Staat wurden nun vor allem aus der Mitte der Bevölkerung heraus mehr und mehr andere, kostspielige und durchaus verständliche Erwartungen verknüpft. So suchten viele Millionen Kriegswitwen, Waisen und Kriegsversehrte Unterstützung und Schutz beim Staat, für den sie vier Jahre ihren Kopf hingehalten hatten. Parallel dazu nahmen die Bestrebungen zu, Arbeitnehmer, die vordem quasi rechtlos die Kosten von wirtschaftlichen Anpassungen zu tragen hatten, nun mit sozialen Rechten auszustatten.

So wurde bald nach Kriegsende in vielen Ländern der Acht-Stunden-Tag eingeführt, wurden Arbeitsschutzgesetze erlassen oder die Sozialversicherungsleistungen ausgebaut. Das heißt, der

Nachtwächterstaat des späten 19. Jahrhunderts verschwand, und an seine Stelle trat der in die Wirtschaft eingreifende Staat, der nun auch wirtschafts- und sozialpolitische Ziele verfolgte. Und dies musste er auch, denn die politische Emanzipation der Arbeitnehmer und der Bauern schritt voran. Damit aber veränderten sich auch die Spielräume der Finanz- und Wirtschaftspolitik und mit ihr zugleich die Voraussetzungen, die eine am klassischen Goldstandard orientierte internationale Währungsordnung zum Funktionieren gebraucht hätte.

So aber fand sie ein Ende. Und die Zeit zwischen den Weltkriegen wurde zu einem Laboratorium für Versuche, eine neue funktionierende Währungsordnung für eine völlig veränderte Welt zu finden.

Zwischen 1918 und 1926 herrschte im Wesentlichen ein Währungssystem mit flexiblen Wechselkursen ohne Gold als Anker bei freiem Kapitalverkehr. Danach begann ein zweiter Versuch, mit Gold die Welt der internationalen Finanzen zu stabilisieren. Es endete im ökonomischen, politischen und sozialen Chaos der Weltwirtschaftskrise.

Neue Versuche, neues Misslingen, vergiftete Schuldenkompromisse

Doch der Reihe nach: Die ökonomische und finanzwirtschaftliche Nachkriegssituation der alten finanzwirtschaftlichen Führungsmacht Großbritanniens war schlecht. Wie in vielen Ländern – gleichgültig, ob in Verliererstaaten wie Deutschland oder Österreich oder in Gewinnerländern wie Frankreich – wurden auch im Vereinigten Königreich bereits während des Krieges die hohen Kosten der Kriegswirtschaft sichtbar, und noch mehr gilt dies für die Zeit danach. Die Inflation galoppierte, und der Verkauf eines Großteils der internationalen Kapitalanlagen, um damit Kriegsgerät und anderes zu finanzieren, führte am Ende dazu, dass sich

Großbritannien rasant von einer Gläubiger- zu einer Schuldnernation wandelte.

In der Folge geriet das britische Pfund gegenüber dem US-Dollar unter starken Druck, der britische Goldbestand schmolz dahin, und so war es für die britische Regierung nach dem Krieg unvermeidlich, die Idee zu verwerfen, das Pfund wieder an das Gold zu binden. So wurde also offenkundig, dass Großbritannien zwar zu den Kriegsgewinnern gehörte, aber seine finanzwirtschaftliche Führungsrolle eingebüßt hatte.

Damit aber entstand ein finanzwirtschaftliches Führungsvakuum in der Welt. Denn an die frei gewordene Stelle Großbritanniens hätte die aufstrebende Großmacht USA treten müssen. Das aber geschah nicht. Die Vereinigten Staaten waren zwar zunächst die einzige Nation, die im Krieg und auch kurz danach ihre Goldkonvertibilität zunächst aufrechterhielt. Und das konnten sie sich auch leisten, denn sie hatten sich als Kriegslieferant von Waffen und Material für die Alliierten zum Land mit den höchsten Goldreserven entwickelt. Doch die Amerikaner wollten die sich aus dieser Konstellation eigentlich ergebende Führungsrolle zunächst einmal nicht übernehmen. Sie waren kriegsmüde, und außerdem hatten die USA erst zu Beginn des Ersten Weltkriegs eine Zentralbank, die Fed, eingerichtet und verfügten daher nur über geringe Erfahrung in der Steuerung internationaler Währungsfragen.

Und so blieb den europäischen Nationen nach dem Ersten Weltkrieg zunächst einmal nichts anderes übrig, als die Wechselkurse freizugeben, um so der Inflation wenigstens einigermaßen Herr zu werden.

Aus der Not der ersten Nachkriegsjahre entstand damit also ein Währungs- und Finanzsystem, das von der Architektur her stark an das heutige System erinnert, das heißt, es gab flexible Wechselkurse und keine Bindung des Geldes an einen fixen Wert wie beispielsweise das Gold, und der Kapitalverkehr war frei.

Die Entscheidung für ein System mit großen Währungsausschlägen, die in einem an Gold gebundenen Währungssystem nicht zustande kommen konnten, war also keine Entscheidung, die die wichtigsten Mächte der Welt freiwillig trafen, sondern eine Art unvermeidliche Notlösung. Nur eine Minderheit sah sie als die beste Lösung an. In jedem Fall stellte sie ein Novum dar, verursachte in Politik und Wissenschaft schon damals großes Unbehagen und führte zu heftigen Kontroversen zwischen Befürwortern und Kritikern flexibler Wechselkurse. Dieser Streit innerhalb der ökonomischen Wissenschaft hält bis heute an.

Es wichtig, das nicht zu vergessen, wenn heute über das aktuelle Währungssystem, seine Rolle für unser exzessives Schuldenmachen und über mögliche Veränderungen nachgedacht wird. Die Konfliktlinien sind dabei damals wie heute folgende:

Die Kritiker eines Währungssystems mit flexiblen Wechselkursen monieren, dass es den Finanzmarktakteuren erlauben würde, Länder und ihre Währungen aus eigenem finanziellen Interesse heraus anzugreifen und die Regierungen und Zentralbanken zu Maßnahmen zu zwingen, die sowohl die Wirtschaft wie auch die Staatsfinanzen stark belasten. Gerade im Zuge der ausbrechenden Finanzkrise 2007/08 wurden diese Stimmen wieder deutlicher lauter.

Die Befürworter eines Systems flexibler Wechselkurse führen demgegenüber an, dass die Finanzmarktakteure nur das vorwegnehmen, was die Politik an finanzwirtschaftlichen Fehlern macht oder zu machen sich anschickt. Indem sie also agieren und die Regierungen unter Druck setzen, können sie ihnen ihre Schwachstellen aufzeigen und Hinweise darauf geben, welche Fehler sie besser nicht machen und was sie an Wirtschaftsreformen auf den Weg bringen sollten, um etwa auch einer exzessiven Verschuldung entgegenzuwirken.

Die wissenschaftliche und politisch-praktische Auseinandersetzung darüber, welche der beiden Seiten nun recht hat – und unter welchen exakten Haupt- und Nebenbedingungen –, füllt mittlerweile viele Regale an Büchern und Tausende an volkswirtschaftlichen Dissertationen.

In den 20er-Jahren aber war sie neu, es gab also erstmals die mit ihr verbundenen Konfliktlinien. Und jenseits dieser Linien startete die Erosion des Systems bereits direkt nach seiner Einführung, und zwar vor allem in denjenigen Ländern, die schon während des Krieges begonnen hatten, ihre Währungen zerfasern zu lassen, etwa im Deutschen Reich.

Vor allem hier nämlich kam es infolge hoher Reparationszahlungen, einer von links und rechts laufend unter Druck gesetzten jungen Demokratie und sozialen Versprechungen zu anhaltenden politischen, ökonomischen und sozialen Erosionsprozessen, die mit einem Anwerfen der Notenpresse bekämpft werden sollten. So folgte auf die militärische Niederlage ab 1918 und bis 1923 die schnelle Zersetzung der eigenen Währung.

Angesichts dieser Entwicklung wurde den Vereinigten Staaten, die wie erwähnt eigentlich keine finanzwirtschaftliche Führungsrolle anstreben wollten, schnell klar, dass in einem der Kernländer des Kontinents umgehend etwas passieren musste, damit sich Europa stabilisiert. Und so ergriffen sie die Initiative. Aus ihrer Sicht war die zusammengebrochene deutsche Währung nur dann zu stabilisieren, wenn eine positive wirtschaftliche Entwicklung des Deutschen Reichs nicht durch die Reparationszahlungen aufgezehrt werden würde, wie dies bislang geschehen war. Die USA traten daher in lange Verhandlungen mit Frankreich ein, in denen der amerikanische Unterhändler Charles G. Dawes im August 1924 schließlich die Festlegung einer Reparationshöhe erreichte, die bei etwa einem Prozent der jährlichen deutschen Wirtschaftsleistung gedeckelt wurde.

Gleichzeitig unterstützte der neu gegründete Völkerbund das Deutsche Reich mit Kreditfazilitäten. Und damit auch international wieder Vertrauen entstehen konnte, wurde die Reichsmark (ebenso wie die Währungen Österreichs, Ungarns und Polens) im Sinne eines Golddevisenstandards erneut ans Gold gebunden, institutionell abgesichert durch eine vom Staat im Wesentlichen unabhängige Zentralbank.

Die von den Amerikanern erwünschte Stabilisierung von deutscher Wirtschaft und Währung gelang tatsächlich zunächst, und die kurze krisenarme Zeitspanne von 1924 bis 1928 gilt seither als die Zeit der »Goldenen Zwanziger«. Wirtschaft und Staatsfinanzen des Deutschen Reichs erholten sich dabei auch deshalb, weil der Dawes-Plan dazu führte, dass nun private US-Investoren in erheblichem Umfang deutsche Anleihen kauften, die insbesondere durch ihre hohen Zinsen attraktiv waren und durch einen neuen Währungsrahmen abgesichert schienen.

Doch die Erholung der deutschen Wirtschaft erwies sich als nur von kurzer Dauer. Denn ein Großteil der Anleihen hatte nur eine relativ kurze Laufzeit, und die weitere ökonomische Gesundung war auf weitere Anleihen angewiesen. Schon Ende 1927 aber endete dieser Kapitalzufluss, denn die amerikanischen Investoren zogen aufgrund eines Booms an der New Yorker Wall Street und so notwendig gewordener deutlicher Zinserhöhungen der US-Zentralbank ihr Geld aus dem Deutschen Reich wieder ab, weil sie nun auf dem heimischen Markt bessere Renditemöglichkeiten vorfanden.

Im Deutschen Reich dämmerte es den Verantwortlichen in Politik, Wirtschaft und Banken nun schlagartig, dass die Gesundung von Wirtschaft und Staatsfinanzen auf Basis weiterer kurzfristiger Auslandsanleihen wohl nicht mehr gelingen konnte. Und diese Einschätzung wurde noch eindeutiger, als man erkannte, dass ein Großteil der damit verbundenen Gelder in langfristigen Projekten wie Schulen, Schwimmbädern und anderen Infrastrukturprojekten et cetera verbaut war. Denn ein solches Auseinanderfallen von Laufzeiten, bei dem kurzfristige Kredite langfristige Investitionen finanzierten, konnte sich im Fall des Versiegens des Zuflusses kurzfristigen ausländischen Kapitals schnell zu einer Schuldenkatastrophe für deutsche Banken, Staat und Zentralbank ausweiten.

Zwar waren die deutschen Goldreserven von 1924 bis 1928 stark angewachsen und schienen der internationalen Staatengemeinschaft anzuzeigen, dass sich das Land auf dem richtigen Weg befände. Dieses Gold aber war, wie sich nach der US-Zinser-höhung herausstellte, weniger ein Ergebnis stabiler Finanzen, son-dern vor allem der nach Deutschland geflossenen privaten US-Gelder. Und das hieß: Mit der US-Zinserhöhung flossen diese Mittel nicht nur wieder ab, sondern mit ihnen auch das Gold.

Damit wurde deutlich, dass mit der sich mit der seit 1924 Schritt für Schritt vollziehenden formellen Rückkehr zum Gold-standard keineswegs die Stabilität der Vorkriegszeit wieder einge-stellt hatte. Die internationalen Kapitalanleger konnten sich nun nicht mehr darauf verlassen, dass auftretende Zahlungsbilanz-defizite automatisch zu realwirtschaftlichen Anpassungsmaßnah-men führen würden. Denn konfrontiert mit den an sie vermehrt herangetragenen kostspieligen sozialpolitischen Forderungen, die sie zumindest ein Stück bedienen mussten, um die Ordnung we-nigstens einigermaßen aufrechtzuerhalten, verhielten sich die Staaten in ihrer Finanzpolitik inzwischen vielfach autonom. Das heißt, sie unterwarfen sich nicht mehr wie vor dem Ersten Welt-krieg dem damals mit der Koppelung an das Gold einhergehenden automatischen internationalen Ausgleichssystem von grenzüber-schreitenden Forderungen und Schulden, sei es über Zinsanhe-bungen oder über massive Lohnkürzungen.

Diese neue Situation schuf unauflösbare Widersprüche und Paradoxien. Um sich etwa dem Abfluss des US-Kapitals entgegen-zustemmen, hätte das Deutsche Reich eigentlich sofort seine Zin-sen massiv erhöhen müssen. Genau das hätte aber die schon damals wieder erlahmenden wirtschaftlichen Kräfte weiter massiv geschwächt. Eine Zinssenkung – und die wäre notwendig ge-wesen, um die zunehmend in Schwierigkeiten sich befindlichen Banken zu entlasten – wäre von den Akteuren der Finanzmärkte als Vertrauensbruch angesehen worden. Die deutschen Finanz- und Schuldenprobleme waren also weder mit höheren noch mit niedrigeren Zinsen zu verhindern.

Die Reparationsfrage verschlimmerte diese Auswegslosigkeit weiter. Ohne Reparationszahlungen hätte sich das Deutsche Reich vom Goldstandard lösen können. Der aber war gerade für Frankreich die Garantie dafür, dass sich das Deutsche Reich nicht wieder wie zu Beginn der 20er-Jahre aus seinen Verpflichtungen »herausinflationieren« konnte. Damit war 1931/32 klar: Das Deutsche Reich musste erst alle Goldreserven verlieren, seine internationale Zahlungsunfähigkeit nachweisen, einen Zusammenbruch seiner Banken erleben und in eine wirtschaftliche und politische Depression fallen, bevor auch die internationale Gemeinschaft konstatieren konnte und musste, dass es weder seine ihm auferlegten Reparationszahlungen leisten noch ein internationaler Partner in einem Goldwährungsverbund bleiben konnte.

Der berühmt gewordene Satz von Reichskanzler Heinrich Brüning bringt die Ausweglosigkeit der Situation auf den Punkt: »Ich bin 100 Meter vor dem Ziel gescheitert.« Es war dieser unauflösbare Widerspruch – das heißt, die internationale Zahlungsbereitschaft nachzuweisen, ohne als Schuldner die Leistungsfähigkeit dafür zu besitzen –, der der Weimarer Republik am Ende den Todesstoß versetzte.

Diese Widersprüchlichkeit des »Wollenmüssens« bei gleichzeitigem »Nichtleistenkönnen« – verdichtet in Brünings Worten – ist alles anderes als eine historische Reminiszenz. Denn in den endlosen Nachtsitzungen zur Euro-Rettung 2012, als wieder einmal Lösungen für Griechenland gesucht wurden, in denen das Land seine zukünftige Zahlungsbereitschaft nachweisen sollte, ohne aber als Schuldner die Leistungsfähigkeit dafür zu haben, wurden die Worte Brünings zum geflügelten Wort.

In jedem Fall gilt: Die bereits nach Einführung des Systems der flexiblen Wechselkurse einsetzende Erosion dieses Systems, die der Dawes-Plan und die erzwungene Rückkehr des Deutschen Reiches zum Goldstandard auch formell forcierten, ging auch andernorts weiter.

Denn sowohl die Kritiker als auch die Befürworter des Systems der flexiblen Wechselkurse sehnten den Goldstandard zurück. Die Kritiker taten es, damit die Finanzmarktakteure keine destabilisierende Rolle mehr spielen und die Staaten und Währungen unter Druck setzen konnten, wie sie es insbesondere mit Frankreich zwischen 1924 und 1925 getan hatten. Die Befürworter forderten am Ende das Gleiche, aber mit der gegenteiligen Argumentation. Auch sie wollten den Goldstandard als Anker für ein funktionierendes Währungssystem zurückhaben. Dies aber vor allem deshalb, weil sie so die Regierungen zwingen wollten, ihre Staatshaushalte nicht mehr über zu hohe Schulden zu finanzieren, wie das in den Jahren vor 1926 geschehen war. Also wurde für ein paar Jahre ein neuer Versuch mit Gold als Ankerwährung für das Weltwährungssystem unternommen.

So auch in den Kriegsgewinnerländern Großbritannien, Frankreich und USA – aus ganz unterschiedlichen Motiven und mit unterschiedlichen Folgen.

Als Großbritannien 1925 entschied, sich ebenfalls im Sinne des Golddevisenstandards wieder ans Gold zu binden, tat es dies zu einem viel zu hohen Kurs im Verhältnis zum US-Dollar. Der damalige Finanzminister Winston Churchill fürchtete, mit Blick auf die finanzwirtschaftliche Vorrangstellung des Empire ansonsten weiter an Glaubwürdigkeit zu verlieren, und ein niedriger Kurs hätte aus seiner Sicht als britische Schwäche verstanden werden können. Tatsächlich aber führte er sein Land mit diesem Vorgehen in eine deflationäre Falle, und Großbritannien wurde bereits fünf Jahre vor Ausbruch der Weltwirtschaftskrise zum »kranken Mann Europas«.

Frankreich hingegen entschied sich 1926 zur Wiedereinführung des Goldstandards, anders als die Briten aber auf Basis eines deutlich niedrigeren Kurses im Verhältnis zum US-Dollar. Der deflatorische Druck war dementsprechend gering, und Frankreich erholte sich. Doch nicht nur das: Frankreich wurde zum Land, in dem die Goldreserven ständig stiegen. Die französische Nationalbank hortete das Gold dabei allerdings aus Gründen des nationalen Prestiges, ohne es über den international so wichtigen monetären Ausgleichsmechanismus in Form einer Geldausweitung im eigenen Land zur Geltung kommen zu lassen. Damit wurde Frankreich in den 20er-Jahren, ähnlich wie Großbritannien vor dem Ersten Weltkrieg, zwar vordergründig zur stabilsten europäischen Nation, kam aber seiner internationalen Verantwortung, die es als Mitglied einer am Goldstandard orientierten Währungsordnung hatte, nicht nach.

Es war dieser Widerspruch, der Frankreich und Großbritannien damals währungspolitisch und in der Goldfrage eher zu Gegnern als zu Verbündeten machte. Die französische Währung blieb unterbewertet, was zu immer höheren Goldvorräten führte; zwischen 1926 und 1931 vervierfachten sie sich. Die britischen Goldreserven hingegen schmolzen immer weiter ab.

Für die Weltwirtschaft stellte diese Entwicklung eine Katastrophe dar. Denn Frankreich befand sich in dieser Zeit in einer dauerhaften Situation von Zahlungsbilanzüberschüssen, während Großbritannien jahrelang Defizite aufwies. Weil Frankreich seine Goldreserven aber bloß hortete und es über eine Ausweitung der Geldmenge nicht zum Ausgleich von auftretenden Zahlungsbilanzungleichgewichten einsetzte, wurde das Land durch sein Verhalten ein internationaler Deflationsverstärker. Denn die international langsam wieder wachsende Produktion und der wieder anziehende Welthandel bekamen so nicht das benötigte monetäre Schmiermittel, was für ihr Funktionieren nötig gewesen wäre.

So machte sich die Weltwirtschaft also gewissermaßen mit französischer Flankierung auf, in die Deflation und in die große Weltwirtschaftskrise hineinzuschlittern, und dies schon drei Jahre vor dem Börsencrash an der Wall Street 1929.

Und was tat die aufstrebende Supermacht USA? Als die USA aufgrund des Wall-Street-Booms die Zinsen 1927 deutlich erhöhten, konnten auch sie Europa nicht mehr stabilisieren. In der Folge geriet etwa das Deutsche Reich wie schon erwähnt sofort in eine Wirtschafts- und Finanzkrise und damit in eine Situation, die wieder die Frage der Reparationshöhe aufwarf, welche mit der Umsetzung des Dawes-Plans eigentlich geklärt schien. Und Großbritannien versuchte mehr schlecht als recht, über eine weitere Deflation seine letzten Goldreserven zu halten.

Schon vor Ausbruch der Weltwirtschaftskrise im Herbst 1929 war damit klar: Mit dem wieder eingeführten goldbasierten System (im Sinne eines Golddevisenstandards) konnte die Welt nicht mehr gerettet werden. Im Gegenteil: Das Nichtfunktionieren des Golddevisenstandards erwies sich als eigene Ursache für den Ausbruch der Weltwirtschaftskrise.

Als Erstes traf dieser zerstörerische Mechanismus das Deutsche Reich und Großbritannien, also die alten europäischen Zentren der industriellen Fertigung. Es war 1931 eine in Österreich ausbrechende Bankenkrise, die sehr schnell auf das Deutsche Reich übergriff. Die Versuche der jeweiligen Zentralbank, die nationalen Banken zu retten, führten automatisch zu großen Goldverlusten. Das wachsende internationale Misstrauen und die geringe Bereitschaft, Bankenkrisen wie früher im alten Goldstandard über das führende Finanzzentrum zu steuern – also früher über das britische London oder nun womöglich über das US-amerikanische New York –, führten zu einer sich selbst erfüllenden Prophezeiung. Die Krise befeuerte sich so selbst. Und so ließen die nicht mehr nachgefragten kurzfristigen deutschen Auslandsanleihen und ein zusammenbrechendes Bankensystem die deutschen Goldbestände in wenigen Wochen so stark zusammenschmelzen, dass sich das Deutsche Reich vom Goldstandard als Währungsanker lösen musste und gezwungen war, massive Kapitalverkehrskontrollen einzuführen.

Großbritannien ging es nicht viel besser. Als nach dem Börsencrash 1929 in den USA nicht nur die Preise für Rohstoffe, sondern auch für Industrieprodukte massiv fielen, war eine internationale Bankenkrise nicht mehr zu vermeiden. Weil die meisten Länder schon vorher unter dem Druck deflationärer Kräfte standen, erhöhten die Verluste, die die Banken aufgrund der Kreditausleihungen an ihre Industriekunden erlitten hatten, diesen Druck noch weiter. Auch hier feuerte die Krise des Preisverfalls und der

Banken die Krise der internationalen Arbeitsteilung und des Goldstandards weiter an.

Die Briten gerieten damit in eine ähnliche Lage wie das Deutsche Reich. Das heißt, finanzwirtschaftlich saßen sie gewissermaßen zwischen Baum und Borke. In ihrem Fall hieß das: Wollten sie eine Bankenkrise verhindern, mussten sie die Zinsen senken. Die internationalen Kapitalanleger, inzwischen misstrauisch geworden, verlangten aber eine Zinserhöhung. Die Briten folgten den Marktkräften, aber anders als in der Vorkriegszeit des klassischen Goldstandards führte dies zu keiner Stabilisierung, sondern zum genauen Gegenteil, denn das Auslandskapital wurde nur noch schneller abgezogen. Die Kapitalmärkte gingen davon aus, dass die Regierung die Zinserhöhung nicht wirklich länger durchhalten könnte. Die damalige Labour-Regierung, so glaubten die Investoren, sei nicht stark genug, noch höhere Arbeitslosigkeit ohne weitere politische und soziale Verwerfungen zu verkraften. Sie erwarteten daher, dass die Regierung einknicken und die Zinsen bald senken würde.

Ein ähnliches Dilemma bestand für die Banken: Die schon hohen Ausfallraten auf der Kreditseite wurden durch die höheren Zinsen noch höher, und durch die damit verbundenen Belastungen rückte eine Konsolidierung des öffentlichen Haushalts so in noch weitere Ferne als bisher. Nachdem also das Pfund Sterling innerhalb weniger Monate mehr als ein Drittel des Wertes verloren hatte, blieb der britischen Regierung im September 1931 schließlich nichts anderes übrig, als das Pfund vom Gold zu lösen.

Auch die USA folgten bald darauf. Der Grund: Seit Ausbruch der Weltwirtschaftskrise war die amerikanische Industrieproduktion zwischen 1929 und 1932 um 45 Prozent gefallen, die Arbeitslosigkeit überstieg die 25-Prozent-Marke, und die Banken gerieten unter doppelten Druck, denn die Einlagen nahmen rapide ab, während die Bonität der Schuldner der vergebenen Kredite sich zusehends verschlechterte. In der Erwartung eines nun auch in den USA nahenden Zusammenbruchs schwand überall die Neigung, noch US-Devisen anzunehmen. Und Gold wurde plötzlich – wie schon im Ersten Weltkrieg – noch einmal bevorzugtes Zahlungsmittel und insofern Zahlungsmittelersatz in einem internationalen Währungssystem, an das niemand mehr glauben konnte und wollte.

Der Ende 1932 neu gewählte US-Präsident Roosevelt setzte mit seinen ersten Amtshandlungen gleich zu Beginn des folgenden Jahres dem Spuk ein Ende. Sofort löste er die USA ebenfalls vom Gold, wertete den US-Dollar um 40 Prozent ab, schloss die Banken, um sie vor einem weiteren *Run* zu schützen, den es zuvor gegeben hatte, und verbot unter Androhung drakonischer Strafen die private Goldhaltung.

Am Ende folgte Frankreich. Die Regierung in Paris musste 1936 schließlich einsehen, dass die wenigen Länder, die noch eine Goldkonversion zuließen, von der Weltwirtschaftskrise stärker heimgesucht wurden als diejenigen, die sich vom Goldstandard gelöst hatten. Als letztes großes industrielles Flächenland gab daher auch Frankreich die Goldbindung auf.

Es begann eine neue Zeit der flexiblen Wechselkurse, diesmal aber anders als nach dem Ersten Weltkrieg nicht mehr mit freien Kapitalmärkten, sondern eingebettet in ein enges staatliches Korsett von Kapitalverkehrskontrollen und zwischenstaatlichen Handels- und Finanzverträgen. Ein multilaterales Weltwährungssystem gab es also de facto nicht mehr. Es entstand ein internationaler Wettbewerb zwischen nationalen Währungen, die sich gegenseitig in immer neue Auseinandersetzungen mit sich wechselseitig verstärkenden Abwertungen trieben. Die Folge waren eine weitere Schwächung der internationalen Arbeitsteilung und eine Verstärkung der weltwirtschaftlichen Schrumpfungsprozesse, die es unmöglich machten, aus der Weltwirtschaftskrise herauszufinden.

Und so bildeten sich nationale Blöcke, in denen sich die Blockmitglieder wechselseitig versicherten, ihre Währungsabwertungen nicht zu sehr auf Kosten anderer Blockmitglieder zu betreiben. Das gelang nur sehr mäßig, war doch die Abwertung der eigenen

Währung eines der letzten verbliebenen Instrumente, sich dem weltweiten wirtschaftlichen Schrumpfungsprozess und der wachsenden Verschuldung zumindest in Teilen entgegenzustellen.

Im Fall der Beziehungen zwischen Großbritannien, Frankreich und den USA gab es dabei seit Ende des Ersten Weltkriegs zudem ein weiteres ungelöstes Problem, das sich mit Ausbruch der Weltwirtschaftskrise noch einmal verstärken sollte: die ungeklärten interalliierten Kriegsschulden. Sie bildeten einen Themenkreis, der sich zusammen mit der Reparationsfrage des Deutschen Reichs zwischen den USA einerseits und Frankreich und Großbritannien andererseits zu einer Konfliktlinie entwickelte. Denn die USA zeigten sich nicht bereit, ihren ehemaligen Alliierten nach dem Ende der deutschen Reparationszahlungen im Jahr 1932 jene Schulden zu erlassen, die durch den militärischen Beistand im Weltkrieg entstanden waren. Die ehemaligen Partner dagegen waren entweder nicht in der Lage – wie Großbritannien – oder nicht bereit – wie Frankreich –, diese Schulden zu bedienen. Man einigte sich schließlich auf den Formelkompromiss, dass die beiden Schuldnerländer offiziell den Schuldenerlass nicht mehr einfordern würden, während die USA darauf verzichteten, auf die Erfüllung ihrer Forderungen zu bestehen, ohne die Schulden offiziell zu erlassen.

Diese Praxis des doppelten Verschweigens beförderte das gegenseitige Vertrauen, das nötig gewesen wäre, um die Weltwirtschaftskrise, die eben auch eine große Schuldenkrise war, als gemeinsame Herausforderung zu begreifen und anzugehen, in keiner Weise. Bei allen drei Parteien führte sie im Gegenteil zu großer Verbitterung. Frankreich und Großbritannien fühlten sich von den USA schlecht behandelt, weil sie anders als das Deutsche Reich von ihren Schulden nicht offiziell befreit wurden. Und die USA fühlten sich hintergangen, weil ihnen ihre wichtigen Kriegsleistungen für ihre ehemaligen Partner monetär nicht vergolten wurden. So wurde der gemeinsame Sieg im Ersten Weltkrieg zu einem vergifteten Schuldenkompromiss. Zwar schlossen sich die drei demokratischen Länder trotz dieses Zwists zu einem losen Währungsverbund zusammen, wohl schon ahnend, dass nach Jahren der Zwietracht bald eine neue Allianz gegen ein immer aggressiver auftretendes Hitler-Deutschland nötig werden könnte.

Doch wer in diesem vergifteten Schuldenkompromiss nur eine Anekdote sehen will, der sei gewarnt. Auch wir und unsere westlichen Partner könnten uns angesichts weiter eskalierender Schulden bald in einer ähnlichen Situation wiederfinden. Die Aggressionen bis hin zu Wut und Hass, die gerade den Deutschen im Zuge der Eskalation der Euro-Krise aus hoch verschuldeten Ländern wie Griechenland entgegenschlagen, könnten ein laues Lüftchen sein im Vergleich zu dem, was entstünde, wenn es zu einer Eskalation etwa zwischen den hoch verschuldeten und stark reformbedürftigen Ländern Italien oder Frankreich einerseits und Deutschland andererseits käme.

So wirken die finanzwirtschaftlichen Krisenerfahrungen der 20er- und 30er-Jahre als Schatten der Geschichte in mehrerlei Hinsicht bis heute fort:

- Zum einen in einer wachsenden Auseinandersetzung zu der Frage, wie Zahlungsbilanzungleichgewichte – die ja letztlich grenzüberschreitende Forderungen und Verbindlichkeiten darstellen – in einer heutigen Welt, sei es mit flexiblen Wechselkursen beim US-Dollar oder mit festen Wechselkursen im Euro-Verbund, ohne Konfrontationen ausgeglichen werden können. Diese Frage ist nicht nur relevant für die Staaten innerhalb des Euro-Raums und die dort bestehenden Zahlungsbilanzüberschüsse etwa Deutschlands oder die Zahlungsbilanzdefizite der südlichen Länder. Sie ist ebenfalls relevant für die Gläubiger-Schuldner-Beziehung zwischen China mit seinen hohen Überschüssen und den USA mit ihren anhaltenden Zahlungsbilanzdefiziten.
- Zum Zweiten in negativen Affekten gegen die Akteure auf den Finanzmärkten, wenn diese mit der Finanzpolitik von Staaten

kollidieren. Gerade die Euro-Krise hat diese Affekte einmal mehr allzu deutlich zum Ausdruck gebracht.

- Zum Dritten in der Frage, wie eine Währungs- und Finanzwelt ohne Goldanker und prinzipiell freien Kapitalverkehr – wie es sie zu Beginn der 20er-Jahre gab und heute wieder gibt – dazu gebracht werden kann, die Kreditausweitung in den Staaten und in den Finanzmärkten so zu begrenzen, dass ein Zusammenbruch von Währungen, internationalen Wertschöpfungsketten und ganzen Volkswirtschaften nicht noch einmal stattfindet.

Die im Zweiten Weltkrieg einsetzende Suche nach einer stabilen Weltwährungsordnung ist damit auch in der gegenwärtigen Schuldenkrise brandaktuell. Und dies umso mehr, weil, wie sich herausstellen sollte, das von 1941 bis 1944 maßgeblich von den USA konstruierte und erstmals von ihnen angeführte neue Währungssystem große Schwächen aufwies und Anfang der 70er-Jahre scheiterte.

Die seither und bis heute geltende Weltwährungsordnung ist dabei nicht weniger instabil als ihre Vorgängerin. Vor allem aber hat sie mit zu jenem ungehinderten Kreditwachstum beigetragen, das bis heute anhält. Ihre Stärken, vor allem aber ihre Schwächen können indes am besten verstanden werden, wenn man zunächst einen Blick auf das Währungsregime der Nachkriegszeit und seine Entwicklung wirft, um von dort aus auf unser heutiges Währungsregime und seine Relevanz für unsere Schuldenkrise zu fokussieren.

Harry Dexter White, John Maynard Keynes und Bretton Woods – hehre Ziele, fehlerhaftes Design

Anders als nach 1918 war für die USA schon während des Zweiten Weltkriegs ein erneutes Herabsteigen von der Weltbühne keine echte Option mehr. Diesmal fochten ihre Truppen tatsächlich einen Weltkrieg, in Europa und Asien, und dabei zeigten sie sich als militärisch und ökonomisch dominierend. Es war – auch für die Amerikaner selbst – erkennbar, dass hier eine militärische und wirtschaftliche Supermacht entstanden war, die sich ihrer internationalen Verantwortung schon in eigenem Interesse und über das Kriegsende hinaus nicht mehr entziehen konnte.

Anders als noch 1918 und in den Jahren danach war dabei auch klar: Die USA mussten nun ebenfalls eine Führungsrolle bei der Neuordnung des internationalen Weltwährungssystems übernehmen. Und das taten sie. Allein aber konnten und wollten sie dabei nicht vorgehen. Ihre Suche nach Partnern für die zukünftigen währungspolitischen Weichenstellungen gestaltete sich indes nicht wirklich schwierig. Denn Frankreich war 1940 von den deutschen Truppen überrannt worden und in der Folge gezwungen, teilweise mit Nazi-Deutschland zu kollaborieren. Und der Sowjetunion konnte man ohnehin nicht trauen. Die Briten hingegen waren den USA als einziger glaubwürdiger Partner im Kampf gegen Hitler und Japan zur Seite gestanden und hatten dies auch noch ohne Gebietsverlust bewerkstelligt. So wurden sie zu den wichtigsten Partnern für Verhandlungen zur Gestaltung einer neuen und diesmal stabilen Weltwährungsordnung, einer Ordnung, die es seit Anfang des Ersten Weltkriegs nicht mehr gegeben hatte.

In den Augen der USA wies das Vereinigte Königreich allerdings zwei Grundprobleme auf, die die Amerikaner bei den Verhandlungen zu einer währungs- und finanzwirtschaftlichen Neuordnung Westeuropas und der Welt – die von einer politischen Neuordnung nicht zu trennen war – störte: Zum einen verfolgte die damalige britische Regierung unter Winston Churchill das Ziel, auch in der Nachkriegsordnung währungspolitisch neben den USA – immerhin war es die Londoner City, die bis 1914 finanzwirtschaftlich die Geschicke der Welt dominierte – eine führende Rolle zu spielen. Zum anderen war die britische Regierung noch immer der Meinung, dass sie einen Großteil des britischen Empires – und damit ihren Pfund-Block – in die Nachkriegszeit retten könnte.

Ein Verhandlungsziel der USA bestand darin, diese beiden britischen Anliegen zu verhindern. Sie wollten zwar kooperieren, aber sie wollten das Führungszepter in der neuen Weltwährungsordnung übernehmen. Und angesichts ihrer militärischen, finanzwirtschaftlichen und ökonomischen Stärke standen ihre Chancen dafür nicht schlecht.

Für die Briten kam bei den anstehenden Verhandlungen um eine neue Weltwährungsordnung erschwerend hinzu, dass sie sich wie im Ersten auch im Zweiten Weltkrieg massiv bei den USA verschuldet hatten und wie der Rest Europas nach dem Krieg wirtschaftlich und finanzwirtschaftlich ausgeblutet waren. Das waren keine guten Voraussetzungen für eine währungs- und finanzwirtschaftliche Partnerschaft mit der größten und erfolgreichsten Volkswirtschaft der Welt auf Augenhöhe. Genauso wenig hilfreich war ein Empire, dessen Fliehkräfte sich von London wegbewegten und das sich – auch aufgrund der inzwischen prekären Kapitalknappheit von Großbritannien – aufzulösen begann.

Durch den Rüstungsboom vor und insbesondere im Zweiten Weltkrieg wieder erstarkt hielten die USA dagegen inzwischen einen Großteil der Goldvorräte der Welt. Ihre Wirtschaft hatte sich von der Depression erholt, und die Zahlungsbilanz war positiv. Mit diesem Rüstzeug und der sich noch im Krieg befindlichen, bald aber als Sieger heimkehrenden »Goldenen Generation« Amerikas ließ sich gut verhandeln.

Die amerikanisch-britischen Verhandlungen, die 1941 begannen und in dem Abkommen von Bretton Woods 1944 endeten, wurden von zwei Männern geführt, die unterschiedlicher nicht hätten sein können: Ein international unbekannter US-Ökonom, Harry Dexter White, traf auf den weltbekannten »Papst« der Wirtschaftswissenschaften, auf John Maynard Keynes.

White, Ökonomieprofessor wie Keynes und eher der unscheinbare Typ eines intelligenten Bürokraten, hatte sich seit Mitte der 1930er-Jahre mit Fragen der Währungsordnung befasst und kam damals als Analyst für einzelne Projekte in direkten Kontakt mit dem US-Finanzministerium in Washington. 1941 holte ihn der damalige US-Finanzminister Henry Morgenthau fest in sein Ministerium.

White war ein Anhänger der sich Ende der 1930er-Jahre auch in den depressionsgeplagten USA schnell durchsetzenden neuen Wirtschaftstheorie von John Maynard Keynes. Diese war insofern revolutionär, als sie dem Staat, anders als alle klassischen Theorien zuvor, eine wesentliche Lenkungsfunktion für die Wirtschaft zuschrieb, auch im Kampf gegen eine Rezession – oder gar Depression.

Nach Keynes' Theorie lagen die wesentlichen Ursachen der Weltwirtschaftskrise in einer zu geringen Gesamtnachfrage, die in ihrer Konsequenz dann zu abnehmenden Investitionen geführt hätten, mit noch geringerer Nachfrage als Folge, und so weiter – eine sich selbst tragende negative Spirale nach unten also. Seine Theorie hatte Keynes auch geldwirtschaftlich untermauert, indem er »die Zinsfalle« – ein auch und gerade heute wieder hochrelevantes Phänomen, bei dem trotz niedrigster Zinsen die Nachfrage- und Investitionskräfte erlahmen können – als Ursache des wirtschaftlichen Niedergangs identifizierte.

Damit erklärte er den – in der Depression von Millionen erlebten – Niedergang ganzer Volkswirtschaften wie auch den Zusammenbruch der internationalen Arbeitsteilung über grundsätzliche Fehler in der Funktionsweise von Marktwirtschaften, die, falls man ihnen nicht Einhalt gebieten würde, in ihren Konsequenzen zum völligen Zusammenbruch des ökonomischen Systems führen müssten. Mit seinem Postulat, nur der Staat als temporärer Investor könne den bei Konjunkturkrisen einsetzenden Teufelskreis durchbrechen, eröffnete er den westlichen Nationen der Nachkriegszeit das Handwerkszeug, das dann als »antizyklische Fiskalpolitik« bekannt werden sollte.

Die meisten Politiker, die sich nach dem Zweiten Weltkrieg seinen Maßnahmen verschrieben, hatten aber zumeist seine Bücher nicht gelesen, und so setzte sich in Wirklichkeit nur die Hälfte seiner Kur als tatsächliche Politik durch. Keynes war sich als ausgewiesener Geldtheoretiker sehr wohl bewusst, dass eine temporäre Verschuldung des Staates in Rezessionen in Zeiten des Wiedererstarkens der wirtschaftlichen Kräfte durch staatliche Überschüsse wieder auszugleichen sei, ansonsten begänne eine gefährliche Entwicklung der strukturell steigenden Staatsverschuldung. Er beschreibt damit also genau das Problem – oder zumindest eines davon –, das uns in der aktuellen Schuldenkrise so stark beschäftigt.

Die Rezessionen der 20er- und die Depression der 30er-Jahre schrien damals geradezu nach einer Erklärung, mehr noch, sie riefen nach einer Neuausrichtung der ökonomischen Wissenschaft. Keynes, der seine Theorie 1936 veröffentlichte, setzte sich dabei gegen mehrere wissenschaftliche Kontrahenten durch, unter anderem gegen Friedrich von Hayek, einem der wichtigsten Vertreter der »österreichischen Schule« der Volkswirtschaftslehre. Für Hayek lagen die Ursachen der Weltwirtschaftskrise in einer zu großen Geldausweitung in ihrem Vorfeld, was in der Konsequenz zu massiven Fehlinvestitionen der Realwirtschaft geführt hätte, die zusammenbrechen mussten. Die von Keynes propagierten Eingriffe des Staates würden, so Hayek, zu einer weiteren Verstetigung des Abwärtstrends führen, weil dadurch die marktwirtschaftliche Preisbildung immer weiter geschwächt würde. Damit hätte die Marktwirtschaft eine ihrer wichtigsten Voraussetzungen für Arbeitsteilung und Wachstum eingebüßt. Nur wenn sich der Staat aus der Wirtschaft wieder zurückzöge und man gleichzeitig auch der Zerstörung wirtschaftlich nicht mehr konkurrenzfähiger Einheiten freien Lauf ließe, schloss Hayek, sei eine nachhaltige wirtschaftliche Erholung möglich.

Bis heute ist die Deutungshoheit in der Frage nach der wirtschafts- und finanzpolitischen Rolle des Staates nicht wirklich geklärt. Seit Ausbruch der Finanzkrise 2007/08 schwelt der Streit darüber nicht nur erneut, er brennt in der volkswirtschaftlichen Wissenschaft geradezu lichterloh.

Unabhängig von diesem Fachstreit sprach damals insbesondere ein Aspekt für Keynes: Die sich in der Depression befindliche Welt war auch von der konkreten Angst getrieben, der Kommunismus als gelenkte Wirtschaftsform sei möglicherweise den westlichen Ökonomien überlegen. Auf beiden Seiten des Atlantiks waren die Kräfte der Marktwirtschaft und der internationalen Arbeitsteilung in sich zusammengebrochen. Es musste also etwas geschehen, dieser politischen Drohung entgegenzutreten, unabhängig davon, ob Keynes recht oder unrecht hatte.

Ironie der Geschichte: Wie sich später herausstellte, war der Verhandlungspartner von Keynes, Harry Dexter White ein glühender Verehrer des Sowjetsystems. Mehr noch, vieles deutete daraufhin, dass er als Agent für Stalin tätig war. Als er 1947 dazu vor einem öffentlichen US-Untersuchungsausschuss befragt wurde, starb er wenige Tage darauf an Herzversagen.

Aufgrund des Ausmaßes der Depression sahen sich die Staaten also zunehmend gezwungen, zu handeln und als Gegengewicht zu fallenden Investitionen, wegbrechender Nachfrage und sich ausbreitender Massenarbeitslosigkeit aktiv in den Wirtschaftskreislauf einzugreifen. Genau diesem schieren Handlungszwang, dem jede Regierung der 30er-Jahre ausgeliefert war, gab Keynes ein wissenschaftliches Gesicht. Seine wissenschaftlichen Opponenten wie Hayek hingegen verließen sich allein auf die Marktkräfte und boten als Antwort eine nur noch größere Zurückhaltung bei staatlichen Eingriffen in die Märkte an. Aufgrund des Ausmaßes der um sich greifenden Depression und der damit verbundenen Gefahren auch für die Demokratie war aber das für die Regierungen keine wirkliche Option mehr.

Das Verständnis für diesen damaligen politischen Handlungsdruck ist für unsere gegenwärtige Schuldenkrise insofern wichtig, weil auch bei uns inzwischen der Druck auf die Politik und die Zentralbanken, direkt in die Märkte und Finanzmärkte einzugreifen, seit Ausbruch der Finanz- und Euro-Krise wieder massiv zugenommen hat. Infolge der angehäuften Schuldenberge schwebt das Damoklesschwert einer Megaweltwirtschaftskrise über uns, die noch größere Ausmaße annehmen könnte als jene in den 30er-Jahren.

In der Rückschau gilt zweifellos, dass Keynes, der bereits 1946 starb, zum einflussreichsten Ökonomen des 20. Jahrhunderts wurde. Und nachdem seine Wirkkraft in den 80er- und 90er-Jahren etwas abgenommen hatte, ist er als Krisenerklärer und Impulsgeber für Politik und Zentralbanken heute mehr denn je en vogue. Das dürfte kein Zufall sein, denn er ist nicht nur einer der ersten Ökonomen, der die *Animal Spirits* der Finanzmärkte, also das Herdenverhalten, die Gier, die Angst und die daraus resultierenden Marktübertreibungen thematisierte, sondern er lieferte auch die Instrumente, mit denen diese zu bekämpfen sind. Genau diese Phänomene waren ja im Vorfeld des Ausbruchs der Finanzkrise 2007/08 bei den internationalen Banken und Schattenbanken zu erleben. In Bezug auf bestimmte Anlageklassen wie Immobilien, Aktien oder Unternehmensanleihen sind sie zudem auch derzeit wieder deutlich zu erkennen. Und die Instrumente, mit denen diese und andere Symptome der aktuellen Schuldenkrise bekämpft werden, nämlich staatliche Investitionsprogramme oder eine massive Geldausweitung der Zentralbanken, stammen weitgehend aus dem keynesschen Theoriegebäude.

Bevor Keynes aber jene Bedeutung erlangte, die ihm insbesondere in der Nachkriegszeit zuwuchs, wurde er zunächst einmal von der britischen Regierung beauftragt, die 1941 beginnenden Verhandlungen um die neue Weltwährungsordnung für Großbritannien zu führen. Dabei galt Keynes nicht nur als überragender, seine Zeit prägender Ökonom, er galt als auch vielseitig erfahren. So hatte er bereits als britischer Offizieller an den Versailler Vertragsverhandlungen teilgenommen und galt seither nicht nur in Großbritannien als geschätzter Regierungsberater, sondern auch als erfolgreicher Wirtschaftspraktiker, denn Keynes war unter anderem Investor, Vorstand eines Versicherungsunternehmens und Unternehmer.

Im Gegensatz zur Auseinandersetzung um die Deutungshoheit in der Frage der ökonomischen Theorie konnte er bei den Verhandlungen um eine neue monetäre Weltordnung das Spiel aber nicht gewinnen. Nicht seine Intelligenz und seine Ideen standen ihm dabei im Weg. Die Verhandlungsposition seines Landes war aufgrund der kriegsbedingten Transformation von militärischer und finanzwirtschaftlicher Macht auf die andere Seite des Atlantiks einfach zu schwach.

Dabei stimmten White und Keynes bei vielen grundsätzlichen Fragen im Zusammenhang mit der Schaffung einer neuen Weltwährungsordnung miteinander überein. Für beide galt es, die Schwächen der Währungs- und Finanzsysteme der letzten 20 Jahre nicht zu wiederholen. Und beide glaubten, dass man ein internationales, funktionierendes Weltwährungssystem vom Reißbrett aus entwerfen könnte. Dies ist insofern von Bedeutung, waren doch alle anderen vorigen Währungssysteme Ergebnisse von sich langsam international durchsetzenden Marktusancen, von Krisen, von individuellen Stabilisierungsversuchen oder von Zusammenbrüchen.

Es gab weitere Beispiele, bei denen sich White und Keynes nicht widersprachen: Eine Währung braucht eine Führung. Sie benötigt für ihre Glaubwürdigkeit aber auch einen realwirtschaftlichen Anker, konkret Gold. Dabei darf der Anker aber nicht so schwer sein, dass er allein aus sich heraus Deflationskrisen auslösen kann, oder konkreter, die Goldbindung darf die wirtschaftlichen Entfaltungskräfte nicht zu sehr eindämmen. In Krisen müssen darüber hinaus glaubwürdige internationale Institutionen bereitstehen, die Ländern in Zahlungsbilanz- und Kreditkrisen kurzfristig helfen können. Diese Institutionen müssen aber auch so stark sein – und zwar sowohl in der Frage der Kapitalausstattung wie auch in ihren Befugnissen –, dass sie den Schuldnern gegenüber Sanktionen aussprechen und von den Schuldnerländern Wirtschafts- und Finanzreformen einfordern können.

Dann müssen unter allen Umständen flexible Wechselkurse vermieden werden, damit die Akteure der Finanzmärkte eben nicht wie zu Beginn der 20er-Jahre oder im Vorfeld des US-Börsencrashs ihre Gestaltungskraft dazu nutzen können, Börsen, Regierungen, ihre Fiskalpolitik oder ihre Währungen anzugreifen. Zur Absicherung dessen ist dabei, so Keynes und White, die Kapitalmobilität – im Gegensatz zum Handel mit Gütern und Diensteistungen – national zu begrenzen, wozu es Kapitalverkehrskontrollen braucht. Insofern favorisierten beide Verhandlungsführer einerseits einen freien internationalen Güterverkehr, andererseits aber die staatliche Lenkung beziehungsweise internationale Begrenzung des Kapitalverkehrs.

Daneben stimmten beide grundsätzlich darin überein, dass die Nachkriegsschulden, anders als nach dem Ersten Weltkrieg – sei es als Reparationen oder als interalliierte Schulden –, die Wirtschaftsentwicklung von Nationen nicht mehr über Gebühr belasten dürften, ansonsten sei weder eine wirtschaftliche noch eine politische Gesundung möglich – mit all den Konsequenzen, die nach dem Ersten Weltkrieg die Bildung einer stabilen Ordnung verhindert hatten. Und um das Ganze auch realwirtschaftlich zu unterstützen, sei, so Keynes und White, der Welthandel wieder auf- und auszubauen, dafür müssten die nationalen Zölle nach und nach gesenkt und schließlich aufgehoben werden. Auch diese Entwicklung gelte es, institutionell und langfristig zu unterfüttern.

Daneben gab es Fragen, in denen sich Keynes und White auch nach monatelangen Brief- und Wortgefechten nicht näherkamen. So wollte Keynes unter allen Umständen die finanzwirtschaftliche Ordnung zur Absicherung der britischen Empire-Interessen nicht allein in die Hand des US-Dollars legen. Er wollte die neue Weltwährung – er verwendete in seinen Vorschlägen dafür den Namen *Bancor* – von einer supranationalen Institution verantwortet haben, die allen Teilnehmern, also auch den USA, Regeln vorschreiben könne. Nur diese Institution sollte sich dem neuen Goldstandard unterwerfen.

Diese Forderungen hielten die USA angesichts ihrer eigenen überragenden Machtstellung und ihrer singulären finanzwirtschaftlichen Gläubigerposition in der Welt für unerfüllbar. Vor allem wollten sie sich in Zukunft in ihrer finanzwirtschaftlichen Freiheit von niemandem einschränken lassen, weder von einem noch am Empire hängenden Großbritannien noch von einer internationalen Institution.

Ein weiterer nicht aufzulösender Konflikt war mit der wichtigen Frage verbunden, wer im Fall von auftretenden Zahlungsbilanzungleichgewichten die damit verbundenen Rechnungen zu bezahlen hatte. Keynes, der inzwischen seit fast 25 Jahren ein Großbritannien der anhaltenden Zahlungsbilanzdefizite mit chronischem Goldmangel erlebt hatte, wollte verständlicherweise die exportorientierten Nationen in die Verantwortung ziehen, anstatt den Ländern mit großen Export- und Zahlungsbilanzdefiziten die notwendigen Angebots- und Preisanpassungen aufzubürden.

Die USA als temporär einziger Exporteur – sowohl von Waren, Gütern, Kapital und Grundstoffen als auch glaubwürdiger Währung – nahmen damals dagegen die Position des gegenwärtigen Deutschlands in der Euro-Krise ein, indem sie eine Ordnung durchzusetzen beabsichtigten, in der die Anpassungen weitgehend bei den Defizitländern – über eine Verknappung der Geldpolitik, über fiskalpolitische Zurückhaltung des Staates und über eine Verbesserung der wirtschaftlichen Angebotsstrukturen, etwa über Entlassungen und Lohnzurückhaltungen – abzulaufen hätten. Dass sich die US-Gläubigerposition in den 15 Jahren nach dem Ende des Zweiten Weltkriegs in eine Schuldnerposition verändern könnte, und was das dann für die Funktionsweise des neuen Währungssystems bedeuten würde, war damals weder Gegenstand der Verhandlungen noch überhaupt eine von Verhandlungsführer White und den Vereinigten Staaten ernsthaft in Betracht gezogene Möglichkeit.

Auch in der internationalen Handelspolitik waren White und Keynes unterschiedlicher Meinung. Keynes wollte in dem noch nicht aufgelösten Pfund-Block des britischen Empire auch in Zukunft – wie beispielsweise die EU heute in der Agrar- und Zollpolitik – für sein Land einen besonderen Status – was für Großbritannien höhere Verkaufs- und billigere Einkaufspreise bedeutet hätte – durchsetzen. Die Vereinigten Staaten dagegen wandten sich in der Frage der Nachkriegsordnung massiv gegen alte oder neue Handelsdiskriminierungen auf den Weltmärkten.

Die Verhandlungen, die 1941 begonnen hatten, zogen sich die nächsten drei Jahre hin. Dabei stützten die USA zusammen mit Kanada als Alliierte Großbritannien im Krieg gegen Nazi-Deutschland immer wieder mit Kreditfazilitäten, in denen sie, Großbritannien entgegenkommend, Pfund-basierte Konditionen zuließen – bekannt unter dem Begriff *Lend-Lease Act*. Dabei gingen sie sogar so weit, der britischen Zentralbank eine Geldpolitik zu erlauben, in der neben dem Ziel der Geldwertstabilität auch die Aufnahme des Ziels der Vollbeschäftigung verankert wurde.

In den meisten grundsätzlichen Fragen und in der konkreten Ausgestaltung der zukünftigen Währungs- und Finanzarchitektur der Welt blieben die Vereinigten Staaten gegenüber Großbritannien aber hart und setzten sich in praktisch allen für sie wichtigen Fragen durch. Zwar waren die finalen Papiere zur neuen Währungsordnung voll von verbalen Kompromissen. Es handelte sich dabei aber weitgehend um Formelkompromisse, deren Hauptaufgabe es war, Großbritannien sein Gesicht in der Welt wahren zu lassen, ohne dabei aber konkrete Zugeständnisse zu machen.

Die neue Weltwährungsordnung war damit ein Rahmen, der allein von den USA und dem US-Dollar als Anker- und Weltwährung ausging. Damit war das Ende des britischen Pfundes, selbst als Nebenleitwährung, besiegelt – und das Empire mit ihm.

Am 1. Juli 1944 – also wenige Tage nach der Landung der US-Truppen an der französischen Atlantikküste – trafen sich die Finanzminister und Zentralbankgouverneure aus 44 Nationen – darunter Länder wie die Sowjetunion, Ägypten, China, Griechenland, Haiti, Jugoslawien oder die Tschechoslowakei – im beschaulichen Bretton Woods im US-Bundesstaat New Hampshire. Nach dreiwöchigen Unterredungen, die aber keine wirklichen

Verhandlungen waren, wurde das vor allem durch Harry Dexter White und die US-amerikanischen Vorstellungen geprägte Schlussdokument zur neuen Weltwährungsordnung unterzeichnet. Sie ging als »Bretton-Woods-System« oder kurz »Bretton Woods« in die Geschichte ein.

Mit diesem System wurden die Vorteile eines flexiblen mit jenen eines festen Wechselkurssystems zu verbinden versucht, bei dem auch Gold eine Rolle spielte, mit dem US-Dollar als Gold-Anker-Währung. Faktisch war es aber weitgehend ein Festkurssystem mit nur sehr geringen Schwankungsmöglichkeiten. Die USA – konkret: die US-Zentralbank Fed – verpflichteten sich dabei, den Zentralbanken der Mitgliedsländer des Systems jederzeit ihre US-Dollars zu einem festgelegten Preis von 35 US-Dollar je Feinunze Gold einzutauschen.

Als institutionelle Flankierung schuf man den Internationalen Währungsfonds (IWF), um mit ihm die Devisentransaktionen – wie auch Ausnahmetatbestände wie Währungsanpassungen – nach Maßgabe des Bretton-Woods-Abkommens zu kontrollieren und durchzusetzen sowie Staaten, die sich in einer Devisenkrise befanden, gegen strenge Auflagen temporär mit Kredit zu unterstützen.

Für die Entwicklung der Realwirtschaft in der Welt wurde eine zweite Institution ins Leben gerufen, die Weltbank. Ihre Aufgabe sollte es sein, langfristige Kredite an Unternehmen und Institutionen zu vergeben, insbesondere im Zusammenhang mit wichtigen Infrastrukturprojekten.

Die mit diesem Vertrag begründete neue Weltwährungsordnung setzte sich nach Beendigung des Krieges durch. Auch die Bundesrepublik trat dem Bretton-Woods-System bereits kurz nach ihrer Gründung im Jahr 1949 formell bei, wobei dieser Beitritt 1952 ratifiziert wurde. Erst fünf Jahre später jedoch – im Zuge der Formierung der Deutschen Bundesbank 1957 – sollte Westdeutschland in der Lage sein, auch inhaltlich die damit verbundenen Bedingungen und Verpflichtungen voll zu erfüllen.

Die neue Weltwährungsordnung versagt, funktioniert, bricht zusammen

Sehr schnell nach dem Krieg stellte sich heraus, dass am Reißbrett entwickelte Währungsordnungen ihre Tücken haben können. Entgegen den Hoffnungen von White und Keynes funktionierte das Bretton-Woods-System nämlich erst einmal überhaupt nicht.

Beide hatten unterschätzt, wie tief Westeuropa wirtschaftlich nach dem Krieg am Boden lag. Und insbesondere die US-Delegation hatte bei den Bretton-Woods-Verträgen unterschätzt, wie schwach das britische Empire tatsächlich war. Denn nun wurde überdeutlich: Mit dem nach dem Ende der Kampfhandlungen verbundenen Auslaufen der subventionierten Kredite aus den USA und Kanada war Großbritannien nicht nur wirtschaftlich und finanzwirtschaftlich am Ende. Auch seine Fähigkeit war aufgebraucht, die in seinem Empire direkt nach dem Krieg ausbrechenden Krisen wie früher auf eigene Rechnung eingrenzen zu können. Dafür hatte es weder die finanziellen Mittel noch die moralische oder tatsächliche Unterstützung seines wichtigsten Verbündeten, der USA. So begann das britische Empire unter der Last der mit dem neuen Währungssystem einhergehenden US-Dollar-Knappheit Großbritanniens zu zerfallen, sei es in Indien, Ägypten, Südostasien oder anderswo.

Dabei blieben trotz des geopolitischen Rückzugs die Finanzen Großbritanniens mehr als angespannt. Denn Handel und Industrieproduktion blieben schwach, und erschwerend kam hinzu, dass die neue Labour-Regierung unter dem Premierminister Clement Attlee Schlüsselindustrien und das gesamte Gesundheitssystem verstaatlicht hatte. Damit aber wurde die Devisenknappheit des Landes noch größer, und die wirtschaftlichen und finanzwirtschaftlichen Verhältnisse verschlechterten sich weiter.

In Frankreich sahen die ökonomischen Umstände nicht besser aus, von den in Trümmern liegenden deutschen Besatzungszonen ganz zu schweigen. Die europäische Wirtschaft kam über die erhofften positiven Wirkungen des Bretton-Woods-Systems nicht auf die Beine. Anstatt Handel gab es Rationierungen, anstatt Stabilisierung der Wirtschaft sank die Industrieproduktion weiter.

1947 war Großbritannien als erste und einzige Nation, die sich dem Bretton-Woods-System von Anfang an unterworfen hatte, dann gezwungen, daraus auszuscheren und seine Währung gegen den US-Dollar massiv abzuwerten. Für die Briten begann eine schwere Zeit der mehrfachen Währungsabwertung gegenüber dem US-Dollar.

Damit war klar: Die Bretton-Woods-Währungsordnung funktionierte erst einmal nicht.

Und in Europa ging plötzlich die Angst um, dass die Weltwirtschaftskrise der 30er-Jahre nur die Ouvertüre gewesen sein könnte für etwas noch viel Schlimmeres, das jetzt auf den Kontinent zukommen würde. Nicht nur in Deutschland, auch in Frankreich und Großbritannien kam es zu Hungerwintern, zu Rationierungen von Lebensmitteln, zu »Hamsterfahrten« – einem Phänomen, bei dem junge Menschen aus den Städten aufs Land zogen, um Agrarprodukte zu tauschen oder zu stehlen –, zu einem Erstarken der Schattenwirtschaft und zu ersten sozialen wie auch politischen Auflösungserscheinungen.

Spätestens jetzt wurde auch den USA klar, dass andere finanzwirtschaftliche Maßnahmen als nur die Umsetzung der neuen Währungsordnung notwendig waren, um Westeuropa als zukünftigen wirtschaftlichen Partner und als Bollwerk gegen den Kommunismus zu stärken. George Marshall, der damalige US-Außenminister unter dem Präsidenten Harry Truman, hielt in dem Zusammenhang im Juni 1947 seine berühmte Rede an der Harvard University in Cambridge, in der er seine Visionen für ein künftiges (West-)Europa vorlegte. Es war ein antikommunistisches Manifest, das von der Überzeugung getragen war, dass insbesondere der britische Weg der Kollektivierung der Wirtschaft genau dahin führen würde, wo die Sowjetunion auch Westeuropa insgesamt haben wollte – in den Kommunismus. Marshall war davon überzeugt, dass die USA nur dann ein freies, marktwirtschaftlich orientiertes, demokratisches Westeuropa als zukünftigen Partner haben könnten, wenn massive direkte US-Hilfen die dortigen Länder in die Lage versetzen würden, aus den schlimmsten Niederungen der wirtschaftlichen Not herauszufinden – und das so schnell wie möglich.

Der Marshall-Plan war geboren. Er wurde ein knappes Jahr später als Gesetz verabschiedet und unverzüglich in die Tat umgesetzt. Mit ihm flossen zwischen 1948 und 1952 insgesamt 13 Milliarden US-Dollar an Krediten, Rohstoffen, Lebensmitteln und Waren nach Westeuropa; in heutigem Geld entspricht das etwa dem Zehnfachen der damaligen Summe. Insgesamt schloss der Marshall-Plan die Lücke, die das Bretton-Woods-System in der Anfangsphase der Nachkriegszeit nicht schließen konnte.

In der Folge begann – ab 1949 – in Deutschland die Zeit des »Wirtschaftswunders«, wobei sich die damit gemeinten anhaltend hohen Wachstumsraten bald als westeuropäisches Phänomen zeigten. Die meisten Ökonomien Westeuropas wuchsen zwischen 1950 und 1970 mit zu Beginn zweistelligen Wachstumsraten, und dies mit sehr unterschiedlichen nationalen Marktmodellen. Frankreich verfolgte unter Charles de Gaulle etwa den Weg eines eher dirigistischen Wirtschaftssystems mit dem Ziel der Herausbildung »nationaler Champions«. Italien bevorzugte die staatliche Lenkung von Schlüsselindustrien und eine aktive staatliche Sozialpolitik. Deutschlands ökonomischer Wiederaufstieg war hingegen geprägt durch eine Wirtschaftspolitik, die sich stark an den Ideen der Freiburger Schule des Ordoliberalismus orientierte und die Ideen der Gewerbefreiheit mit starken staatlichen Institutionen, die sowohl den Wettbewerb fördern, das Recht stärken als auch sozialpolitische Ziele verfolgen, kombinierte.

Die fünf Jahre nach dem Krieg einsetzende starke wirtschaftliche Erholung war indes kein rein westeuropäisches Phänomen. Auch in den USA und in Japan setzten ein ähnlich hohes Wirtschaftswachstum und ein Wiederaufblühen der Industrie ein. Dabei wuchs das Volumen des Welthandels noch deutlich schneller und stärker als die Wirtschaftsleistungen der einzelnen Nationen, ein Zeichen, dass neben Massenfertigung und Massenkonsum auch die internationale Arbeitsteilung, zumindest innerhalb des sich neu formierenden Westens inklusive Japans, wieder zu funktionieren begann.

Nach einigen Anlaufjahren also wurde das Bretton-Woods-System für die meisten westeuropäischen Länder 1958, für weitere Beitrittsmitglieder aus Südamerika und den Golfstaaten 1961 voll wirksam. Bis dahin hatten sich immerhin insgesamt 20 Staaten seinen Funktionsmechanismen unterworfen. Und das bedeutete: Länder mit Zahlungsbilanzdefiziten – also mit größeren Verbindlichkeiten als Forderungen von Inländern gegenüber Ausländern – mussten über ihre Zentralbanken US-Dollar-Reserven verkaufen und wurden so dazu gezwungen, ihre Geldpolitik über höhere Zinsen und eine Kreditverknappung anzupassen. Überschussländer hingegen weiteten in diesem System automatisch ihre US-Dollar-Währungsreserven aus. Damit eröffneten sie sich Freiräume in der nationalen Geldpolitik. Dabei hatten sie auch die Möglichkeit, diese US-Dollars – beispielsweise in einer Zeit, in der die eigene Wirtschaft zu überhitzen drohte – monetär unschädlich zu machen, indem sie von der US-Zentralbank die Konvertierung der Dollars in Gold zu dem im Bretton-Woods-Vertrag festgelegten Fixpreis einfordern konnten.

Mit der weltwirtschaftlichen Erholung und mit der dadurch wachsenden Menge an umlaufenden US-Dollars in der Welt stellte sich freilich sehr schnell heraus: Genau in dem Moment, als das Bretton-Woods-System seine volle Funktionsfähigkeit erreicht hatte, begann es, sich selbst zu zerstören.

Und das war auch kein Wunder. 1959 wurden bei einer Anhörung im amerikanischen Kongress die Defizite des Weltwährungssystems aus Sicht der USA thematisiert. Robert Triffin, ein belgisch-amerikanischer Ökonom, brachte es auf den Punkt: Harry Dexter White hatte als US-Verhandlungsführer zwei massive Fehler in die neue Währungsordnung eingebaut. Der erste sei schon prekär und gefährlich, der zweite hingegen, so Triffin, werde zwingend zu einer ökonomischen Apokalypse für die USA als finanzwirtschaftliche Führungsmacht und die Welt im Ganzen führen.

Er bezog sich in seinen Ausführungen vor dem Kongress zum Ersten auf schon damals sichtbar werdende Widersprüche der im Bretton-Woods-System vereinbarten Grundsätze: feste Wechselkurse, autonome Geldpolitik, freier internationaler Warenverkehr bei gleichzeitiger Begrenzung des internationalen Geld- und Kapitalverkehrs durch nationale Kapitalverkehrskontrollen.

Diese Ziele seien, so Triffin, im Grundsatz nicht miteinander vereinbar. So sei es etwa ein Leichtes für Unternehmen, die am internationalen Handel teilnähmen, nationale Kapitalverkehrskontrollen durch »innovative« Preisgestaltung zu umgehen. Wer freien Güterverkehr zulasse, könne langfristig nicht gleichzeitig das Kapital daran hindern, dorthin zu fließen, wo es die höchsten Renditen erbringen würde. Das gelte für alle Mitglieder, insbesondere aber auch für die USA mit dem US-Dollar als Leitwährung. Auch strengste Kapitalverkehrskontrollen der USA könnten das Geld auf dem Weg nach draußen nicht stoppen, solange nicht auch der Warenverkehr und der Handel strengsten Kontrollen unterworfen würden. Gerade die Befreiung des Handels von nationalen Ketten war ja eines der wesentlichen Ziele der Bretton-Woods-Verträge gewesen.

Genau die von Triffin beschriebene Entwicklung des Kapitalflusses sollte sich in den Jahren bis zum Zusammenbruch des Bretton-Woods-Systems Anfang der 70er-Jahre einstellen. Denn immer mehr US-Dollars, die in der Welt unterwegs waren – etwa Gewinne von US-Unternehmen auf Auslandsmärkten oder US-Devisen europäischer Unternehmen oder auch sozialistischer Länder –, flossen aufgrund der US-Kapitalverkehrskontrollen und staatlich festgelegten Höchstzinsen nicht mehr in die USA zurück. Aus einem einheitlichen US-Dollar-Markt in der Welt entstand auf diese Weise ein gespaltener: Der erste war der von den Gesetzen und Verordnungen der USA regulierte in den Vereinigten Staaten; der zweite war frei und sich selbst überlassen und lag außerhalb der Jurisdiktion des Landes.

Der zunächst gewissermaßen staatenlose Auslands-Dollar-Markt sollte sich dabei bald eine Heimat suchen: Als wachsender Offshore-Markt etablierte er sich vor allem in London, in Teilbereichen und in seinen wachsenden Verzweigungen aber auch in Luxemburg, der Schweiz und im weiteren Verlauf sogar dort, wo es an sich gar keinen etablierten internationalen Finanzmarkt geben kann: in Steuerparadiesen wie den Cayman Islands, der Isle of Man, aber auch in Belgien oder Liechtenstein.

Mit dieser Entwicklung ging eine gefährliche – wenn auch weitgehend von den einzelnen Ländern legitimierte – Entnationalisierung von internationalen Geld- und Kreditflüssen einher. Weder die nationalen Aufsichtsbehörden noch die nationalen Zentralbanken hatten auf dieses Geld einen direkten Zugriff. Es war im besten wie im gefährlichsten Sinne »frei« von Regulierung und schuf sich so selbst seinen eigenen, virtuellen und international hochmobilen Finanzraum, immer auf der Suche nach Steuervorteilen, nach geringer Finanzaufsicht, nach hohen Renditen und nach Schutz vor den strengen US-Finanzaufsichtsbehörden. Und dieser Finanzraum wuchs, sowohl in seinen Verästelungen wie auch volumenmäßig. Erst seit Ausbruch der Finanzkrise und dem inzwischen längeren Arm der US-Finanzaufsicht beginnt er sich unter dem Druck der Finanz- und Schuldenkrise langsam wieder zusammenzuziehen.

Das zweite Problem des Bretton-Woods-Vertrags war aber, wie Triffin herausstellte, noch viel gefährlicher und selbstzerstörerischer als das eben genannte erste – und es war in letzter Konsequenz nicht lösbar.

Die sich aus dem Vertrag ergebende Verpflichtung der USA, Gold jederzeit zum festgelegten Fixpreis von 35 US-Dollar einlösen zu müssen, sei mit dem Ziel, eine dynamisch sich entwickelnde

Weltwirtschaft mit genügend US-Dollars zu versorgen, längerfristig nicht kompatibel. Beides schlösse sich gegenseitig aus, und zwar so sehr, dass, wie man sich auch immer entscheide, es so oder so zu einer fatalen Entwicklung für die USA und die Weltwirtschaft kommen müsse.

Entweder seien die USA dazu gezwungen, den wachsenden US-Dollar-Umlauf in der Welt über Zentralbankmaßnahmen der amerikanischen Notenbank Fed zu neutralisieren. Konkret müsste die Fed das zusätzlich umlaufende Geld in den USA zu Goldkäufen verwenden und es dadurch aus dem Geld- und Kreditkreislauf der USA wie auch aus der Welt im Ganzen eliminieren. Nur so seien die USA in der Lage, ihre Verpflichtung der Goldkonversion auch längerfristig aufrechtzuerhalten.

Das Problem dabei: Die USA würden zwar dadurch ihren Goldbestand schützen. Sie würden dann aber auch die für den internationalen Wirtschaftskreislauf und das Wirtschaftswachstum notwendigen US-Dollar-Volumina stark einschränken, mit dem Ergebnis, dass als Konsequenz daraus wieder genau dieselben internationalen deflatorischen Kräfte am Werk wären, die der Weltwirtschaft schon in den 30er-Jahren so viel Schaden zugefügt hatten. Mit der Sicherung des amerikanischen Goldbestandes würde die Welt genau von jenen notwendigen US-Dollar-Reserven abgeschnitten, die sie für die internationale Arbeitsteilung, den Handel und das Wachstum in der Welt benötigte. Mit der Aufrechterhaltung der Goldkonversion könne die Weltwirtschaft also langfristig nicht wachsen. Sie wäre zur Stagnation, in letzter Konsequenz gar zur Schrumpfung verdammt.

Wenn andererseits die Vereinigten Staaten diese US-Dollar-Geldvermehrung zuließen – was sie im Laufe des Bestehens des Bretton-Woods-Systems auch tatsächlich zunehmend taten –, dann würden sie in absehbarer Zeit ihre gesamten Goldreserven verlieren. Zum einen würde ein zu hoher Geldumlauf in den USA zu Inflation im Land führen. Gleichzeitig würde die US-Zahlungsbilanz automatisch negativ. Dies wiederum würde die Partnerländer faktisch dazu zwingen, anstatt US-Dollar-Devisenreserven selbst Goldreserven anzulegen, indem sie sich von der Fed ihre wachsenden US-Dollar-Bestände eintauschen lassen würden.

Am Ende stünden die Vereinigten Staaten ohne Gold da, mit demselben Ergebnis, wie das Großbritannien nach dem Ersten Weltkrieg erfahren musste. Die Folgen dieser Entwicklung wären: eine Weltwährung ohne Gold und damit ohne Anker und die USA ohne finanzwirtschaftliche Glaubwürdigkeit und damit ohne finanzwirtschaftliches Gewicht. Dies wiederum würde flexible Wechselkurse erzwingen und die Akteure der Finanzmärkte wieder wie zu Beginn der 20er-Jahre in die Lage versetzen, mit ihrem Kapital die Welt nach Schnäppchen zu durchkämmen sowie Staaten und ihre Währungen anzugreifen.

Die Wahl zwischen einer deflatorischen Währungsordnung ohne Wachstum und einer inflatorischen Währungsunordnung ohne Goldanker war in Wirklichkeit also keine Wahl, sie war ein Dilemma, das, seit Triffin es benannte, auch Triffin-Dilemma genannt wird. Und gleichgültig, wie man sich in diesem Dilemma entschied: Die Folgen widersprachen diametral dem, was White und Keynes mit dem Bretton-Woods-System beabsichtigt hatten.

Einen Ausweg aus dieser misslichen Lage gäbe es nicht, so Triffin. Dafür müsste man das internationale Währungssystem auf völlig neue Füße stellen. Genau das wollte aber der damalige US-Präsident Dwight Eisenhower genauso wenig wie seine Nachfolger John F. Kennedy, Lyndon Johnson oder Richard Nixon. Sie alle sahen die Alternativen, die mit einer deutlichen US-Dollar-Abwertung einhergegangen wären, als Eingeständnis US-amerikanischer Schwäche. Und so blieb erst einmal alles beim Alten.

Dabei änderte sich, wie Triffin es vorausgesagt hatte, zugleich alles. Die USA druckten die für die Weltwirtschaftsentwicklung so wichtigen US-Dollars, ihre Zahlungsbilanz wurde zusehends negativ, die Staatsschulden stiegen und der Goldbestand der Fed schwand zusehends.

Im Prozess des allmählichen Zusammenbruchs des Systems zeichneten sich insbesondere die französischen Regierungen als Beschleuniger aus. Schon 1963 hatte Charles de Gaulle die Banque de France angewiesen, 80 Prozent der französischen Währungsüberschüsse von den USA in Gold und nicht mehr in US-amerikanischer Währung einzufordern. Für ihn war Bretton Woods ein System hegemonialer US-Dominanz, in der die Vereinigten Staaten ungerechterweise ihre eigenen Schulden zum Problem von Drittstaaten machen konnten.

Damit wurde deutlich, dass das Triffin-Dilemma auch zu einer politischen und finanzwirtschaftlichen Konfrontation der dem Bretton-Woods-System angeschlossenen Staaten führen konnte. Und die konnte sich durchaus plakativ ausdrücken. So holten 1968 und 1971 französische Schlachtschiffe wesentliche Teile ihres in den USA liegenden Goldes zurück nach Frankreich. Vorher war das Vertrauen unter den Zentralbanken – und den Regierungen – immerhin so groß gewesen, dass die Goldumschichtungen zwischen den jeweiligen Zentralbanken nur buchhalterisch und nicht mit einer physischen Übertragung vorgenommen wurden. Die französische Aktion zeigte spektakulär das Misstrauen, das mittlerweile zwischen den Systemmitgliedern herrschte.

Und so ließ denn auch der Showdown für den endgültigen Zusammenbruch des Währungssystems nicht lange auf sich warten. Der Anstoß dazu kam abermals aus Europa, diesmal aber nicht aus Frankreich, sondern aus Deutschland.

Seit den 60er-Jahren hatte sich die Bundesrepublik zum Wachstumsmotor und zum industriellen Zentrum Westeuropas entwickelt. Aber nicht nur das. Das Land wurde – neben Japan – mehr und mehr zu einem Fluchtort für das internationale Kapital, und das zu einer Zeit, in der das Vertrauen in den US-Dollar zunehmend schwand. Grund für diese Kapitalbewegungen war aber nicht nur die deutsche Wirtschaftsentwicklung, sondern das wachsende internationale Vertrauen in seine Zentralbank, und damit in seine Währung, die D-Mark. Die Deutsche Bundesbank hatte sich dieses Vertrauen in den Jahren davor verdient, weil ihre Geldpolitik, anders als bei den meisten anderen westlichen Zentralbanken, fast ausschließlich auf Preisstabilität ausgerichtet war.

Zum einen war dies ein Ergebnis ihres institutionellen Rahmens. Sie war – insbesondere aufgrund der doppelten deutschen Inflationserfahrung in der ersten Hälfte des 20. Jahrhunderts – institutionell unabhängig von politischen Weisungen. Zum anderen nutzte sie diese Freiheit aber auch, und zwar konkret und nachweislich. Selbst in schwierigen Situationen, in denen die Geldpolitik mit machtpolitischen Interessen kollidierte, hatte sie sich dem politischen Druck, eine laxe Geldpolitik zu fahren, immer wieder widersetzt und dabei keine Rücksicht auf Regierungskonstellationen genommen. Auf diese Weise wurden gerade in Zeiten der Bundestagswahlkämpfe die Forderungen von Bundeskanzlern nach einer Lockerung der Geldpolitik nicht erfüllt; sowohl Kurt Georg Kiesinger wie auch Helmut Schmidt fühlten sich so am Ende ihrer Wahlperiode als »Opfer« der Bundesbank.

Entscheidend aber für die Stabilitätsankerfunktion der D-Mark war noch ein Drittes: Die deutsche Wirtschaft gewöhnte sich anders als die meisten Nachbarökonomien langsam an wiederkehrende Aufwertungen – es sollten bis zur Euro-Einführung insgesamt 15 sein – und wurde dabei nicht, wie von vielen vorhergesagt, schwächer. Nach relativ kurzen Intervallen des Schwächerwerdens erholte sie sich wieder.

Aufgrund der steigenden Staatsverschuldung der USA sowie der wachsenden US-Zahlungsbilanzdefizite war die zunehmende Ankerfunktion der D-Mark als Fluchtort aus dem US-Dollar aber nicht nur eine Stärke. Sie wurde zunehmend auch zu einer Gefahr für die deutsche Währung. Allein zwischen 1970 und dem Frühjahr 1971 flossen fast zehn Milliarden US-Dollar – in heutigem Wert etwa das Fünffache – in den deutschen Geldkreislauf. Dieser nun schon seit Jahren anhaltende Import von Inflation aus den USA konnte nicht mehr allein mit Zinsinstrumenten oder temporären Kapitalverkehrskontrollen gestoppt werden. So entschied sich die deutsche Bundesregierung unter dem Wirtschaftsminister Karl Schiller im Frühjahr 1971 zu einem drastischen Schritt: Um Deutschland vor weiteren Kapitalzuflüssen aus dem Dollar-Raum zu schützen, gab sie die D-Mark an den Devisenmärkten frei und löste sie damit aus dem Festkurssystem von Bretton Woods heraus. Die direkte Folge: eine D-Mark-Aufwertung gegenüber dem US-Dollar um fast zehn Prozent. Das stoppte weitere Devisenzuflüsse – erst einmal.

Wie Triffin es vorhergesagt hatte, begann sich mit diesem Schritt das internationale Festkurssystem aufgrund seiner inneren Widersprüche aufzulösen. Das Missverhältnis zwischen Goldreserven der USA und in der Welt umlaufender US-Dollars war zu groß geworden; die US-Goldvorräte deckten gerade noch knapp zehn Prozent des US-Dollar-Geldumlaufs.

Jetzt waren die USA am Zug. Und am 15. August 1971 erklärte der damalige US-Präsident Richard Nixon seiner Nation und der Welt in einer Fernsehansprache, dass sich die USA mit sofortiger Wirkung von ihrer Goldeinlösungspflicht für den US-Dollar lösen würden.

In den nächsten knapp zwei Jahren wurde auf mehreren internationalen Konferenzen darüber verhandelt – auch unter heftigsten wechselseitigen Drohungen und Beschimpfungen –, inwieweit das Gold durch andere Ankermechanismen ersetzt werden könnte. Doch alle weiteren Versuche, das bestehende Weltwährungssystem zu reformieren, scheiterten ebenfalls.

1973 begann damit offiziell die Zeit der flexiblen Wechselkurse mit dem US-Dollar als Leitwährung, jenem Währungssystem also, das seither unseres ist.

Die Ausbeutung einer zinslosen Welt: Der Carry Trade – zuerst Japan, dann wir

Damit aber haben wir derzeit genau jenes Währungssystem, das sowohl White wie auch Keynes unbedingt hatten verhindern wollen: eine Weltwährungsordnung mit flexiblen Wechselkursen ohne Anker und mit freien Kapitalströmen.

Nach dem Ersten Weltkrieg hatte es in vielen Ländern zum völligen Zusammenbruch ihrer Währungen, ihrer Volkswirtschaften sowie generell zum Kollaps der internationalen Arbeitsteilung geführt, von den sozialen Spannungen und dem Elend jener Zeit ganz zu schweigen. Und betrachten wir die letzten gut 40 Jahre, also die Zeit von 1973 bis heute, so kommen wir nicht umhin, festzustellen: Ein Währungssystem mit flexiblen Wechselkursen, im Wesentlichen freiem Kapitalverkehr ohne realwirtschaftlichen Anker, wie es Gold darstellt, trieb immer machtvoller eine Spirale der internationalen Geld- und Kredit- und damit Schuldenausweitung voran, die bis heute weiterwirkt, während es parallel dazu zu Wachstumsschwäche und Wohlstandseinbußen auf breiter Front kommt.

Ein Beispiel, das die unserer derzeitigen Währungs- und Finanzordnung innewohnende parallele Dynamik in Richtung Schuldenausweitung und Wachstumsschwäche zeigt, ist gerade für uns Europäer und Deutsche – auch mit Blick auf den Euro – besonders interessant und relevant: der sogenannte Carry Trade in Japan.

Bekanntlich entwickelte sich Japan in den 50er- und 60er-Jahren zum ersten ostasiatischen Tigerstaat und stellte damit auch so etwas wie ein pazifisches Pendant des deutschen Wirtschaftswunders dar. Wie Deutschland trieb Japan seine Industrialisierung massiv voran, und bereits Mitte der 70er-Jahre war das Land zur zweitgrößten Industrienation nach den USA aufgestiegen. Amerikaner und Europäer pilgerten in japanische Fabriken und Unternehmen, um von Japan zu lernen. Bücher mit Titeln wie *The Art of Japanese Management* wurden zu Bestsellern, Konzepte wie

Kaizen, Just-in-Time oder *Lean Production* wurden entdeckt und angepasst.

Doch Japan war nicht nur gefeiertes Vorbild. Es wurde auch gefürchtet und – insbesondere in den USA – sogar als Bedrohung empfunden. Einer der Gründe für die sich ausbreitende Furcht waren die unglaublich hohen Aktienbewertungen, die japanische Unternehmen und Banken im Verhältnis zu ihren Pendants in Europa oder in den USA aufwiesen. Dasselbe galt für japanische Immobilien, deren Preise stiegen und stiegen. Auf der Höhe des Booms, im Jahr 1989, waren die Immobilienpreise in Japan so stark in die Höhe geschossen, dass allein der Palast des japanischen Kaisers mehr wert war als alle Landflächen Kaliforniens zusammengerechnet. Im Aktienmarkt zeigte sich im selben Jahr ein ähnliches Bild, denn für eine kurze Zeit machte die Marktkapitalisierung der Tokioter Börse genau die Hälfte der Marktkapitalisierung aller Wertpapierbörsen der Welt zusammengenommen aus – und dies in einem Land, das weniger als acht Prozent des Weltsozialprodukts erwirtschaftete. Das war eine irrwitzige Situation.

In der Folge kauften sich reiche Japaner die teuersten, höchsten und schönsten Wolkenkratzer in New York und ganze Straßenzeilen in London, viele davon auf Pump. Das schuf Ängste und auch Antipathien. Vor allem aber hinterließ es Fragen. Wie war das möglich? Wie sollte das weitergehen?

Lange glaubten viele Japaner, eine besondere, eigene Form der Marktwirtschaft entwickelt zu haben, die der westlichen Form überlegen wäre. Fast ebenso lange aber hatten sie nicht beachtet, dass die japanischen Wirtschaftsstrukturen, -prozesse und -kulturen dem japanischen Wirtschaftswunder irgendwann gefährlich werden und zu großen Schulden führen mussten. Dabei wurden vor allem zwei Probleme offenkundig.

Zum einen bestanden die meisten, in der Welt erfolgreichen japanischen Unternehmen aus großen Konglomeraten, den *Keiretsu*, die in spezifischer Weise von wenigen Familien und vom Staat gleichzeitig geführt wurden. In diesen Keiretsu hatten – und haben bis heute – Industrie- und Dienstleistungsunternehmen und in Teilen auch Banken ihren Platz. Nach japanischer Überzeugung bieten solche Strukturen Diversifikationsvorteile gegenüber Unternehmen, die sich nur auf ein Geschäft konzentrieren. Dabei übersahen sie allerdings – und tun das nicht selten auch heute noch –, dass dann, wenn Industrie- und Dienstleistungsunternehmen sowie Banken unter einem Konzerndach operieren, der Finanzierung der Unternehmen eine hohe Priorität eingeräumt wird. Damit aber entsteht auch das Risiko, dass bei diesen Unternehmen eine Kultur der »Kredit-Selbstbedienung« entsteht, die, wenn es viele solcher verschachtelten Konglomerate gibt, zur Entstehung großer Kreditblasen beitragen kann.

Der zweite Punkt für die Gefährdung des japanischen Wirtschaftsmodells bestand darin, dass das Land kulturell bedingt zugleich stark hierarchisch ausgerichtet und stark konsensorientiert war und ist und dass sich diese kulturelle Prägung auch im Wirtschaftsleben zeigte. Marktwirtschaften westlicher Prägung hingegen sind stärker horizontal ausgerichtet, und sie sind es auch deshalb, weil dasselbe auch für die hinter ihnen stehenden Gesellschaften gilt. Sie setzten daher auch voraus, dass diejenigen, die kaufen oder verkaufen, oft unterschiedlicher Meinung sind, etwa dazu, ob eine Transaktion überhaupt Sinn macht und auf welchen Preis man sich denn nun einigt. Ein in den 80er-Jahren viel zitiertes japanisches Sprichwort sagt: »Wenn in einem Nagelbrett ein Nagel heraussteht, muss er mit dem Hammer auf das Niveau der anderen heruntergeschlagen werden.« Im London der ausgehenden 80er-Jahre galt dieses Sprichwort als besonders geeignet, um den Unterschied zu westlichen Demokratien und Marktwirtschaften, in denen es immer um unterschiedliche Meinungen geht, treffend zum Ausdruck zu bringen – und um deutlich zu machen, dass aus einer kulturell gespeisten Neigung zu Hierarchie und Konsens leicht eine gefährliche Gleichmacherei werden kann.

Das jedenfalls zeigte sich auch im japanischen Boom. Insbesondere die einer funktionierenden Marktwirtschaft in Krisen innewohnenden Kräfte der Mäßigung und der Skepsis funktionierten nicht, weil die Japaner im Modus des Überschwangs gewissermaßen als Herde, aus der niemand auszubrechen wagte, positiv gestimmt blieben, sodass die sich entwickelnden Blasen in den Immobilien- und Aktienmärkten ohne jegliche Bremswirkung größer und größer wurden, bis ein Zerplatzen unausweichlich war – und mit ihm der Kollaps.

Als sich der ökonomische Kollaps und auch ein finanzwirtschaftliches Desaster immer stärker abzeichneten, entschieden sich die vor einem nationalen und internationalen Gesichtsverlust fürchtenden Japaner für eine Politik, die uns heute mehr bekannt vorkommen sollte: die staatliche Rettung der Banken, durch wachsende Staatsverschuldung finanzierte große Konjunkturpakete und niedrigste Zinsen. Denn durch die entsprechende Geldpolitik der Zentralbank fielen die japanischen Zinsen von 1990 bis 1994 von knapp unter fünf auf 0,5 Prozent und damit um 90 Prozent; seither – und das sind immerhin 20 Jahre – tendieren sie gegen null.

Im Verlaufe der Wirkung dieser Politikmaßnahmen stellte sich das ein, was seither, also seit fast einem halben Jahrhundert, japanische Verhältnisse genannt wird: Deflation, kaum Wirtschaftswachstum bei massiver Ausweitung der Staatsschulden.

Im Unterschied zu heute, in einer globalisierten Welt, wo die Kapitalströme in virtuellen Finanzräumen frei unterwegs und engmaschig vernetzt sind, sah das in Japan damals noch anders aus. Das ist auch der Grund, warum die Welt durch die beginnende japanische Krise nicht mit in den Abgrund gerissen wurde, denn nur ein kleiner Anteil der japanischen Staatsanleihen lagen in der Hand von Ausländern, mehr als 90 Prozent wurden – und werden bis heute – von Inländern gehalten. Bis Mitte der 80er-Jahre hatte sich das Land mit sehr strengen Kapitalverkehrskontrollen ausländischen Investoren kaum geöffnet, und als die Öffnung dann geschah, war der Boom an der Tokioter Börse und in den japanischen Immobilienmärkten für die meisten internationalen Investoren schon zu weit gelaufen. Sie blieben also vorsichtig.

Und noch zwei weitere internationale Entwicklungen unterstützten die nationale Eingrenzung des japanischen Zusammenbruchs: Zum einen öffnete sich gleichzeitig China als Wirtschaftsstandort für internationale Investitionen, zum anderen ergaben sich mit dem Fall des Eisernen Vorhangs für den Westen neue Potenziale in Osteuropa.

Japans Zusammenbruch blieb damit weitgehend ein nationales Phänomen – erst einmal.

Dafür aber wirkte das Land umso stärker in die aufstrebenden internationalen Finanzmärkte hinein. Denn die mit der Rettung der japanischen Banken verbundene Geldpolitik auf dem Niveau von null Prozent Zinsen wurde seit Mitte der 90er-Jahre zu einem Kredithebel für eben diese Finanzmärkte. Und die japanische Zentralbank verfolgte diese Geldpolitik auch deswegen, weil das Land, das sich von den finanzwirtschaftlichen Übertreibungen erholen musste, ein großes Interesse daran hatte, seine Währung schwächer werden zu lassen, um so seine Exportchancen zu erhöhen und aus seinen strukturell viel zu hohen Finanz- und Staatsschulden herauszuwachsen.

Japan war damals das erste Land, das diesen Weg der Bankenrettungen mit kombinierter Null-Zinsen-Politik ging. Die Japaner betraten also Neuland, und nicht wenige Ökonomen sahen seinerzeit das japanische Modell, auf diese Weise aus ihrer Schuldenkrise herauszufinden, als durchaus interessante Möglichkeit an. Andere hingegen sahen es von Beginn an als Gefahr.

Was die Japaner damals nicht wussten: Das Interesse an einer schwachen Währung und Null-Zinsen sind ein gefährliches Gemisch, in dem das Zepter des Handelns in der Währungsfrage nicht mehr von dem betroffenen Land oder von seiner gesamtwirtschaftlichen Situation gehalten wird. Sie wird zu einer freien Option für andere, aus dieser Gemengelage Gewinne zu erzielen – über neue Schulden.

Das damit verbundene »Gewinnspiel« trägt den Namen »Carry Trade«. »Carry« ist ein Begriff unter Wertpapierhändlern, wie sie in Banken arbeiten, aber nicht nur dort. Die Transaktionen von Händlern – der Kauf einer Aktie, das Eingehen eines Kredits – sind mit Kosten verbunden. Carry steht im Wesentlichen für Transaktionskosten, ein Begriff beziehungsweise ein Konzept, das auf den einflussreichen US-Nobelpreisträger Ronald H. Coase zurückgeht, der mit diesem und weiteren Konzepten einen ganz neuen Zweig in den Wirtschaftswissenschaften mitbegründet hat, die moderne Institutionenökonomik. Im Zusammenhang mit dem Wertpapierhandel bezieht sich Carry auf den Eigenhandel der Banken, also jenen Handel, den sie im eigenen Namen und auf eigene Rechnung durchführen.

Als die Akteure auf den Finanzmärkten Mitte der 90er-Jahre erkannten, welche Gewinnmöglichkeiten mit der japanischen Situation verbunden waren, verschuldeten sich viele von ihnen in japanischen Yen und legten die damit geschöpften Gelder in höherverzinslichen Währungen wie etwa dem australischen Dollar an. Das einzige Risiko eines solchen oder ähnlichen Vorgehens bestand darin, dass der Kurs des Yen abrupt anstieg und die Zinsgewinne auffraß. Deshalb auch wurden die meisten Carry Trades auf kurze Frist abgeschlossen, damit die Händler in der Lage waren, bei einer Stärkung des Yen schnell aus der Währung aussteigen zu können.

Und sie verließen sich auf eine Größe, die in den Finanzmärkten bei der Bewertung der Risikoneigung immer stärker in den Vordergrund trat: die Volatilität, also die Schwankungsbreite von Währungen, Aktien, Anleihen et cetera. Sie gilt als ein Indikator dafür, ob sich die Finanzwelt, oder zumindest Teile davon, in einem Zustand der stabilen Preisentwicklung befindet – mit wenigen und geringen Ausschlägen insbesondere nach unten – oder in einem Zustand wachsender Ungewissheit, in dem die Kurse auch stark fallen können. Solange die Ausschläge nach unten mäßig bleiben, ist die Risikoneigung der Finanzmarktteilnehmer hoch. Sobald die Schwankungsbreite aber größere Ausschläge aufweist, nimmt die Risikoneigung ab.

An anderer Stelle war allerdings schon gezeigt worden, dass diese Größe genauso reflexiv wie ungenau ist, und zwar in folgender Hinsicht: Wenn alle Aktien kaufen, dann bewegen sich die Kurse nach oben. Kleine Schwankungen nach unten werden dann als Kaufsignal gesehen, und in der Folge steigen die Kurse weiter. Sich auf diese Dynamik zu verlassen, ist aber gefährlich. Denn die Volatilität ist ein Ergebnis der Summe des Verhaltens der Finanzmarktteilnehmer. Weil aber viele Marktteilnehmer diese als exogen betrachteten, vergaßen sie, dass sie dabei nur sozusagen in den Spiegel des eigenen Verhaltens schauten – deshalb: Reflexivität – und daraus Schlüsse zogen, die insbesondere im Fall einer Megakrise keinen Sinn machten.

In Wirklichkeit nämlich passierte Folgendes: Solange alle Marktteilnehmer positiv gestimmt waren, war die Volatilität gering beziehungsweise sie reduzierte sich sogar. Dadurch aber stieg die Risikoneigung, und die Schulden – wie das Beispiel des Carry Trade zeigte – und die Gewinne stiegen mit ihnen. Damit aber war klar, was passierte: In Krisenzeiten mit hoher Volatilität stellten die Händler die Positionen sofort glatt – nur um sie in der nächsten Marktberuhigung wieder neu aufzubauen.

Für ein Finanzsystem als Ganzes und für die damit verbundenen Realwirtschaften ist ein solches Verhalten der Marktteilnehmer insbesondere deshalb gefährlich, weil Währungsgewinnen einer Partei immer proportional dazu gleiche Währungsverluste einer anderen Partei gegenüberstehen. Währungen schaffen aus sich heraus keine realwirtschaftlich relevanten Gewinne. Sie verschieben nur Kraftfelder. FX, wie der Handel mit Währungen im Banker-Jargon auch genannt wird, ist und bleibt als finanzwirtschaftliches Ganzes immer ein Nullsummenspiel – einer gewinnt, ein anderer verliert.

Technisch funktionierte der Carry Trade im Yen etwa folgendermaßen: Eine nicht japanische Bank oder auch eine Schattenbank verschuldete sich in Yen und verkaufte die japanische Währung sofort gegen eine höherverzinsliche Währung, in der sie den

Erlös dann in kurzfristigen Zinspapieren anlegte. Weil man sich, wie erwähnt, gegen das Risiko eines steigenden Yen versichern musste – was aber unmöglich ist, ohne die möglichen Gewinne aufzugeben –, blieben die meisten Carry Trades auf eine Woche oder wenige Tage beschränkt. Für den Fall, dass sich die Umstände nicht verschlechterten, wurden die Transaktionen dann wieder auf kurze Sicht verlängert, und das immer weiter.

Dieser so ablaufende Yen-Carry-Trade hatte zwei praktische Konsequenzen: Durch ihn wurde die japanische Währung schwächer – weil zu einer solchen Finanztransaktion immer auch ein Yen-Verkauf dazugehörte. Gleichzeitig stieg die Währung des Landes, in dem die Gelder angelegt wurden, beispielsweise der australische Dollar – weil ein Kauf dieser Währung stattfand. Wenn die Position geschlossen wurde, fand das Gegenteil statt: Die Bank verkaufte die hochverzinsliche Währung und kaufte Yen.

Weil die möglichen Gewinne aus dem Carry Trade innerhalb der Bankengemeinschaft sehr schnell bekannt wurden, fanden immer mehr und höhere Carry Trades statt. Das steigende Volumen führte in der Folge zu steigenden Gewinnen – und daneben zu einem noch schwächeren Yen.

Doch bei dieser vertrauten Carry-Trade-Welt blieb es nicht. Denn als gegen Ende der 90er-Jahre der Boom in den Technologieaktien einsetzte, begann auch für den Carry Trade eine neue Zeitrechnung. Jetzt wurden nicht nur Zinsunterschiede in unterschiedlichen Währungen ausgenutzt, sondern die daraus generierten Gelder in den amerikanischen Aktienmärkten angelegt. Und das bedeutete: Solange der Yen schwach blieb und der Aufwärtstrend der Aktien anhielt, wurde auf diese Weise aus einem Staat wie Japan, der seine Währung quasi als Verschuldungswährung anbot, eine Geldmaschine für die Aktienmärkte.

Das ließ die Gewinne der Banken steigen, und es veränderte das Verhalten von bis dahin nicht korrelierten, also nicht miteinander zusammenhängenden Anlageklassen. Denn durch die Dynamik der wachsenden Carry Trades kam es so zu einem

Gleichverlauf der Preise etwa für Währungen verschiedener Länder und von Aktien, die mit einer marktwirtschaftlichen Preisfindung nichts mehr zu tun hatten.

Am Beispiel: Der australische Dollar etwa steht für eine Währung, in der Rohstoffe einen starken Anteil an der Preisfindung haben, denn das Land ist stark in der Rohstoffproduktion und -verarbeitung. In Japan hingegen gibt es keine Rohstoffe. Und trotzdem entwickelten die Währungen beider Länder eine allein von der Dynamik der Finanzmärkte in Gang gesetzte gegenläufige Preisbeziehung zueinander.

Normalerweise sind Währungen und ihr Preisverhalten von staatlichen und marktwirtschaftlichen Entwicklungen wie Wachstum, Staatsverschuldung, Finanzierung oder Export- und Importverhalten abhängig. Der Carry Trade änderte dies nicht nur in Teilen, sondern grundsätzlich. Der Kurs des Yen etwa war bis zum Ausbruch der Finanzkrise stärker von der Entwicklung der australischen Währung oder der New Yorker Aktienbörse abhängig als von der wirtschaftlichen Entwicklung Japans. Eine absurde Situation.

Obwohl das Ausmaß dieser Carry Trades durch internationale Zahlen nicht gedeckt ist – die Banken veröffentlichen die Zahlen ihrer kurzfristigen Eigenhandelsgeschäfte nur in sehr geringem Umfang –, müssen es viele Hundert oder gar auch Tausend Milliarden US-Dollar gewesen sein, die mit diesem Geschäftsmodell umgesetzt worden sind – und weiter umgesetzt werden. Auch die Gewinne der Banken haben erheblich profitiert, am Ende, ohne jeglichen volkswirtschaftlichen Nutzen zu stiften.

Wer ist nun verantwortlich für diese Entwicklung, die das weitere Wachstum von Schulden massiv beförderte? Waren es die Akteure der Banken- und Finanzmärkte, weil sie die Schwäche eines Landes zu ihrem Vorteil ausgenutzt haben? Oder war es Japan durch seine eigenen Fehler, die dieser Entwicklung erst Tür und Tor öffneten?

Anders gefragt: Wie verhalten sich Menschen, wenn sie an einer Lotterie teilnehmen dürfen, die hohe Gewinne ausschüttet, aber nichts kostet? Es gibt wenige, die in einer solchen Situation nicht mitspielen. Mitspielen taten also auch die Wertpapierhändler, Banken und Schattenbanken beim Ausnutzen der Möglichkeiten des Carry Trade.

Welche Fehler also beging dann Japan ganz konkret? Das Land ließ eine Finanzindustrie entstehen, die viel zu groß wurde und zu hoch verschuldet war. Anstatt aber den Preis für diese Fehlentwicklung zu bezahlen, der Marktwirtschaft ihren Lauf zu lassen und die Finanzindustrie – zumindest in substanziellen Teilen – pleitegehen zu lassen, rettete der japanische Staat seine Banken und senkte die Zinsen gen null.

Japan verlor im Verlauf dieses Prozesses nicht nur mehr und mehr seinen Einfluss auf den Yen. Auch das verschuldete und vom Staat gestützte japanische Finanzsystem ist (bis heute) schwach. Und an seine Stelle ist ein noch viel stärker sich verschuldendes internationales Finanzsystem getreten, das, solange die Gewinne aus dem Carry Trade sprudelten, fast risikolos Gewinne erzeugen konnte.

Getrieben von dieser Entwicklung stiegen die Schulden – und damit auch die Risiken – im internationalen Finanzsystem auf ein neues Level. Der seine Banken rettende japanische Staat wurde so gesehen zum – selbsternannten – Objekt einer internationalen finanzwirtschaftlichen Schulden- und Gewinnmaschine.

Es wäre nun ein Leichtes, zu sagen: Das war gestern.

Gerade dem aber ist nicht so. Denn der Carry Trade als Geschäftsmodell von Händlern, Banken und Schattenbanken ist inzwischen zu einer der wichtigsten Konstanten unserer Finanzmärkte geworden. Und das ist auch nicht verwunderlich. Denn seit den staatlichen Rettungen der westlichen Finanzindustrie in den Jahren 2007 und danach leben wir in einer Welt, in der die Gesetze des Carry Trade nicht mehr nur für den Yen, sondern inzwischen für fast alle westlichen Währungen gelten, für den Schweizer Franken, den Euro, den US-Dollar, das britische Pfund et cetera.

Die Gefahren dieser Entwicklung können nicht laut genug beschworen werden. Die (fast) Null-Zinsen, die sich etwa nun mittlerweile auch im Euro-Raum zeigen, sollen die Banken retten, über die Zeit gesunden lassen. Doch in Wirklichkeit schaffen sie massive Fehlanreize, die das Preisverhalten auf allen Gebieten finanzwirtschaftlicher Größen so stark verändern, dass weder Aktien noch Anleihen noch Rohstoffe noch Immobilien noch Währungen von Preismechanismen getrieben werden, die in einer funktionierenden Marktwirtschaft gelten.

Die Folge ist unverkennbar, dass die Preise auf diesen Finanzteilmärkten verrückt spielen. Sie spiegeln nicht mehr die klassischen Regeln von realwirtschaftlich gesteuerten Angebots- und Nachfragestrukturen. Vielmehr zeigen sie die sich verfestigende Dysfunktionalität eines überschuldeten Systems, dessen Schulden in den Finanzmärkten und in den Staaten weiter wachsen und wachsen.

Exemplarisch zeigt das vor allem die Staatsverschuldung Japans, die im letzten Vierteljahrhundert, also seit dem Beginn der japanischen Krise, auf mehr als 240 Prozent der jährlichen Wirtschaftsleistung des Landes hochgeschnellt ist. In der Euro-Zone, wo seit 2008 fast die gleiche Rettungs-, Finanz- und Geldpolitik umgesetzt wird wie in Japan, ist in den letzten sieben Jahren dieselbe Entwicklung zu beobachten, ohne dass ein Ende absehbar wäre. Doch auch in den meisten anderen westlichen Staaten zeigt sich Ähnliches.

Dabei gilt: Der Carry Trade kann auch heute vor allem deshalb funktionieren, weil er mit der Garantie der Zentralbanken, Risiko zu belohnen, geradezu herausgefordert wird. Dass eine Verschuldung in Fremdwährung mit Risiken verbunden ist, zeigte unlängst die im Januar 2015 abrupt aufgegebene Währungsbindung des Schweizer Franken an den Euro. Denn sofort mit der Entscheidung der Schweizerischen Nationalbank entstanden in zahlreichen Banken hunderte von Millionen an Verlusten, kleinere Währungsbroker gingen pleite. Und deutsche Städte wie Essen und andere mussten konstatieren: Da sie viele ihrer Kredite aufgrund kleiner Zinsvorteile in Schweizer Franken aufgenommen hatten, wuchsen mit der Neubewertung der Schweizer Währung die Verpflichtungen der Kreditnehmer auf einen Schlag um mehr als 20 Prozent.

Wer also glaubt, dass die Zockerei im öffentlichen oder im finanzwirtschaftlichen Bereich nach der Finanzkrise abgenommen hat, wird auch hier eines Besseren belehrt. Und in Ländern wie Polen oder Ungarn ist es noch viel schlimmer. Denn dort wurden mehr als 20 Prozent der Hypothekenkredite in Schweizer Franken abgeschlossen. Das verheißt nichts Gutes für die nationalen Banken, für die öffentlichen Haushalte oder für die polnische oder ungarische Währung.

Auch im Euro bietet sich den Banken der Carry Trade als Möglichkeit, Geld zu verdienen, indem sich etwa eine Bank mit kurzfristigen Null-Zinsen bei der Europäischen Zentralbank verschuldet und dafür beispielsweise – ebenfalls kurzfristig – Portugal-Anleihen in ihr Portfolio aufnimmt, das sie dann wiederum bei der EZB parken kann. Für den Fall, dass die Euro-Krise sich verschärfen sollte, wird die Transaktion wieder gedreht. Solange die Märkte sich in keiner Krise befinden, bekommt Portugal auf diese Weise eine temporäre Zinssubvention, und die Bank erhält dafür ein Zinseinkommen.

Aber natürlich ist das keine Konstellation, in der alle gewinnen. Denn wenn viele Marktakteure so handeln, dann sind die Zinsen, die Portugal in den Finanzmärkten bezahlen muss, auf zusätzlicher, temporärer finanzwirtschaftlicher Verschuldung gebaut und insofern auch sozusagen künstlich zu niedrig. In einer erneuten Krise besteht folglich das Risiko, dass sich aufgrund eines sofortigen Ausstiegs der Finanzmarktakteure aus dem Carry Trade die Zinsen für Portugal dramatisch erhöhen würden.

Allerdings nur marktwirtschaftlich-theoretisch. Denn genau diese Möglichkeit schließt die EZB inzwischen aus – sie lässt also auch hier marktwirtschaftliche Funktionen weiter erodieren. Das wichtigste Stichwort hierfür ist »Forward Guidance«, also die Versicherung vonseiten der EZB, dass die Zinsen bei null bleiben und wie im Januar 2015 angekündigt die Geldschleusen noch weiter aufgemacht werden, etwa durch den Kauf von Unternehmens- und Staatsanleihen.

Die Folge ist klar, denn auf diese Weise lässt die Verschuldung als Ursache und Ausdruck unserer Krise weitere finanzwirtschaftliche Schuldversprechen entstehen.

Japan hat also vor 25 Jahren vorgemacht – oder besser *seit* 25 Jahren –, was die westlichen Staaten und inzwischen auch die Euro-Staaten kopieren. Die japanischen Ergebnisse geben wenig Anlass zur Hoffnung.

Damit sind die inzwischen von den wesentlichen westlichen Zentralbanken als »normal« kommunizierten Nullzinsen zu einer eigenen Schuldenwachstumsmaschine geworden. Das immer wieder angeführte Ziel, mit dieser Geldpolitik die gefährdeten Banken und die verschuldeten Staaten massiv zu stützen, schafft auf diese Weise seine eigenen Paradoxien: Das Sparen als Grundlage der Marktwirtschaft, insbesondere aber auch als Voraussetzung der Bekämpfung von Schuldenkrisen, wird nicht belohnt, sondern bestraft. Gerade Regierungen, die mit strukturell zu hohen öffentlichen Schulden zu kämpfen haben, tendieren in einem solchen Umfeld nicht zur Schuldenreduktion, sondern greifen zum gefährlichen Mittel der schuldenfinanzierten Konjunkturbelebung. Genau das droht nun in der Euro-Zone auch zu geschehen.

Zum Schluss:
Blick zurück – Blick nach vorn

Wer geglaubt hat, die Finanzkrise, die uns nach 2008 in Atem gehalten hatte, sei überwunden, der liegt falsch. Sie schwelt weiter, denn sie war schon immer Teil eines viel größeren Problems, nämlich einer staatlichen und finanzwirtschaftlichen Weltschuldenkrise, die uns und unseren Wohlstand bedroht.

In den letzten Jahren sind die Schulden in den öffentlichen Staatshaushalten und in den globalen Banken- und Finanzmärkten nicht nur nochmals massiv gewachsen, sie tun es auch weiterhin. Es kann kein Zweifel darüber bestehen, dass wir aktuell mit dem größten Schuldenberg konfrontiert sind, den die Welt zu Friedenszeiten je aufgetürmt hat.

Schulden überall, Verantwortliche überall

Aus dieser strukturellen Megaschuldenkrise, in der die westlichen Staaten gefangen sind, gibt es kein Entrinnen. Denn zum einen haben viele Akteure lange von der unaufhörlich wachsenden Verschuldung profitiert und möchten das weiterhin tun. Und zum anderen sind aufgrund der schieren Höhe der Schuldenberge die Möglichkeiten, diese wieder abzutragen, inzwischen mit derart großen Einschnitten verbunden, dass sie keiner der Verantwortlichen in Politik und Finanzmärkten vorzunehmen wagt – sie könnten dabei nur verlieren. Hinzu kommt, dass die Ursachen, die zu diesem fast ausweglos erscheinenden Zustand geführt haben, so vielschichtig sind, dass es einfache Auswege aus der – noch! – still vor sich hin eskalierenden Schuldenkrise nicht gibt.

Betrachtet man diese indes durch die Brille eines Bankers, wie dies in diesem Buch geschehen ist – eines Bankers zudem, der selbst lange Teil des internationalen Finanzgeschehens war und so die Schuldenberge in ihrem Wachstum als Mitverantwortlicher und teilnehmender Beobachter begleitet hat –, so lassen sich dennoch wichtige Aspekte festhalten.

Blicken wir also zunächst kompakt auf die verantwortlichen Akteure. Die Liste ist lang und verdeutlicht auch, dass es den einen oder die wenigen Schuldenkrisenverursacher nicht gibt. Bei näherem Hinsehen treffen wir auf:

Die internationalen Großbanken

In den letzten Jahrzehnten sind sie ihrer ursprünglichen Hauptaufgabe als Einlagen sammelnde und der Realwirtschaft Kredit gewährende Institute immer weniger nachgekommen. Und aufgrund der rasanten Entwicklung auf den Finanzmärkten konnten sie das auch nicht mehr. Stattdessen haben sie als Händler, Entwickler und Verkäufer von verbrieften Kredit- und Anlageprodukten immer höhere Kredit- und Anspruchspyramiden mit zweifelhaften Sicherheiten geschaffen.

Die Investmentbanken

Im Rahmen eines grundlegenden Transformationsprozesses des Banken- und Finanzsektors sind sie nicht nur rasant gewachsen. Sie haben die etablierten Großbanken wie Piraten gekapert und mithilfe problematischer Geschäftsmodelle aus ihnen faktisch Börsen gemacht.

Die Schattenbanken

Hedgefonds, Private-Equity-Fonds, Geldmarktfonds & Co. sind die wichtigsten und größten Gewinner des Transformationsprozesses des Banken- und Finanzsektors. Weil die weitaus meisten Schattenbankenakteure aber mit dem Geld Dritter operieren und sie selbst dabei für entstehende Verluste nicht oder kaum haften, haben sie dasselbe gefährliche Herdenverhalten entwickelt wie die Banken zuvor. Dadurch sind und bleiben sie eine immense Gefahr für die Bildung weiterer finanzwirtschaftlicher Blasen und sich daran anschließender Zusammenbrüche. Und dies umso mehr deshalb, weil die von ihnen verwalteten Billionensummen – auch verstärkt durch die Geldschwemme der westlichen Zentralbanken – massiv steigen und sie immer noch weit weniger reguliert werden als die Banken.

Halbstaatliche Banken wie die Hypothekenbanken Fannie Mae und Freddie Mac in den USA oder die Landes- oder Hypothekenbanken in Deutschland

Infolge eigener Fehler, fallender Zinsmargen und gefährlichen politischen Einflusses waren die halbstaatlichen Institute von der vergangenen Finanzkrise besonders betroffen und bleiben auch in der aktuellen Schuldenkrise ein politischer und finanzwirtschaftlicher Gefahrenherd. Ihre Geschäftsmodelle sind zudem fragwürdig.

Finanzspezialisten in Banken und Schattenbanken

Die von ihnen laufend geschaffenen neuen Finanzprodukte, Anlagekonzepte und Vermögensklassen wie Rohstoffe, Währungsprodukte oder Kreditderivate wurden zwar als innovativ verkauft. In Wirklichkeit jedoch stiften viele von ihnen nicht nur keinen Nutzen in der Realwirtschaft. Vielmehr sind sie außerdem hochgefährlich, denn sie rechnen sich für die Investoren oft nur dann, wenn sie mit zusätzlicher Verschuldung einhergehen. Auf diese Weise setzen sie zweifelhafte Anreize für eine Ausweitung der Verschuldung im gesamten Banken- und Finanzsystem, sodass die erzielten Gewinne privatisiert werden, während ihre Risiken und Haftungen bis heute auf den Schultern anderer landen, vor allem auf den Schultern der Privatanleger, Versicherungsnehmer und Steuerzahler.

Wirtschaftswissenschaftler

Deren Anlage- und Risikomodelle werden seit über 40 Jahren in der Finanzpraxis eingesetzt, obwohl mindestens ebenso lang bekannt ist, dass ihre Theorien, Modelle und Formeln auf zum Teil wirklichkeitsfremden Annahmen beruhen, die insbesondere mit Blick auf die Entstehung und Vermeidung von Krisen versagen.

Ökonomen in der Forschung und den Unternehmen der Finanzindustrie

Lange sahen sie nicht oder haben nicht sehen wollen, was neue Finanzprodukte, Anlagekonzepte und Vermögensklassen als Teil einer global vernetzten Finanzindustrie in nationalen Volkswirtschaften, in Gesellschaften und im internationalen Raum anrichten. Ihre Positionen zu diesen Produkten und Konzepten und ihren Folgen sind bis heute im besten Fall ambivalent – und bei den Volkswirten von Banken, Versicherungen und Schattenbanken ohnehin interessengeleitet.

Staaten, Regierungen und Politiker

Ihre Aufgabe, die Banken- und Finanzmärkte nachhaltig zu regulieren, haben die Staaten bis heute in keiner Weise angemessen wahrgenommen. Ihre Regierungen liefern sich stattdessen immer noch einen heftigen nationalen Wettbewerb um Marktanteile ihrer Finanzindustrien, anstatt mit suprastaatlichen Organisationen wie der Bank für Internationalen Zahlungsausgleich Regulierungsrahmen auf den Weg zu bringen, die umfassend und genau genug bei der Begrenzung jener Risiken ansetzen, die das Banken-, Finanz- und Weltwirtschaftssystem auch weiterhin stark gefährden. Parallel dazu schrauben sie die Staatsschuldenquoten kontinuierlich nach oben und brüsten sich seit dem Ausbruch der Finanzkrise außerdem damit, über weitere Kreditausweitung – sei es über Staatsverschuldung oder über ihre jeweiligen Zentralbanken – die Fehler der letzten Weltwirtschaftskrise nicht zu wiederholen. Dabei ist schon jetzt erkennbar, dass dieses Selbstlob nicht gerechtfertigt ist. Mehr noch: Es erhöht die Risiken.

Die Zentralbanken

Die Notenbanken – insbesondere jene Japans, der Euro-Zone und der USA – schaffen durch ihre Geldpolitik eine faktisch zinslose Welt und bestrafen so das Sparen – wobei Sparen eigentlich die Basis für nachhaltiges Investieren ist. Darüber hinaus laden sie die Finanzmärkte geradezu ein, aus ihren Null-Zinsen über neue Kredite Erträge zu generieren. Damit verstärken sie die Risikoneigung, die Schaffung neuer Vermögensblasen und das Wachstum der Verschuldung und treiben als zunehmend verlängerter Arm von Regierungen und Politikern die gefährliche Erosion der (sozialen) Marktwirtschaft voran, die nur dann funktionieren kann, wenn Kredit nicht nur verfügbar, sondern auch knapp ist. Als gefährliches Nebenprodukt verstärken sie zudem die seit Jahren wachsende Spaltung der Gesellschaft in Arm und Reich; dies insbesondere deshalb, weil die Zentralbankmaßnahmen – noch – die Aktienmärkte stützen, was vor allem die Vermögenden bevorteilt, immer weniger aber die tatsächlichen Investitionen in der Realwirtschaft, die der arbeitenden Bevölkerung zugute kommen könnten.

Eine Koalition aus Regierungen, Zentralbanken, Volkswirten und suprastaatlichen Organisationen

Ihnen gelingt es nicht, sich gemeinsam der Frage der Schaffung einer neuen internationalen Währungsordnung – dies gilt sowohl für den Euro wie für den US-Dollar – zuzuwenden, die in der Lage ist, das ungezügelte Schuldenwachstum nicht wie das aktuelle Währungssystem anzuheizen, sondern es zu begrenzen. Das heißt: das Wachstum der Schulden im Finanzsystem (von Banken und Schattenbanken), das Wachstum der Schulden in den Staaten (inklusive der von ihren Zentralbanken eingegangenen Verpflichtungen) sowie das Wachstum der mit strukturell verfestigten Zahlungsbilanzungleichgewichten einhergehenden Schulden zwischen den Nationen.

Schwellenländer wie China und andere

Sie halten inzwischen westliche Schuldtitel in erheblichem Umfang und üben damit als Gläubiger einen nicht unwesentlichen Einfluss auf den weiteren Verlauf unserer Schuldenkrise aus. Dies hat die Komplexität und das Konfliktpotenzial im globalen Banken- und Finanzsystem weiter massiv erhöht.

Bürger, Arbeitnehmer und Pensionäre (nicht nur in Deutschland)

Sie wähnen sich – geblendet von vermeintlichen Wohlstandsgewinnen und staatlichen Versprechungen – mit Blick auf ihre erworbenen Leistungsansprüche wie Renten, Pensionen et cetera in Sicherheit, wollen Risiken allzu gerne nicht sehen und verlassen sich weiterhin auf den Staat, obwohl der längst jenseits der Grenzen seiner Leistungsfähigkeit angekommen ist.

Die allgemeine Öffentlichkeit (vor allem, aber nicht nur in Deutschland)

Trotz der immensen Bedeutungszunahme von Geld, Kredit und Schulden haben es insbesondere wir Deutschen in den letzten Jahrzehnten beharrlich abgelehnt, uns mit wichtigen finanziellen Grundfragen, etwa zu Zins, Vermögensbildung und Verschuldung, wirklich ernsthaft auseinanderzusetzen. Ebenso lange haben wir nicht darauf gedrungen, diese Themen endlich in den Kern des Bildungskanons an unseren Schulen aufzunehmen.

Sieben Ursachenstränge – sieben Auswege?

Nun ist es das eine, die Akteure zu benennen und dabei auch zu umreißen, wie sie zu unserer aktuellen Schuldenkrise beigetragen haben. Blickt man zusätzlich auf jene Themencluster, die ich in diesem Buch in den Mittelpunkt gestellt habe, dann ist es möglich, sieben Stränge von Ursachen zu erkennen, die deutlich machen, wie es zur Krisenentstehung kam – und dabei auch Ansätze auszumachen, wie wir aus ihr wieder herausfinden können.

Erstens: Pfänder – trügerische Sicherheiten

Wer über Schulden spricht, spricht über Kredite, für deren Absicherung werthaltige Pfänder eine zentrale Rolle spielen. Seit Mitte der 90er-Jahre aber arbeiten Banken und Schattenbanken bei der Vergabe von Krediten mit vielen von der Bankenregulierung nicht beanstandeten Pfändern wie Kreditratings, Kreditausfallversicherungen, als risikolos eingestuften Staatsanleihen oder langfristigen Verbriefungen von Kreditportfolios, von denen absehbar war und ist, dass sie in einem Krisenfall nicht wirklich werthaltig sind. Diese Scheinpfänder haben massiv zum gegenwärtigen Schuldenstand beigetragen, und sie tun es noch. Besonders die Ratingagenturen spielen dabei seit den 70er-Jahren schon eine höchst zweifelhafte Rolle. Zwar haben die Kreditausfallversicherungen seit 2008 deutlich an Volumen verloren. Die anderen Scheinpfänder sind aber in den Finanzmärkten nach wie vor wirksam, und es werden laufend neue – und zum Teil sehr prekäre – zur Kreditbesicherung akzeptiert.

Sollte es zu einer offenen Eskalation der aktuellen Schuldenkrise kommen, wird das Kartenhaus dieser nur scheinbar mit werthaltigen Pfändern abgesicherten Schuldenpyramiden in sich zusammenbrechen und womöglich das gesamte Banken- und Finanzsystem ein weiteres Mal mit sich reißen.

Bislang haben die Finanzmarktakteure, das heißt Banken und Schattenbanken, aber auch der Staat als Kreditnehmer, kaum ein

ernsthaftes Interesse daran gezeigt, an diesem fragilen und gefährlichen Zustand etwas zu ändern. Supranationale Organisationen
wie die Bank für Internationalen Zahlungsausgleich (BIZ) treten
zwar inzwischen als einsame Warner vor einem neuen Zusammenbruch auf. Da der BIZ aber nur die Rolle einer Beraterin
der nationalen Zentralbanken zukommt, sind ihr die Hände gebunden. Und da die USA, die europäischen Staaten, Japan oder
auch die aufstrebenden Schwellenländer nicht daran rütteln, dass
Ratingagenturen für Falschbewertungen nicht haftbar gemacht
werden können, spielen auch die drei Ratingoligopolisten Standard & Poor's, Moody's und Fitch weiterhin ihre zweifelhafte Rolle
beim anhaltenden Schuldenwachstum.

Zweitens: Defizite der Investment- und Risikomodelle – permanente Krisengefahr

Die in der Finanzpraxis ab den 70er-Jahren verwendeten, im Prinzip wissenschaftlich fundierten Investmentmodelle fußen auf teilweise wirklichkeitsfernen Annahmen.

Das führt zum Beispiel dazu, dass die allerorten verwendete
Portfoliotheorie und ihre Ableger in den institutionellen Anlagemärkten immer wieder und insofern quasi systematisch gefährliches Herdenverhalten, steigende Kreditvolumina, Blasenbildung
und damit permanente Krisengefahr verursachen.

Es spricht für sich, dass es angefangen mit dem Schwarzen Mon-
tag 1987 bis zur zweiten Euro-Krise 2012 mindestens 20 ernsthafte
Krisen des Banken- und Finanzsystems gab, die in den Risikomodellen der Banken im Prinzip nicht abbildbar waren.

Aktuell sind es vor allem Aktien sowie Unternehmens- und
Staatsanleihen, die den Keim der nächsten Krise und des nächsten
Kollapses des Banken- und Finanzsystems in sich tragen.

Dazu passt, dass sich ebenfalls seit den 70er-Jahren und vor allem ab Mitte/Ende der 90er-Jahre in den Banken der Einsatz von
problematischen Risikokontroll- und -steuerungsinstrumenten
durchgesetzt hat. Im Wesentlichen speisen sich diese Risikomo-

delle – wie etwa das Value-at-Risk-Verfahren – aus der gleichen Gedankenwelt wie die Investmentmodelle. Damit aber fußen sie auf den gleichen zweifelhaften Annahmen.

Wesentlich für den Ausbruch der Finanzkrise war, dass die Risikomodelle für die Banken nicht nur staatlich und suprastaatlich legitimiert waren, sondern dass die Regulierungsbehörden den Finanzakteuren dabei auch Ermessensspielräume zubilligten, mit denen – um es salopp zu sagen – der Tiger definierte, was Sicherheit war und was nicht.

Inzwischen sind die Bankenregulierungen zwar massiv verschärft worden, und ein Großteil der neuen Risikomessinstrumente ist dabei aus der sehr viel rigideren Versicherungswirtschaft entlehnt worden. Aber auch diese sind und bleiben Modelle, die insbesondere eine gleichzeitige Krise von Staats- und Finanzschulden nicht völlig abbilden können. Wenn sie es täten, müssten heute schon viele Banken geschlossen werden.

Und daneben bleibt unverändert das große Problem, dass die von den Schattenbanken ausgehenden Risiken kaum im Blick gehalten werden, denn nach wie vor werden sie deutlich weniger stark reguliert als die Banken. Die sich hier anbahnenden Gefahren für die Stabilität des Banken-, Finanz- und Weltwirtschaftssystems und damit auch für unseren Wohlstand könnten immens sein. Ein aktueller Indikator für die sich möglicherweise bald offen zeigende Gefahr ist etwa, dass die in den Aktienmärkten, insbesondere aber die in den Anleihemärkten gehandelten Volumina nach der Finanzkrise massiv gestiegen sind. Dabei haben die Banken vor allem infolge verschärfter Regulierung ihre Handelskapazitäten heruntergefahren. Das ist gefährlich, stehen doch im Fall einer Verkaufswelle etwa von Unternehmensanleihen deutlich weniger Handelskapazitäten im Bankenbereich zur Verfügung, damit eine Krise dann abgefedert werden kann.

Dabei gehen gerade von den großen Schattenbanken wie Blackrock und anderen große Gefahren aus. Das Beispiel des 1998 in Schieflage geratenen Super-Hedgefonds LTCM, der am Ende nur durch die Intervention der USA gerettet wurde, weil sein Fallen das gesamte Banken-, Finanz- und Weltwirtschaftssystem nach unten gerissen hätte, sollte nicht vergessen werden. Mehr noch verdeutlichen aktuellere Zahlen die Risikobrisanz der Schattenbanken. In den USA etwa waren die *Shadow Banks* Ende 2010, also nur kurz nach der Finanzkrise, bedeutender als die regulierten Finanzindustrien, wie die US-Zentralbank Fed berichtete. Danach hatten Letztere in jenem Jahr 13 Billionen US-Dollar an Verbindlichkeiten in ihren Büchern, während es in den Schattenbanken 15 Billionen waren. Auch weltweit gibt es alarmierende Daten: Während sich die Anlagen in den Schattenbanken vor zehn Jahren auf lediglich 26 Billionen US-Dollar beliefen, sind es 2012 bereits atemberaubende 71 Billionen, wie ein Bericht des Internationalen Ausschusses für Finanzmarktstabilität Basel zeigt. Eine strengere Regulierung der Schattenbanken – insbesondere in der Vergütungsstruktur und in der Haftungsfrage – gehört daher auf die Prioritätenliste einer Agenda für die Bewältigung unserer aktuellen Schuldenkrise.

Drittens: Fremdkapital statt Eigenkapital und die Erosion bewährter Haftungsprinzipien – Wandel zur staatsrettenden Marktwirtschaft

Seit Mitte der 80er-Jahre hat sich sowohl in der Real- wie auch in der Finanzwirtschaft das Verhältnis zwischen Eigen- und Fremdkapital zunehmend zulasten des Eigenkapitals und zugunsten des Fremdkapitals verlagert. Im Zuge dieser Entwicklung erodierte die Risikopufferfunktion des Eigenkapitals zusehends. Angestoßen durch eine staatliche Steuergesetzgebung – zunächst in den USA und dann auch sonst – entwickelten sich stattdessen Anreize, durch wachsende Verschuldung den Hebeleffekt des Fremdkapitals zur Steigerung der Eigenkapitalrendite zu nutzen und dabei auch größere Risiken in Kauf zu nehmen. Die Folgen dieser Entwicklung sind nicht nur eine erheblich größere Bereitschaft, Schulden einzugehen. Es entstehen auch zu große Unternehmens- und Bankeinheiten, die kaum vernünftig reguliert werden können und deren schiere Größe Regierungen dazu nötigt, sie im Fall von Krisen zu retten. Diese mit der Entwicklung zur Fremdkapitalkultur eintretende Risikoverlagerung auf den Staat hat die Anreize, hohe Risiken einzugehen, bei den großen Einheiten weiter erhöht. An dieser Dynamik hat sich bis heute nichts verändert.

Zu der Entwicklung passt, dass in den letzten 20 Jahren jene Regeln, die Gewinnerzielung und Haftung für Verluste zusammendenken und die insofern grundlegend sind für eine funktionierende Marktwirtschaft, immer mehr aufgeweicht wurden. In den Finanzmärkten gilt das für Banken und institutionelle Anleger gleichermaßen. Sie tendieren immer stärker dazu, ihre Geschäfte gewissermaßen als reine Verwalter zu konzipieren, dabei Risiken auszuweiten und genau damit Geld zu verdienen, während für die Verluste, die bei immer größer werdenden Risiken ab einem Punkt eintreten, andere zu haften haben, das heißt die Investoren oder der am Ende rettende Staat. In gewisser Weise kann man damit von der Herausbildung einer Haftungsumgehungskultur sprechen. Von einer ähnlichen Entwicklung kann man auch für viele börsengelistete multinationalen Unternehmen der Realwirtschaft sprechen. Deren Manager haften in den meisten Fällen genauso wenig wie die sie kontrollierenden Investmentfonds, die weitgehend mit dem Geld Dritter arbeiten und im Fall auflaufender Verluste oder geplatzer Vermögensblasen allein ihre Kunden oder im schlimmsten Fall den Staat bluten lassen.

Auch die Aufweichung des früher deutlich rigideren Insolvenzrechts, mit der es für Unternehmen einfacher wird, einen Neustart ohne Schulden zu wagen, also deutlich weniger als früher für ihr Scheitern haftend zur Verantwortung gezogen zu werden, passt in dieses Bild. Auch hier wird erkennbar: Wir leben nach einer über lange Jahre sich entwickelnden Aufweichung der Gläubiger-Schutzkultur zunehmend in einer Welt, in der die Schuldner, wenn sie nur groß genug sind, geschützt und im Fall von Krisen gestützt werden.

Sowohl die Entwicklung zu einer Fremdkapitalkultur als auch jene zu einer Haftungsumgehungskultur tragen dabei zu einem Erosionsprozess der Marktwirtschaft bei. Denn immer öfter springt nun der Staat als letzter Retter ein, weil die Haftung für ihr Scheitern nicht mehr von denjenigen übernommen werden kann, die dieses Scheitern zu verantworten haben und die im Rahmen einer funktionierenden Marktwirtschaft an sich dafür einzustehen hätten. Verloren gegangene Sanktionsmechanismen von säumigen Schuldnern bei gleichzeitigen Null-Zinsen schaffen ein Umfeld, in dem das Sparen – als Grundvoraussetzung für Investitionen – seine Priorität verliert. Auch deshalb wachsen die Schulden weiter.

Am Ende sind damit jene, von denen von Kritikern nicht selten am lautesten moniert wird, sie seien *die* Kapitalisten *par excellence*, genau jene, die die Marktwirtschaft zu einer staatsrettenden Marktwirtschaft pervertieren lassen, die sie – über die Steuerzahler – ausbeuten können.

Viertens: Staaten und Finanzmarktakteure – problematische wechselseitige Abhängigkeit ohne Ende

Die Staaten sind zwar auch Opfer der gegenwärtigen Schuldenkrise. Mindestens ebenso aber sind sie Täter. So haben sie den Banken, Schattenbanken und institutionellen Anlegern ihre eigenen Anleihen als – wie sie behaupteten und festlegten – risikoloses Investment zur Verfügung gestellt und damit auch das – scheinbar – beste Pfand geschaffen, mit dem die Anleihen kaufenden Banken und Finanzmarktakteure selbst neue Schulden eingehen konnten.

Durch diese wechselseitigen Abhängigkeiten, bei denen die heute verschuldeten westlichen Staaten inklusive Japan *und* die Banken und Finanzmarktakteure profitierten, entstand eine Art symbiotische Beziehung des Schuldenwachstums der staatlichen und finanzwirtschaftlichen Akteure. Ohne diese Symbiose hätte sich weder die Schuldenspirale in Staaten noch in den Finanzmärkten so weit nach oben drehen können.

Diese Beziehung gibt es noch heute. Daran ändert auch nichts, dass beiden Seiten, den Staaten einerseits und den Banken, Schattenbanken und institutionellen Anlegern andererseits, inzwischen klar geworden ist, dass sie vor einem Showdown stehen könnten, in dem es nur noch darum geht, wer zuerst den Bankrott erklären muss. Aber Regierungen und Politiker wollen wiedergewählt werden, und ansonsten kann keine der beiden Seiten ihre jeweiligen Ansprüche aufgeben, ohne dass das Kreditkartenhaus im Ganzen zusammenbricht.

Dass sie diesen Showdown also hinauszögern wollen, ist so gesehen verständlich. Und es wird außerdem verstehbar, dass und warum sie jene weitere massive Schuldenausweitung vorantreiben, die uns heute so stark bedroht. Die Gefahr, dass es zu einem offenen Ausbruch der still eskalierenden Schuldenkrise kommt, wächst dadurch noch weiter. Die Inhaftnahme der Zentralbanken ist damit auch der letzte Kitt, der eine Eskalation der beiden Schuldengruppen – Staats- und Finanzschulden – verhindern soll. Wie lange diese geldpolitische Stützung die nächste Eskalation verhindern kann, weiß niemand. Ein solches Experiment hat es in der Geschichte bisher nicht gegeben.

In jedem Fall steht aber schon heute fest: Die jahrzehntelange symbiotische Beziehung zwischen Staats- und Finanzschulden neigt sich so oder so ihrem Ende zu. Schon heute wird erkennbar: In einer nächsten Eskalationsstufe kann sie leicht konfrontativ werden.

Fünftens: Spirale der Wachstumsschwäche und die 7-25-50-Regel

Bis zum Ausbruch der Finanzkrise vor 2007/08 galt die Banken- und Finanzindustrie als ein nicht unwesentlicher Wachstumstreiber der westlichen Staaten. Was wie Wachstum aussah, war in weiten Teilen nicht wirklich nachhaltig – es war auf strukturell sich verfestigenden Schulden gebaut. Und es zog kaum realwirtschaftliche Wertschöpfung nach sich. Trotzdem ging es in die

nationalen und internationalen Berechnungen von Bruttoinlands-
produkten ein.

Heute ist offenkundig, dass die Wachstumszahlen der westlichen Länder, inklusive Japan, im Durchschnitt deutlich geringer
ausfallen als vor der Finanzkrise. Und das ist nicht verwunderlich,
denn es kam infolge unzähliger Staatsrettungen in Banken und
Realwirtschaft nicht nur zu einer noch stärkeren Erosion der
Marktwirtschaft, deren Konsequenzen noch dazu sehr kostspielig
waren und immer noch sind. Vielmehr kam es in den wirtschaftlich schwächer werdenden westlichen Gesellschaften auch zu großen Widerständen, die eigenen Ökonomien robuster aufzustellen,
also etwa die Arbeitsmärkte zu liberalisieren, Subventionen her-
unterzufahren und die Sozialsysteme, die allein schon vor dem
Hintergrund des demografischen Wandels zu kollabieren drohen,
zu entlasten.

Die Folge war eine weiter wachsende Verschuldung, was die
Wachstumsaussichten nicht gestärkt, sondern weiter geschwächt hat,
sodass inzwischen eine Dreifachspirale aus Wachstumsschwäche,
steigender Verschuldung und zunehmender Ablehnung marktwirtschaftlicher Reformen entstanden ist.

Unmittelbare Folge dieser Entwicklung ist auch der stetige Anstieg der Sozialausgaben. Mit ihnen wird allenthalben versucht,
die Auswirkungen wirtschaftlicher Schwierigkeiten, der sozialen
Destabilisierung insbesondere der Mittelschichten wie auch einer
wachsenden Politikverdrossenheit zu lindern beziehungsweise der
Wirtschaft wieder auf die Beine zu helfen. Im Ergebnis aber führt
dieser Anstieg nur zu weiter erhöhten Schulden in den Staaten
(und – siehe oben – auch in den Finanzmärkten).

Doch auch unberührt von diesem jüngsten Anstieg der Sozialausgaben lässt sich das europäische Dilemma in der sogenannten
7-25-50-Kennziffer ausdrücken. Sie bedeutet: Europa stellt etwa
sieben Prozent der Weltbevölkerung, erwirtschaftet noch knapp
25 Prozent des Welteinkommens, produziert aber zugleich circa
50 Prozent der globalen Sozialausgaben.

Zur Untermauerung des europäischen Dilemmas passt auch die jüngste Studie der Stiftung Marktwirtschaft. Um ein realistisches Bild von den Staatsschulden zu bekommen, berücksichtigt sie nicht nur die expliziten, das heißt sich im Staatshaushalt zeigenden Schulden. Vielmehr addiert sie zu diesen auch jene Schulden, die durch ungedeckte, erst in fernerer Zukunft zu erfüllende Leistungsversprechen entstehen. Zu diesen impliziten Schulden zählen etwa die Versprechen sozialstaatlicher Leistungen wie Pensions- und Rentenzusagen oder auch zugesagte Pflegeleistungen.

Das sich auf das Jahr 2013 beziehende Studienszenario der Stiftung Marktwirtschaft ergibt ein ernüchterndes Bild. Denn die von ihr auf diese Weise berechnete durchschnittliche Gesamtverschuldung aller 27 Staaten der Europäischen Union liegt bei rund 340 Prozent der Bruttoinlandsprodukte und damit beim Dreifachen der jährlichen EU-Wirtschaftsleistung. Deutschland steht mit einer Gesamtverschuldung von 157 Prozent des Bruttoinlandsprodukts auf Platz fünf – und liegt damit hinter den Euro-Krisenländern Portugal und Italien, weil deren implizite Staatsverschuldung sehr gering ausfällt. Auch so gesehen ist große Vorsicht angebracht, wenn mit Blick auf die ausufernde Staatsverschuldung pauschal auf die südeuropäischen Staaten gezeigt wird, wie das manche gerne tun.

In jedem Fall gilt, dass die expliziten und impliziten Staatsschulden mittlerweile strukturell so verfestigt sind, dass diese nicht mit dem Öffnen der Geldschleusen durch Zentralbanken oder durch Konjunkturprogramme zu bekämpfen sind. Das belegt nicht zuletzt die seit 25 Jahren fast stagnierende japanische Wirtschaft, die mit exakt diesen Mitteln immer wieder scheiterte.

Gerade das japanische Modell, mit Banken- und Schuldenkrisen umzugehen, ist also ein Beispiel dafür, wie man es nicht machen darf. Trotzdem kopieren wir diese Art der Krisenbekämpfung seit sieben Jahren. Auf diese Weise schreitet die Japanisierung auch der westlichen Staaten voran – und damit die weitere Erhöhung der Staatsschuldenquoten nach japanischem Vorbild.

Es ist ein untaugliches Vorbild, denn das Land weist mit mehr als 240 Prozent bezogen auf das Bruttoinlandsprodukt weltweit die höchste Staatsschuldenquote (explizite Schulden) unter den Industrienationen aus, und dies mit weiter steigender Tendenz. Schon ökonomisch ist ein solcher Zustand mehr als bedrohlich, doch die Gefahr reicht noch weiter. Denn die vergleichsweise abgeschlossene japanische Gesellschaft mit ihrer buddhistisch-schintoistischen Prägung mag, wie sich zeigt, eine solche Situation durchaus lange ertragen können, ohne dass es zu allzu großen Blessuren für die Demokratie kommt. Auf dem europäischen Halbkontinent hingegen sieht das anders aus. Schon jetzt werden hier allerorten links- und rechtsextreme Parteien, die es mit demokratischer Gesinnung und demokratischen Institutionen nicht so genau nehmen, immer stärker.

Sechstens: Abschaffung der Zinsen – Aufstockung der Schulden
Die aktuelle Politik der westlichen Zentralbanken (und der japanischen Notenbank) führt dazu, dass die Zinsen faktisch abgeschafft werden. Das hilft zwar kurzfristig den Schuldnern. Es destabilisiert aber auch alle auf die Zukunft ausgerichteten Versicherungs- oder Anlagesysteme wie langfristige Sparpläne oder Pensionssysteme für Staatsbedienstete in den öffentlichen Haushalten. Denn in einer fast zinslosen Welt sind die in heutigem Geldwert gemessenen zukünftigen Dotationen deutlich höher, als das in einer Welt mit nicht politisch motivierten »normalen« Zinsen der Fall wäre. Damit führen also die Zinssenkungen in Richtung Nulllinie, wie sie von den Staaten und den Zentralbanken erzwungen wurden, am Ende zum genauen Gegenteil des Beabsichtigten. Denn auch die in heutigem Geldwert gemessenen künftigen Schulden fallen auf diese Weise deutlich höher aus, als sie es in einer Welt mit nicht politisch motivierten »normalen« Zinsen wären.

Für Deutschland kommt ein Weiteres hinzu. Zwar profitieren der Staat und die öffentlichen Haushalte kurzfristig von dieser

Entwicklung. Aber sich über die »schwarze Null« in künftigen Bundeshaushalten zu freuen und dabei die Kehrseite der Zinsentwicklung nicht zu benennen, ist entweder fahrlässig oder naiv. Denn am Ende verlieren deutsche Sparer durch diese Entwicklung viel Geld. Die Bundesrepublik ist als global größter Kapitalexporteur und als Land mit den zweitgrößten Nettoauslandsvermögen ein Nettogläubiger in der Welt. Als Bürger verlieren wir dabei durch die Zinsentwicklung bei Weitem mehr Geld, als wir durch Einsparungen im Staatshaushalt gewinnen. Das ifo Institut schätzt, dass wir durch die Niedrigzinspolitik der Notenbanken – nimmt man die Zinshöhe von Ende 2007 zum Maßstab – seit 2008 insgesamt ungefähr 300 Milliarden Euro verloren haben und dass die Vermögensverluste mittlerweile bei jährlich circa 60 bis 70 Milliarden Euro liegen.

Siebtens: Währungssysteme als Schuldentreiber

Die beiden aktuell dominierenden Währungssysteme – also das flexible Wechselkurssystem mit dem US-Dollar als Leitwährung und das Fixkurssystem des Euro – tragen durch ihr Konstruktionsprinzip maßgeblich zum Aufbau von Schulden bei.

Bereits Ende der 50er-Jahre hatte der der amerikanisch-belgische Währungsexperte Robert Triffin festgehalten, dass flexible Wechselkurssysteme ohne einen Anker – wie heute der US-Dollar – genauso wie Fixkurssysteme ohne einen festgelegten Ausgleichsmechanismus von Zahlungsbilanzungleichgewichten – wie heute der Euro – die Ausweitung von Schulden erheblich befördern. Bei seinen Argumenten hatte Triffin auch die Erfahrungen der frühen 20er-Jahre vor Augen, als es das aktuelle Währungsregime in ähnlicher Form schon einmal gab und das bei seinem Zusammenbruch zu Hyperinflation, politischen Verwerfungen und großem sozialem Elend führte.

In beiden heute dominierenden Systemen entstehen aber nicht nur zu viele Schulden. Es entstehen ebenfalls gefährliche politische, ökonomische, soziale und finanzwirtschaftliche Kollisions-

und Konfrontationsherde *in* und *zwischen* Ländern. Auch das zeigte sich bereits in den 20er-Jahren, und exemplarisch sind sie auch heute bereits wieder zu erleben, etwa in der Euro-Zone.

Das sollte uns schon jetzt eine Warnung sein. Und die Suche nach einer Stabilisierung unserer Währungsordnungen, die solche Entwicklungen nicht befördert, müsste eigentlich erste Priorität haben.

Sie müsste dies umso mehr, als vor allem mit China und anderen aufstrebenden Schwellenstaaten neue Mächte kraftvoll an die westlichen Türen klopfen. Insbesondere China wird über kurz oder lang bei einer Neugestaltung der globalen Währungsordnung eine zentrale Rolle spielen wollen. Inzwischen ist das Land aus dem Status eines reinen Schwellenlandes herausgewachsen, kämpft aber gleichzeitig darum, von einer Werkbank des Westens zu einer selbsttragenden Ökonomie zu werden. Eines steht dabei fest: Seine stark gewachsene Wirtschaftskraft wie auch seine in westlichen Schuldversprechen gehaltenen hohen Reserven haben heute schon die politische und finanzwirtschaftliche Macht in der Welt massiv verschoben. Das gilt auch mit Blick auf Chinas wachsenden Einfluss auf die Währungsmärkte. Beim in nicht allzu ferner Zeit anstehenden Ringen um ein verändertes Weltwährungssystem wird China eine wichtige Rolle spielen.

Inwieweit dann auch die Euro-Staaten dabei sein werden und inwieweit ihre Interessen Berücksichtigung finden, wird stark davon abhängen, ob der Euro reformiert werden kann oder nicht. Immerhin hat er sich trotz aller struktureller Fehler und Krisen zur zweitwichtigsten Währung in der Welt entwickelt. Entscheidend dabei wird sein, ob Kontinentaleuropa in der Lage sein wird, die Marktwirtschaft – unter Einschluss der Finanzwirtschaft – und den Staat wieder als klar voneinander geschiedene Bereiche zu begreifen, in denen die Begriffe Leistung, Erfüllung und Haftung von Begriffen wie Ansprüche oder Gerechtigkeit neu gegeneinander abgegrenzt werden. Die jahrzehntelange Ambivalenz in diesem Verhältnis hat sowohl der Marktwirtschaft wie auch der politischen Kultur großen Schaden zugefügt. Es waren staatliche und finanzwirtschaftliche Schuldversprechen, die den entstandenen Schaden viele Jahre lang als gesellschaftlich erträglich und hinnehmbar erscheinen ließen. Diese Illusion ist inzwischen geplatzt.

Schon jetzt ist klar: Währungssysteme wie die heute noch vom Westen dominierten – die durch die ihnen innewohnenden Kräfte die Schulden in Staatshaushalten, zwischen den Nationen und in den Finanzmärkten quasi unvermeidlich erhöhen – bergen den Stachel der Selbstzerstörung in sich.

Gerade wir Europäer wissen aus unserer jüngeren Geschichte der ersten Hälfte des 20. Jahrhunderts, welche Konsequenzen uneintreibbare Schulden mit sich bringen können: soziales Elend, das Erstarken extremistischer Parteien, nationale Konflikte, große Wohlstandsverluste – und noch Schlimmeres.

So weit darf es nicht kommen. Und doch ist nicht nur im europäischen, sondern auch im globalen Kontext inzwischen kaum mehr zu übersehen, dass die Schulden fast allerorten und in fast jeglicher Form astronomische Höhen erreicht haben, die jene, die es beim Ausbruch der Finanzkrise gab, fast marginal erscheinen lassen: Staatsschulden, Zentralbankschulden, Schulden in Banken, Schulden in Schattenbanken wie Hedgefonds, Schulden, die in Bad Banks, Rettungsschirmen und Zahlungsbilanzen versteckt sind, und andere mehr. Dabei ist nicht nur die Höhe des Schuldenbergs verstörend, der sich – weitgehend ungesichert – aufgetürmt hat. Das Gleiche gilt auch für die Verdrängungskunst der meisten Akteure in Banken, Finanzmärkten, Staaten und internationalen Organisationen, vor allem aber für ihre Tatenlosigkeit, sich den Herausforderung wirklich zu stellen.

Und diese Herausforderung annehmen müssen auch wir, die Bürger – zumal uns klar sein sollte, dass wir uns auf die Verantwortlichen in Politik und Finanzwirtschaft allein nicht mehr verlassen dürfen. Sie sind mit Stützungsmaßnahmen eines Systems beschäftigt, das nicht überlebensfähig ist.

Wir müssen uns entscheiden, ob wir die Marktwirtschaft – auch mit ihren inhärenten Schwächen und Krisen – weiter wollen oder ob wir uns zunehmend auf den rettenden Staat verlassen, der genauso wie ein Großteil der Finanzwirtschaft schon heute an der Grenze der finanziellen Belastbarkeit angekommen ist. Strukturell zu hoch verschuldete Gemeinschaften, seien es Staaten, Banken oder gesellschaftliche Gruppen, sind keine guten Hüter einer marktwirtschaftlichen Ordnung. Im Gegenteil, sie gefährden sie in ihren Grundfesten.

Schon heute können wir wissen, dass die schon in Gang befindlichen schleichenden Schulden- und Anspruchsverzichte allein nicht ausreichen werden, aus unserem Schuldendilemma herauszufinden. Dafür sind die aufgelaufenen Schulden zu hoch und unsere Volkswirtschaften wie auch unsere finanzwirtschaftlichen Verträge zu schwach. Wir müssen mehr tun und dabei alle gegenseitigen – staatlichen wie finanzwirtschaftlichen – Sicherungssysteme infrage stellen, die uns in den letzten Jahrzehnten ein trügerisches Gefühl der Sicherheit gegeben haben.

Ob freiwillig oder unfreiwillig: Um konkrete Schulden- und Anspruchsverzichte werden wir nicht herumkommen. Je schneller wir das einsehen, umso geringer ist das Risiko, wie unsere Urgroßeltern von den Schulden politisch, sozial und wirtschaftlich erschlagen zu werden.

Literatur und Quellen

Bücher

Acemoglu, Daron; Robinson, James A.: *Why Nations Fail.* New York: Crown Business, 2012.

Ahamed, Liaquat: *Die Herren des Geldes. Wie vier Banker die Weltwirtschaftskrise auslösten und die Welt in den Bankrott trieben.* München: FinanzBuch, 2010.

Akerlof, George A.; Shiller, Robert J.: *Animal Spirits. Wie Wirtschaft wirklich funktioniert.* Frankfurt am Main: Campus, 2009.

Allison, John A.: *The Financial Crisis and the Free Market Cure.* New York: McGraw, 2013.

Arnoldi, Jakob: *Alles Geld verdampft. Finanzkrise in der Weltrisikogesellschaft.* Frankfurt am Main: Suhrkamp, 2009.

Arrighi, Giovanni: *Adam Smith in Beijing. Die Genealogie des 21. Jahrhunderts.* Hamburg: VSA, 2008.

Authers, John: *Global Bubbles, Synchronized Meltdowns, and How to Prevent Them in the Future.* Upper Saddle River: FT, 2010.

Baecker, Dirk: *Womit handeln Banken?* Frankfurt am Main: Suhrkamp, 2008.

Bagehot, Walter: *Lombard Street. A Description of the Money Market.* Milton Keynes: Lightning Source UK (undatiert).

Baker, H. Kent; Nofsinger, John R. (Hg.): *Behavioral Finance. Investors, Corporations, and Markets.* Hoboken: Wiley, 2010.

Beck, Hanno; Prinz, Aloys: *Abgebrannt. Unsere Zukunft nach dem Schulden-Kollaps.* München: Carl Hanser, 2011.

Beck, Hanno; Prinz, Aloys: *Staatsverschuldung. Ursachen, Folgen, Auswege.* München: C.H.Beck, 2011.

Beise, Marc: *Die Ausplünderung der Mittelschicht. Alternativen zur aktuellen Politik.* München: DVA, 2009.

Bernstein, Peter L.: *Capital Ideas Evolving.* Hoboken: John Wiley & Sons, 2007.

Binswanger, Hans Christoph: *Die Wachstumsspirale. Geld, Energie und Imagination in der Dynamik des Marktprozesses*. Marburg: Metropolis, 2006.

Binswanger, Hans Christoph: *Geld und Magie. Eine ökonomische Deutung von Goethes Faust*. Hamburg: Murmann, 2005.

Binswanger, Hans Christoph: *Vorwärts zur Mäßigung. Perspektiven einer nachhaltigen Wirtschaft*. Hamburg: Murmann, 2009.

Birnbaum, Christoph: *Die Pensionslüge. Warum der Staat seine Zusagen für Beamte nicht einhalten kann und warum uns das alle angeht*. München: dtv, 2012.

Blanchard, Olivier Jean: *In the Wake of Crisis*. Cambridge: MIT, 2012.

Blom, Philipp: *Der taumelnde Kontinent. Europa 1900–1914*. München: dtv, 2011.

Bootle, Roger P.: *The Trouble with Markets. Saving Capitalism from Itself*. London: Nicholas Brealey, 2009.

Braun, Christina von: *Der Preis des Geldes. Eine Kulturgeschichte*. Berlin: Aufbau, 2012.

Burke, Edmund: *Betrachtung über die Französische Revolution*. Berlin: J. G. Hoof, 2011.

Chinn, Menzie David; Frieden, Jeffry A.: *Lost Decades. The Making of America's Debt Crisis and the Long Recovery*. New York: W. W. Norton, 2011.

Chittenden, Oliver: *The Future of Money*. London: Virgin, 2011.

Clark, Christopher M.: *Die Schlafwandler. Wie Europa in den Ersten Weltkrieg zog*. München: DVA, 2013.

Cohan, William D.: *House of Cards. The Fall of Bear Stearns and the Collapse of the Global Market*. London: Allen Lane, 2009.

Cooley, Thomas F. et al.: *Regulating Wall Street. The New Architecture of Global Finance*. Hoboken: Wiley, 2011.

Cooper, George: *Money, Blood and Revolution*. Petersfield: Harriman House, 2014.

Darwin, John: *Der imperiale Traum. Die Globalgeschichte großer Reiche 1400–2000*. Frankfurt am Main: Campus, 2010.

Dieckmann, Norbert: *Die Entwicklung der deutschen Landesbanken*. Norderstedt: Books on Demand, 2012.

Eichengreen, Barry J.: *Exorbitant Privilege. The Rise and Fall of the Dollar*. Oxford: Oxford University, 2011.

Elschen, Rainer; Lieven, Theo (Hg.): *Der Werdegang der Krise. Von der Subprime- zur Systemkrise*. Wiesbaden: Gabler, 2009.

Felixberger, Peter: *Deutschlands nächste Jahre. Wohin unsere Reise geht*. Hamburg: Murmann, 2009.

Felixberger, Peter: *Wie gerecht ist die Gerechtigkeit?* Hamburg: Murmann, 2012.

Ferguson, Niall: *Der Aufstieg des Geldes. Die harte Währung der Geschichte.* Berlin: Econ, 2009.

Ferguson, Niall: *The Great Degeneration.* London: Allen Lane, 2012

Fichtner, Ulrich; Schnibben, Cordt: *Billionenpoker.* München: DVA, 2012.

Friedman, Milton: *Geld regiert die Welt.* Düsseldorf: Econ, 1992.

Friedman, Milton: *Kapitalismus und Freiheit.* München: dtv, 1976.

Frydman, Roman; Goldberg, Michael: *Jenseits rationaler Märkte. Die neue Marktwirtschaft nach Keynes und Hayek.* Weinheim: Wiley-VCH, 2012.

Galbraith, John Kenneth: *The Great Crash.* New York: Houghton Mifflin, 1997.

Gelinas, Nicole: *After the Fall.* New York: Encounter Books, 2009.

Geppert, Dominik: *Ein Europa, das es nicht gibt. Die fatale Sprengkraft des Euro.* München: Europa, 2013.

Gore, Al: *The Future. Six Drivers of Global Change.* New York: Random, 2013.

Graeber, David: *Schulden.* Stuttgart: Klett-Cotta, 2012.

Grandt, Michael: *Der Staatsbankrott kommt! Hintergründe, die man kennen muss.* Rottenburg: Kopp, 2010.

Habermann, Gerd: *Der Wohlfahrtsstaat. Ende einer Illusion.* München: FBV, 2013.

Hagstrom, Robert G.: *Buffett, Newton, Darwin. Wieso Anleger von Physik, Biologie & Co. profitieren.* Kulmbach: Börsenbuch, 2014.

Hank, Rainer: *Die Pleite-Republik. Wie der Schuldenstaat uns entmündigt und wie wir uns befreien können.* München: Blessing, 2012.

Hartmann, Detlef; Malamatinas, John: *Krisenlabor Griechenland.* Berlin: Assoziation A, 2011.

Harvey, A. D.: *Collision of Empires. Britain in Three World Wars, 1793–1945.* London: Phoenix, 1992.

Hayek, Friedrich A. von: *Der Weg zur Knechtschaft.* München: Olzog, 2009.

Hellwig, Martin; Admati, Anat R.: *Des Bankers neue Kleider. Was bei Banken wirklich schiefläuft und was sich ändern muss.* München: FinanzBuch, 2013.

Hieronymi, Otto; Stephanou, Constantine A. (Hg.): *International Debt. Economic, Financial, Monetary, Political and Regulatory Aspects.* New York: Palgrave Macmillan, 2013.

Hiltzik, Michael A.: *The New Deal. A Modern History.* New York: Free, 2011.

Hobsbawm, Eric: *Globalisation, Democracy and Terrorism.* London: Little, Brown, 2007.

Hobsbawm, Eric J.; Polito, Antonio: *Das Gesicht des 21. Jahrhunderts. Ein Gespräch mit Antonio Polito.* München: Carl Hanser, 2000.

Hochreiter, Gregor: *Krankes Geld, kranke Welt. Analyse und Therapie der globalen Depression.* Gräfelfing: Resch, 2010.

Hogan, Michael J.: *The Marshall Plan. America, Britain, and the Reconstruction of Western Europe, 1947–1952*. Cambridge: Cambridge University, 1989.

Humboldt, Wilhelm von: *Ideen zu einem Versuch, die Grenzen der Wirksamkeit des Staats zu bestimmen*. Stuttgart: Reclam, 1967.

Issing, Otmar: *Der Euro. Geburt, Erfolg, Zukunft*. München: Vahlen, 2008.

Issing, Otmar: *Einführung in die Geldtheorie*. München: Vahlen, 2011.

Janszen, Eric: *The Post Catastrophe Economy. Rebuilding after the Great Collapse of 2008*. London: Penguin, 2009.

Judt, Tony: *Post War. A History of Europe since 1945*. New York: Penguin, 2005.

Judt, Tony; Snyder, Timothy: *Nachdenken über das 20. Jahrhundert*. München: Carl Hanser, 2013.

Karabell, Zachary: *The Leading Indicators. A Short History of the Search for the Right Numbers*. New York: Simon, 2014.

Kennedy, David M.: *Freedom from Fear. The American People in Depression and War, 1929–1945*. New York: Oxford University, 1999.

Keynes, John Maynard: *Allgemeine Theorie der Beschäftigung, des Zinses und des Geldes*. Berlin: Duncker & Humblot, 1974.

Keynes, John Maynard: *The Economic Consequences of the Peace*. New York: Digireads.com, 2011.

Keynes, John Maynard: *Vom Gelde*. Berlin: Duncker & Humblot, 1955.

Kindleberger, Charles Poor: *Manien – Paniken – Crashs. Die Geschichte der Finanzkrisen dieser Welt*. Kulmbach: Börsenmedien, 2001.

Kindleberger, Charles Poor; Otte, Max: *Die Weltwirtschaftskrise 1929–1939*. München: FinanzBuch, 2010.

Kirchhof, Paul: *Deutschland im Schuldensog. Der Weg vom Bürgen zurück zum Bürger*. München: C.H.Beck, 2012.

Kobrak, Christopher: *Die Deutsche Bank und die USA. Geschäft und Politik von 1870 bis heute*. München: C.H.Beck, 2008.

Kopper, Christopher: *Hjalmar Schacht. Aufstieg und Fall von Hitlers mächtigstem Bankier*. München: dtv, 2010.

LeBor, Adam: *Tower of Basel*. New York: PublicAffairs, 2014.

Lewis, Michael: *The Big Short. Wie eine Handvoll Trader die Welt verzockte*. München: Goldmann, 2011.

Lowenstein, Roger: *The End of Wall Street*. New York: Penguin, 2010.

Macmillan, Margaret: *Paris 1919*. New York: Random House, 2001.

Mandelbrot, Benoît B.; Hudson, Richard L.: *Fraktale und Finanzen. Märkte zwischen Risiko, Rendite und Ruin*. München: Piper, 2007.

Marsh, David: *Der Euro. Die geheime Geschichte der neuen Weltwährung*. Hamburg: Murmann, 2009.

Marsh, David: *The Euro. The Battle for the New Global Currency.* New Haven: Yale University, 2011.

Mayer, Thomas: *Die neue Ordnung des Geldes. Warum wir eine Geldreform brauchen.* München: FBV, 2014.

Mayer, Thomas: *Europe's Unfinished Currency. The Political Economics of the Euro.* London: Anthem, 2012.

Meltzer, Allan H.: *A History of the Federal Reserve. Vol. 1.* Chicago: University of Chicago, 2003.

Mihm, Stephen; Roubini, Nouriel: *Das Ende der Weltwirtschaft und ihre Zukunft. Crisis Economics.* Frankfurt am Main: Campus, 2010.

Mises, Ludwig von: *Theorie des Geldes und der Umlaufsmittel.* Berlin: Duncker & Humblot, 2005.

Moyo, Dambisa: *How the West Was Lost. Fifty Years of Economic Folly – and the Stark Choices Ahead.* London: Allen Lane, 2011.

Mühlmann, Heiner: *Darwin – Kalter Krieg – Weltwirtschaftskrieg. Das Aussterben des amerikanischen Imperiums.* Paderborn: Wilhelm Fink, 2009.

Münkler, Herfried: *Der Große Krieg. Die Welt 1914–1918.* Berlin: Rowohlt, 2013.

Nassehi, Armin (Hg.): *Krisen lieben. Kursbuch Nr. 170.* Hamburg: Murmann, 2012.

OECD: *The Welfare State in Crisis. An Account of the Conf. on Social Policies in the 1980s, Paris, 20–23 October 1980.* Paris: Organisation for Economic Co-operation and Development, 1981.

Osterhammel, Jürgen; Petterson, Niels P.: *Geschichte der Globalisierung. Dimensionen, Prozesse, Epochen.* München: C.H.Beck, 2003.

Osterhammel, Jürgen: *Die Verwandlung der Welt. Eine Geschichte des 19. Jahrhunderts.* München: C.H.Beck, 2009.

Piketty, Thomas: *Das Kapital im 21. Jahrhundert.* München: C.H.Beck, 2014.

Polleit, Thorsten et al.: *Ludwig von Mises. Leben und Werk für Einsteiger.* München: FBV, 2013.

Posner, Richard A.: *The Crisis of Capitalist Democracy.* Cambridge: Harvard University, 2010.

Projektgruppe Entwicklung des Marxschen Systems: *Das Kapitel vom Geld. Interpretation der verschiedenen Entwürfe.* Berlin: Verlag für das Studium der Arbeiterbewegung, 1973.

Reifitz, Carl von (Hg.): *Von dem Jubeljahr der Juden, Christen und Papisten.* Saarbrücken: Classic Edition, 2010.

Reinhart, Carmen M.; Rogoff, Kenneth S.: *Dieses Mal ist alles anders.* München: FinanzBuch, 2010.

Riedel, Frank: *Die Schuld der Ökonomen. Was Ökonomie und Mathematik zur Krise beitrugen.* Berlin: Econ, 2013.

Rosenberg, Nathan; Birdzell, L. E.: *How the West Grew Rich. The Economic Transformation of the Industrial World*. London: I.B.Tauris, 1986.

Ross, Ian Simpson: *Adam Smith. Leben und Werk*. Düsseldorf: Wirtschaft und Finanzen, 1998.

Roubini, Nouriel; Mihm, Stephen: *Crisis Economics. A Crash Course in the Future of Finance. Updated with a new afterword*. New York: Penguin, 2011.

Sachs, Jeffrey: *Common Wealth. Economics for a Crowded Planet*. London: Allen Lane, 2008.

Schroeder, Alice: *Warren Buffett. Das Leben ist wie ein Schneeball*. München: FinanzBuch, 2009.

Schumpeter, Joseph A.: *Das Wesen des Geldes*. Göttingen: Vandenhoeck & Ruprecht, 1970.

Schumpeter, Joseph A.: *Geschichte der ökonomischen Analyse*. Göttingen: Vandenhoeck & Ruprecht, 2009.

Sedláček, Tomáš: *Die Ökonomie von Gut und Böse*. München: Carl Hanser, 2012.

Shlaes, Amity: *The Forgotten Man*. New York: Harper Perennial, 2007.

Simmel, Georg: *Philosophie des Geldes. Gesamtausgabe Band 6*. Frankfurt am Main: Suhrkamp, 1989.

Sinn, Hans-Werner: *Die Target-Falle. Gefahren für unser Geld und unsere Kinder*. München: Carl Hanser, 2012.

Sinn, Hans-Werner: *Gefangen im Euro*. München: Redline, 2014.

Sinn, Hans-Werner: *Kasino-Kapitalismus. Wie zur Finanzkrise kam und was jetzt zu tun ist*. Berlin: Econ, 2009.

Skidelsky, Robert: *Die Rückkehr des Meisters. Keynes für das 21. Jahrhundert*. München: Kunstmann, 2010.

Skidelsky, Robert; Skidelsky, Edward: *How Much Is Enough? Money and the Good Life*. New York: Other, 2012.

Smith, Adam: *The Wealth of Nations Books IV–V*. Harmondsworth: Penguin, 1999.

Smith, Adam; Recktenwald, Horst Claus: *Der Wohlstand der Nationen. Eine Untersuchung seiner Natur und seiner Ursachen*. München: dtv, 2009.

Smith, Adam; Skinner, Andrew S.: *The Wealth of Nations Books I–III*. London: Penguin, 2003.

Somary, Felix: *Bankpolitik*. O. O.: Nabu Public Domain Reprints (nicht datiert).

Somary, Felix: *Erinnerungen aus meinem Leben*. Zürich: Manesse, 1959.

Somary, Felix: *Krise und Zukunft der Demokratie*. Jena: TvR, 2010.

Soros, George: *Die Analyse der Finanzkrise ... und was sie bedeutet – weltweit*. München: FinanzBuch, 2009.

Spence, Andrew Michael: *The Next Convergence. The Future of Economic Growth in a Multispeed World*. New York: Farrar, Straus and Giroux, 2011.

Steil, Benn: *The Battle of Bretton Woods. John Maynard Keynes, Harry Dexter White, and the Making of a New World Order*. Princeton: Princeton University, 2013.

Steingart, Gabor: *Weltkrieg um Wohlstand. Wie Macht und Reichtum neu verteilt werden*. München: Piper, 2007.

Stern, Fritz Richard: *Gold und Eisen. Bismarck und sein Bankier Bleichröder*. München: C.H.Beck, 2011.

Stewart, James B.: *Club der Diebe*. Frankfurt am Main: Ullstein, 1992.

Stiglitz, Joseph E.: *Freefall. Free Markets and the Sinking of the Global Economy*. New York: W. W. Norton, 2010.

Storbeck, Olaf: *Die Jahrhundertkrise. Über Finanzalchemisten, das Versagen der Notenbanken und John Maynard Keynes*. Stuttgart: Schäffer-Poeschel, 2009.

Streeck, Wolfgang: *Gekaufte Zeit. Die vertagte Krise des demokratischen Kapitalismus*. Berlin: Suhrkamp 2013.

Taleb, Nassim Nicholas: *Antifragilität. Anleitung für eine Welt, die wir nicht verstehen*. München: Knaus, 2013.

Taleb, Nassim Nicholas: *Der Schwarze Schwan. Die Macht höchst unwahrscheinlicher Ereignisse*. München: dtv, 2010.

Taylor, Fred; Schmidt, Klaus-Dieter: *Inflation. Der Untergang des Geldes in der Weimarer Republik und die Geburt eines deutschen Traumas*. München: Siedler, 2013.

Vogel, Steffen: *Europas Revolution von oben. Sparpolitik und Demokratieabbau in der Eurokrise*. Hamburg: Laika, 2013.

Wagenknecht, Sahra: *Wahnsinn mit Methode. Finanzcrash und Weltwirtschaft*. Berlin: Das Neue Berlin, 2009.

Wapshott, Nicholas: *Keynes Hayek. The Clash That Defined Modern Economics*. New York: W. W. Norton, 2011.

Weck, Roger de: *Nach der Krise. Gibt es einen anderen Kapitalismus?* München: Nagel & Kimche, 2009.

Weik, Matthias; Friedrich, Marc: *Der Crash ist die Lösung. Warum der finale Kollaps kommt und wie Sie Ihr Vermögen retten*. Köln: Eichborn, 2014.

Weik, Matthias; Friedrich, Marc: *Der größte Raubzug der Geschichte. Warum die Fleißigen immer ärmer und die Reichen immer reicher werden*. Marburg: Tectum, 2012.

Willeke, Franz-Ulrich: *Deutschland, Zahlmeister der EU. Abrechnung mit einer ungerechten Lastenverteilung*. München: Olzog, 2011.

Zakaria, Fareed: *Der Aufstieg der anderen. Das postamerikanische Zeitalter*. München: Siedler, 2009.

Online-Quellen

a) Quellen Tabellen und Grafiken

Tabelle S. 20 (Staatsschuldenquoten)
OECD (2014a): General government gross financial liabilities, % of nominal GDP forecast (EO96, November 2014). Verfügbar unter: http://stats.oecd.org/Index.aspx?QueryId=51644 [Stand: 23.11.14]

Tabelle S. 21 (Zentralbank-Bilanzsummen)
Bank of England (2005): Banking Department. Bank of England Annual Report 2005. Verfügbar unter: http://www.bankofengland.co.uk/publications/Documents/annualreport/2005/2005accounts.pdf [Stand: 23.11.14].

Bank of England (2008): Banking Department. Bank of England Annual Report 2008. Verfügbar unter: http://www.bankofengland.co.uk/publications/Documents/annualreport/2008/2008accounts.pdf [Stand: 26.11.14].

Bank of England (2011): Banking Department. Bank of England Annual Report 2011. Verfügbar unter: http://www.bankofengland.co.uk/publications/Documents/annualreport/2011/2011accounts.pdf [Stand: 23.11.14].

Bank of England (2014): Banking Department Income Statement. Bank of England Annual Report 2014. Verfügbar unter: http://www.bankofengland.co.uk/publications/Documents/annualreport/2014/boeaccounts.pdf [Stand: 23.11.14].

Bank of Japan (2005): The Bank's Accounts. Bank of Japan Annual Review 2005. Verfügbar unter: https://www.boj.or.jp/en/about/activities/act/data/ar0507.pdf [Stand: 30.11.14].

Bank of Japan (2008): The Bank's Accounts. Bank of Japan Annual Review 2008. Verfügbar unter: https://www.boj.or.jp/en/about/activities/act/data/ar0806.pdf [Stand: 23.11.14].

Bank of Japan (2011): The Bank's Accounts. Annual Review 2011. Verfügbar unter: https://www.boj.or.jp/en/about/activities/act/data/ar2011.pdf [Stand: 23.11.14].

Bank of Japan (2014): The Bank's Accounts: Financial Statements and other Documents for Fiscal 2013. Bank of Japan Annual Review 2014. Verfügbar unter: https://www.boj.or.jp/en/about/activities/act/data/ar2011.pdf [Stand: 23.11.14].

Board of Governors of the Federal Reserve System (2005): 91st Annual Report 2004. Verfügbar unter: http://www.federalreserve.gov/boarddocs/rptcongress/annual04/ar04.pdf [Stand: 26.11.14].

Board of Governors of the Federal Reserve System (2008): 94th Annual Report 2007. Verfügbar unter: http://www.federalreserve.gov/boarddocs/rptcongress/annual07/pdf/ar07.pdf [Stand: 23.11.14].

Board of Governors of the Federal Reserve System (2011): 97th Annual Report 2010. Verfügbar unter: http://www.federalreserve.gov/publications/annual-report/files/2010-annual-report.pdf [Stand: 23.11.14].

Board of Governors of the Federal Reserve System (2014): 100th Annual Report 2013. Verfügbar unter: http://www.federalreserve.gov/publications/annual-report/files/2013-annual-report.pdf [Stand: 23.11.14].

Europäische Zentralbank (2005): Jahresbericht 2004. Verfügbar unter: https://www.ecb.europa.eu/pub/pdf/annrep/ar2004de.pdf [Stand: 23.11.14].

Europäische Zentralbank (2008): Jahresbericht 2007. Verfügbar unter: https://www.ecb.europa.eu/pub/pdf/annrep/ar2007de.pdf [Stand: 23.11.14].

Europäische Zentralbank (2011): Jahresbericht 2010. Verfügbar unter: https://www.ecb.europa.eu/pub/pdf/annrep/ar2010de.pdf [Stand: 23.11.14].

Europäische Zentralbank (2014): Jahresbericht 2013. Verfügbar unter: https://www.ecb.europa.eu/pub/pdf/annrep/ar2013de.pdf [Stand: 23.11.14].

Grafik S. 31 (Zuwachs internationaler Bankverbindungen)
Bank of England. On Tackling the Credit Cycle and Too Big To Fail. Vortrag/Bericht Andrew Haldane, Januar 2011.

Tabelle S. 33 (BIP-Wachstumsraten)
International Monetary Fund (2014a): World Economic Outlook Database, October 2014. Verfügbar unter: http://www.imf.org/external/pubs/ft/weo/2014/02/weodata/weorept.aspx?pr.x=88&pr.y=10&sy=2000&ey=2013&scsm=1&ssd=1&sort=country&ds=.&br=1&c=132%2C134%2C136%2C158%2C112%2C111&s=NGDP_RPCH&grp=0&a=#download [Stand: 02.12.14]

International Monetary Fund (2014b): World Economic Outlook Database, October 2014. Verfügbar unter: http://www.imf.org/external/pubs/ft/weo/2014/02/weodata/weorept.aspx?sy=2000&ey=2013&scsm=1&ssd=1&sort=country&ds=.&br=1&pr1.x=50&pr1.y=16&c=163&s=NGDP_RPCH&grp=1&a=1 [Stand: 02.12.14]

b) Ausgewählte weitere Quellen

ifo Institut für Wirtschaftsforschung: *Der Haftungspegel – die Rettungsmaß-nahmen für die Euroländer und die deutsche Haftungssumme.* Verfügbar unter: http://www.cesifo-group.de/de/ifoHome/policy/Haftungspegel.html [Stand: 30.09.14]

O. V.: *Allianz-Studie. Niedrigzins kommt deutsche Sparer teuer zu stehen.* Verfügbar unter: http://www.faz.net/aktuell/*finanzen/anleihen-zinsen/allianz-studie-niedrigzins-kommt-deutsche*-sparer-teuer-zu-stehen-13060202.html [Stand: 27.01.15]

O.V.: Rekordstand: Schuldenstand in Eurostaaten steigt auf fast 94 Prozent. Verfügbar unter: http://www.spiegel.de/wirtschaft/soziales/eurozone-schulden-stand-steigt-auf-rekord-a-982306.html [Stand: 27.01.15]

Danksagung

Dieses Buch speist sich aus vielen Quellen, und ich schulde vielen Menschen Dank, dass ich es so schreiben konnte, wie es nun vorliegt.

Als Erstes möchte ich meinen Arbeitgebern, meinen Kolleginnen und Kollegen danken sowie meinen langjährigen Kunden aus Unternehmen, öffentliche Institutionen oder Banken. Ohne sie hätte ich die überaus vielschichtigen Erfahrungen, die in dieses Buch eingeflossen sind, nicht machen können.

Bedanken möchte ich mich ferner bei denjenigen, die sich wissenschaftlich und in Fachbüchern mit den Gesetzen und Wendungen von Schulden, Kredit und Geld beschäftigt haben, sei es historisch oder bezogen auf die Gegenwart, sei es ökonomisch, finanzwirtschaftlich oder politisch. Viele von ihnen waren eine wertvolle Inspiration für mich.

Bedanken möchte ich mich außerdem und in besonderem Maße bei Freunden, ehemaligen Kollegen und anderen Gefährten, die mir über jene lange Wegstrecke, die dieses Buch bis zum Erscheinen zurückgelegt hat, immer wieder das Gefühl gaben, dass es eine Lücke schließen würde.

Drei von ihnen will ich an dieser Stelle unbedingt erwähnen. Ilona Wachter, Ralf Kirchner und Bernd Bremora haben mich nicht nur ohne Unterlass auf der Spur des Reflektierens, Nachforschens und Schreibens gehalten. Sie verstanden es vielmehr ebenfalls, Kritik und Motivation so miteinander zu verbinden, dass ich nach unzähligen Gesprächen, Leseproben, Waldspaziergängen und Telefonaten immer wieder aufs Neue bereit war, die Ursachen unserer aktuellen bedrohlichen Schuldenkrise auf eine Weise zu erkunden, dass dieses Buch auch für einen nicht finanzwirtschaftlich vorgebildeten Leserkreis interessant sein kann.

Neben dieser wunderbaren, gleichsam privaten Unterstützung hatte ich auch eine wunderbare professionelle. Ein großer Dank geht in diesem Zusammenhang zunächst an Peter Felixberger,

Programmgeschäftsführer von Murmann Publishers. Er hatte den Mut, einen kaum bekannten Ex-Banker in sein Verlagsprogramm aufzunehmen. Und er hat mich im Fortgang des gemeinsamen Projektes in vielen Gesprächen nicht nur immer wieder hinterfragt, sondern mir mit Blick auf die Kernausrichtung des Buches auch den Rücken gestärkt.

Ein ganz besonderer Dank geht zudem an Jens Schadendorf, der mir mehr als ein Jahr lang als Buchcoach, intellektueller Sparringspartner, Manuskriptentwickler sowie im Schreib- und Lektoratsprozess zur Seite gestanden hat. Von der Begleitung Schadendorfs – selbst Autor, Ökonom und ehemaliger Verleger erfolgreicher Bücher an der Schnittstelle von Wirtschaft, Politik und Gesellschaft – habe ich sehr profitiert. Das gilt sowohl für die Entwicklung der endgültigen Struktur des Buches wie auch für seinen dramaturgischen und sprachlichen Fluss.

Mein größter Dank aber gilt meiner Familie – und hier zunächst meinem Bruder Manfred, mit dem ich seit mehr als 20 Jahren die finanzwirtschaftlichen Geschicke unserer Welt besser besprechen kann als mit irgendeinem anderen Menschen. Unsere vielstündigen Diskussionen haben mir nicht nur Freude gemacht, sie haben auch dieses Buch sehr bereichert. Auf das Herzlichste möchte ich schließlich Dagmar, Lavinia, Sofia und Thomas danken – und zwar im Besonderen dafür, dass sie mich, obwohl ich ihnen drei Jahre lang immer wieder aufs Neue ankündigte, mein Werk sei demnächst vollendet, weiterhin ernst nahmen und liebevoll darin bestärkten, es zu einem erfolgreichen Ende zu bringen.

Wolfgang Schröter   *Kronberg, im Februar 2015*